船舶电气设备维护与修理

主　编　马昭胜
副主编　李荭娜　刘光银　刘世杰

U0359935

机械工业出版社

本书根据交通运输部海事局《海船船员培训大纲》（2016 版）的相关要求而编写。

全书分为 4 篇，共 12 章，主要介绍了船舶电气设备的维修方法，船舶常用电工仪表的结构和使用方法及船舶电气设备的常用维修材料；船舶电器的维修，船用电机的维护和检修，船舶辅机电气系统的维护，船舶报警装置的故障诊断与维修和主机遥控系统的管理与维护；船舶常用导航设备的维护和船舶常用通信系统的维护；船舶电站的维护和船舶常用生活设备系统的维修。

本书内容丰富，取材新颖，深浅适度，侧重应用，多方面、多层次地反映了船舶电气设备维护与修理技术。

本书可作为航海类高等学校船舶电子电气工程专业的教材，也可作为相关专业（轮机工程、航海技术）师生和船舶电气技术人员的参考用书。

图书在版编目（CIP）数据

船舶电气设备维护与修理/马昭胜主编 .—北京：机械工业出版社，2020.5（2021.8 重印）

ISBN 978-7-111-65481-0

Ⅰ.①船…　Ⅱ.①马…　Ⅲ.①船用电气设备—维修　Ⅳ.①U672.3

中国版本图书馆 CIP 数据核字（2020）第 071360 号

机械工业出版社（北京市百万庄大街 22 号　邮政编码 100037）
策划编辑：林春泉　责任编辑：林春泉　杨晓花
责任校对：肖　琳　封面设计：鞠　杨
责任印制：郜　敏
北京富资园科技发展有限公司印刷
2021 年 8 月第 1 版第 2 次印刷
184mm×260mm · 18.75 印张 · 465 千字
1501—2500 册
标准书号：ISBN 978-7-111-65481-0
定价：75.00 元

电话服务　　　　　　　　网络服务
客服电话：010-88361066　机 工 官 网：www.cmpbook.com
　　　　　010-88379833　机 工 官 博：weibo.com/cmp1952
　　　　　010-68326294　金 书 网：www.golden-book.com
封底无防伪标均为盗版　机工教育服务网：www.cmpedu.com

前　言

船舶电气设备的维护与修理是面向航海类本、专科院校船舶电子电气工程专业学生的一门专业课程。通过该课程的学习可使学生获得船舶电气设备维护与修理方面的专业知识，为学生毕业后从事船舶电气设备维护与修理方面的工作打下坚实的理论和实践基础。作为配套教材，本书还同时兼顾 2016 年交通运输部海事局制定的《海船船员适任考试大纲》、2016 年实施的《海船船员适任评估大纲和规范》的要求，国际海事组织（IMO）STCW 公约中规定的电子电气员应具备"电气和电子设备的维护与修理""维护和修理主推进装置和辅助机械的自动和控制系统""维护和修理驾驶台航行设备和船舶通信系统""维护和修理甲板机械和装卸货设备的电气、电子和控制系统""维护和修理生活设备的控制和安全系统"等专业技能。

本书包含了电气、电子设备的维护和修理，主推进装置、辅助机械的维护和修理，船舶通信、导航设备的维护和修理，以及船舶电站、生活设备的维护和修理共四篇内容。"电气、电子设备的维护和修理"篇包括船舶电气设备的维修方法、船舶常用电工仪表的结构和使用方法以及船舶电气设备的常用维修材料。"主推进装置、辅助机械的维护和修理"篇包括船舶电器的维修，船用电机的维护和检修，船舶辅机电气系统的维护，船舶报警装置的故障诊断与维修和主机遥控系统的管理与维护。"船舶通信、导航设备的维护和修理"篇包括船舶常用导航设备的维护和船舶常用通信系统的维护。"船舶电站、生活设备的维护和修理"篇包括船舶电站的维护和船舶常用生活设备系统的维修。

本书由马昭胜主编。全书分为 12 章，第一章由俞万能编写，第二、三、五和九章由马昭胜编写，第四章由林洪贵和庄一凡编写，第六章由李茳娜和李修强编写，第七章由吴德烽、庄一凡和田庆元编写，第八章由林斌和刘启俊编写，第十章由王国玲和杨荣峰编写，第十一章由刘光银和刘世杰编写，第十二章由王海燕和吴泽谋编写。

本书由集美大学的阮矴忠教授主审，他详细地审阅了编写大纲及全部书稿，提出了许多宝贵意见和建议。大连海事大学的张春来教授、吴浩峻副教授也详细地审阅了编写大纲，并提出了许多宝贵意见和建议。本书在编写过程中，还得到上海海事大学的王海燕副教授、广州交通大学的叶伟强教授及集美大学轮机工程学院船舶电气自动化教研室的全体老师的帮助和支持，编者在这里一并向他们表示衷心的感谢！

本书第六、十一、十二章中，部分电路图、原理图来自电气设备的原图，为了与设备、系统原图相对应，方便读者对设备、系统进行维护和维修，图中电气元器件图形符号未按国家标准修改。

由于受课程设置、相关教学大纲、编者水平及时间所限，全体编写人员虽倾尽全力，但不妥和错误之处在所难免，竭诚希望同行专家及广大读者批评指正。

编　者

2020 年 1 月

目　录

第 一 篇

电气、电子设备的维护和修理

第一章 船舶电气设备的维修方法

随着船舶电气化、自动化程度的不断提高，电气设备变得越来越复杂，电气设备的故障也是多种多样，故障诊断和故障排除的方法也不尽相同。但是，故障分析的逻辑思维方法基本一致。本章主要介绍了目前常用的船舶电气设备故障的分析方法，即传统故障的诊断法，故障树分析法，专家系统诊断法和电子设备故障的分析法。

第一节　传统故障的诊断法

一、概述

传统故障诊断法也称为经验诊断法，通过设备故障现象的分析和以往的经验（这个经验可能是自己的切身体会，也可能来自其他方面，如从书中得来的），做出设备故障点（或零部件）的判断，并加以排除，这种诊断的精确与否主要依赖于诊断人的素质。诊断人对设备技术性能、工作原理掌握越透彻，对设备故障诊断的经验越丰富，正确诊断出故障点的可能性就越大。这样，对维修人员提出了较高的要求。首先维修人员必须掌握设备的工作原理、各部件出现故障时所表现的特征，要有足够的设备管理维修经验，才能有效、迅速地排除故障。这对于海上管理维修人员来讲，尤为重要。

二、传统故障的诊断步骤

所谓设备发生故障，就是设备失去或减弱正常工作的能力。当设备发生故障时，维修人员必须诊断出故障所在，并排除、修复故障。所以维修人员诊断设备故障点与医生诊断人的病因的步骤基本一样，只不过维修人员"医治"的是设备，医生医治的是人而已，其步骤如下：

第一步：保持现场的情况下进行故障分析

（1）询问操作人员

询问内容一般为：

1）发生了什么故障？在什么情况下发生的故障？什么时候发生的故障？

2）设备已经运行了多长时间？

3）是否曾注意到有异常现象？有何声响或光报警信号等？有无烟气或异味？有无误操作（注意询问方式）？

4）控制系统操作是否正常？操作程序有无变动？操作时是否有特殊困难或异常？

（2）观察

观察内容一般为：

1）有无明显的异常现象？零件有无卡阻或损伤？各种导线有否松动、破裂、擦伤或烧毁？

2）设备运行参数有何变化？有无明显的干扰信号？有无明显的损坏信号？

（3）检查监测指示装置

1）检查所有仪表读数是否正常，如电压、频率、电流等。

2）检查报警装置及联锁装置、打印输出或显示器是否正常。

（4）在条件允许的情况下，让故障现象重现

在条件允许的情况下，重新开动设备，让故障现象重现，仔细观察故障现象，但需注意人身、设备安全，不能让故障结果扩大。

第二步：检查设备

（1）利用五官检查（继续深入观察的过程）

1）看：插头及插座，电机或泵的运转，控制调整位置是否正确，有无起弧或燃烧的痕迹，断开电路开关，看有无故障的元（组）件。

2）摸：振动、电机和元（组）件的温度。

3）听：有无异常声响。

4）闻：有无焦味、其他异味。

5）查：元器件的形状与位置是否变化，设备性能参数变化情况，检查线路元（组）件的功能。

（2）评定检查结果

评定故障判断是否正确、故障线索是否找到、各项检查结果是否一致。

第三步：故障位置的确定

（1）确定系统结构和测试方法

1）确定系统结构。熟悉系统工作原理，以及各元（组）件的位置。作为电气管理人员，应当十分熟悉全船的电气设备线路、原理。一旦发生故障，通过第一、二步就可以初步确定故障位置。

2）确定测试方法。根据系统结构、工作原理和故障现象确定用哪些方法测试，可能获得哪些测试参数或性能参数，在什么操作条件下进行测试，必须遵守哪些安全措施。

注意：测试方法很多，如直观比较法（与无故障设备比较），分部隔离法（缩小检查范围），变换条件法（故障征兆不明显），试探反证法，监测测量法，试切试样法等。

（2）系统检测（用五官或仪器进一步认真检查）

采用最适于系统结构的测量方法，在合适的测试点测量，根据输入和反馈所得结果与正常值或性能比较，检查出故障位置。

必须指出，并不是所有电气设备出现故障，其诊断都必须通过以上各个步骤。对比较明显、一目了然的故障就没有必要通过上述的所有步骤，如一盏灯不亮，灯泡钨丝断了，只要换一个灯泡就可以排除故障。

三、传统故障诊断的准则

1）维修人员要熟悉电气设备结构、工作原理、元（组）件功能及所在的位置。

2）问、看、摸、听、闻，了解故障现象，初步诊断故障所在或原因。

3）查：确定用什么方式进行测试、检查。此时，必须三思而后行，克服人为不正确的测试、错误的检查方法。在检查中，不做任何假设或推断性的结论，而是尊重实际，经过详细的检查、核实后才得出结论。同时在检查中先外后内，先易后难。

4）留下记录，丰富自己的经验，摸索维修规律。

传统故障诊断将在以后各有关章节结合实例加以说明，这里不再举例。

第二节 故障树分析法

一、概述

故障树分析法（Fault Tree Analysis，FTA），早在20世纪60年代初就由美国贝尔实验室首先用于"民兵"导弹的控制系统设计上，为预测导弹发射的随机失效概率做出了贡献。其后，波音公司研制出了FTA的计算机程序，进一步推动了它的发展。20世纪60年代中期，FTA从宇航范围进入核工业和其他领域。FTA在全世界受到普遍重视，是在1974年8月美国发表《美国商用核电站事故风险评价报告（草案）》（报告代号为WASH-1400）之后。该报告成功应用事件树和故障树分析法，计算出了初因事件的发生频率、工程安全设施故障概率以及各种水平的放射性排入环境的事故的概率，第一次定量地给出核电站可能造成的风险，并且在与其他能源造成的风险比较之后，令人信服地得出核能是一种非常安全的能源的结论。目前，FTA已从宇航、核能进入一般电子、电力、化工、机械、交通乃至土木建筑领域。科学工作者和工程技术人员愈来愈倾向于采用FTA作为评价系统可靠性和安全性的手段；用FTA来预测和诊断故障，分析系统的薄弱环节，指导运行和维修，实现系统设计的最优化。本节介绍运用FTA来诊断船舶电气设备故障。

故障树分析中使用的某些概念来自图论。在图论中，一个故障树是由一些顶点（节点）和边构成，它是一种不包含闭环的连通图，如图1-1所示。图中任一顶点、节点都通过边的连接而通到任一其他顶点、节点。树中的有向边称为弧，代表事件，具有有向边的树称为逻辑树。故障树就是一种逻辑树，树枝代表系统或元件的事故事件，而节点代表事故事件之间的逻辑关系。故障树从顶事件的树根出发向下发展，顶事件的下一级事件是一些能够引起顶事件发生的事件，这些事件与顶事件之间的关系是逻辑关系。在故障树中最常用的逻辑关系是"与"和"或"关系。如此延伸下去，直到系统内部可导致顶事件产生的元件故障为止。因此，故障树是用图形符号形象地表示那些引起系统不希望事件的各种事件之间的逻辑组合，逻辑思维清楚，一目了然。

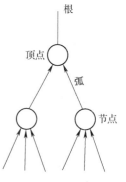

图 1-1 故障树

二、故障树的符号

故障树的符号、名称、意义见表1-1。

表 1-1 故障树的符号、名称、意义

符号	符号名称	符号的意义
⊶	基本事件	已知故障概率，不可能再分解的事故事件，即树叶

（续）

符号	符号名称	符号的意义
	假定的事件	由于缺乏资源而不能进一步分析的事件
	结果事件 （中间事件）	由其他事件组合而成的事件，相互之间由逻辑门相连接
	将产生的事件	原因尚待明确的事件
	"与"门	当输入端所有事件（E_1、E_2、E_3）均发生时，才产生输出端事件（S）
	"或"门	当输入端事件（E_1、E_2、E_3）中只要有一个发生就产生输出端事件（S）
	"r/n"组合门	当 n 个输入事件中有 r 个发生，即产生输出端事件（S）
	条件"与"门	当输入端所有事件（E_1、E_2）均发生，同时满足条件 X，即产生输出端事件（S）
	条件"或"门	输入端事件（E_1、E_2）中至少有一个发生，同时满足条件 X，即产生输出端事件（S）
	条件门	输入端事件（E_1）已发生，同时满足条件 X，即产生输出端事件（S）

（续）

符号	符号名称	称号的意义
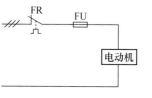	优先门	当 a_i 先于 a_j 发生时，在 a_i、a_j 和 a_b 同时发生，输出端事件（S）才能发生
△　△—	转移符号	转移出 △　　转移入 △—

三、建造故障树的方法

首先要选择顶事件，一般来讲，选择电气设备的某一个故障为顶事件，如电动机不能起动；发电机不能建立电压；主开关不能合闸等。作为故障分析目标，选好顶事件后，就可以按顶事件所代表的故障事件把系统内部的诸多故障事件（中间事件或底事件）联系起来。

其次确定边界条件，如分析电动机不能起动故障时，其边界条件为电源正常，控制回路正常。然后，先找出与顶事们相关的系统内部固有的故障事件，同时找出由这些事件导致顶事件的所有可能的途径。在这过程中，必要时还要选择合适的中间事件，使得故障树层次、逻辑思维更加清晰。如果是复杂的大型系统，可以把本来是中间事件的子系统的故障作为顶事件，建造若干子树进行分析，最后用转移符号进行综合。

最后建造故障树，它是故障分析的对象，是直接影响分析结果的关键。具体步骤：

第一步：把顶事件写在上端。

第二步：找出直接导致顶事件发生的各种可能因素或因素组合。这些因素包括功能故障、部件不良、程序错误、人为失误、环境影响等。

第三步：找出第二步中各因素的直接原因。按照这样的方式逐级向下演绎。一般来说，直至找出各个基本事件为止。

四、举例说明建造故障树的过程

例 1：交流电动拖动系统。

交流电动拖动系统如图 1-2 所示，求做顶事件为电动机过热的故障树。

图 1-2　交流电动拖动系统

解：假定导线接触良好，用演绎法，导致电动机过热的直接原因是过电流，间接原因是散热条件。所以，就有如下逻辑过程：

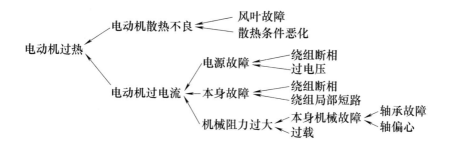

由上述逻辑关系，按故障树的符号把它们连接起来，就形成了一棵关于电动机过热的故障树，如图 1-3 所示。

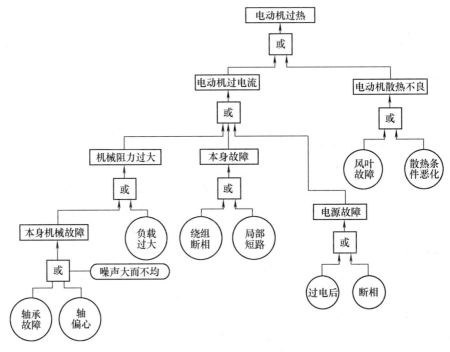

图 1-3 电动机过热故障树

有了故障树之后，即可遵循故障树进行检查，排除故障。由故障树可见，造成电动机过热的基本原因有九个（即九个树叶），一般按由易到难、由简到繁的顺序进行逐个检查，优先检查故障率比较高的部件。但有一些部件发生故障导致顶事件发生时还伴有其他特征，如上轴承故障造成电动机过热，伴有很大不均匀噪声，轴承端盖过热，这种情况下，就没必要遵循上述由易到难的顺序，可直接检查电动机轴承部件。

例 2：单速不可逆交流电动拖动系统。

单速不可逆交流电动拖动系统如图 1-4 所示，请以电动机不能起动为顶事件做出它的故障树。

解：造成这种故障的直接原因有：①电动机本身故障；②电动机无电；③机械卡死。造成电动机无电的原因有：①线路停电；②QS 无法合上；③KM 没有合上。而造成 KM 没有合上的原因有：①KM 衔铁卡死无法合上；②KM 线圈故障；③KM 无电。造成 KM 无电的原因可能有：①FU$_2$ 熔断；②SB$_1$ 开路；③SB$_2$ 失效合不上；④FR 断开。而 FR 断开的原因可能有：①过载保护动作没有复位；②FR 本身故障无法闭合。按上述演绎就可以得到如图 1-5 所示的故障树。

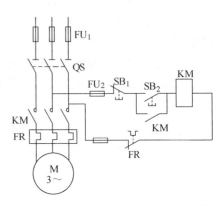

图 1-4 单速不可逆交流电动拖动系统

然后按这棵故障树从根源到树叶进行检查，但这种检查方法费时费力。在常规检查没有发现故障原因时，可以采用割枝法，即在树杈上（中间事件）开始检查，对于同一级中间事件仍按由易到难、由简到繁的原则进行检查。如本例中，先检查 KM 是否合上。如果 KM 合上，说明与"KM 没有合上"的中间事件关联的（树叶）基本事件没有发生，只需要检查其他的中间事件。如果"KM 没有合上"的中间事件发生了，就沿该中间事件向下检查，也可再使用割枝法检查，直至找到基本事件发生为止。

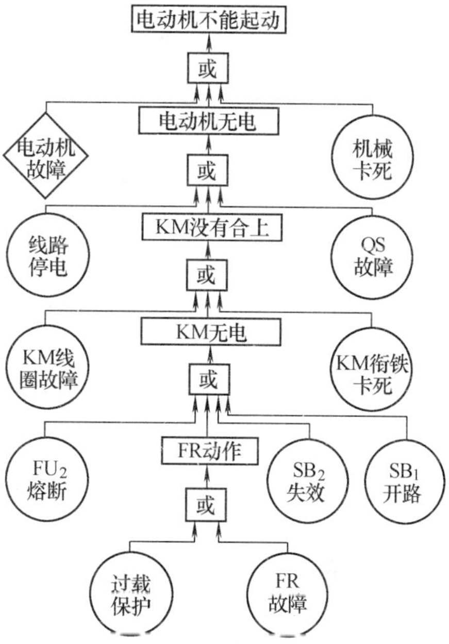

五、故障树的诊断方法

1. 首先建立故障树

建立故障树可以与设备设计、可靠性分析一起完成，有了故障树既可以进行设备可靠性分析，同时也为设备管理维修提供了一个分析故障的逻辑思维。必须指出：一个设备有可能出现多少故障，就有多少个与此对应的故障树，应一一建立。

2. 按故障树进行故障点诊断

图 1-5　单速不可逆交流电力拖动系统
电动机不能起动故障树

一般的检查方法为：首先进行常规检查，按故障时所表现出的特征进行检查，如果没有明显特征，按常规也未能找到故障原因时可采用割枝法，即从故障树的某一级中间事件开始，看该中间事件是否发生，如果没有发生，说明与该中间事件关联的基本事件没有发生，就可以去掉这些基本事件的检查。如果同一级中间事件不止一个发生时，一般以由易到难、由表及里，由故障率高的元部件的分枝优先检查。割枝法可以重复多次使用，有效地减小了检查范围。如果找到其中一个中间事件发生了，就以该中间事件为顶事件（分枝树）往下检查，一直检查到故障点为止。

总之，用故障树诊断故障点，逻辑思维清楚、条理明确，但是比较繁琐，特别是建立故障树，既费时，又费人力，是一项很艰巨的工作，而且故障树建造准确与否直接关系到诊断的准确性，因此故障树一般用于检查比较复杂成形的系列设备。随着计算机人工智能的发展，建造故障树可以借助计算机来完成，从而为故障树诊断法扫除一大障碍。另外，故障树也是开发设备故障诊断专家系统的一个基础。

第三节　船舶电气设备的专家诊断系统

一、概述

随着船舶大型化和自动化水平的不断提高，船舶设备和控制系统越来越复杂，几乎包括了陆上所有比较成熟的现代技术。船舶电力系统也不例外，由原来的电站容量几千瓦发展到现在的上兆瓦，控制系统由原来的人工控制发展到微机控制，再到未来的多微网络和人工智能控制。如果将来采用超导磁力推进，电站容量将更大，控制系统就更复杂了。

现代科学技术发展一日千里，要求科技人员随时随地更新知识，才能跟上时代的步伐。但由于船上的条件限制，船舶电气工作人员要做到很快地更新知识、掌握新技术、正确使用高度自动化设备并对其进行故障诊断维修已经不是一件很容易的事。而且，设备自动化程度越高，系统就越复杂，系统的元部件就越多，造成故障的可能原因就越多，同时，对新发展的高自动化设备又没有运行、管理维修经验。为了能够对设备、控制系统的故障与否做出正确的判断，及早地识别故障、快速诊断故障所在、及时排除故障，必须去寻找设备故障辅助分析诊断方法。目前船上已经采用了模拟装置，可以打印出故障类型或某一个环节故障，如轴带发电机的主晶闸管没有触发脉冲，但无法进一步显示造成这种故障的原因，在无法判断是触发控制电路没有工作电源，还是没有控制信号，还是触发控制电路本身故障的情况下对于更进一步显示元部件故障就更为困难。为了填补这种不足，船舶电气科学工作者正在开发船舶电气设备故障诊断专家系统，目前我国舰艇上已投入运行的有雷达故障诊断专家系统。

二、船舶电气设备故障诊断专家系统的组成和工作原理

1. 专家系统

专家系统是这样的一个系统：

1）专家系统处理现实世界中提出的需要由专家来分析和判断的复杂问题。

2）专家系统利用专家推理方法的计算机模型来解决问题，并且与专家分析的结果一样。

船舶电气设备故障诊断专家系统就是用于复杂的、高自动化电气设备的故障诊断的专门计算机系统。

2. 船舶电气设备故障诊断专家系统的组成

首先，船舶电气设备故障诊断专家系统必须有像专家们所具有的船舶电气领域的专业理论知识以及电气故障诊断经验，且把这些知识、经验存放起来的地方称为知识库，其次，要有像专家们根据故障特征和有关的理论知识、经验做出故障点判断的逻辑推理过程，即推理机构；第三，要有一个把专家的推理结论解释给询问者听，使人信服，或解释专家建议的解释机构；最后，还要有与开发者、用户发生联系的机构即询问机构。因此，船舶电气设备故障诊断专家系统应该由知识库、推理机构、解释机构、询问机构、知识获取机构和故障特征向量存放机构等组成，如图1-6所示。

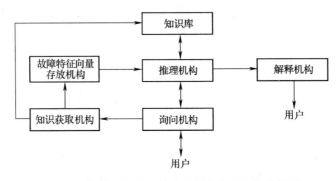

图1-6 船舶电气设备故障诊断专家系统组成框图

3. 工作原理

当船舶电气设备故障诊断专家系统投入运行时，询问机构向用户提出询问故障现象特征、参数，用户回答了有关询问之后，计算机就按知识库的知识表达方式把故障特征存储在故障特征向量中，并查询知识库，做出推理。必要时推理机构可以再询问用户要求补充故障特征（这样的询问过程可能多次），如果最后询问用户没有什么可知故障特征补充，那么推理机构就根据现有的故障特征向量和知识库所具有的知识做出推测，把结果交给解释机构，解释机构用易懂或者自然语言解释全过程。由于这种故障诊断专家系统是一个实验性很强的开发系统，如果通过实验、运行有必要修改知识库的知识，可以通过询问机构和知识获取机构来达到修改的目的。

三、开发船舶电气设备故障诊断专家系统的方法

目前，适合于诊断、咨询的专家系统开发工具，如 PC（Personal Consultant）和 CM. 1，已经建立了询问机构、知识获取机构、推理机构和解释机构。开发者可直接利用这个工具，没有必要重新建立。所以要建立一个该系统只要人们收集船舶电气有关的书面理论知识和专家们的经验，按工具所要求的格式输给计算机，即可建立一个高水平的专家知识库。

那么，如何建立船舶电气设备、控制系统的故障诊断专家系统的知识库呢？一般的步骤如下：

1. 知识获取

一般是通过多方面来进行：第一，通过分析设备工作状态、工作原理、测试来获取设备正常工作状态下的特征、参数；第二，根据设备的资料（说明书、原理图）和出现故障的现象进行分析来获取造成该故障的原因、特征、部位和排除故障的方法；第三，从模拟装置上获取；第四，从专家们对故障诊断行为和经验上获取等。但是，不管从哪一方面来获取知识都有可能出现多种原因造成某种故障的可能性，必须根据专家们的经验来处理。一般是按元件失效率，由易到难、由表及里的检查、排除故障的原则来全面衡量。建立知识库一般是由专家和计算机工作者共同合作进行。知识获取是专家系统开发最关键的一步，系统开发成功与否、质量好坏都由这一步所决定。

2. 知识表达方式的选择

可以采用产生式来表示知识，这种表达方式是目前最常用的一种知识表达方式。目前有 PC 和 CM. 1 中文版本适合于开发诊断、询问专家系统工具支持。

3. 建立初步知识库（原型系统）

以确定该设备故障诊断为目标，把该设备可能出现的故障，每个故障产生的原因、特征、故障所在以及分析方法（包括分析中的假设、中间推理）列出，然后输入计算机。

4. 原型的发展和试验

5. 知识库的改进和发展

下面以可控相复励恒压装置为例建立该装置的故障诊断专家系统知识库。

可控相复励恒压装置的原理图如图 1-7 所示。

采用故障树分析法：

1) 发电机建立不了电压（原动机转速为 n_e）。

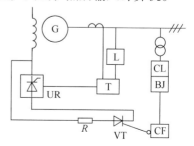

图 1-7　可控相复励恒压装置原理图

首先建立故障树，如图 1-8 所示。由故障树可知：

①如果发电机无剩磁电压，那么发电机应充磁。

②如果发电机不能建立电压，且有剩磁电压；那么励磁回路故障。

③如果剩磁电压极性正确，且电刷、转子未开路，那么相复励装置故障。

④如果相复励装置故障，那么整流器故障，可信度为 X_1；移相电抗器开路，可信度为 X_2；复励变压器故障，可信度为 X_3。

这里一个故障有多种原因，且每个原因的可能性不一样，需要根据元件的失效率或专家经验给出可信度 X_1、X_2、X_3。

2）发电机空载电压低。故障树如图 1-9 所示，根据故障树和故障特征可知：

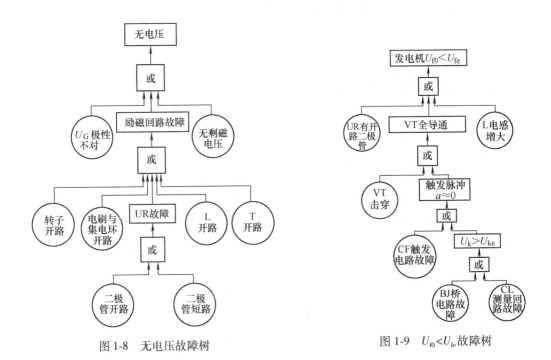

图 1-8　无电压故障树　　　　图 1-9　$U_{f0} < U_{fe}$ 故障树

①如果 $|U_{f0} - U_{fe}| > \Delta U_1$，那么 UR 整流器有开路二极管。

②如果 $\Delta U_2 < |U_{f0} - U_{fe}| < \Delta U_1$；那么 VT 全导通。

③如果 $6V < |U_{f0} - U_{fe}| < \Delta U_2$；那么 L 电感增大，应增大气隙。

④如果 VT 全导通，那么 VT 击穿可信度为 $\dfrac{100}{\lambda_1 + \lambda_2 + \lambda_3 + \lambda_4} \times \lambda_1\%$；CF 触发电路造成 $a \approx 0$ 误触发，可信度为 $\dfrac{100}{\lambda_1 + \lambda_2 + \lambda_3 + \lambda_4} \times \lambda_2\%$；BJ 桥稳压管击穿，可信度为 $\dfrac{100}{\lambda_1 + \lambda_2 + \lambda_3 + \lambda_4} \times \lambda_3\%$；CL 测量回路故障，可信度为 $\dfrac{100}{\lambda_1 + \lambda_2 + \lambda_3 + \lambda_4} \times \lambda_4\%$。

其中，λ_1、λ_2、λ_3、λ_4 为对立事件的失效率。这条规则是一种故障多种原因（按逻辑关系是串联关系）按各元部件的失效率分配可信度，特别适合于新设备刚投入使用没有运行经验、按失效模型开发的原型知识库，可通过运行实践修改推广。

3）发电机空载电压高。根据演绎法，同样可建立故障树如图 1-10 所示。由故障树可知：

①如果 $U_{f0}>U_{fe}$；那么电压校正器无主调节作用。

②如果校正器无主调节作用；那么 VT 开路，可信度为 X_1；分流电阻开路，可信度 X_2；VT 无触发脉冲，可信度为 X_3。

③如果 VT 无触发脉冲；那么 CF 触发电路故障，可信度为 X_4；BJ 桥故障，可信度为 X_5；CL 测量回路故障，可信度为 X_6。

④如果 $U_{f0}>U_{fe}$，且分流电阻、VT 完好，那么 VT 无触发脉冲。

⑤如果 VT 无触发脉冲且 $U_k>U_{ke}$，那么 CF 触发电路故障。

⑥如果 VT 无触发脉冲且 $U_k=-U_w$，那么 BJ 桥稳压管开路。

⑦如果 VT 无触发脉冲且 $-U_w<U_k<U_{ke}$，那么 CL 测量回路故障。

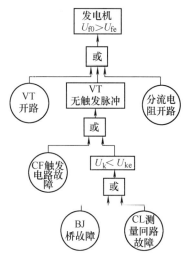

图 1-10　$U_{f0}>U_{fe}$ 故障树

上例说明了建造设备故障诊断专家系统知识库的过程，当然可控相复励恒压装置还有其他故障，对应规则（知识）还没有总结，需要指出的是，除采用产生式表示知识，目前还采用框架结构表示知识。只要把一个故障作为一个框架结构，在其槽内填入故障现象、特征及必要参数，建立知识库用户只要输入故障名称及尽可能多的故障现象。然后计算机通过默认推理、匹配等方法，做出推理、判断，给出故障原因。由于篇幅有限，这里不做详细介绍。

第二章 船舶常用电工仪表的结构和使用方法

电工仪表是用来测量电流、电压、功率、相位、频率等电量的仪表，经过变换器的转换，它还可以用来间接测量各种非电量，如温度、压力、速度等。船舶电气管理人员通过使用电工仪表对各种电量进行测量，可以了解设备的状态和运行情况。

第一节 电工仪表的基本知识

一、船舶常用电工仪表分类

船舶常用的电工仪表种类繁多，分类方法也有许多种。根据电工仪表的工作原理可分为磁电系、电磁系、电动系、感应系、整流系、静电系、热电系及电子系等，目前应用较多的是前五种；根据电工仪表的被测对象可分为电流表、电压表、功率表、功率因数表、频率表及多种用途表等；根据电工仪表工作电流的种类可分为直流仪表、交流仪表、交直流两用仪表；根据电工仪表的使用方式可分为安装式仪表（又称配电板式仪表）和可携带式仪表；根据电工仪表的读数方式可分为指针式、数字式和记录式等。

此外，按测量准确度的要求，各类电工仪表又有 0.1、0.2、0.5、1.0、1.5、2.5、5.0 七个准确度等级，以表示仪表的指示值与被测量接近的程度，其对应的测量误差见表 2-1。

表 2-1 准确度等级与测量误差对照表

准确度等级	0.1	0.2	0.5	1.0	1.5	2.5	5.0
测量误差（%）	±0.1	±0.2	±0.5	±1.0	±1.5	±2.5	±5.0

二、正确使用仪表

仪表使用前必须首先观察表盘上的符号标记，了解仪表的性能特点，并仔细阅读仪表的使用说明书，了解仪表使用时的注意事项和仪表要求的工作条件（安放位置、温度、外磁场、交流电流波形及频率）。测量时将仪表正确地接入被测电路，例如，用电压表测量电路中某两点之间的电压时，应将两支测量棒直接并接在这两个点上；用电流表测量电路某点所在支路的电流时，应先把该点导线断开，然后把两个断头分别接电流表的两支测试棒。图 2-1 为电压和电流测量方法示意图。

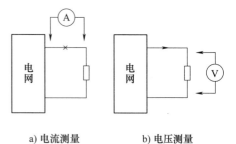

a) 电流测量　　　b) 电压测量

图 2-1　电压和电流测量方法示意图

需要机械调零或电调零的仪表，测量前还要先把示值调整到零位。对于指针式仪表，读数时要眼睛正对指针。在船舶上使用的电压表、电流表及功率表的刻度盘上应有表示其额定值的明显标志。

仪表外壳不能任意开启或将内部机构取出。严禁将仪表放在发电机、电动机或强电流导线的旁边，以及高温、冷热急剧变化和具有腐蚀性气体及阴暗潮湿的地方。

第二节　万　用　表

万用表是一种多用途仪表，目前常用的有指针式和数字式两种。万用表型号甚多，功能略有差别，但基本工作原理一致。现以较为常用的 MF-30 型、MF-47 型指针式万用表为例说明万用表的基本结构、使用要求、功能与测量原理。

一、指针式万用表的基本结构

万用表主要由表头、转换开关和测量电路三部分组成。满刻度时，流过表头的电流约为几微安至几百微安。

表头通常采用高灵敏度的磁电系仪表，其刻度盘上有对应于不同测量对象的四条标尺（有的型号条数更多，MF-47 型有六条），如图 2-2 所示。

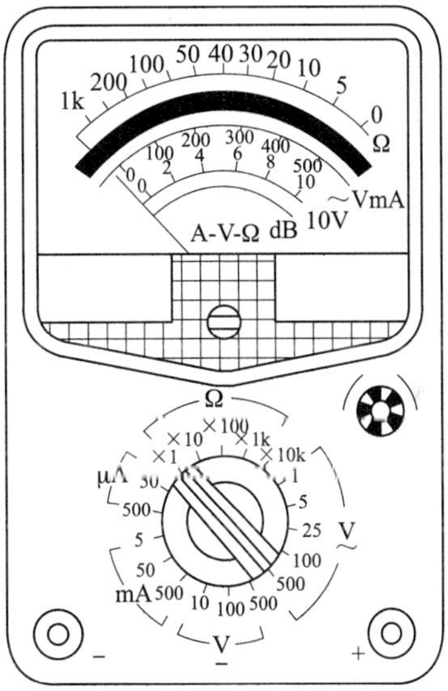

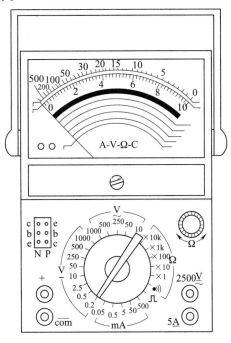

最上面一条标尺右边标有"Ω"，表示电阻标尺；第二条右边标有"V mA"，表示测量交流电压、直流电压和直流电流时读此标尺；第三条右边标有"10V~"，表示只有测量交流 10V 以下的电压时读此标尺；第四条右边标有"dB"，表示测量放大器的增益或线路的损耗时读此标尺。

转换开关的所有位置都刻在它周围的表盘上，按测量对象把转换开关的位置分为欧姆区、交流电压区、直流电压区、直流电流 mA 和 μA 共五个部分，并且每个位置上都标明了量程和最大量程。测量时一定要确认转换开关所处的位置与被测量一致，否则就可能造成仪表的损坏。

图 2-2　MF-30 型万用表

需要指出的是，欧姆档的量程是用"×1""×10""×100""×1k""×10k"标示，这说明测量时，电阻的实际值等于指针的示值乘以转换开关对应的倍数，单位是 Ω。

MF-30 型万用表可测量电压的最大量程是 500V，可测量直流电流的最大量程是 500mA，面板上只有两个接测试表笔的插孔，一个为"+"、一个为"−"。测量时，红表笔插"+"；黑表笔插"−"，无论转换开关置什么位置、测量什么电量都一样。但是有些万用表可以测量高压和大电流，如 MF-47 型，可以测量最高电压为 2500V，最大直流电流为 5A。它的面板上有四个插孔，分别标有"+""com""2500V""5A"，如图 2-3 所示。测量时，黑表笔插"com"，红表笔插哪个插孔则要根据被测量来定。测量电阻、小于 500mA 的电流和低于 1000V 的电压时，红表笔插"+"；电流

图 2-3　MF-47 型万用表

大于 500mA 时，红表笔插"5<u>A</u>"；电压高于 1000V 时，红表笔插"2500<u>V</u>"。

二、指针式万用表的使用要求

1）用万用表测量某一电量前，选择转换开关的位置和表笔所在的插孔必须与被测量的电量相符，并观察表针是否在零位，否则需要进行零位调整。

2）万用表在测量过程中，不得随意改变转换开关的位置。

3）测量电路中的电阻时，被测电阻至少有一端与电路完全断开，并将电路中的电源断开。如果电路中存在电容，应先将电容器放电后再测量，切勿在电路带电的情况下测量电阻。测量时，要先进行电调零，而且每改变一次量程，都必须重新调零。

4）测量电压或电流前，指针若不在零位，要先进行机械调零。在进行电压或电流测量时，如果被测量的电压或电流的数值范围上限无法确定，应将转换开关置于最大量程上，然后再根据实际测量的具体情况，在与被测量点脱开的情况下把转换开关调到合适的量程上。

5）测量 2500V 的交流电压或直流电压时，红表笔要插在"2500<u>V</u>"的插孔上，并要注意安全。

6）测量直流电压或电流时，要注意仪表的正、负极性。测电压时，红表笔应接在被测量电路中电位较高的一点上；测电流时，电流应从红表笔流入表头。

7）万用表只适宜测量正弦电压或电流的有效值，不能测量非正弦量。

8）万用表使用完后，应将转换开关放在交流电压最大量程上，以保证仪表安全。

9）由于仪表的测量机构所通过的电流是一定的，而磁电式测量机构只能通过微安级的电流，所以要测量各种不同的电量和不同量程就需要有不同的转换电路。

10）万用表的结构比较复杂，类型较多，转换开关及插孔的布局也有差异，使用前须仔细阅读使用说明书。

三、指针式万用表的使用方法

万用表的测量功能有很多，下面仅介绍主要的测量功能。

1. 直流电流测量

1）选择量程。将万用表的转换开关置"直流电流档"，根据被测量的直流电流预估值选择合适量程；若不能较精确地预估电流值的范围，应将量程转换开关置最大档进行测量后再根据测量的数据进行量程调整。

2）连接被测电路。万用表与被测电路串联，红表笔接电路的正极端，黑表笔接电路的负极端。

3）读数。根据指针指在相应刻度线上的位置和所选量程获得对应的读数。

图 2-4 为用万用表测量放大器电源支路电流的方法。先把待测量电流的支路断开，然后红表笔接在电位较高的一端，使电流从正极流入表头。如果没有留检测口，又需要临时检查某一支路的电流时，就需要设法在该支路中找出一个接头，暂时把它断开，然后进行测量。

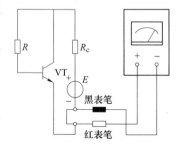

在进行上述操作时，需要注意：断开电路前，先断开电源，待表笔接好以后，再接通电源，读出电流，测量完后，电路要还原。

图 2-4 电流测量示意图

总之，用万用表测量直流电流时，转换开关应在毫安档上；表头必须串联在电路中。

2. 直流电压测量

1）选择量程。将万用表的转换开关置"直流电压档"，根据被测量的直流电压预估值选择合适量程；若不能较精确地预估电压值的范围，应将量程转换开关置最大档进行测量后再根据测量的数据进行量程调整。万用表电压档的量程不同，内阻相差很大，所以在测量时要选择合适的量程档进行测量。

2）连接被测电路。用万用表测量直流电压时，被测量对象是电源的端电压或电路中某两点或某元件两端的电压。测量时，万用表的两只表笔必须并联在电源或电路中某两点或元件的两端。图 2-5 所示的测量电路是用万用表的电压档测量电阻 R_c 两端的电压。由于电路元件两端的电压是流过该元件的电流与元件的等效电阻的乘积，当两表笔并联在 R_c 的两端测量电压时，R_c 两端的等效电阻就变为 R_c 与 r_0 的并联电阻，即

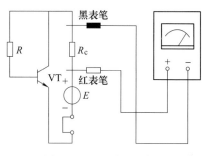

图 2-5　电压测量示意图

$\dfrac{R_c r_0}{R_c + r_0}$ （r_0 为万用表的内阻）。如果 r_0 与 R_c 相比不是大得很多时，那么 R_c 两端的等效电阻就会明显减小，测出的电压就会降低。

3）读数。根据指针指在相应刻度线上的位置和所选量程获得对应的读数。

3. 交流电压测量

交流电压测量的方法与直流电压测量相同，只是转换开关应在交流电压档，并且不用考虑表笔的极性。

4. 音频电平的测试

1）把红表笔插入"dB"插孔。

2）选择量程。具体方法参见"直流电压测量"。

3）连接被测电路。万用表与被测电路并联。

4）读数。根据所选量程和指针所指的对应刻度线（$-10 \sim +20$dB）上的位置，确定被测电平值。如果选用 10V 档量程时，直接由 $-10 \sim +20$dB 刻度线读数；如果选用 50V 档量程时，读数为表头读数 dB 值加上 $+14$dB；如果选用 250V 量程时，读数为表头读数 dB 值加上 $+28$dB。

5. 电阻测量

1）选择量程。将万用表的转换开关置"欧姆档"，根据被测量的电阻预估值选择合适量程；若不能较精确地预估电阻值的范围，应根据测量后的数据进行量程调整。

2）表头调零。在选定量程后，把两表笔碰在一起，使表头指在零位置上，若不在零位置，可通过调节旋钮，使指针指在零位置上（注意：每切换一档量程，都必须调零）。若调节旋钮达不到零位置，说明万用表电池电压太低，应更换电池，或万用表故障，更换万用表。

3）连接测试电路或元件。表笔与被测电路元件并联，然后按图 2-6 所示的方法进行测量。

4）读数。根据表头指示读数乘上量程值，即得电阻值。

必须注意，在测电路电阻时，必须切断电路电源，同时被测电阻至少有一端与电路完全断开，保证没有其他电路与被测电阻并联。若电路中有大电容必须先使其放电，然后测量；在测大阻值元件时，两手不能触及元件或表头的导电棒，以免影响测量准确度。

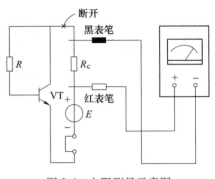

图 2-6　电阻测量示意图

6. 电容器测量

用万用表内的电池对电容充放电，可以测试电容器的性能。

1）漏电检查。用万用表的电阻量程（$R×1k$ 或 $R×10k$）进行测量；万用表调零后，当表笔搭在两个电容器引线时，表头指针将很快偏转到零位置，然后慢慢地回到电阻无穷大（∞）处。如果指针回不到电阻无穷大（∞）处，则表头指针所示的读数乘上量程即为电容器的漏电阻。一般电容的漏电阻值为几十至几百兆欧（电解电容器除外）。测量电容时两手不得接触表笔导电棒。

2）电容量的测试。用万用表的电阻档判别电容量大小；选择电阻档的合适量程，两表笔搭在电容器的引线上，若指针很快向零方向偏转或到零位置，然后慢慢地向电阻无穷大方向偏转，若回复的速度很慢，而且向零方向偏转越大，说明电容量大，反之，电容量小或电容变质。也可以用新的同型号同容量电容与其作比较，若被比较的电容器是好的，其偏转幅度、回复速度应基本相同，否则，被比较的电容器变质。小容量的电容器（几至几千皮法），用 $R×1k$、$R×10k$ 档测量时，指针不动，即阻值无穷大。测量容量为 $0.01～0.47\mu F$ 的电容器时，指针会轻微向右摆，充电完毕后指针又回到电阻无穷大处。

电容量越大，指针向右摆动越大。当指针向右摆动很大或到达零处，并停在那里，说明电容已被击穿或短路。如果指针向右摆动后，回不到无穷大，说明电容漏电。漏电阻大，说明电容的性能好；当漏电阻太小时，电容就不能用了。如果把两个表笔对调一下进行测量，得到的反向电阻值与刚才正向测量的电阻值不相等，则该电容可能是电解电容器，若正向测量比反向测量的电阻值大，则正向电阻是电解电容的实际漏电阻，此时黑表笔接电解电容的正极。

3）电解电容器极性判别。可根据电解电容器在正接时漏电流小、反接时漏电流大的特点进行判别。若当漏电流小（漏电阻大）时，黑表笔所搭的一端是电容器的"–"端，则红表笔搭的一端是电容器的"+"极。

7. 二极管测量

用万用表欧姆档测量二极管时，通常用 $R×100$ 或 $R×1k$ 两档进行测量，测量大功率二极管时，可用 $R×10k$ 档，其他档不宜用，这是因为 $R×1k$ 档电流太大，可能烧毁小功率二极管，而 $R×10k$ 档电压太高，二极管可能被反向击穿而损坏，因此不能盲目选用。

1）判别极性。根据二极管正向偏压电阻小、反向偏压电阻大的特性，可以用万用表判别它的极性。指针式万用表内的电池极性与插孔的极性相反，红表笔对应电池负极，黑表笔

对应电池正极，如图 2-7a 所示。测量时，按图 2-7b
所示的方法，用两根表笔分别接二极管的两个引脚，
读出电阻值；对调俩表笔再测一次。两次测量中电
阻小的一次（指针在右侧）二极管正向偏压，黑表
笔接的是阳极，红表笔接的是阴极。换句话说，两
次测量中电阻大的一次（指针在左侧或靠近∞）二
极管反向偏压，红表笔接的是阳极，黑表笔接的是
阴极。

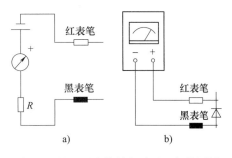

图 2-7　用万用表等效电路及二极管测量

2）判别性能。通常小功率二极管的正反向电
阻相差较大，锗二极管正向电阻为几百欧或几千欧，反向电阻为几十千欧以上；硅二极管正
向电阻为几千欧至几十千欧，反向电阻为几百千欧姆以上。正反向电阻相差愈大，则说明其
单向导电性愈好。通常大功率二极管的正反向电阻相差较小。

如果测得的正反向电阻都极大，则表明二极管内部断路；如果测得的正反向电阻都极
小，则表明内部短路，二极管已损坏。

8. 晶体管测试

1）管型（PNP 型和 NPN 型）和基极判别。晶体管内部有两个 PN 结，即发射结和集电
结，可以利用 PN 结的单向导电性，通过测量两个 PN 结的正、反向电阻来判别管型和基极。
测量方法：用万用表 $R×100k$ 或 $R×1k$ 档，红表笔任意接触被测晶体管的某一个引脚，黑表
笔分别接触另外两个引脚，若均测得有几百欧的低电阻，则被测晶体管为 PNP 型管，而且
红表笔接触的引脚为基极 b。如果与上述测量方法相反（黑表笔任意接触一个引脚），若测
得两个阻值均为几百欧到几千欧，则被测晶体管为 NPN 型管，并且黑表笔接触的引脚为基
极 b。

用黑表笔接触三个引脚中的某一个，红表笔先
后接触另外两个引脚，观察两次测量指针偏转的情
况。如果两次测量指针的偏转都很大，如图 2-8 所
示（指针在右侧），则对调表笔，用红表笔固定在这
个引脚上，再测量一次。如果这次测量指针的偏转
都很小，则固定表笔的这一引脚是基极 b，管型为
NPN 型。如果上述两次测量的结果正好相反，则管
型为 PNP 型。

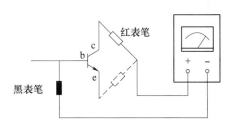

图 2-8　晶体管基极判别示意图

如果测量结果不包括上述情况，应将黑表笔换一个引脚再试，三次测量中必有一次结果
与上述情况相符，否则晶体管已经损坏。

2）晶体管发射极 e、集电极 c 的判别。对于有 h_{FE} 档的万用表：由 1）测出基极 b，只
需把另外两个引脚插入万用表的 e、c 极插座中，测得一个 h_{FE} 值；交换两个引脚，再次测得
h_{FE} 值。比较两个 h_{FE} 值，大的 h_{FE} 值对应的那次测量的引脚与晶体管极性一致。

若不采用 h_{FE} 档（或用无 h_{FE} 档的万用表），晶体管发射极 e、集电极 c 的判别方法是在
晶体管的基极和管型确定之后，根据晶体管在正常使用时放大倍数大、反向使用时放大倍数
极小的原理判别集电极与发射极。以 NPN 型管为例，在另外两个引脚中，假设其中任意一
个引脚是集电极 c，另一个是发射极 e，测量方法如图 2-9a 所示，用黑表笔接 c、红表笔接

e，再用沾湿的两个手指同时捏住 b、c 两极，但不要使两引脚接触（或在 b、c 极之间接一个几十千欧姆的电阻），记下指针偏转的角度 φ；再假定另一个引脚为集电极 c，按同样的方法再测量一次。两次测量结果比较，指针偏转角 φ 大的那次测量，说明晶体管的电流放大系数大，则原假设正确，即黑表笔对应的是集电极 c（若晶体管为 PNP 型，判别晶体管发射极 e、集电极 c 时，黑表笔接假设的发射极 e）。

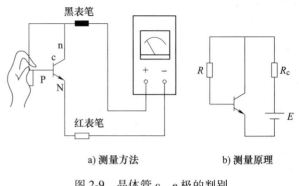

a) 测量方法　　　b) 测量原理

图 2-9　晶体管 c、e 极的判别

3）晶体管性能测试。一般而言，晶体管的性能优劣可以从测量两个 PN 结的正、反向电阻或电流放大倍数来判别。选择万用表 $R\times100k$ 或 $R\times1k$ 档测量发射结和集电结电阻，性能优的中、小功率晶体管（硅管）发射结、集电结的正向电阻为几百欧至一千欧，反向电阻为几百千欧以上。

穿透电流及其随温度变化的情况是表征晶体管性能的重要参数，穿透电流的大小可以用万用表的欧姆档测量，以 NPN 型管为例，测试方法为：用黑表笔接集电极，红表笔接发射极，观察指针偏转的大小。指针偏转越大，穿透电流也越大，晶体管的性能不稳定；指针偏转越小，穿透电流也越小，晶体管的性能比较稳定。

此外，在测量穿透电流的同时，可对晶体管加温，如用温和的手捏住金属管壳，可以看到指针慢慢向右偏转，说明穿透电流随温度在增加。偏转越快，说明穿透电流随温度变化越大，晶体管性能越差。

4）估测电流放大系数。判别晶体管发射极和集电极的方法利用的就是测量电流放大系数的原理。上述测量中，指针偏转角 φ 大的电流放大系数就大，但不能确定其具体值。

有的万用表有直接测量晶体管电流放大系数的功能，其转换开关有 ADJ 档和 h_{FE} 档，表盘上有 h_{FE} 的标尺，面板上有对应于 e、b、c 的小插孔。测量时，先将转换开关转至 ADJ 档，将两表笔短接调零，然后将转换开关转至 h_{FE} 档，再根据晶体管的类型，把三个引脚分别插入对应的 e、b、c 插孔内，在 h_{FE} 标尺上即可读出电流放大系数值。

9. 晶闸管测试

1）极性判别。一般对大功率晶闸管（SCR）而言，控制极 G 引线比较细，而对于小功率晶闸管，很难从外表来判别，可以查找手册或测试。测量方法为：用万用表 $R\times1k$ 档，并将晶闸管其中一个电极假定为 G 极，接黑表笔，然后用红表笔分别接触余下的两个极。若有一次出现导通，则假定的控制极 G 正确，而红表笔所接触的是阴极 K，余下的另一极为阳极 A，如果两次均不导通，说明 G 极假定错误，可重新假定 G 极，重复上述过程进行测试。

2）极间电阻测量。用万用表 $R\times1k$ 或 $R\times10k$ 档测量阳极 A 和阴极 K，测得电阻应在几百千欧以上才属正常；用万用表 $R\times10k$ 或 $R\times100k$ 档测量控制极 G 和阴极 K 正、反向电阻，正向电阻为几欧姆，而反向电阻要比正向电阻明显地大一些（有几百欧），就可认为正常，如果测得正向电阻为零或大于数千欧，说明晶闸管已损坏。

10. 测定特殊电阻

船舶上常用的具有负温度系数的热敏电阻传感器，可以用万用表检查其性能。把热敏电阻传感器插入热水中，用万用表的 $R×10$ 或 $R×100$ 档测量传感器两根引线之间的电阻，正常时可观察到电阻值的变化。若测得的电阻无穷大，说明该传感器开路。对于船舶用的热电阻传感器的检查也一样，把热电阻传感器插入热水中，测量两个接线柱间的电阻值，正常时可观察到电阻值随温度升高而增加；若测得的电阻无穷大，说明该热电阻开路。

用万用表 $R×10k$ 档测量热电阻或热敏电阻的接线柱与金属外壳电阻，若测得的电阻不是无穷大，说明传感器绝缘不良。

11. 测试光敏器件

光敏器件有光敏电池、光敏电阻、光电二极管、光电晶体管等。光敏电池受到光照后，用万用表的直流 mV（或 mA）档可测到电动势（或电流），若光照后电动势为零，说明光电池失效。对于另外三个光敏器件，可用万用表的 $R×1k$ 档测量其电阻值。将光敏器件放在光照处和黑暗处分别测量，正常时，电阻值有明显变化，若电阻值不变，说明该器件失效；若电阻值都为零，说明短路，若电阻值都为无穷大，说明开路。

12. 测试热电偶

用万用表低阻档测量热电偶的两个接线柱间的电阻值，正常时，其值为零；若使热电偶的热端温度升高，用万用表的直流 mV（或 mA）档可测到电动势（或电流），其值随温度的升高而增大。若测得的电阻值是无穷大，说明热端开路，热电偶已坏。用万用表 $R×1k$ 档测量接线柱与金属外壳电阻，若测得的电阻值不是无穷大，说明绝缘不良，可能是内部的绝缘瓷管破碎，应设法修复。

四、数字式万用表的使用方法

数字式万用表的使用方法与指针式万用表的使用方法基本一样，不同的是使用数字式万用表时，必须先将电源开关打开，使用后，对于无自动关断电源功能的数字式万用表必须关断电源。用数字式万用表测量电压、电流、电阻的方法与指针式万用表的测量方法大体上一致，不再赘述，下面介绍用数字式万用表测量电容、二极管正向电压降、晶体管的 h_{FE} 的方法。

1. 电容测试

将转换开关转到电容测量档的合适量程后，将待测电容直接插入电容"X"或"CAP"插孔中读显示读数。但要注意，在测量较大电容时，需待读数稳定后，读取才比较准确。

2. 二极管测试

将黑表笔插入"com"插孔，红表笔插入"Ω"或"V/Ω"插孔。此时，红表笔连接数字式万用表内部电源的正极（与指针式万用表正好相反），黑表笔极性为"−"。然后把转换开关转到测二极管档，并把表笔接到被测二极管，若显示 1V 以下，则为该二极管的正向电压降；若显示溢出符号，说明二极管反向截止，此时，对调表笔即可测得二极管的正向压降，同时可判别二极管的极性。若正、反两次测量显示都为"0"，说明该二极管击穿；若正、反两次测量显示都为溢出符号，说明该二极管内部开路。

3. 晶体管测试

1）管型的判别。判别晶体管是 NPN 型管还是 PNP 型管时，将数字式万用表转换开关转至测二极管档，假定某一个极为基极，并认为是 NPN 型管，用红表笔接触这个假定极，黑表笔分别接触另两个极，若这时测量结果都是在 1V 以下，说明假定是正确的，可以确定是 NPN 管和一个基极；否则，说明假定是错误的，应重新再假定一个基极，再测，若三个引脚都分别假定过基极，都测不到上述结果，此时，应用黑表笔接触假定基极再重复上述过程，若晶体管正常，就会测得上述结果，而且，可以确定此被测管为 PNP 型管及基极。若通过上述测量都得不到上述结果，都是显示溢出符号，说明晶体管内部有开路，若显示都是 "0" 或 1V 以下，说明晶体管击穿。

2）集电极 c、发射极 e 和电流放大倍数 h_{FE} 测试

判别出晶体管的管型和基极 b 后，把数字式万用表的转换开关转到与管型一致的 NPN 或 PNP 档，再把被测管的基极 b 插入 h_{FE} 插座 B 插孔，其余两个引脚分别插入 C 插孔和 E 插孔，测出 h_{FE} 值，然后把 C 插孔和 E 插孔的引脚对调，再测一次，两次测量中得到 h_{FE} 值较大一次时的引脚极性与插孔对应的极性一致，而且较大的 h_{FE} 值就是该晶体管的电流放大倍数。若两次测得 h_{FE} 都相差不大，都很小或都较大，说明晶体管已失效。

3）晶体管性能的判别。将数字式万用表转换开关置于二极管档。对于 NPN 型晶体管，当红表笔接 b 极，黑表笔接 e、c 极时，对性能良好的硅管，显示值一般在 0.5~0.7V，少数在 1V 左右，对于性能良好的锗管，显示值一般在 0.1~0.35V。若黑表笔接 e 极时，显示值为 "0"，说明发射结内部有短路，若显示溢出，说明发射结内部有开路；同理，若黑表笔接触集电极 c 时，显示为 "0"，说明晶体管击穿，若显示溢出，说明晶体管有开路。对于 PNP 型管，只需对调表笔，检测方法同上。

总之，用数字式万用表可以进行多种测量，可以在实际工作中进一步摸索和掌握。

4. 数字式万用表使用、保养注意事项

数字式万用表是一个电子仪表，使用、保养时应注意如下几点：

1）不要随便拆卸、更换线路。

2）应避强烈撞击，以免损坏外壳及内部零件，应保持干燥，不能被雨水淋浸。

3）不要接高于规定测试的最大量程。

4）不能用电阻档去测电流、电压。

5）在未装好电池时不要使用。

6）在切换量程时，应使表笔与被测电路断开。

7）在更换电池或熔丝时，应将 "POWER" 开关断开，并把表笔分开，同时注意电池极性，更换熔丝时，还应注意与原型号、规格相符。

第三节 便携式绝缘电阻表

便携式绝缘电阻表，主要用来测量和检测电气设备、电气线路和电缆的绝缘电阻。

绝缘电阻表是电气管理人员必备的主要测量仪表之一，绝缘电阻表具有使用简便、携带方便、测量时不需要其他辅助设备、不需要外接电源即可直接读出测量结果等优点，因此被广泛使用。常用绝缘电阻表有各种不同的规格，依据其手摇发电机发出的最高电压可分为 100V、200V、500V、1000V、2500V 等几种。

一、绝缘电阻表的基本结构

图 2-10 为绝缘电阻表的结构示意图。绝缘电阻表
常采用比率表结构，其特点是用电磁力来产生反作用
力矩。绝缘电阻的主要组成部分是一台手摇发电机和
磁电系比率表，它以手摇发电机所能发出的最高电压
进行分类，电压越高，绝缘电阻表所能测得的绝缘电
阻值也就越高。兆欧表所测的绝缘电阻值以兆欧
（MΩ）为单位。

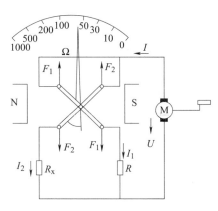

图 2-10　绝缘电阻表的结构示意图

绝缘电阻表上有三个接线柱，分别为接线柱 L、
接线柱 E 和保护接线柱 G。

测量时，分别将接线柱 L 及接线柱 E 用单股导线
与被测对象相连，接线柱 L 与被测对象和大地绝缘的
导体部分相连；接线柱 E 与被测对象的外壳或其他导体部分相连；保护接线柱 G 只有在需
要时才与被测对象上的保护环部分相连。

一般测量时只用 L 和 E 两个接线柱，接线柱 G 只有在被测对象表面漏电很严重的情况
下才使用。当使用绝缘电阻表测量具有绝缘层的电缆（或导线）的绝缘电阻时，由于被测
对象表面的影响很显著而又不易去除时，产生的漏电流可能引起较大的测量误差，如空气太
潮湿，绝缘材料的表面受到侵蚀而不能擦干净时，测出的绝缘电阻太低，这就需要判断是内
部绝缘不良，还是表面漏电流的影响。为了消除漏电流引起的误差，必须加入保护环，排除
表面绝缘不良对绝缘电阻表指示值的影响。如果在接线柱 G 不接保护环时绝缘电阻的值就
很高，那就不一定接入保护环。但在大多数情况下，清洁干净被测物的表面，能够排除表面
绝缘不良的情况，使得测出的数值接近被测对象内部绝缘电阻的实际值。

二、绝缘电阻表的使用

使用绝缘电阻表测量时，如果接线和操作不当，都将影响测量结果，甚至危及人身
安全。

1. 绝缘电阻表的选择

选用绝缘电阻表进行绝缘电阻的测量时，一般应使绝缘电阻表的手摇发电机发出的最高
电压高于被测对象的额定工作电压，并兼顾到不损坏被测对象，才能正确测试出被测对象在
额定工作电压下工作时是否达到了必要的绝缘电阻值。

通常，当测量额定工作电压 500V 及 500V 以上（低于 1000V）的低压电气设备（元器
件）、电缆（电线）、电机或电力变压器的绕组时，应选用 1000~2500V 的绝缘电阻表；对于额
定工作电压在 500V 以下的设备，一般选用 500V 或 1000V 的表；而 36V 以下的低压电气设备
的绝缘电阻测量，只能选用 100V 或 200V 的绝缘电阻表。对于有规程规定的应以规程为准。

2. 绝缘电阻表使用的注意事项

1）测量前应先对绝缘电阻表进行一次开路和短路试验，检查仪表是否良好。当接线柱
L 与 E 之间不接任何被测物（即处于开路状态）时，以 120r/min 的转速顺时针方向转动手
柄，观察绝缘电阻表是否指向∞；再将接线柱 L 与 E 短路，慢慢转动手柄，观察绝缘电阻
表是否指零，如果满足上述两个条件，说明绝缘电阻表工作正常。

2）严禁在电气设备带电时使用绝缘电阻表进行测量，若被测对象与电源有连接，在测

试前必须将电源切断，否则，不但影响测量结果，还会危及测试人员及仪表。若被测对象有可能感应出高电压（存在较大容量的电容或电感元件），或测量大容量的变压器与发电机等设备时，还需要将被测对象进行充分的放电后才能进行测量，时间一般为 2~3min。

3）在测量较大容量的电容器、发电机、电缆线路和变压器等设备的绝缘电阻之后，由于被测设备自身存在的电容被绝缘电阻表的高压充电，测试完毕后还带有高压，可能会造成人身被短时电击，因此测量结束后应先将被测设备进行短接放电。

4）被测设备的表面要擦干净，确保导电良好，以免造成测量误差。

5）使用绝缘电阻表测量时，将绝缘电阻表水平方向放置在平稳、坚硬的场地上并应远离磁场，避免不平衡、倾斜和电磁感应误差。

6）虽然绝缘电阻表的读数一般不受转速变化的影响，但转速与规定转速（120r/min）相差太大也会对绝缘电阻表造成损害或产生测量误差，一般要求转速不超过±20%的规定转速。摇动手柄时，还应避免先快后慢，因为摇动时发电机输出电压高，被测物绝缘介质高压充电，当转速慢下来时，绝缘电阻表中的电压过低，会使绝缘介质上的电荷倒流，造成读数误差。

7）测量含有绝缘层的电缆（或导线）的缆芯对外壳的绝缘电阻，在需要时应将保护环接于被测电缆（或导线）最内层的绝缘层，以消除因漏电引起的误差。

8）在使用绝缘电阻表测量时，绝缘电阻表的接线柱 L 与 E 之间有很高的直流电位差，绝对不能用手去碰绝缘电阻表的端子或被测对象，以免被电击伤。当测试结束后，发电机转子还没有完全停止转动，设备还没有完全放电之前，也应注意不要马上用手去拆除连线，避免发生触电事故。

9）测量电气设备绝缘电阻时，应根据设备额定工作电压的大小选用不同等级的绝缘电阻表。

10）仪表的接线柱与被测设备间连接的导线，必须对大地绝缘良好，不能用双股绝缘线和绞线，应用单股线单独连接，以免绞线绝缘不良而引起误差。

11）严禁使用绝缘电阻表测量电子设备、仪表、传感器等低压电气设备的绝缘电阻，更不能用绝缘电阻表测试二极管、晶体管及集成电路等，以免将这些设备中的电子器件击穿。

三、绝缘电阻表的调整与校验

1. 绝缘电阻表误差的调整

调整前应对仪表的电气回路与机械机构的完善与否进行检查。如果发现有不正常的情况，应进行修复；调整中要注意两个测量线圈间的相对位置是否准确，若仪表内部测量机构和发电机部分无问题，可根据下面几种情况分别进行调整。

1）当绝缘电阻表不接任何导线或反接一根接地线时，摇动绝缘电阻表发电机手柄，看指针是否指到"∞"位，如果未到"∞"位，则应减少电压回路的电阻；如果超出"∞"，则应增大电阻。有的绝缘电阻表在电压回路的电阻上串有电位器，即∞调节器或调节磁通的磁分路片，对于这样的绝缘电阻表，调节时只需调节∞调节器，也可改变磁分路片的位置。

2）短接接线柱 L 与 E，摇动绝缘电阻表发电机手柄，观察指针是否指到"0"位（一般缓慢摇动即可指"0"）。如果未到"0"位，则应减少电流回路的电阻，如果超过"0"位，则应增大电阻。

3）若指针少许不到"0"位或超过"0"位，可用镊子拨动指针进行调整。若少许不到"∞"位，可用镊子拨动一下导丝，利用导丝的残余力矩使指针指到"∞"位。

4）当绝缘电阻表的"0"位和"∞"位都已调好，而前半段或后半段误差较大时，可将导丝重新焊接，少许伸长或缩短导丝，利用导丝的残余力矩来改变前半段或后半段的刻度特性。

5）绝缘电阻表刻度特性改变、产生较大误差时，可能是指针对线框夹角或两线框间夹角改变。也可能是底座位置和线框偏斜，经过检查调整可将误差减少或消除。

2. 绝缘电阻表的校验方法

校验绝缘电阻表的方法有好多种，其中最简单的方法是采用标准电阻的校验方法，直接用标准电阻作为绝缘电阻表的刻度核对。如果没有精密绝缘电阻箱，一般也可以自制电阻箱用来校验绝缘电阻表刻度。如果仅仅检验绝缘电阻表能否使用，则不一定要制作电阻箱，只要将若干个电阻加以串、并联组合，便可以进行粗略的校验。

四、测量方法举例

1. 测量电气设备中线圈对地的绝缘电阻

首先切断电源，然后将绝缘电阻表的接线柱 E 接到电气设备的外壳或铁心（如变压器铁心）上，接线柱 L 接到线圈的导线上。

若电气设备为多相且各相之间不连接，在测量线圈对地的绝缘时，绝缘电阻表的接线柱 L 应分别逐个接到各相线圈的导线上，而接线柱 E 则接金属外壳或铁心，也可将不参与测量的线圈一并接地，以避免不必要的感应电压的产生。

若测量某设备的各相或各线圈之间的绝缘电阻（各相或各线圈之间不能有电连接），应将两相或其线圈的导线分别接到绝缘电阻表的接线柱 L 和 E 上。

2. 测量线路对地的绝缘电阻

首先将所要测试的线路的电源切断，然后将绝缘电阻表的接线柱 L 接到所要测试的线路上，接线柱 E 接地（在船上 E 接船体），摇动绝缘电阻表发电机至额定转速，指针稳定后所指刻度值为该线路对地的绝缘电阻值。

3. 测量线路间的绝缘电阻

首先切断电源，然后将绝缘电阻表的接线柱 L 与 E 分别与被测两线路相接。测量方法同上。

第四节　钳形电流表

一、穿心式电流互感器

当电流互感器的二次绕组匝数不变时，随着被测电流的增大，电流互感器一次绕组的匝数要相应地减少，当一次绕组的匝数减少到一定程度时，便可以不用一次绕组，直接将通过大电流的导线和互感器的铁心相绞链，如图 2-11 所示。例如，HL-25 型电流互感器，当一次电流 $I_1 = 100\mathrm{A}$ 时，可用软电线从互感器孔中穿六次，当 $I_1 = 150\mathrm{A}$ 时，穿过四次，以此类推。当 $I_1 = 600\mathrm{A}$ 时，只穿过一次即可，这种形式的互感器称为穿心式互感器。

二、钳形电流表

根据上述单匝穿心式电流互感器的原理，即可制成钳形电流表。

　　通常，在用电流表测量电路的电流时，需切断电路才能将电流表或电流互感器的一次绕组串接到被测电路中去，而用钳形电流表进行测量时，可在不切断电路的情况下测量电流。

　　钳形电流表由电流互感器和电流表组成，其结构如图 2-12 所示。电流互感器的铁心在捏紧扳手时可以张开（见图中虚线），被测电流通过的导线可以不必切断就可以穿过铁心张开的缺口，然后放松扳手，铁心闭合，这样通过被测电流的导线就相当于电流互感器的一次绕组，二次绕组中便出现感应电流，与二次绕组相连的电流表的指针便会发生偏转，从而指示出被测电流的数值。

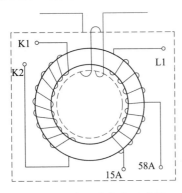

图 2-11　穿心式电流互感器

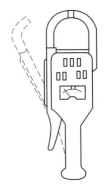

图 2-12　钳形电流表

三、钳形电流表的使用方法及注意事项

　　1）使用前应擦除仪表钳口上的油污，使钳口紧密结合，如有杂音可重新开合一次。

　　2）使用前观察指针是否指在零位，如不在零位，可调整表盖上的机械零位调节器，使其恢复至零位。

　　3）测量时应先将旋钮旋至最大量程档上，进行试测量后脱开被测对象，根据试测量的情况变换到合适的量程再进行测量。

　　4）测量时将转换开关调至合适的量程档，用手扳开钳口，放置被测导线。为了减小误差，被测导线应放置在导磁铁心的窗口（钳口）的中央，导磁铁心闭合后，即可在标尺上读出读数。

　　5）测量 5A 以下电流时，为了得到较为准确的测量值，在条件许可的情况下，可把导线多绕几圈放进钳口进行测量，实际电流值应为读数除以放进钳口内导线的圈数。

　　6）切忌在测量电流过程中转换量程档。

　　7）测量完毕，一定要将量程档旋钮旋至最大量程位置，以免再次使用时，由于疏忽未选择量程而损坏仪表。

第五节　功　率　表

　　功率表是用于测量电功率（简称功率）的仪表，也称瓦特表。

　　利用功率表进行功率测量时，电流线圈串联于电源和负载之间，检测被测电路（负载）的电流；电压线圈（其所在的支路称为功率表的电压支路，串联了一个附加电阻）并联接至被测电路的两端，检测被测电路两端的电压；为了使指针在电流线圈和电压的作用下顺时针偏转，电流线圈和电压线圈分别标有同名端，用"＊"表示，表明测量时两个线圈的电流要同时从该端流入或流出。

一、多量程功率表

安装式功率表通常是单量程的，一般与互感器配合使用；而便携式功率表通常是多量程的，一般有两个电流量程，两个或三个电压量程。

功率表的两个电流量程是由两个完全相同的电流线圈采用串联或并联的方法实现，而电压量程是由电压线圈串联不同附加电阻的方法实现。功率表电压线圈不同量程的端钮及公共端和电流线圈各绕组的端钮全部引出，固定在表盘的接线柱上，并标上相应的量程和同名端。图 2-13a 所示为 D34-W 型功率表的表盘。图 2-13b 和图 2-13c 为改变量程时两个电流线圈通过连接片串联和并联的接线方法。

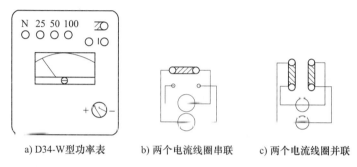

a) D34-W 型功率表　　b) 两个电流线圈串联　　c) 两个电流线圈并联

图 2-13　D34-W 型功率表

选用功率表中不同的电流和电压量程，可以获得不同的功率量程，如 D34-W 型功率表的额定值为 0.25A、0.5A 和 25V、50V、100V，选用 0.25A 和 100V 量程时，其功率量程为 0.25A×100V＝25W；选用 0.5A 和 25V 量程时，功率量程为 0.5A×25V＝12.5W。

二、功率表的正确使用

功率表有两个独立支路，而且有确定的同名端。不同的厂家，同名端的标志符号也不同，通常用"＊""±"或"△"等特殊标记。

1. 接线规则

为了正确地使用功率表，测量时必须遵守功率表的接线规则。

1）由于功率表的电流线圈是串联接入电路中，所以功率表标有"＊"号的电流端钮必须接至电源的一端，而另一电流端钮则接至负载端。

2）由于功率表的电压支路并联接在负载电路的两端，所以功率表中标有"＊"号的电压端钮必须接至电流端钮的"＊"端，而另一个电压端钮则跨接到负载的另一端。功率表的正确接线如图 2-14 所示。

2. 功率表的读数

多量程功率表的标尺只有分格数，而不标瓦特数，一格所代表的瓦特数称为功率表的分格常数。在测量时，读到功率表偏转的格数后，乘以功率表的分格常数，就得出被测功率的数值。即

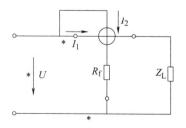

图 2-14　功率表的正确接线

$$P = C\alpha$$

式中　P——被测功率（W）；

　　　C——功率表的分格常数（W/格）；

　　　α——指针偏转格数。

功率表的分格常数 C 计算公式为

$$C = U_m I_m / \alpha_m$$

式中　U_m——功率表电压量程额定（V）；

　　　I_m——功率表电流量程额定（A）；

　　　α_m——功率表标度尺满刻度的格数。对单量程的功率表可直接读取其功率值。

3．注意事项

1）仪表指针不在零位时，可利用表盖上的零位调整器调整。

2）测量时如遇仪表指针反向偏转，应改变仪表面板上"+""-"换向开关极性，切忌互换电压接线，以免使仪表产生误差。

3）功率表测出的功率值包括了其本身电流线圈的功率损耗，所以在做准确测量时，应从测得的功率中减去电流线圈消耗的功率，才是所求负载消耗的功率。功率表两个电流线圈的电阻值在表盘上标出，供修正所测功率值时使用。

4）功率表与其他指示仪表不同，指针偏转大小只表明功率值，并不显示仪表本身是否过载。有时指针虽未达到满刻度，但只要 U 或 I 之一超过该表的量程就会损坏仪表。因此，为安全起见，在使用功率表的同时，电路中需接入电压表和电流表，起监视和保护作用。

三、三相电路有功功率的测量方法

三相电路有功功率可以用一表法、两表法和三表法三种方法测量。对于对称三相电路，不论是三相三线制还是三相四线制，都可以用一表法测量。这种测量法只需测出一相的有功功率，再将读数乘三，即得三相有功功率。两表法和三表法则不论负载对称与否都可以测量三相电路有功功率。用两表法测量三相三线制负载功率，测量电路如图 2-15 所示。接线应遵守两个原则：①两只表的电流线圈接在不同的两个相线上，并将"*"接到电源侧，通过电流线圈的电流为线电流；②

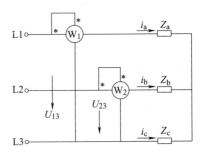

图 2-15　两表法测三相三线制负载
功率测量电路

两只表的电压线圈的"*"端接到各自电流线圈的"*"端上，并将另一端都接到没有电流线圈的那一相线上，使加在电压线圈支路的电压为线电压。

三相电路的有功功率就等于两只表的读数之和，即 $P = P_1 + P_2$。对于 $\cos\varphi < 0.5$，即 $\varphi > 60°$ 的负载，两表中必有一表的读数为负值。为获取读数，应将反偏转的功率表的电流线圈反接，然后在其读数前加负号，此时，三相有功功率为两表读数的差值。

三表法测三相四线制不对称负载功率的电路如图 2-16 所示。三只表分别测出三相的有功功率，三表读数之和即为三相电路的有功功率。

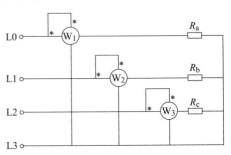

图 2-16　三表法测三相四线制不对称负载
功率的电路

电动系三相功率表由两个单相功率测量机构组成。这种仪表有两个独立的单元，分上下布置，每个单元的可动部分固定在同一转轴上，因此，仪表的总力矩等于两个单元力矩的代数和。当仪表按两表法的接线规则接入三相三线制电路时，作用在转轴上的总力矩将反映三相功率的大小。

第六节　仪表测量电路

一、交流电压测量

船舶低压电力系统采用三相三线制，因此对电网和发电机的电压测量就是对线电压的测量。通常称"测量单相电压"实际上是测量一个线电压；称"测量三相电压"实际上是测量三个线电压。

1）交流单相电压测量电路如图 2-17 所示，是电压的直接测量电路，电压表经熔断器 FU 直接接在线路的任两相上进行测量。线路额定电压为 380V，根据中国船级社《钢质海船入级规范》的要求电压表的量程上限应为 380V×1.2＝456V，发电机额定电压为 390～400V，电压表的量程上限应为 400V×1.2＝480V，因此应选用 0～500V 的量限。图 2-18 所示为间接测量电路。

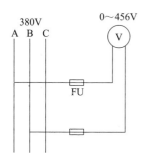

图 2-17　交流单相电压直接测量电路

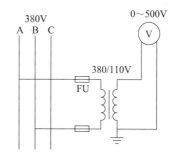

图 2-18　交流单相电压间接测量电路

2）交流三相电压直接测量电路如图 2-19 所示。船舶配电板上大多数是用一只电压表通过转换开关选择分别测量三相电压。

用转换开关选择，一对触点控制相电压与表的一端的连接。A 相只接 1 号端子，用一对触点；C 相只接 2 号端子，用一对触点；B 相接 1 号和 2 号端子，用两对触点。转换开关 S 有四个位置，一个 0 位（断开）和三个测量位；有四对触点，1、2 号端子控制 A 相，7、8 号端子控制 C 相，3、4 和 5、6 号端子控制 B 相。由此可知，用一只电压表测量三相电压，转换开关至少有四对触点，其中有一相需用四对触点。图例中是 B 相用 2 副触点。

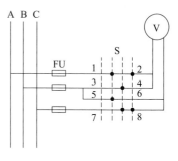

图 2-19　交流三相电压
直接测量电路

图 2-20 为交流三相电压间接测量电路。三个线电压用两台电压互感器 TV$_1$ 和 TV$_2$ 测

量。U_{AB} 和 U_{BC} 用各自的 TV 测量，U_{CA} 用两台 TV 的 U_{AB} 和 U_{BC} 按 "V" 形接法矢量相加合成测量。

二、电流测量

1. 直流电流测量

测量直流电流时，电流表接线标有 "+" "−" 极性，若接反，指针会反向。

直流电流表采用磁电系仪表。内阻（连同分流器）很小，串联在被测电路中。

容量较大的直流电流表需外附分流器，分流器输出的电压是标准的 50mV 和 75mV，常用的是 75mV。电流表是 75mV 的量限，表面刻度是分流器的额定电流。从原理上看分流器串联在被测电路任何位置都可以，但规范要求必须设置在 "+" 极。直流电流测量电路如图 2-21 所示。

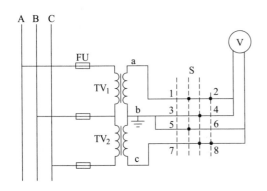

图 2-20　交流三相电压间接测量电路

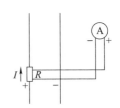

图 2-21　直流电流测量电路

2. 交流电流测量

交流电流表过去采用电磁系仪表，现在有采用带变送器的磁电系仪表。无论采用哪一种原理结构，电流表内部都是一个内阻很低的电流元件。对外引出两个接线端子，没有极性，可以交换接线。

交流电流表通常制作成标准的 1A 和 5A 量程。国内一般都采用 5A 量程。超过 5A 量程时需要通过电流互感器变换测量。电力电路都是通过电流互感器变换测量。

单相交流电流测量电路如图 2-22 所示。TA 一次侧流过负载电流 I，变换成二次电流接入交流电流表。在 TA 额定负载阻抗范围内，可以接多个电流表或其他电流元件，所有电流元件串联。TA 二次侧不允许开路，外接电流表接线端子有短路连接片，外部接线校对后才能拆开短路连接片。

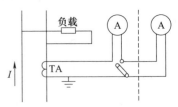

图 2-22　单相交流电流测量电路

综上所述，电流表的转换开关是特殊的，触点在转换过程中有过渡，以保证 TA 的二次侧不开路。图 2-23 所示为三相电流转换测量电路图，表示发电机的电流测量电路。电流下端进、上端出，上端接地。

三、控制变压器和仪用互感器

1. 控制变压器

控制变压器是指向控制电路提供电源的变压器。

主配电板中主电路（主汇流排或发电机主电路）需要向有关控制电路提供工作电源或电压信号。采用变压器供电，控制电路可以得到适当的工作电压并与主电路隔离，控制电路的绝缘故障就不会影响主电路。

控制变压器的容量用 VA（或 kVA）即视在功率表示。变压器二次电压确定后，二次额定电流就被所选用的容量限制，只与电流的大小有关而与电流是有功或是无功无关。

2. 仪用互感器

配合仪表使用的变换器称为仪用互感器。

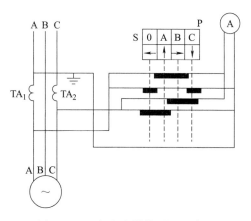

图 2-23　三相电流转换测量电路图

用于变换电压比例的仪用互感器称为电压互感器；用于变换电流比例的仪用互感器称为电流互感器。它们的工作原理与变压器一致。区别在于：

1）一般变压器的电压调整率允许范围较大，即负载在允许的范围内变化时，允许输出电压有一定的变化。

2）电压互感器具有电压源的性质，内阻极小，当负载在允许范围内变化时，输出电压几乎不变，且一次、二次侧间的电压相位移极小。

3）电流互感器具有电流源的性质，内阻极大，当负载在允许范围内变化时，输出电流几乎不变，且一次、二次侧间的电流相位移极小。

电压互感器工作时相当于空载变压器，二次侧不允许短路；电流互感器工作时相当于短路变压器，二次侧不允许开路。仪用互感器连接需要区别一次、二次侧的极性，即首（进线）、尾（出线）端。各国厂商采用的表示方法不一定一致。我国一般采用如图 2-24 所示的端子表示方法：

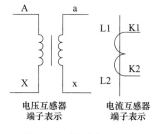

电压互感器端子表示　　电流互感器端子表示

图 2-24　端子表示方法

电压互感器的一次侧用 A 和 X 表示，二次侧用 a 和 x 表示，A 和 a 是同名端。二次侧的标准电压为 100V（在 440V、60Hz 时为 110V）。

电流互感器的一次侧用 L1 和 L2 表示，二次侧用 K1 和 K2 表示，相同标号是同名端。二次侧的标准电流为 5A（欧洲有用 1A）。

电压互感器符号为 TV，电流互感器符号为 TA。为了防止一次侧高电压击穿绝缘窜入二次侧，损坏器件、危及人身安全，要求二次侧的一端接地。为了二次侧电路接线的统一，规定 TV 二次侧接地端必须对应一次侧的中间相（B 相、V 相或 L2 相）。《钢质海船入级规范》规定，在低压系统中，仪用互感器的二次侧一端必须接地。

电压互感器的电压比是指额定一次电压与额定二次电压之比。主配电板经常使用的有 380/110V 和 440/110V。

《钢质海船入级规范》规定，船舶配电板的测量仪表的准确度等级不低于 2.5 级，一般采用 1.5 级。为了配合这个准确度等级，测量电路中使用的 TV 的准确度等级都是按不低于 0.5 级配用。

TA 的一次绕组有线圈式和母线式（即穿心式）。线圈式 TA 的一次绕组已绕制在 TA 铁心上的；母线式 TA 没有一次绕组，是用铜排或导线直接穿过 TA 作为一次绕组。大于 200A 的 CT 一般都是穿心式，一次绕组只有 1 匝，一次侧小电流的 TA 也有穿心式。

穿心式 TA 的允许负载视在功率与一次电流的大小有关，电流越小视在功率越小。

3. 转换开关

用来设定某种工作状态、选择某个测量点或发出操作指令的器件称为转换开关。

转换开关和控制开关在使用上并没有严格的区别。区别仅在于转换开关有较多的选择位置、较多的触点和能开关较大的电流。

转换开关也称为万能转换开关。在主配电板上主要用来选择指示和测量点、设定工作状态及发操作指令。

带旋钮的按钮也可以看作转换开关。按钮一般只有两个（或三个）位置，触点只有两个状态，可以像继电器触点一样直接表示出。转换开关需要用表格来表示各触点在不同位置上的开、闭状态。图 2-25 为转换开关外形图。

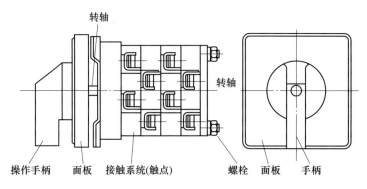

转轴

转轴

操作手柄　面板　接触系统(触点)　　螺栓　面板　手柄

图 2-25　转换开关外形图

转换开关包括接触（多层触点）系统、操作手柄、转轴和面板，用螺栓组装而成。

根据控制电路功能的需要，转换开关在某一位置上，某些触点断开、某些闭合。所有触点在每个位置上都对应有开、闭状态，触点状态和位置的对应关系用接线图来表示。转换开关制造厂制订有标准的接线图，用编号表示开关的各种特征。国内设计的图样一般会把接线图直接绘制在电路图中。

测量交流电流时，把电流表串联在电路中，一般通过串联在电路中的电流互感器取样。一只交流电流表通过转换开关可以分别测量三相电流，需要保证在电流表进行切换测量电路时，电路不能开路，所以专门用于电流测量的转换开关在切换测量电路时有一个过渡状态，如图 2-26 所示。转换开关为 LW95-15-LH2/2 型。图 2-26a 为样本画法，闭合表在两个测量位置之间加上一个过渡状态，如开关在 0 位，触点 1、2 和 5、6 接通，两个电流互感器二次侧被短路（在这个位置允许拆开电流表）。从 0 位扳向测量 U 相电流的位置时，先接通触点 3、4（接入电流表），再断开触点 1、2（取消短路）。

把闭合表直接画入电路图画法如图 2-26b 所示。触点接通用长黑条表示，说明触点在长黑条内保持接通。

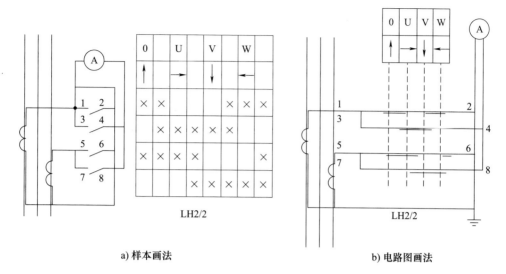

a) 样本画法　　　　　　　　　b) 电路图画法

图 2-26　电流测量转换开关

第三章 船舶电气设备的常用维修材料

在船舶电气设备维修中，应按照工作要求来选择和使用电工材料，即维修材料。为此，船舶电子电气维修人员在维修过程中必须熟悉所需用的各种材料性能并合理地选用。最常用的各种电工材料有导电材料、半导体材料、绝缘材料、磁性材料以及结构材料。

第一节 船用材料使用条件及规定

船舶的环境条件比陆地差，电气设备的绝缘性能及损坏与船舶航行的区域、气温、湿度、空气中的盐雾、油雾等有直接关系。船舶的摇摆与振动也会造成电气设备的损坏。船用环境条件的特殊性决定了对船用电气设备的特殊要求。由于选用的规范和规则不同，要求的性能指标略有不同。一般船用电气设备应在表 3-1 规定的条件下能正常工作，对于船用电子设备以及专用船舶的电气设备还另有规定。

表 3-1 船用电气设备正常工作条件

环 境 因 素	正常工作环境条件
周围空气温度最高值	+40℃（+45℃）①
周围空气温度最低值	−25℃②
海上潮湿空气影响	有
盐雾影响	有
油雾影响	有
霉菌影响	有
倾斜	≤25°
摇摆	≤25°
振动	有
冲击③	有

① +40℃主要适用于沿海、内河船舶用的电器，对于高于+45℃的场所应作特殊考虑。

② −25℃适用于安装在露天甲板及无保温措施的露天甲板舱室内的电器，对于低于−25℃的场所应作特殊考虑。

③ 指船舶正常营运时产生的冲击。

一、环境温度

环境空气温度和初级冷却水温度见表 3-2，该表为中国船级社钢质海船入级要求，表中各值与电气设备安装的部件和船舶航行海区有关，并规定适用于电子设备的环境空气温度上限值为 55℃。不同规范要求稍有不同，应予以注意。另外为了使电气设备适应其工作环境的湿度，必须考虑其结构材料和绝缘处理。

表 3-2　环境温度

介质	部位	温度/℃	
		无限航区	除热带海区以外的有限航区
空气	封闭处所内	0~45	0~45
	温度超过+45℃（或+40℃）和低于 0℃的处所内	按这些处所的温度	按这些处所的温度
	开敞甲板	−25~45	−25~45
水		32	25

二、船舶倾斜

船舶电气设备应满足船舶倾斜和摇摆的条件，见表 3-3。

表 3-3　倾斜角

设备、组件	倾斜角[2]			
	横向		纵向	
	横倾	横摇	纵倾	纵摇
应急电气设备、开关设备、电器和电子设备[1]	22.5	22.5	10	10
上列以外的设备、组件	15	22.5	5	7.5

① 装载液化气体和化学品的船舶，其应急电源还应在船舶进水以致最终横倾达 30°的极限状态下能保持供电。
② 纵倾、横倾可能同时出现。

三、冲击、振动

船舶电气设备应不受正常使用时可能产生的振动和冲击的影响，固定载流部件的螺钉和螺母必须锁紧，使其不因振动而松脱。保证表 3-4 规定的振动试验条件下，无机械损伤和误操作。

表 3-4　船用电气设备应满足的振动要求

安装部件	频率范围/Hz	峰值
一般场所	2.0~13.2	位移±1mm
	13.2~100.0	加速度±7m/s^2
往复机上和舵机舱内	2.0~25.0	位移±1.6mm
	25.0~100.0	加速度±40m/s^2

四、电压和频率波动

船舶电气设备应确保在表 3-5 中所规定的电压和频率偏离额定值的波动情况下可靠工作。

表 3-5　电压和频率波动

设备	参数	稳态（%）	瞬态（%）	
一般设备	电压波动	+6~−10	±20	1.5
	频率波动	±5	±10	5
由蓄电池供电的设备 充电期间接于蓄电池者 充电期间不接于蓄电池者	电压波动 电压波动	+30~−25 +20~−25	— —	

五、电气间隙和爬电距离

电气设备不同电位的带电部件之间、带电部件与其他接地金属外壳之间，无论沿表面或通过空气，计及绝缘材料性质和使用条件，应足以承受其工作电压。为此，有关规范和规则均规定了最小电气间隙和爬电距离。

六、盐雾、油雾和霉菌

由于电气设备的使用环境会受到盐雾、油雾和霉菌的影响，所以必须充分考虑耐腐蚀和不使绝缘性能变坏的措施，如电气设备的材料和绝缘材料应考虑防盐雾、油雾和霉菌。

七、爆炸性气体环境条件

工作在具有爆炸性气体环境下的电气设备，必须满足在爆炸性气体环境中工作的电气设备的相关要求，如 IEC 79 号出版物和 IEC 92-502 号出版物的附录 A 等。

防爆形式和标志为：隔离型—d；增安型—e；本质安全型—i；正压型—p；充油型—o；充砂型—q；无火花型—n；特殊型—s。

一般船舶的油漆间、蓄电池间和油泵间等有爆炸危险处所中，允许安装的合格防爆电气设备的类、级别和温度组别应不低于表 3-6 的规定。

表 3-6 一般船舶危险舱室允许安装防爆电气设备要求

处所	电气设备级别	允许最高表面温度/℃
蓄电池间	$0.5 > \delta_{max}$ $0.5 > MICR$	450
油漆间	$0.9 > \delta_{max} > 0.5$ $0.8 > MICR > 0.45$	200
油灯间	$\delta_{max} > 0.9$ $MICR > 0.8$	200
乙炔储藏室	$0.5 > \delta_{max}$ $0.5 > MICR$	300

① δ_{max} 是按 IEC 79-1A（1975）附录的方法测得的最大试验安全间隙。

② MICR 是按 IEC 79-3C 方法测得的最小点燃电流与甲烷测得最小点燃电流的比值。

八、外壳防护等级

电气设备的外壳防护形式应符合 IEC 29 号出版物《外壳防护等级分类》或与其等效的国家标准的规定。表示防护等级的标志由特征字母 IP 及后面加两位数字组成。特征数字表示的防护等级规定见表 3-7 和表 3-8。电气设备采用的防护等级由电气设备的安装位置决定，各安装位置中电气设备防护等级的最低要求符合 IEC 92-201 要求。

表 3-7 第一位特征数字表示的防护等级

第一位特征数字	防护等级	
	简述	定义
0	无防护	无专门防护
1	防护大于 50 mm 的固体物	人体某一大面积部分，如手（但不防护故意接近）。直径超过 50mm 的固体物
2	防护大于 12mm 的固体物	手指或长度不超过 80mm 的类似物。直径超过 12mm 的固体物

（续）

第一位特征数字	防 护 等 级	
	简　述	定　义
3	防护大于 2.5mm 的固体物	直径或厚度超过 2.5mm 的工具、线材等。直径超过 2.5mm 的固体物
4	防护大于 1mm 的固体物	厚度大于 1mm 的线材或带材。直径超过 1mm 的固体物
5	防尘	并不能完全防止灰尘进入，但进入的灰尘数量不足以影响设备的良好运行
6	尘密	灰尘不能进入

表 3-8　第二位特征数字表示的防护等级

第二位特征数字	防 护 等 级	
	简　述	定　义
0	无防护	无专门防护
1	防漏	滴水（垂直滴落的水滴）应无有害影响
2	15°防滴	当外壳偏离其法线位置倾斜至不超过 15° 的任一角度时，垂直滴水应无有害影响
3	防淋水	偏离垂线不超过 60° 的任一角度的淋水应无有害影响
4	防溅	从任何方向向外壳溅水应无有害影响
5	防冲水	用喷嘴从任何方向向外壳喷水应无有害影响
6	防猛烈海浪	猛烈海浪的海水或强力喷嘴的喷水进入外壳不应达到有害的数量
7	防浸水	当外壳在规定的压力及时间条件下浸入水中时，应不可能进入有害数量的水
8	防潜水	设备适宜于在制造厂规定的条件下长期潜入水内（注：这一般意味着设备是水密的。但对某些形式的设备而言，这也可意味着能进水，但不产生有害影响）

一般来讲船舶通常使用下列四种类型的防爆电气设备：

1）本质安全型—i：在正常运行或发生故障的情况下产生的火花或热效应，均不能点燃爆炸性混合物的电气设备。

2）隔离型—d：在电气设备内部发生爆炸时，不致引起外部爆炸性混合物爆炸的电气设备。

3）增安型—c：在正常运行时不产生火花、电弧或高温的电气设备上采取措施，以提高其安全程度。

4）正压型—p：内外壳内充入正压的清洁空气、惰性气体或连续通入清洁空气来阻止爆炸混合气体和物质进入壳内的电气设备。

第二节　船用导电材料

所谓导电材料，是指在常温下具有较高的导电性能和足够的机械强度，不易氧化、腐蚀，容易加工和焊接等特性。导电材料按其电阻率的大小和电阻温度系数的大小可分为高导电材料和高电阻材料。另外，还有电刷作为动静之间传导电能。

一、高导电材料

在船舶上使用的高导电材料有铜、铜合金、铝、铝合金、锡、镍合金等。这些材料都具有较高的导电性能，其电阻率见表3-9，按其用途可分为传导电流的导电材料、接触性导电材料、保护性导电材料。

表3-9　船舶常用高导电材料特性

名称	电阻率（20℃）/（Ω·m）×10⁻⁸	电阻温度系数（20℃）/（10⁻³/℃）	密度（20℃）/（g/cm³）	熔点/℃	熔点/℃	主　要　用　途
银（Ag）	1.59	3.8	10.5	960.5	+0.75	耐高温导线、触头等
铜（Cu）	1.69	3.93	8.9	1083	+0.75	各种电线、电缆、导体、母线、载流零件等
铝（Al）	2.65	4.23	2.7	660	+0.38	各种电线、电缆、导体、母线、载流零件等
钨（W）	5.48	4.5	19.3	3370	+0.70	灯丝、电极、超高温导体和电焊机电极等
锌（Zn）	6.10	3.7	7.14	419.4	+0.77	导体保护层和电池阴极等
镍（Ni）	6.90	6.0	8.9	1452	-1.43	高温导体保护层或导体、电子管阳极和阴极高阻导电合金成分等
锡（Sn）	11.4	4.2	7.30	232	+0.45	导体保护层、钎料和熔丝等
铅（Pb）	21.9	3.9	11.37	327.5	+0.44	熔丝、蓄电池极板和电缆护套

1. 传导电流的导电材料

铜具有电阻率小、电阻温度系数小、抗张强度高、能防腐蚀、又易加工和焊接等特性。船用传导电流的导电材料主要是铜和铜合金，用它作为电缆、电线、漆包线的芯线。由于船上振动、冲击大，一般很少用铝作为传导电流的导电材料。

（1）船用电缆

1）船用电缆的结构。如图3-1所示，它主要由导电铜芯线、绝缘层和保护层三部分组成。导电芯线用于传导电流，由不少于七根0.26~2.74mm的圆形软铜丝绞合而成。绝缘层用于将各导电芯线进行电气绝缘，防止芯线间短路或接地。防护层用于保护电缆免受油水、化学腐蚀。为了增强机械强度和抗干扰能力，在防护层外加一层铠装。

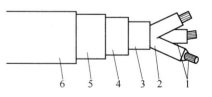

图3-1　船用电缆的结构
1—芯线　2—芯线绝缘　3—胶带
4—绝缘层　5—护套　6—铠装层

2）船用电缆型号命名法。船用电缆型号的符号含义见表3-10。

表 3-10　船用电缆型号的符号含义

第1部分		第2部分		第3部分		第4部分		第5部分	
代号	含义	代号	含义	代号	含义	代号	含义	代号	含义
C	船用电力电缆	X	丁苯-天然橡皮绝缘	H	橡套	R	软性	31	镀锌钢丝编织网外套
CH	船用电信电缆	XD	丁基橡皮	HF	非燃性橡套	P	屏蔽	32	镀锡铜丝编织网外套
		V	聚氯乙烯绝缘	HY	耐油橡套				
				HD	耐寒橡套				
				Q	铅包				
				V	聚氯乙烯				

例：CHY31 表示船用橡皮绝缘耐油橡套镀锌钢丝编织电缆；CHHYP32 表示船用橡皮绝缘线芯屏蔽耐油橡套镀锡铜丝编织电信电缆。

3）船用电缆的选用。船用电缆选择原则：按电网的性质和用途、敷设场所的温度和环境条件米选择型号，按传导电流的人小选择电缆的线芯截面。

国产船用主要电缆型号、规格、用途及见表3-11。

表 3-11　国产船用电缆型号、规格和用途

型号	名称	线芯截面/mm²	主　要　用　途
CHF	船用橡皮绝缘非燃性橡套电缆	双芯：0.8~120	固定敷设，避免接触油类
CHF31	船用橡皮绝缘非燃性橡套镀锌钢丝编织电缆	三芯：0.8~240	同 CHF 型
CHFR	船用橡皮绝缘非燃性橡套软电缆	CHYR 为 0.8~70	连接移动式电气设备，避免接触油类
CHY	船用橡皮绝缘耐油橡套电缆		固定敷设，可接触油类，避免日光直接照射
CHY31	船用橡皮绝缘耐油橡套镀锌钢丝编织电缆	CV 为 0.8~120	同 CHY 型
CHY32	船用橡皮绝缘耐油橡套镀锡铜丝编织申缆		同 CHY 型，要求屏蔽
CHYR	船用橡皮绝缘耐油橡套软电缆	4~37 芯：0.8~2.5	连接移动式电气设备，可接触油，避免日光直接照射
CV	船用橡皮绝缘塑料护套电缆	41~48 芯：0.8	固定敷设
CHHYP	船用橡皮绝缘线芯屏蔽耐油橡套镀锡铜丝编织电信电缆		同 CHY 型，电话台联合线路及转播线路敷设用
CXDHF	船用丁基橡皮绝缘非燃性橡套电缆	单芯：0.8~400	固定敷设用，避免接触油类

（续）

牌号	名称	线芯截面/mm²	主　要　用　途
CXDHF31	船用丁基橡皮绝缘非燃性橡套镀锌钢丝编织电缆	双芯：0.8~120	同 CXDHF
CXDHF32	船用丁基橡皮绝缘非燃性橡套镀锌铜丝编织电缆	三芯：0.8~240	同 CXDHF，要求屏蔽
CXDHFR	船用丁基橡皮绝缘非燃性橡套软电缆	CXDHFR 和 CXDHYR 为 0.8~70	连接移动式电气设备，避免接触油类
CXDHY	船用丁基橡皮绝缘耐油橡套电缆		固定敷设用，能接触油类，避免日光直接照射
CXDHY31	船用丁基橡皮绝缘耐油橡套镀锌钢丝编织电缆		同 CXDHY
CXDHY32	船用丁基橡皮绝缘耐油橡套镀锡铜丝编织电缆	4~37 芯：0.8~2.5	同 CXDHY，要求屏蔽
CXDHYR	船用丁基橡皮绝缘耐油橡套软电缆		连接移动式电气设备，能接触油类，避免日光直接照射
CXDV	船用丁基橡皮绝缘聚氯乙烯护套电缆	41~48 芯：0.8	固定敷设，能接触油类
CVV	船用塑料绝缘塑料护套电缆		无机械外力作用时，固定敷设
CVV32	船用塑料绝缘塑料护套铜丝编织屏蔽电缆	1~3 芯：0.8~95	同 CVV，要求屏蔽
CVNV	船用塑料绝缘尼龙分相耐油护层塑料护套电缆	4~7 芯：0.8~2.5	无机械外力作用时，固定敷设，要求耐油保护
CVNV32	船用塑料绝缘尼龙分相耐油护层镀锡铜丝编织电缆		同 CVNV，要求屏蔽
CVVN	船用塑料绝缘塑料护层尼龙总相耐油护层电缆	单芯：0.8~50 双芯：0.8~10	同 CVV，要求耐油保护
CVVN32	船用塑料绝缘塑料护套尼龙总相护层镀锡铜丝编织电缆	三芯：0.8~10 4~14 芯：0.8~1.0 4~10 芯：1.5~2.5	同 CVVN，要求屏蔽

船用主要电缆最大安全载流量及载流系数见表 3-12。

（2）电线

通用绝缘电线一般用导电芯线和绝缘层构成，用于控制箱内的接线等场合。

（3）漆包线

漆包线的绝缘层是漆膜，它是将绝缘漆涂在导线上经烘干而成，一般用于绕制电器线圈，电机绕组和变压器线圈。

常用漆包线的品种、规格、特点和主要用途见表 3-13。

表 3-12　船用主要电缆最大安全载流量及载流系数

截面积 /mm²	长期允许载流量 船用橡皮绝缘电缆: CHF、CHF31、CHF32、CHFR、CHY、CHY21、CHY32、CHYR、CV、CQ 环境温度:+45℃ 工作温度:+70℃			船用丁基橡皮绝缘电缆: CXDHF、CXDHF31、CXDHF32、CXDHFR、CXDHY31、CXDHY32、CXDHYR、CXDHY、CXDV 环境温度:+45℃ 工作温度:+85℃			船用塑料绝缘电缆: CVV、CVV32、CVNV、CVNV32、CVVN、CVVN32 环境温度:+45℃ 工作温度:+65℃			载流系数 短时负载流系数 单芯		双芯		三芯		重复短时负载流系数 单芯		双芯		三芯	
	单芯	双芯	三芯	单芯	双芯	三芯	单芯	双芯	三芯	30min	60min	30min	60min	30min	60min	25%	40%	25%	40%	25%	40%
0.8	17	14	11	19	15	13	11	8	7	—	—	—	—	—	—						
1.0	19	15	12	22	17	14	12	10	9	—	—	—	—	—	—	1.45	1.3	1.45	1.3	1.45	1.3
1.5	24	20	16	26	23	18	16	13	12	—	—	—	—	—	—	1.55	1.3	1.55	1.3	1.55	1.3
2.5	31	26	21	35	30	24	21	19	18	—	—	—	—	—	—	1.6	1.3	1.6	1.3	1.55	1.3
4.0	41	35	28	46	39	32	29	27	25	—	—	—	—	—	—	1.6	1.35	1.6	1.35	1.55	1.3
6.0	51	43	35	57	48	40	35	33	30	—	—	—	—	—	—	1.6	1.35	1.6	1.35	1.55	1.3
10	69	58	48	77	65	53	57	50	39	—	—	—	—	—	—	1.6	1.35	1.6	1.35	1.55	1.3
16	92	78	64	103	87	65	71	64	53	—	—	—	—	—	—	1.6	1.35	1.6	1.35	1.6	1.4
20	107	92	75	119	102	85	85	74	61	—	—	—	—	—	—	1.6	1.35	1.6	1.35	1.6	1.4
25	122	104	87	135	116	96	100	82	68	—	—	—	—	1.2	—	1.6	1.35	1.6	1.35	1.6	1.4
35	153	129	108	167	140	117	120	100	85	—	—	1.1	—	1.2	—	1.6	1.35	1.65	1.4	1.7	1.4
50	194	169	138	216	187	153	150	124	102	—	—	1.15	—	1.2	1.1	1.6	1.35	1.65	1.4	1.7	1.5
70	236	200	164	263	222	183	190	152	127	—	—	1.15	—	1.4	1.2	1.6	1.35	1.65	1.4	1.8	1.5
95	295	250	200	331	282	225	230	184	156	1.1	—	1.2	—	1.45	1.2	1.65	1.4	1.65	1.4	1.8	1.5
120	334	285	235	373	318	262				1.1	—	1.2	1.1	1.45	1.2	1.65	1.4	1.65	1.4	1.8	1.5
150	380		274	425		293				1.15	—	1.3	1.1	1.5	1.2	1.65	1.4			1.8	1.5
185	475		318	508		355				1.15	—			1.5	1.2	1.65	1.4			1.8	1.5
240	523		366	609		426				1.2	1.1			1.55	1.25	1.65	1.4			1.8	1.5
300	608			710						1.3	1.1			1.55	1.3	1.65	1.4			1.8	1.5
400	720			849						1.35	1.1			1.7	1.35	1.65	1.4			1.8	1.5

表 3-13 常用漆包线的品种、规格、特点和主要用途

名称	型号	规格/mm	长期工作温度/℃	优点	缺点	主要用途
聚氨酯漆包圆铜线 彩色聚氨酯漆包圆铜线	QA-1 QA-2	0.015～1.00	120	在高频条件下，介质损耗角正切小 可以直接焊接，不需刮去漆膜 着色性好，可制成不同颜色的漆包线，在接头时便于识别	过角载性差 热冲击及耐刮性能尚可	绕制要求 Q 值稳定的高频线圈、电机绕组和仪表用的微细线圈
环氧漆包圆线	QH-1 QH-2	0.06～2.50	120	耐水解性好 耐潮性好 耐酸碱腐蚀和耐油性好	弹性差，耐刮性较差，不适用于高速自动绕线工艺 对含氯绝缘油相容性差	绕制油浸变压器绕组和耐化学药品腐蚀、耐潮湿电机绕组
聚酯漆包圆线 彩色聚酯漆包圆铜线	QZ-1 QZ-2 QZS-1 QZS-2	0.02～2.50 0.06～2.50	130	在干燥和潮湿条件下，耐电压击穿性能好 软化击穿性能好	耐水解性差（用于密闭的电机、电器时需注意） 热冲击性尚可 与聚氯乙烯、氯丁橡胶等含氯高分子化合物不相容	绕制通用中小型电机的绕组以及干式变压器绕组和电器仪表线圈
聚酯亚胺漆包圆铜线	QZY-1 QZY-2	0.06～2.50	155	在干燥和潮湿条件下，耐电压击穿性能好 热冲击性能好 软件击穿性能较好	在含水密封系统中易水解（用于密封电机、电器时需注意） 与聚氯乙烯、氯丁橡胶等含氯的高分子化合物不相容	绕制高温电机和制冷装置中电动机绕组以及干式变压器绕组和电器仪表线圈
聚酰胺酰亚漆包圆铜线	QXY-1 QXY-2	0.06～2.50	200	耐热性好，热冲击及软化击穿性能好 耐刮性好 在干燥和潮湿条件下，耐电压击穿性能好 耐化学药品腐蚀性能好	与聚氯丁橡胺等含氯的高分子化合物不相容	绕制高温重负荷电机、牵引电动机、制冷设备电动机、密闭电动机的绕组以及干式变压器绕组和电器仪表线圈
聚酰亚胺漆包圆铜线	QY-1 QY-2	0.02～2.50	220	漆膜耐热性最好 软化击穿及热冲击性好，能承受短期过载 耐低温性好 耐辐射性好 耐溶剂及化学药品腐蚀性好	耐刮性尚可 耐碱性差 在含水密封系统中容易水解 漆膜受卷应力容易产生裂纹（浸渍前须在150℃左右加热1h以上，以消除应力）	绕制耐高温电机绕组、干式变压器绕组、密封式电器元器件线圈

选择芯线时，应把漆层去掉，再用千分尺测量线芯的直径，大小应与原烧毁的绕组或线圈的线径一致。

2. 接触性导电材料

这种导电材料用于制作电器触头，如电位器滑动触头，具有低电阻率、接触处不易产生高电阻的氧化物、不易腐蚀、不易熔焊等特点，以及弹性好、抗压、抗拉和耐磨等性能。船上常用有钢-钨合金、银-铁合金、硬铜、黄铜、磷铜等。

3. 保护性导电材料

这种导电材料用于制作熔丝和熔断器等，具有熔点低、有一定机械强度等特点，船上常用的有铅-锡合金、铅-锡-镉-铋合金。

二、高阻导电材料

高阻导电材料一般用于制作变阻器、调速器、电热器及高温测量用的电阻器。常用的高阻导电材料一般由合金材料构成，其主要特性和用途见表3-14。

表3-14　常用高阻合金材料的主要特性和用途

名称	电阻率 ρ （20℃） $/\Omega \cdot m$	电阻温度系数 α $/(10^{-6}/℃)$	密度 d $/(g/cm^3)$	工作温度/℃ 正常	工作温度/℃ 最高	主要特性	主要用途
康铜	0.48×10^{-6}	≈ 50	8.9		500	抗氧性能好	制作起动变阻器、调整变阻器、分流电阻、限流电阻
新康铜	0.48×10^{-6}	≈ 50	8.0		500	抗氧化性能比康铜差，价格较便宜	
通用型锰铜	0.47×10^{-6}	$-3\sim5$	8.4	$5\sim45$		电阻稳定性高，焊接性能好，抗氧化性能较差	制作标准电阻、电阻箱、分流器、滑线变阻器
分流器锰铜	0.44×10^{-6}	$0\sim40$	8.4	$20\sim80$		电阻最高点温度比通用型锰铜高	
滑线锰铜	0.45×10^{-6}	$0\sim40$	8.4	$20\sim80$		抗氧化性能比通用型锰铜好，焊接性能好，电阻-温度曲线平坦，电阻最高点温度较高	
镍铬合金	1.09×10^{-6}	≈70	8.4		500	电阻率高，能长时间承受高温，焊接性能较差	制作电阻式加热仪器及电炉炉丝
铁铬铝合金	1.26×10^{-6}	≈120	7.4		500	电阻率高，能长时间承受高温，焊接性能较差	制作电阻式加热仪器及电炉炉丝

三、电刷材料

电刷是用作电机的静止部分与滑动部分间电流导入（导出）的重要导电元件。直流电机、交流绕线转子电动机和同步发电机等都要有电刷。由于电刷的材料与制造方法不同，种类也很多，常用电刷可分为三种：

1. 石墨电刷

石墨电刷是在天然石墨中加沥青、煤焦油等黏合剂，经混合压制而成。它的质地比较松软，在未经高温加热时含杂质较多，易损坏换向器。这种电刷适用于一般整流条件、负载均匀的电机。

2. 电化石墨电刷

电化石墨电刷是用石墨、焦炭、炭黑等做原料，经 2500℃ 以上高温焙烧而成。它具有良好的耐磨性，且易于加工，适用于各种类型的电机以及整流条件困难的电机。

3. 金属石墨电刷

金属石墨电刷是由石墨和铜粉及其他金属粉混合制成。它具有良好的导电性能、载流量大，适用于大电流的电机，如充电、电解和电镀用的直流发电机，也适用于低压小型牵引电机、汽车和小型柴油机的起动用电机。

选择电刷的原则：根据电流密度、集电环或换向器的圆周速度（转速或角速度），从电刷技术性能及工作条件表（表 3-15）中找到电刷种类，再结合电机的特性（额定电压、电流）和运行条件（连续、断续、短时）决定电刷的具体型号。在维修中，一般不轻易更换电机电刷型号，而应按原型号规格更换电刷。

表 3-15   电刷的技术性能及工作条件

种类	型号	电阻系数（分接触法）/(Ω·mm²/m)	一对电刷的接触电压降/V	摩擦系数≤	50h 磨损/mm≤	工作条件		
						额定电流密度/(A/cm²)	允许圆周速度/(m/s)	电刷使用压力/kPa
石墨电刷	S-3	8~20	1.5~2.3	0.25	0.2	11	25	20~25
电化石墨电刷	DS-4	6~16	1.6~2.4	0.2	0.25	12	40	15~20
	DS-8	31~50	1.9~2.9	0.25	0.15	10	40	20~40
	DS-14	22~36	2~3	0.25	0.15	10	40	20~40
	DS-52	12~22	2~3.2	0.23	0.15	12	50	20~25
	DS-72	10~16	2.4~3.4	0.25	0.2	12	70	15~20
	DS-74	35~80	3.2~4.4	0.25	0.30	12	50	20~40
	DS-74B	45~75	2.3~3.5	0.25	0.2	12	50	20~40
	DS-74B₂	60~90	2.3~3.5	0.25	0.2	12	50	20~40
	DS-79	20~43	1.6~2.6	0.25	0.15	12	40	20~40
	DS-112	40~55	2.5~3.7	0.25	0.1	12	50	20~40
金属石墨电刷	TS-2	0.1~0.35	0.3~0.7	0.2	0.4	20	20	18~23
	TS-4	0.2~1.3	0.6~1.6	0.2	0.3	15	20	20~25
	TS-51	0.04~0.12	0.15~0.35	0.2	0.6	25	20	18~23
	TS-64	0.05~0.15	0.1~0.3	0.2	0.7	20	20	18~23
	TS-103	0.2~1	0.6~1.6	0.2	0.3	15	20	20~25
	TSQ-A	<0.25	<0.4	0.25	0.8	20	20	18~23

注：S—石墨；DS—电化石墨；T—铜；Q—铅；TSQ-A—汽车、小型柴油机用。

第三节　船用绝缘材料

电阻系数大于 $10^7\Omega\cdot$ m 的材料在电工技术中称为绝缘材料，它的作用是在电气设备中把电位不同的带电部分隔开，因此，绝缘材料应具有良好的介电性能，即具有较高的绝缘电阻和耐压强度，能避免发生漏电击穿等现象。

一、绝缘材料的性能要求

1. 绝缘耐压强度

绝缘材料在电场中，当电动势强度增大到某一极限值时，就会被击穿，这个极限值称为该材料的绝缘强度，通常用1mm厚的绝缘材料所能承受的电压 kV 值表示。几种常用固体绝缘材料的耐压强度见表3-16。

表 3-16　几种常用固体绝缘材料的耐压强度

绝缘材料名称	击穿电压 /（kV/mm）	绝缘材料名称	击穿电压 /（kV/mm）	绝缘材料名称	击穿电压 /（kV/mm）
沥青漆	55～90	聚酯薄膜	130～230	有机硅浸渍漆	65～100
聚酰亚胺薄膜	100～190	聚酰胺酰亚胺	90～100	聚丙烯薄膜	>180
油性漆布	35	聚乙烯薄膜	>40	聚酯薄膜绝缘纸复合箔	40
聚乙烯	18～28	云母	100～250	酚醛塑料	10～16
聚苯乙烯	20～28	聚氯乙烯	>20	陶瓷	10～30

2. 机械强度

绝缘材料每单位面积能承受的拉力称为抗张力。抗张力值越大机械强度越高。由于船上振动、挤压、拉伸时有发生，为此要求所选用的绝缘材料的机械强度要高。

3. 膨胀系数

膨胀系数表明绝缘材料受热后体积增大的程度。由于船上的环境温度变化大，要求绝缘材料的膨胀系数要小一些，否则，受热膨胀、受冷收缩会使绝缘材料起层皮，产生裂纹、变形甚至破损，从而造成绝缘电阻下降，甚至击穿。

4. 热稳定性

绝缘材料在电磁场中工作，由于磁场极化和电导的影响，将消耗一部分电磁场能量，并以发热的形式表现出来，使绝缘材料本身的温度升高；再加上绝缘材料周围环境温度的影响，促使它受热后发生软化、熔化、挥发、灼焦、开裂、脆化，以及电阻率降低、损耗增加、老化和热击穿等一系列性能与形态的变化，这些变化给绝缘材料带来了各种不同程度的损害，必须防止。所以在电气工程中，根据绝缘材料的物理、化学和电性能制订了各种绝缘材料的元件工作温度，共分为 Y、A、E、B、F、H、C 共七级，见表3-17。

表 3-17　绝缘材料耐热等级表

耐热等级	允许工作温度/℃	主　要　绝　缘　材　料
Y	90	棉花、木材、纸、纤维等天然的纺织品，以醋酸纤维和聚酰胺为基础的纺织品，易于热分解和低熔点的塑料

（续）

耐热等级	允许工作温度/℃	主 要 绝 缘 材 料
A	105	经天然树脂漆、虫胶等浸渍过的 Y 级材料，如漆包线、漆丝、漆布等
E	120	高强度漆包线、乙酸乙烯耐热漆包线、玻璃布、油性树脂漆、有机填料的塑料、以纤维素纸和布为基础的层压制品
B	130	聚酯薄膜，经树脂粘合或浸渍、涂覆的云母、玻璃纤维、石棉等，聚酯漆、聚酯漆包线
F	155	以有机纤维材料为补强和不带补强的云母制品、玻璃丝、石棉，以玻璃丝布和石棉纤维为基础的层压制品，以无机材料为补强和不带补强的云母粉制品
H	180	无补强或以无机材料为补强的云母制品，加厚的 F 级材料，复合云母，有机硅云母制品，硅有机漆，复合玻璃布，复合薄膜等
C	>180	不采用任何有机黏合剂及浸渍剂的无机物制品，如石英、石棉、云母、玻璃和电瓷材料等

船用电气设备通常采用 E 级或以上绝缘等级的材料作为绝缘材料。

5. 抗生物性

由于船上环境温度经常变化，绝缘材料很容易长霉菌，使材料绝缘电阻降低。为了防止长霉，可以在绝缘材料中加入防霉剂来杀死霉菌和抑制霉菌生长。另外，船上电气设备往往增设加热器，以提高周围的环境温度防止结露并驱潮，达到防霉效果。有加热环节的电气设备需定期保养，通电运行。

二、船舶常用固体绝缘材料

1. 各种绝缘带

（1）白布带

绝缘白布带有斜纹、平纹两种，根据抗拉强度来选择。白布带若不经浸漆，则电气性能差、易吸潮，一般只作加强机械强度和绑扎用，不作绝缘用。

（2）各种绝缘带

常用的有黑胶布带、黄蜡布带、黄蜡绸带、聚酯薄膜胶带等。一般常用聚酯薄膜胶带，因为它的电气性能好，厚度较薄（0.055~0.17mm，>100kV/mm），耐压高。在高温场合，常用玻璃纤维绝缘带。

2. 各种绝缘纸

在电机电器的维修中，常用到各种绝缘纸和纸板。

（1）青壳纸

厚度 0.1~0.4mm，一般常用的青壳纸厚度为 0.15mm，其绝缘强度为 7kV/mm。

（2）聚酯薄膜

厚度 0.006~0.10mm，绝缘强度>130kV/mm，耐热等级为 E 级。

3. 绝缘板

（1）钢纸板

钢纸板用于日常维修衬垫及制造圈框架等，其颜色多为红色，又称为红钢纸，厚度为 0.5~2.5mm。轻红钢纸厚度为 0.5~3.0mm，其耐压为 0.5~0.9mm 不小于 7kV。

（2）各种绝缘层压板

一般常用的有酚醛层压纸板（型号 3020~3023）、酚醛层压布板（型号 3025~3027）和玻璃布板（型号 3230、3231、3240）等。绝缘层压板可用于衬垫和隔离各种电气设备，也可用作控制屏板安装电器设备等。

4. 绝缘管

绝缘管用于电机、变压器、电器、仪表、开关板、配电盘等设备中的引线、接线的绝缘护套，又称为绝缘套管。常用的有塑料套管、黄腊管、玻璃纤维管及各种玻璃漆管，一般高温环境选用玻璃纤维管。

三、船舶常用绝缘漆及溶剂

一般船用电气设备对绝缘性能要求很高。在维修这些设备时，要正确选用绝缘漆和对应的溶剂。船上常用的绝缘浸漆和覆盖磁漆的型号、特点、用途等见表 3-18 和表 3-19，供使用时参考。

表 3-18　常用绝缘浸漆

名称型号	特点	主要用途	稀释剂或溶剂	干燥方式、温度、时间	耐热等级（颜色）
耐油清漆 1012	快干，耐油，耐潮，漆膜平滑	适用于浸渍电机线圈	松节油	烘 105℃ 2h	A（黄褐）
醇酸清漆 1030	具有较好的耐油性、耐电弧性，漆膜平滑光泽性好	适用于电机、电气线圈浸渍及覆盖	甲苯二甲苯	烘 115℃ 2h	B（黄褐）
丁基酚醛醇酸漆 1031	具有较好的流动性、干透性、耐热性和耐潮性，漆膜平滑有光泽性	适用于湿热带电机电器线圈的浸渍	二甲苯或 200 号溶剂油	烘 110℃ 2h	B（黄褐）
三氯树脂漆 1033	具有较好的耐油性、耐热性，漆膜平滑光泽有弹性	适用于湿热带电机电器线圈的浸渍	二甲苯或丁醇	烘 120℃ 2h	B（黄褐）
气干环氧酯漆	同上，在低温下迅速干燥	适用于不宜高温烘干的湿热带电器绝缘零件的表面覆盖	二甲苯	气干	B（黄褐）
硅有机清漆 1050 1052	耐热、耐油、耐霉，固化性良好，介电性能优良	适用于高温线圈浸渍及石棉、水泥零件防潮处理		烘 200℃ 2h	F（淡黄）

表 3-19　常用覆盖磁漆

名称型号	特点	主要用途	稀释剂或溶剂	干燥方式、温度、时间	耐热等级（颜色）
灰磁漆 1320	漆膜坚韧有光泽，强度高，能耐电弧、耐油	适用于电机、电器线圈表面覆盖		烘 105℃ 2h	E（灰色）
气干灰磁漆 1321	同上，在低温干燥	适用于不宜高温烘干的电器件的表面修饰		气干	E（灰色）
有机硅红磁漆 1350	耐热性高，耐潮性、耐冲击性和介电性能良好	适用于高温电器线圈覆盖		烘 200℃ 3h	H（红色）

（续）

名称型号	特点	主要用途	稀释剂或溶剂	干燥方式、温度、时间	耐热等级（颜色）
硅钢片漆 1611	高温（450～500℃）快干漆，漆膜坚硬，耐油、耐水	电机电器硅钢片绝缘	200 号溶剂油	烘 200℃ 0.5h	H（黄褐）
沥青半导体漆 1213	形成极坚韧，耐油、耐水漆膜	适用于高压电机线圈表面，构成黑色半导体覆盖膜	苯甲苯	烘 80℃ 3h	A（黑褐）

上述各种绝缘漆在浸渍时必须稀释到一定浓度，因此要正确选用溶剂及稀释剂，否则会引起化学反应而变质。例如，1012 耐油清漆的溶剂或稀释剂为松节油；1031 丁基酚醛醇酸漆用二甲苯或 200 号溶剂油稀释；1033 三氯树脂漆用二甲苯或丁醇稀释。总之，在使用各种绝缘漆时，应按照说明书要求选用溶剂及稀释剂。

在了解各种绝缘漆的性能之后，应根据环境条件来选择绝缘漆，如在机舱中使用的电器，其绝缘要求主要是耐热、耐油性能好，而对于甲板上使用的电气设备的绝缘，主要要求其耐潮、抗振动性能好。厨房电气设备的绝缘要求与机舱电气设备的绝缘要求一样。

第四节 电子设备元器件

一、电子元器件的识别

电子电路中常用的元器件有电阻、电容、二极管、晶体管、晶闸管、轻触开关、液晶、发光二极管、蜂鸣器、各种传感器、芯片、继电器、变压器、压敏电阻、熔丝、光耦、滤波器、接插件等。认识和识别这些元器件是电子电路分析、维护与修理的基础。

1. 电子元器件的图形符号

（1）电阻、电容、电感和变压器

常用的电阻、电容、电感和变压器符号见表 3-20，电阻用字母 R 表示，电容用 C 表示，电感用 L 表示，变压器用 T 表示。具体在电路图中，符号后面还带有编号，有的还附有参数值。

表 3-20 电阻、电容、电感和变压器图形符号

图形符号	名称与说明	图形符号	名称与说明
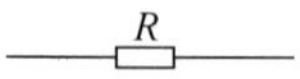 R	电阻器	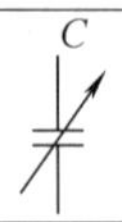 C	可变电容器或可调电容器
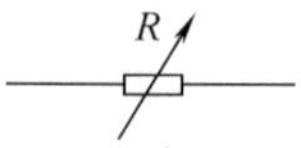 R	可变电阻器或可调电阻器	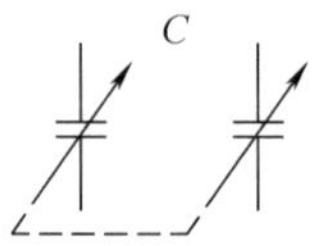 C	双联同调可变电容器（注：可增加同调联数）
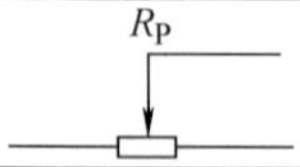 R_P	带滑动触点的电位器		
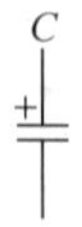 C	极性电容器	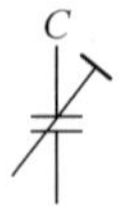 C	预调电容器

（续）

图形符号	名称与说明	图形符号	名称与说明
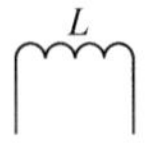 L	电感器、线圈、绕组或扼流圈（注：符号中半圆数不得少于三个）	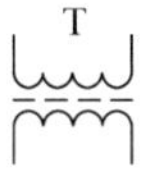 T	绕组间有屏蔽的双绕组变压器（注：可增加绕组数目）
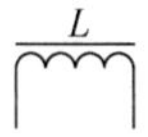 L	带磁心、铁心的电感器	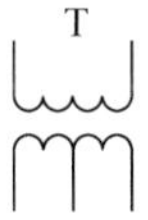 T	在一个绕组上有中间抽头的变压器
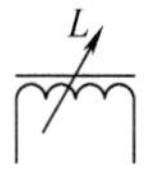 L	带磁心连续可调的电感器	E	理想电压源
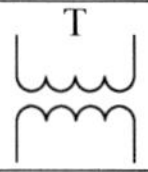 T	双绕组变压器（注：可增加绕组数目）	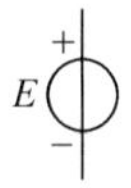	

（2）半导体

半导体器件主要有二极管、晶体管、运算放大器、晶闸管、场效应晶体管、集成电路等大类，具体还分为各种小类。有的半导体器件是将有关小器件集成在一个器件上，形成具有新功能的集成电路。半导体器件符号具体见表 3 21。

表 3-21 半导体器件图形符号

图形符号	名称与说明	图形符号	名称与说明
 VD	二极管	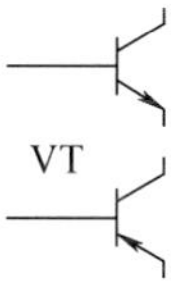 VT	NPN 型晶体管 PNP 型晶体管
VL	发光二极管	UR	全波桥式整流器
VDL	光电二极管	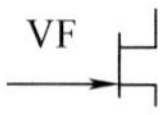 VF	N 沟道 JFET 结型场效应晶体管
VS	稳压二极管	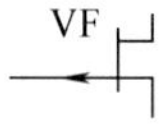 VF	P 沟道 JFET 结型场效应晶体管
VT	晶闸管	VF	N 沟道金属氧化物场效应晶体管（MOSFET）
VT	双向三极闸流晶体管	VF	P 沟道金属氧化物场效应晶体管（MOSFET）
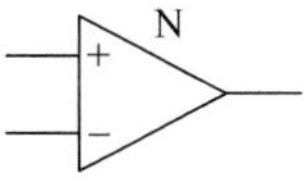 N	运算放大器	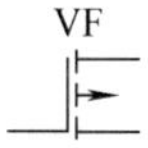	
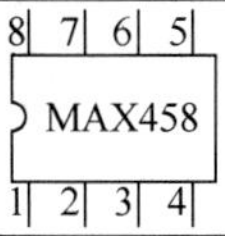 MAX458	集成电路	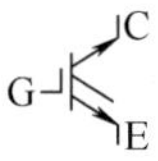	绝缘栅门极可控双极晶体管（IGBT）

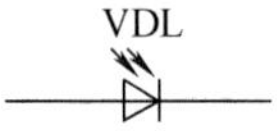

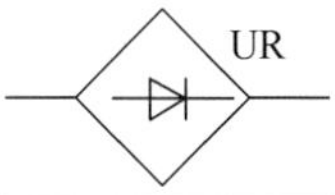

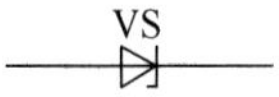

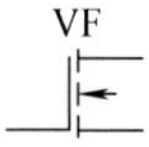

（3）其他电子器件图形符号

常用的其他电子器件图形符号见表3-22。

表 3-22 常用的其他电子器件图形符号

图形符号	名称与说明	图形符号	名称与说明
B	具有两个电极的压电晶体（注：电极数目可增加）	FB 或	接机壳或底板
FU	熔断器		导线的连接
HL ⊗	指示灯及信号灯		导线的不连接
HA	扬声器	S	动合（常开）触点开关
HA	蜂鸣器	S	动断（常闭）触点开关
PE	接大地	S	手动开关

2. 电子元器件的识别

（1）电阻器

具有一定的阻值、一定的几何形状、一定的技术性能，在电路中起限流作用的电子组件称为电阻器，即通常所称的电阻。其外形因材料和功率等不同，有很大的差别。

电阻器的种类有很多，通常分为三大类：固定电阻，可变电阻，特种电阻。在电子产品中，以固定电阻应用最多。而固定电阻以其制造材料又可分为好多类，常用、常见的有 RT 型碳膜电阻、RJ 型金属膜电阻、RX 型绕线电阻，还有近年来开始广泛应用的片状电阻。电阻器的型号命名很有规律，R 表示电阻，T 表示碳膜，J 表示金属，X 表示绕线，即拼音的第一个字母。图 3-2 所示为几种常用的电阻。

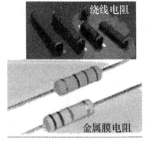

图 3-2 常用电阻

现在国际上惯用色环标注法标注电阻器，主要作用就是使自动生产线上的机器能够识别电阻器。目前，色环电阻占据着电阻器元件的主流地位。顾名思义，色环电阻就是在电阻器上用不同颜色的环来表示电阻的规格。有的用四个色环表示，有的用五个。四环电阻一般是碳膜电阻，用三个色环来表示阻值，用一个色环表示误差；五环电阻一般是金属膜电阻，前三位数字是有效值，第四位是 10 的倍幂，第五环是色环电阻器的误差范围，如图 3-3 所示。具体色环颜色表示的含义见表 3-23。对照图 3-3 可知，该电阻为 $250k\Omega$，准确度为 ±5%。

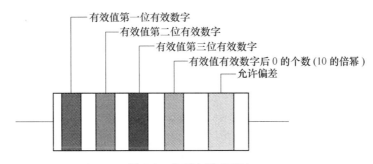

图 3-3　色环电阻表示法

表 3-23　色环表示法的色环含义

颜　　色	有效值	倍　　幂	允　许　偏　差
黑	0	10^0	—
棕	1	10^1	±1%
红	2	10^2	±2%
橙	3	10^3	—
黄	4	10^4	—
绿	5	10^5	±0.5%
蓝	6	10^6	±0.25%
紫	7	10^7	±0.1%
灰	8	10^8	—
白	9	10^9	−20% ~ +50%
金	—	10^{-1}	±5%
银	—	10^{-2}	±10%
无色	—	—	±20%

片状电阻在现代电路板上的应用越来越广泛，俗称贴片电阻（SMT 封装）。贴片电阻通常用三位标示，包括两位数字和一位字母，两位数字是有效数字，一位字母表示 10 的倍幂。如果是四位标示，则最后一位表示 10 的倍幂，前三位为有效值。例如，334 表示：$33 \times 10^4\Omega = 330k\Omega$；275 表示：$27 \times 10^5\Omega = 2.7M\Omega$；如图 3-4 所示的贴片电阻，三个电阻阻值分别是 10Ω、4700Ω 和 1.0Ω，字母 R 表示小数点。

图 3-4　贴片电阻表示法

电阻器也有功率之分。常见的是 1/4W 的色环碳膜电阻,多用于电子产品和电子制作中。在一些微型产品中,也会用到 1/16W 的电阻,它的个头很小,一般直接用贴片电阻替代。在规定的环境温度和湿度下,假定周围空气不流通,且长期连续负载而不损坏或基本性能不改变,电阻器上允许消耗的最大功率即为额定功率。为保证安全使用,电阻器的额定功率一般要比在电路中消耗的实际功率高 1~2 倍。额定功率分多个等级,常用的有 0.125W (1/8W)、0.25W (1/4W)、0.5W (1/2W)、1W、2W、3W、5W、7W、10W 等。

除上述常用的固定电阻外,还有各种可变电阻和特种电阻,具体有:

1)可变电阻。又称为电位器,电子设备上的音量电位器就是可变电阻。一般认为电位器都可以手动调节,而可变电阻一般都较小,装在电路板上不会经常调节。可变电阻有三个引脚,其中两个引脚之间的电阻值固定,称为该可变电阻的阻值。第三个引脚与任两个引脚间的电阻值可以随着轴臂的旋转而改变,从而达到调节电路中的电压或电流的效果。

2)特种电阻。

①光敏电阻。一种电阻值随外界光照强弱(明暗)变化而变化的元件,光越强阻值越小,光越弱阻值越大。如果把光敏电阻的两个引脚接在万用表的表笔上,用万用表的 $R\times 1k$ 档测量在不同的光照下光敏电阻的阻值;将光敏电阻从较暗的地方移到阳光下或灯光下,万用表读数将会发生变化。在完全黑暗处,光敏电阻的阻值可达几兆欧以上(万用表指示电阻为无穷大,即指针不动),而在较强光线下,光敏电阻的阻值可降到几千欧甚至 $1k\Omega$ 以下。利用这一特性,可以制作各种光控的小电路。事实上,街边的路灯大多是由光控开关自动控制的,其中一个重要的元器件就是光敏电阻(或者是光电晶体管,一种功能相似的带放大作用的半导体元件)。光敏电阻是在陶瓷基座上沉积一层硫化镉(CdS)膜后制成,实际上也是一种半导体元件。

②热敏电阻。一种特殊的半导体器件,其电阻值随表面温度高低的变化而变化。它原本是为了使电子设备在不同的环境温度下正常工作而使用,称为温度补偿。常用的 NTC (Negative Temperature Coefficient)热敏电阻为负温度系数的热敏电阻,即电阻值随温度的升高而降低。新型的电脑主板都有 CPU 测温、超温报警功能,就是利用了热敏电阻的这一特性。

实际使用中,电阻相对比较稳定,但在高温时,尤其是功率较大的场合,电阻自身发热后造成电阻烧断是比较常见的故障。有的故障能用肉眼看出,如电阻发黑、有烧焦痕迹,有的则需要用万用表测量。用数字式万用表判定电阻的好坏时,首先将万用表的档位旋钮调到欧姆档的适当档位,一般 200Ω 以下的电阻器可选 200 档,$200\Omega \sim 2k\Omega$ 的电阻器可选 $R\times 2k$ 档,依次类推。如果用自动量程测量的万用表,则只要选择电阻测量就可以了。如果测量的结果与标示不同,甚至是短路或断开,则该电阻已损坏。但由于线路板上有其他电路回路存在,测量电阻值往往不准确,所以不能依此为据来判断电阻的好坏,最好取下电阻器单独测量,而不要在线路板上测量。

(2)电容

电容在电路中一般用 "C" 加数字表示,如 C_{25} 表示编号为 25 的电容。电容是由两片金属膜紧靠、中间用绝缘材料隔开而组成的元件。电容的特性主要是隔直流通交流。电容容量的大小表示能存储电能的大小。电容对交流信号的阻碍作用称为容抗,它与交流信号的频率和电容量有关,具体表示为 $X_C = 1/(2\pi fC)$,其中 f 为交流信号的频率;C 为电容容量。电路中常用电容的种类有电解电容、瓷片电容、贴片电容、独石电容、钽电容和涤纶电容等。

按照极性可分为有极性电容和无极性电容，常见的电解电容有极性，钽电容也有极性。常用的电容器按其介质材料可分为电解电容器、云母电容器、纸介电容器、瓷介电容器、玻璃釉电容等。图 3-5 为常见的几种电容器。

图 3-5　常见电容器

电容器的主要性能指标有：电容器的容量（即存储电荷的容量），耐压值（指在额定温度范围内，电容能长时间可靠工作的最大直流电压或最大交流电压的有效值），耐温值（表示电容所能承受的最高工作温度）。电容器容量的单位有法拉（F）、微法（μF）、纳法（nF）、皮法（pF）。识别方法与电阻的识别方法基本相同，分直标法、色标法和数标法三种。不标单位的直标法一般为 pF，而电解电容的单位用 μF。数标法一般用三位数字表示容量的大小，前两位表示有效数字，第三位表示 10 的倍幂，单位一般为 pF，例如，102 表示 $10 \times 10^2 = 1000pF$；224 表示 $22 \times 10^4 = 220000pF = 220nF = 0.2\mu F$。电容容量误差用符号表示，对应允许误差 $\pm 1\%$、$\pm 2\%$、$\pm 5\%$、$\pm 10\%$、$\pm 15\%$、$\pm 20\%$ 分别用 F、G、J、K、L、M 表示，如一瓷片电容为 104J 表示容量为 $0.1\mu F$、误差为 $\pm 5\%$。

电容在电路中实际要承受的电压不能超过它的耐压值。在滤波电路中，电容的耐压值不要小于交流有效值的 1.42 倍。使用电解电容时，还要注意正负极不要接反。不同电路应选用不同种类的电容。谐振回路可以选用云母、高频陶瓷介电容，隔直流可以选用纸介、涤纶、云母、电解、陶瓷电容等，滤波可以选用电解电容，旁路可以选用涤纶、纸介、陶瓷、电解电容等。电容在装入电路前要检查它有没有短路、断路和漏电等现象，并且核对其电容值。安装时，要使电容的类别、容量、耐压等符号容易看到，以便核实。

在实际维修中，电容器的故障主要表现为引脚腐蚀致断的开路故障、脱焊和虚焊的开路故障、漏液后造成容量小或开路故障或漏电、严重漏电和击穿故障。上述故障一般都可以肉眼看出来，但有时也需要拆下电容器用仪器测量。

采用指针式万用表 $R \times 1k$ 档或数字式万用表的电阻档，在检测前，先将电解电容的两根引脚相碰，以便放掉电容内残余的电荷。当表笔刚接通时，指针向右偏转一个角度，然后再缓慢地向左回转，最后指针停下（数字式万用表数值指示情况是先较小电阻值，再慢慢增加直至无穷大），指针停下来（或数值停止）所指示的阻值为该电容的漏电电阻，该阻值愈大愈好，最好应接近无穷大处。如果漏电电阻只有几十千欧，说明该电解电容漏电严重。刚开始指针向右摆动的角度越大（数值越小），说明该电解电容的电容量越大，反之说明电容量越小。

（3）电感

常用的电感器有固定电感器、微调电感器、色码电感器等。变压器、扼流圈、振荡线圈、偏转线圈、天线线圈、中周、继电器以及延迟线和磁头等，都属电感器种类。电感在电路中常用"L"加数字表示，如L_6表示编号为6的电感。电感线圈由绝缘导线在绝缘骨架上绕制一定的圈数制成。直流可通过线圈，直流电阻就是导线本身的电阻，压降很小；当交流信号通过线圈时，线圈两端将会产生自感电动势，自感电动势的方向与外加电压的方向相反，阻碍交流的通过，所以电感的特性是通直流阻交流，频率越高，线圈阻抗越大。电感在电路中可与电容组成振荡电路。电感一般用直标法和色标法，色标法与电阻类似，如棕、黑、金，金表示1μH（误差5%）的电感。电感的最基本的单位为亨利（H），常用的有毫亨（mH），微亨（μH），其换算公式为$1H = 10^3 mH = 10^6 μH$，电感数值的读法与电阻类似。图3-6所示为磁性电感和色环电感等常见电感的外形。

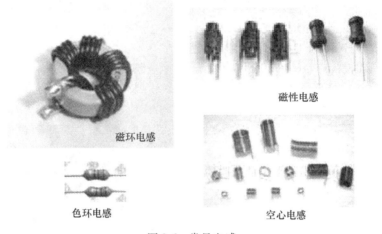

磁性电感

磁环电感

色环电感

空心电感

图3-6　常见电感

电感器的特性为通直流隔交流，通低频阻高频，主要用于滤波、陷波、振荡、存储磁能等。

电感器的分类有空心电感和磁心电感，按磁心情况又可称为铁心电感和铜心电感等。

电感的检测包括外表和阻值测量，首先检测电感的外表有无完好，磁性有无缺损、裂缝，金属部分有无腐蚀氧化，标志有无完整清晰，接线有无断裂和拆伤等。用万用表对电感做初步检测，测量线圈的直流电阻，并与已知的正常电阻值进行比较。如果测量值比正常值显著增大，或指针不动，可能是电感器本体断路；若比正常值小许多，可判断电感器本体严重短路，线圈的局部短路需用专用仪器进行检测。

（4）二极管

二极管在电路中常用"VD"加数字表示，如VD5表示编号为5的二极管。二极管的主要特性是单向导电性，也就是说在正向电压的作用下导通电阻很小；而在反向电压作用下导通电阻极大或无穷大。正因为二极管具有上述特性，常把它在整流、隔离、稳压、极性保护、编码控制、调频调制和静噪等电路中。二极管按作用可分为整流二极管（如1N4004）、隔离二极管（如1N4148）、肖特基二极管（如BAT85）、发光二极管、稳压二极管等。图3-7为一些常用二极管的外形。

二极管的识别方法：小功率二极管大多在其外表采用一种色圈标示负极；有些二极管用

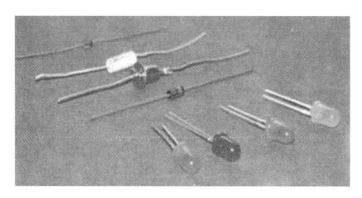

图 3-7　常用二极管

二极管的专用符号来表示正极或负极，也有的采用字母"P（正极）""N（负极）"来标示二极管极性。发光二极管的正负极可从引脚长短来识别，长引脚为正，短引脚为负。

二极管的测试：用数字式万用表测量二极管时，红表笔接二极管的正极，黑表笔接二极管的负极，万用表选择二极管符号档位，此时测得的数值是二极管正向导通时的电压值，如0.597，表示正向导通压降为0.597V。若反向显示OL（或显示1×××，×表示没显示），表示二极管不导通。这与指针式万用表的表笔接法刚好相反。

常用的1N4000系列二极管有1N4001、1N4002、1N4003、1N4004、1N4005、1N4006、1N4007，对应的耐压值为50V、100V、200V、400V、600V、800V、1000V，其额定电流均为1A。

二极管的种类繁多，下面简单介绍常用的发光二极管和稳压二极管。

1）发光二极管。发光二极管能够发出红、绿和黄等颜色的光，外形尺寸有直径3mm、5mm和2mm×5mm长方形。与普通二极管一样，发光二极管也是由半导体材料制成，也具有单向导电的性能，即只有接对极性才能发光。发光二极管的电路符号比一般二极管多了两个箭头，示意能够发光。通常发光二极管用作电路工作状态的指示，它比小灯泡的耗电低得多，而且寿命也长得多。用发光二极管还可以构成大屏幕彩色电子显示屏。

发光二极管的发光颜色一般和它本身的颜色相同，但近年来出现了透明发光管也能发出红黄绿等颜色的光，具体发哪种光只有通电才能知道。辨别发光二极管正负极的方法有实验法和目测法。实验法就是通电后看能不能发光，若不能发光就是极性接错或是发光管损坏。目测法是用眼睛来观察发光二极管的两个电极。一般来说，电极较小、个头较矮的一个是发光二极管的正极，电极较大的一个是它的负极。若是新买来的发光二极管，引脚较长的一个是正极。

注意：发光二极管是一种电流型器件，虽然在它的两端直接接上3V的电压后能够发光，但容易损坏，在实际使用中一定要串接限流电阻，工作电流根据型号不同一般为1～30mA。另外，由于发光二极管的导通电压一般为1.7V以上，所以一节1.5V的电池不能点亮发光二极管。同样，一般万用表的$R×1$档到$R×1k$档均不能测试发光二极管，而$R×10k$档由于电压较高，能把所有的发光二极管点亮。

2）稳压二极管。稳压二极管在电路中常用"VS"加数字表示，如VS5表示编号为5的稳压二极管。稳压二极管的特点就是击穿后其两端的电压基本保持不变，正向导通特性与二极管相同。这样，当把稳压管接入电路以后，若由于电源电压发生波动或其他原因造成电路中各点电压变动时，负载两端的电压将基本保持不变。

稳压二极管的故障主要表现在开路、短路和稳压值不稳定。在这三种故障中，前一种故障表现出电源电压升高；后两种故障表现为电源电压变低到 0V 或输出不稳定。

常用稳压二极管有 1N4728、1N4729、1N4730、1N4732、1N4733、1N4734、1N4735、1N4744、1N4750、1N4751、1N4761，对应的稳压值为 3.3V、3.6V、3.9V、4.7V、5.1V、5.6V、6.2V、15V、27V、30V、75V。

（5）晶体管

晶体管在电路中常用"VT"加数字表示，如 VT17 表示编号为 17 的晶体管。其特点是内部含有两个 PN 结，并且具有电流放大能力。晶体管分为 NPN 型和 PNP 型两种类型，这两种类型的晶体管从工作特性上可互相弥补，所谓 OTL 电路中的对管就是由 PNP 型和 NPN 型配对使用。电路中常用的 PNP 型晶体管有 A92、9015 等型号；NPN 型晶体管有 A42、9014、9018、9013、9012 等型号。如图 3-8 所示，不同功率晶体管的外形相差很大。

图 3-8 晶体管外形

晶体管主要用于放大电路中起放大作用，采用共发射极的电路常常应用在多级放大器中间级，而采用射极跟随的电路常常应用在低频放大输入级、输出级或作阻抗匹配用。现在常见的晶体管大部分是塑封的，在手头没有该晶体管手册的情况下，需要使用万用表来准确判断晶体管的三个引脚 b、c、e，下面简单介绍几种使用数字式万用表测的常用方法。

1）晶体管类型和基极判断。测量晶体管时万用表扳到二极管档（蜂鸣档），首先用红表笔接触其中任意一个引脚不动，用黑表笔去接触另外两个引脚。如果能够测得两组相近且小于 1 的数字，说明此时红表笔接触的就是 b 极；如果测得两组数字不相近，那说明此时红表笔接触的不是 b 极，应把红表笔换一个引脚，黑笔再去测另外两个引脚，直到找到 b 极为止。一旦找到 b 极，则可判断晶体管为 NPN 型。如果找不到 b 极，红、黑表笔换过来再试，即黑表笔接触一个引脚不动，用红表笔去接触另外两个引脚，直到测到两组相近且小于 1 的数字。此时黑表笔为 b 极，而晶体管为 PNP 型。

2）带晶体管检测的万用表可直接检测。对带有晶体管检测 h_{FE} 插孔的万用表，将晶体管随意插到插孔中去（可以事先判断 b 极，提高准确性），测 h_{FE} 值；然后再将晶体管倒过来再测一遍，测得 h_{FE} 值比较大的一次，各引脚插入的位置与表上指示一致的。

3）判别集电极和发射极。因为晶体管发射极和集电极正确连接时放大倍数 β 大，反接时 β 就小得多。用数字式万用表扳到二极管档（蜂鸣档）对晶体管进行测量，先假设一个集电极，另一个为发射极；对 NPN 型管，发射极接黑表笔，集电极接红表笔；对 PNP 型管，发射极接红表笔，集电极接黑表笔。测量时，用湿的手指捏住基极和假设的集电极，两极不能接触，若指示数值小，而把两极对调后指示数值大，则说明原来的假设正确。否则，假设正好与实际相反，从而可确定集电极和发射极。如果用几个不同的晶体管对比，可以发现指示数值越小的晶体管，其放大倍数 β 越大。

如果测量过程中，发现始终有两个引脚显示小数值或没有显示小数值的情况，或无法按上述方法测量晶体管，则说明该晶体管可能已损坏。

（6）集成电路

集成电路是在一块单晶硅上，用光刻法制做出很多晶体管、二极管、电阻和电容，并按照特定的要求把它们连接起来，构成一个完整的电路。集成电路具有体积小、重量轻、可靠性高和性能稳定等优点，随着集成电路集成度的提高，出现了大规模和超大规模集成电路。

集成电路常见的封装形式如图3-9所示。集成电路的引脚数是从凹槽或圆点处开始反时针的编号。为维护和更换方便，常使用芯片座焊接在线路板上，集成电路可直接插在上面。

a) 凹边向内勾型脚　　　b) 两面有鸥翼型脚　　　c) 双列直插脚　　　d) 功率集成电路
（PLCC 封装）　　　　（SOIC 封装）　　　　（DIP 封装）

图 3-9　集成电路常见的封装形式

常用的逻辑集成电路有 CMOS 电路和 TTL 电路。4000 系列编号的集成电路为 CMOS 集成电路，其编号为 4000~4500。绝大多数 CMOS 电路是 14 引脚或 16 引脚封装，采用宽电压供电（3~15V）。CMOS 集成电路对静电非常敏感，使用时要注意防静电。TTL 逻辑芯片系列的编号从 74××00 开始，中间的 xx 是字母，代表着电路的类型（早先不含字母的编号已被废除），如 74LS×× 表示使用低功耗肖特基管，74HC×× 表示使用的是 HCMOS 电路，它是高速 4000 系列与低功耗的 TTL 电路结合的产物。两者均采用单一 5V 电源供电。

集成电路常用的检测方法有在线测量法、非在线测量法和代换法。

1）非在线测量。非在线测量是在集成电路未焊入电路时，通过测量其各引脚之间的直流电阻值与已知正常同型号集成电路各引脚之间的直流电阻值进行对比，以确定其是否正常。

2）在线测量。在线测量法是利用电压测量法、电阻测量法及电流测量法等，通过在电路上测量集成电路的各引脚电压值、电阻值和电流值是否正常来判断该集成电路是否损坏。

3）代换法。代换法是用已知完好的同型号、同规格集成电路来代换被测集成电路，从而可以判断出该集成电路是否损坏。

二、电子控制线路识图

一张电路图通常有几十乃至几百个元器件，它们的连线纵横交叉，形式变化多端，但因为电子电路本身有很强的规律性，不管多复杂的电路，经过分析可以发现，它都是由少数几个单元电路组成。所以可以先熟悉常用的基本单元电路，再进一步分析和分解复杂电路。

1. 电子控制线路识图方法

按单元电路的功能可以分成若干类，每一类又有好多种，全部单元电路大概有几百种。最常用的基本单元电路是电源电路，船舶电子设备中还常用驱动电路、运放电路、集成电路、微机处理电路等。

（1）电源电路的功能和组成

每个电子设备都有一个供给能量的电源电路。电源电路有线性整流电源、开关电源和逆变电源三种。电子电路中的电源一般是低压直流电。线性整流电源是将220V交流电变成低压交流电，再用整流电路变成脉冲直流电，最后用滤波电路滤除脉冲直流电中的交流成分后得到直流电；开关电源是先将220V交流电整流成直流，然后采用脉宽调制（PWM）控制将直流变换成高频交流，再经过高频变压器将电压变成需要的电压值，然后整流成直流输出。有的电子设备对电源的质量要求很高，所以有时还需要再增加一个稳压电路，因此整流电源的组成一般有四大部分。图3-10为市电变低压的一个线性稳压电源电路框图，其中变压电路其实就是一个铁心变压器，需要介绍的是后面三种单元电路，分别是整流、滤波和稳压。

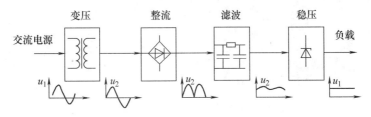

图 3-10　线性稳压电源电路框图

1）整流电路。整流电路是利用半导体二极管的单向导电性能将交流电变成单向脉动直流电的电路。常用的是桥式全波整流，由四个二极管组成的桥式整流电路可以使用只有单个二次线圈的变压器，负载上的电流波形和输出电压值与全波整流电路相同。

2）滤波电路。整流后得到的是脉冲直流电，如果加上滤波电路滤除其中的交流成分，即可得到平滑的直流电。将电容器和负载并联，正半周时电容被充电，负半周时电容放电，便可实现滤波的目的。

用电感和负载串联能更有效地滤除脉冲电流中的交流成分。用一个电感和一个电容组成的滤波电路因为像一个倒写的字母"L"，称为L型滤波电路；用一个电感和两个电容组成的滤波电路因为像字母"π"，被称为π型滤波电路。上述两种电路滤波效果较好，但因为电感的成本高、体积大，所以在电流不太大的电子电路中常用电阻器取代电感而组成RC滤波电路。

3）稳压电路。交流电网电压的波动和负载电流的变化都会使整流电源的输出电压和电流随之变动，因此要求较高的电子电路必须使用稳压电源。用一个稳压管和负载并联的电路是最简单的稳压电路。

串联型稳压电路是最常用的稳压电路，如图3-11所示，它是从取样电路（R_1、R_2）中检测出输出电压的变动，与基准电压（U_Z）比较并经放大器放大后加到调整管（VT）上，使调整管两端的电压随之变化。如果输出电压

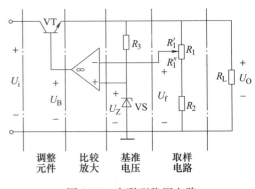

图 3-11　串联型稳压电路

下降，则采样电压降低，小于基准电压 U_Z，放大器输出增加，调整管 VT 的输出电压增加，于是输出电压被提升，从而稳定在需要的值上；如果输出电压上升，就会使调整管管压降也上升，于是输出电压被压低，结果就使输出电压基本不变。在串联型稳压电路的基础上可以发展成很多变形电路或增加一些辅助电路，如用复合管作调整管，输出电压可调的电路，用运算放大器作比较放大的电路，以及增加辅助电源和过电流保护的电路等。

4）开关型稳压电路。开关电源是近年来广泛应用的新型稳压电源。由于它本身功耗很小、效率高、体积小等优点，所以应用广泛，但电路比较复杂。

开关电源从原理上分有很多种，其基本原理框图如图 3-12 所示。采用这种结构较为复杂的电路来完成直-直流的变换有以下原因：

图 3-12　开关电源原理框图

① 输出端与输入端需要隔离。

② 某些应用中需要相互隔离的多路输出。

③ 输出电压与输入电压的比例远小于 1 或远大于 1。

④ 交流环节采用较高的工作频率，可以减小变压器和滤波电感、滤波电容的体积和重量。

同直流斩波电路相比，开关型稳压电路中增加了交流环节，因此也称为直-交-直电路。

5）集成化稳压电路。近年来已有大量集成稳压器产品问世，品种很多，结构也各不相同。目前用得较多的是三端集成稳压器，有输出正电压的 LM7800 系列和输出负电压的 LM7900 系列等产品，输出电流为 0.1 ~ 3A，输出电压有 5V、6V、9V、12V、15V、18V、24V 等多种。

三端集成稳压器只有三个端子，稳压电路的所有部分包括大功率调整管以及保护电路等都已集成在芯片内，使用时只要加上散热片后接到整流滤波电路后面即可，具有外围元件少、稳压精度高、工作可靠、一般不需调试等优点。

（2）电磁阀驱动电路

如图 3-13 所示，电磁阀驱动电路由直流电源供电，为防止电磁阀线圈产生高压输出，在线圈的两端并联有续流二极管，当晶体管受控导通时，电源经电磁阀到晶体管集电极，然后通过晶体管形成回路，电磁阀有电工作；当晶体管控制信号失电时，电磁阀线圈通过二极管自身形成回路，构成放电，使得电磁阀迅速断电停止。由此可见，该电路类似简单的开关控制电路，输入信号为高电平时，电磁阀有电，反之，电磁阀失电。

（3）电池充电回路

如图 3-14 所示，发光二极管承受正向电压导通发光，发光强度与通过的电流大小有关。VL 与 R_5 串联后，接于

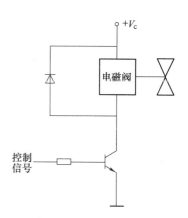

图 3-13　电磁阀驱动电路

R_4 两端，R_4 两端电压的大小反映了充电电流的大小，VL 发光的亮、暗指示开关 S 的位置，R_5 是 VL 的限流电阻，使通过 VL 的电流限制在一定数值。当开关 S 处于图中所示 100mA 的位置时，稳压二极管 VZ 将晶体管 VT 的基极电压稳定在 6V，所以，晶体管发射极的电压约为 5.4V，用该电压除以电阻 R_4 和 R_2 之和，得到的电流约为 100mA，则通过电池的电流为 100mA，可见电池的充电电流为 100mA。如果开关 S 处于 50mA 位置，则发射极电压 5.4V 除以电阻 R_4 和 R_3 之和，得到的电流为 50mA，即通过电池的电流为 50mA。可见控制开关 S 控制了充电电流的大小。

（4）光敏器件的特点及应用电路

常用的光敏器件有光敏电阻器、光电池、光敏二极管以及光电晶体管等。以光敏电阻器为例，它是一种对光敏感的元件，大多数是由半导体材料制成。它利用半导体的光导电特性，使电阻的电阻值随入射光线的强弱发生变化，即当入射光线增强时，其电阻值会明显减小；当射入电阻器的光线减弱时，其电阻值会显著增大。将光敏电阻器接入电路中，即可将光信号转换成电信号。如图 3-15 所示，当光敏电阻受到光照时，其阻值立即减小，则晶体管 VT 导通，继电器 K 得电工作，带动其辅助触点动作，去控制报警等，从而实现光敏器件对输出的控制。光敏器件广泛应用于自动检测、光电控制、通信、报警等电路中。

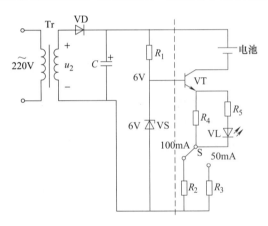

图 3-14 电池充电回路

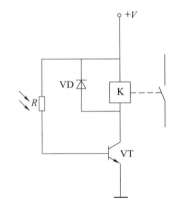

图 3-15 光敏电阻检测锅炉火焰

（5）信号调理电路

常用的信号调理电路为差分放大电路，其作用一方面是将传感器送来的小信号放大和转换成需要的信号，一方面又要减少放大过程中的非线性和各种干扰，包括共模信号。抑制共模信号的小信号放大电路如图 3-16 所示，放大器 A1 工作在确保 R_{ref} 上的电压等于 V_{ref}，即控制电流 I_r 为恒流源，由于两个桥臂的电阻 R 远大于 R_0 和 R_t，所以两个桥臂中流过的电流相等，即均分 I_r，使得 $U_i = I_r(100 + \alpha t)/2$，$U_{i0} = I_r R_0/2$，从而得到差分电压为 $U_d = U_i - U_{i0} = I_r(100 + \alpha t - R_0)/2$。当 R_0 调节到等于 100Ω 时，$U_d = I_r \alpha t/2$。U_d 信号电压和驱动能力都很小，传输距离又较远，所以后续电路中常采用 A2、A3、A4 构成差分放大电路，其中电位器 R_P 作为调零使用，而放大倍数取决于电阻 R_1、R_2、R_3 和 R_f。最终 $U_{out} = Kt$，即输出与温度成正比，K 为该电路的温度比例系数。

2. 电子控制线路功能分析

（1）电源电路分析

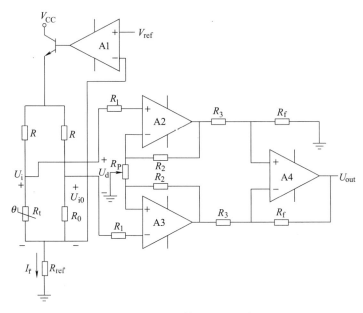

图 3 16　PT100 温度信号调理电路原理图

电源电路是电子电路中比较简单却是应用最广的电路。拿到一张电源电路图时，应该注意读电源电路图应注意以下步骤要点：

1）先按"整流-滤波-稳压"的顺序把整个电源电路分解开来，逐级分析。

2）逐级分析时要分清主电路和辅助电路、主要元件和次要元件，弄清它们的作用和参数要求等，如开关稳压电源中，电感电容和续流二极管就是电路的主要元件。

3）因为晶体管有 NPN 和 PNP 两种类型，某些集成电路要求双电源供电，所以一个电源电路往往包括有不同极性、不同电压值的多组输出。读图时，必须分清各组输出电压的数值和极性。在组装和维修电路时也要仔细分清晶体管和电解电容的极性，防止出错。

4）熟悉某些习惯画法和简化画法。

5）最后把整个电源电路从前到后进行全面贯通。

（2）放大电路分析

放大器有交流放大器和直流放大器之分。交流放大器又可按频率分为低频、中频和高频；按接输出信号的强弱又可分为电压放大、功率放大等，此外还有用集成运算放大器和特殊晶体管作器件的放大器。

读放大电路图时按照"逐级分解、抓住关键、细致分析、全面综合"的原则和步骤进行。首先把整个放大电路按输入、输出逐级分开，然后逐级抓住关键元器件进行分析，弄清原理。放大电路有它本身的特点：一是具有静态和动态两种工作状态，所以有时往往需要画出它的直流通路和交流通路才能进行分析；二是电路往往加有负反馈，这种反馈有时在本级内，有时是从后级反馈到前级，所以在分析这一级时还要能"瞻前顾后"。在弄清每一级电路的原理之后就可以把整个电路贯通起来进行全面综合。读图时要注意：

1）在逐级分析时要区分开主要元器件和辅助元器件。放大器中使用的辅助元器件很多，如偏置电路中的温度补偿元件，稳压稳流元器件，防止自励振荡的防振元件、去耦元件，保护电路中的保护元件等。

2）在分析中最主要和困难的是反馈的分析，要能找出反馈通路，判断反馈的极性和类型，特别是多级放大器，往往是后级将负反馈加到前级，因此更要细致分析。

3）一般低频放大器常用 RC 耦合方式；高频放大器则常常与 LC 调谐电路有关，或是用单调谐或是用双调谐电路，而且电路里使用的电容器容量一般也比较小。

4）注意晶体管和电源的极性，放大器中常常使用双电源，这是放大电路的特殊性。

（3）逻辑电路分析

逻辑电路中的"1"和"0"具有逻辑意义，如逻辑"1"和逻辑"0"可以分别表示电路的接通与断开、事件的是与否、逻辑推理的真与假等。电路的输出和输入之间是一种逻辑关系。逻辑电路有时也称为数字电路，这是因为电路中传递的虽然是逻辑脉冲，但这些脉冲是用来表示二进制码的，如用高电平表示"1"，低电平表示"0"。声音、图像、文字等信息经过数字化处理后变成了一串串电脉冲，被称为数字信号。能处理数字信号的电路就称为数字电路。

由于数字逻辑电路有易于集成、传输质量高、有运算和逻辑推理能力等优点，因此被广泛用于计算机、自动控制、通信、测量等领域。一般家电产品中，如定时器、告警器、控制器、电子钟表、电子玩具等都要用数字逻辑电路。

数字逻辑电路的第一个特点是为了突出"逻辑"两字，使用的是独特的图形符号。数字逻辑电路中有门电路和触发器两种基本单元电路，它们都由晶体管和电阻等元件组成，但在逻辑电路中只用几个简化的图形符号去表示，而不画出具体的电路，也不管它们使用多高的电压，是 TTL 电路还是 CMOS 电路等。按逻辑功能要求把这些图形符号组合起来画成的图就是逻辑电路图，它完全不同于一般的放大振荡或脉冲电路图。

数字逻辑电路的第二个特点是使用数字逻辑电路时主要关心的是电路能完成的逻辑功能，较少考虑电路的电气参数性能等问题。也因为这个原因，数字逻辑电路中使用了一些特殊的表达方法，如真值表、特征方程等，还使用了一些特殊的分析工具，如逻辑代数、卡诺图等，这些也都与放大电路不同。

三、电路板、电子元器件的焊接与装配

焊接是电子制作工艺中非常重要的环节，焊接的质量直接影响产品的质量。若没有掌握好焊接的要领，容易产生虚焊；若焊接过程中加入焊锡过多会造成桥接（短路），导致制作出的产品性能达不到设计要求。焊接的机理是通过对焊件加热，使钎料熔化后，在焊件与钎料之间产生原子扩散，待凝固后，在其交界面上将形成一层合金结合层。该合金结合层有良好的导电性和机械强度。

1. 电路板、电子元器件的焊接要求

印制电路板（PCB）为元件的安装和互连提供了便利的方法。PCB 由两部分组成：一部分是基础材料（常称底板），由绝缘材料制成，最常用的是酚醛树脂板（一种黄色的绝缘材料）和环氧玻璃（玻璃纤维）；另一部分是线路，由导电箔（通常为铜）构成，铺设在底板上。

PCB 上的线路通过蚀刻获得所需图形。除导电线路外，PCB 还应包括插座、接地点、插槽及焊盘（也称连接点），如图 3-17 所示。电子器件的安装引脚通过焊盘穿过电路板，然后在电路板上用电烙铁加热引脚和焊锡，将器件牢固地焊接在电路板上。

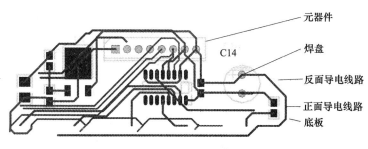

元器件

焊盘

反面导电线路

C14

正面导电线路

底板

图 3-17 PCB 线路图

PCB 上的铜箔图案常覆盖有一薄层焊锡，以减少氧化及促进焊接性。焊锡层的有效时间是从出厂后通常持续大约六个月，所以，PCB 应在此时段内使用。

将电器元件焊接到电路板上，首先器件需要具备良好的焊接性，其次电路板上焊件表面必须清洁，以便焊锡能够很容易地吸附融合在焊件上；焊接时，需要使用合适的助焊剂以帮助焊接，助焊剂是用以清除被焊金属表面的氧化膜，保证焊锡浸润的一种化学剂，最常用的是松香；另外，焊件要加热到熔锡温度，但也要考虑焊件能够承受的温度，有的集成电路不能长时间处于较高温度，这就要求焊接时控制焊件的温度和焊接时间。焊接时使用的工具是电烙铁，使用时注意电烙铁金属部分温度高，要注意人身安全，避免烫伤；经常检查电烙铁电源线是否有裸露的铜线，若有，要用绝缘胶布胶好；另外，电烙铁不用时要及时断电，并要求自然冷却。

2. 电路板的装配及其基本测试

在设计装配电路板之前，要求将整机的电路基本定型，同时还要根据整机的体积以及机壳的尺寸确定元器件在 PCB 上的装配方式。

首先确定 PCB 的尺寸，然后将元器件配齐，根据元器件种类和体积以及技术要求将其布局在 PCB 上的适当位置。一般先从体积较大的器件开始，如电源变压器、磁棒、全桥、集成电路、晶体管、二极管、电容器、电阻器、各种开关、接插件、电感线圈等。待体积较大的元器件布局好之后，小型及微型的电子元器件就可以根据间隙面积灵活布配。二极管、电感器、阻容元件的装配方式一般有直立式、俯卧式和混合式三种。

1）直立式。电阻、电容、二极管等都是竖直安装在 PCB 上。这种直立式安装的优点是在一定的单位面积内可以容纳较多的电子元件，同时元件的排列也比较紧凑；缺点是元件的引线过长，所占高度大，且由于元件的体积尺寸不一致，其高度不在一个平面上，欠美观，元器件引脚弯曲，且密度较大，元器件之间容易引脚碰触，可靠性欠佳，且不太适合频率较高的电路采用。

2）俯卧式。二极管、电容、电阻等元件均以俯卧式安装在 PCB 上，可以明显地降低元件的排列高度，实现薄形化，同时元器件的引线也最短，适合于较高工作频率的电路采用，也是目前最广泛采用的一种安装方式。

3）混合式。为了适应各种不同条件的安装要求或某些位置受面积所限，在一块 PCB 上，有的元器件采用直立式安装，有的元器件则采用俯卧式安装。元器件在 PCB 上的安装方式受到电路结构以及机壳内空间尺寸的制约，同时也与元器件本身的尺寸和结构形式有关，可以灵活处理。

对于 PCB 的布局排列并没有统一固定的模式，设计者可以根据具体情况和习惯方法进行设计，一些应遵循的基本原则主要有：

1) 一般 PCB 采用矩形，元件排列的长度方向一般应与 PCB 的长边平行，这样不但可以提高元件的装配密度，而且可使装配好的 PCB 更美观。

2) 元件的配置与安装必须要考虑到足够的机械强度，要保证元件和 PCB 在工作与运输过程中不会因振动、冲击而损坏。质量超过 15g 的元器件应考虑使用支架或卡夹加以固定，一般不宜直接将它们焊接在 PCB 上。

3) 对于一些易发热的元件，如电源变压器、大功率晶体管、晶闸管、大功率电阻等应尽量靠近机壳框架，因为金属框架具有一定的散热作用。对于湿度敏感的元件，如锗晶体管、电解电容器等，应尽量远离热源区。对于一些耐热性较好的元器件则尽可能设计安装到 PCB 最热的区域内。

4) 应尽可能地缩短元件及元件之间的引线。尽量避免 PCB 上的导线的交叉，设法减小它们的分布电容和互相之间的电磁干扰，以提高系统工作的可靠性。

5) 应以功能电路的核心器件为中心，外围元件围绕核心器件进行布局，如通常是以集成电路、晶体管等元件为核心，然后根据各自的引脚功能正确地排列布置外围元件的方向与位置。

6) 元器件的配置和布局应有利于设备的装配、检查、高度与维修。

7) 对于要求防干扰的元器件，可采用在金属外壳或在元件表面喷涂金属加以屏蔽。

注意：电子元器件在焊接时应按照先小后大、先低到高的原则，否则大或高的器件焊好后，小器件往往受影响，容易造成焊接不到或焊接不好。焊接好元器件后，注意剪断不需要的元件引脚，清洁干净 PCB 的表面，防止碎锡留在线路板上引起短路故障。

电子元器件焊接完成后，需要交叉检查 PCB 上的所有元件安插是否正确，如二极管、晶体管、晶闸管、集成稳压块的型号和极性，电解电容器的极性、容量、耐压值以及电阻的阻值、功率等。接通电源前，应检测输入、输出电源部分是否存在短路或接地故障，条件允许的情况下，还应检测各种输入、输出信号之间及对地之间是否存在短路现象。确认无误后，接上电源调试。例如，对一输出电流最大 0.5A、稳压范围 1.25 ~ 7.5V 的稳压电源进行调试，通电前，首先确认所有器件和连接无误。通电后，如果电路没有出现异常现象，第一步可测试输出电压范围，调节调压电位器（从小值到大值），使得输出电压应从 1.25 ~ 7.5V 范围变化。在输出 6V/0.5A 的条件下，由并接在输出端的交流毫伏表测出稳压输出的交流电压（纹波电压），记录纹波最大值。对稳压电源而言，过电流保护是非常重要的环节，可在输出回路中串联一个电流表，再串接一可变电阻器作为负载，调节可变电阻器，使输出电流升至某一数值后突然变为 0，则该最大电流值即为过电流保护电流值，记录该最大电流值。

四、电路板、电子元器件的功能测试

工控电路板损坏通常是某一个元件损坏，可能是某一个芯片、某一个电容，甚至是一个小小的电阻，维修的过程就是找出损坏的元件加以更换。电子产品往往由于一块电路板中个别元件损坏，导致一部分或整个设备不能正常使用。有的设备系统比较复杂，由许多电路板组成，这就要求分析各块电路板的功能，其输入、输出之间的关系，找出发生故障的电路板，再进一步找出故障的元器件。

1. 电路板、电子元器件的功能测试方法

电路板和元器件的功能测试是通过检测器件的输入、输出关系，判断元器件能否完成规定的电路过程，属于定性测试。

常见的元器件检测方法有在线测量法、非在线测量法和代换法。由于电路板上的电子元器件在回路中，常常需要根据电路原理图，通过在线检测元器件各引脚的电位信号来判断其是否损坏。如果还不能判断，只能将被怀疑的器件拆下单独检测，即采用非在线测量法。单独检测用的仪器仪表很多，常用万用表来测电阻、电容、二极管、晶体管等分立器件，对于集成电路则需要专用的集成电路测试仪或逻辑分析仪来测量。如果测试结果还不能肯定，则可以采用已知完好的同型号、同规格元器件来代换被测器件，最终判断出该器件是否损坏。

将电路板看作一个元器件，将其输入、输出看作器件的引脚，可采用上述测试器件的方法来测试电路板。除上述测试方法外，还有分隔测试法（又称电路分割法）、信号注入法、直觉检查法、波形观察法等多种测试方法，有时还需要将几种方法结合到一起进行测试。

以下是常用的几种船舶控制电路板的测试方法。

1）开关电源电路板的测试。开关电源电路板测试的关键引脚是电源端（V_{CC}）、励磁脉冲输出端、电压检测输入端、电流检测输入端。测量各引脚对地的电压值和电阻值，若与正常值相差较大，则在其外围元器件正常的情况下，可以确定是该电路板已损坏。内置大功率开关管的厚膜电路板测试，还可通过测量开关管 c、b、e 极之间的正、反向电阻值来判断开关管是否正常。

2）微处理器电路板的检测。微处理器电路板测试的关键引脚是电源端（V_{DD}）、复位端（Reset）、晶振信号输入端（X_{IN}）、晶振信号输出端（X_{OUT}）及其他各线路输入、输出端。测量这些关键引脚对地的电阻值和电压值，判断是否与正常值（可从产品电路图或有关维修资料中查出）相同。不同型号微处理器的复位电压也不相同，有的是低电平复位，即在开机瞬间为低电平，复位后维持高电平；有的是高电平复位，即在开机瞬间为高电平，复位后维持低电平。

3）伺服放大器电路板的测试。用万用表直流电压档测量运算放大器输出端与负电源端之间的电压值（在静态时电压值较高）。用手持金属镊子依次点触运算放大器的两个输入端（加入干扰信号），若万用表指针有较大幅度的摆动，则说明该运算放大器完好；若万用表指针不动，则说明运算放大器已损坏。

4）工控电路板的分隔测试。将工控电路板与故障相关的电路，合理地逐级分隔开来，以便明确故障所在的电路范围的一种故障检查方法。通过多次分隔检查，肯定一部分电路，否定一部分电路，从而逐步地缩小故障可能发生的所在电路范围，直至找到故障位置。

2. 简单电路板的故障分析

电路板的故障千奇百怪，如集成 IC 特性变差、功能失效、引脚虚焊、短路、印制电路板连线断裂、电磁信号干扰、环境粉尘影响以及程序丢失等，都可能导致故障，所以各种情况需全面考虑。由于故障情况复杂，所以不但要围绕器件进行分析与测试，还要求维修人员增强对故障的综合判断能力。

在进行维修前，首先做好对故障的初步分析，认真测量相关的器件。若通过检查发现某个器件功能异常，并不一定表明该器件已损坏，需要再进一步检查周围与之相关的各个器件、各条线路。如果不能确认是否该器件故障，条件允许的情况下，可以拆下被怀疑的器件，然后单独对其测量，以判别该器件是否故障。故障分析的一般步骤如下：

1）向使用人员仔细询问电路板的故障现象。条件允许的情况下，最好可以到现场了解故障现象，确认电路板是否有故障，即确认电路板是否连接正确、插接是否牢固、有无更改设置、操作设备的步骤是否正确等，避免因为操作不当而产生误判。另外，需要了解该故障电路板近期内的使用情况，了解该故障是老毛病复发，还是新发症状，以及了解该故障有无修理记录，若有修理过则应确认修理的经过、更换过的器件等。

2）仔细观察故障电路板的表面有无明显的故障痕迹，如有无烧焦、烧裂的集成 IC 或其他元件，线路板是否有断线开裂的痕迹。

3）根据故障现象初步分析故障分布的可能部位。根据相关资料观察和分析故障电路板在正常状态下时各个测试点的逻辑电平、逻辑波形、指示灯等，了解各个主要器件和功能模块的功能和用途，准备有关器件的参数手册等，以备随时查阅和分析。

4）在上电测试前，确认故障电路板的电源类型、正负极性、易损器件以及是否存在短路、缺件等问题，初次上电试验时要格外小心，以免加错电源烧坏电路板。上电后利用各种检测方法，按照可能性大小的顺序依次检测，逐渐缩小故障的范围。多数情况下故障往往一时不易发现。例如，某个集成 IC 的温度特性不好，短时间上电或不上电根本无法检测到。这时需要根据用户所反映的情况，进行反复细致的观察，并延长上电时间进行观察和测试。

5）根据电路板的功能区域划分，分析各功能模块的相互关系并做出简单故障流程图。

6）按照故障流程图逐级检查，确定具体故障元件。

7）修复或更换故障元件后，对电路做进一步的检查，确认没有故障后才可以上电进行功能实验。另外，故障修复后必须记录全部的维修过程，并进行相关的维修资料归类整理，以便指导以后的维修和防范故障。

8）装机试验后如果仍然不能正常运行，应再次检测，直到检查出故障电路板上的所有故障。如果不能确定故障或确定无法修复，应尽快联系生产厂商购买备件。

第二篇

主推进装置、辅助机械的维护和修理

第四章　船舶电器的维修

本章主要讲述船用接触器、继电器、断路器的维护保养和故障检修，并介绍可编程序控制器（PLC）的维修保护和故障检修。

第一节　电器的分类和型号命名

一、低压电器分类

船舶电力系统一般都是低压系统，因此，船舶电器一般是低压电器，低压电器种类很多。根据控制对象不同可分为以下两种：

1. 控制电器

控制电器主要用于电力传动系统中，具有工作准确可靠、操作频率高、寿命长和尺寸小等特点。这类电器有接触器、各种继电器、行程开关、主令器、变阻器、电磁铁等。

2. 配电电器

配电电器主要用于低压电力系统及动力装置中，具有能在故障情况下可靠操作、在发生短路故障时保持热稳定和电动稳定等特点。这类电器有断路器、熔断器、刀开关，转换开关等。

二、低压电器型号命名法

低压电器型号一律采用汉语拼音字母及阿拉伯数字来表示，其格式如下：

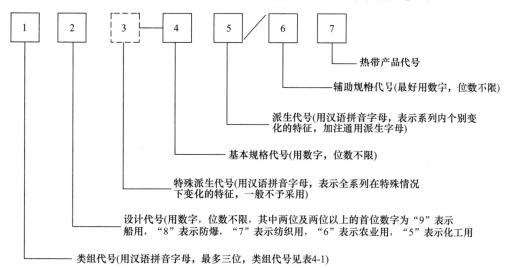

表 4-1　低压电器产品型号类组代号

代号	H	R	D	K	C	Q	J	L	Z	B	T	M	A
名称	刀开关、隔离器及熔断组合电器	熔断器	断路器	控制器	接触器	起动器	控制继电器	主令电器	电阻器	变阻器	调整器	电磁铁	其他
A						按钮式		按钮					
B									板形元件				保护器
C		插入式				电磁式			线性元件	悬臂式			插销
D	刀开关、隔离器						漏电		铁铬铝带形元件		电压		信号灯
G	熔断器或隔离器			鼓形	高压				管形元件				
H	负荷开关（封闭式）	汇流排式											接线盒
J					交流	减压		接近开关					交流接触器节电器
K	负荷开关（开启式）				真空			主令控制器					
L		螺旋式					电流			励磁			电铃
M		密闭管式	灭磁		灭磁								
P				平面	中频		频率			频敏			
Q										起动		牵引	
R	熔断器式刀开关						热		非线性电力电阻				
S	转换隔离器	半导体元件保护（快速）	快速		时间	手动	时间	主令开关	烧结元件	石墨		三相	
T		有填料封闭管式		凸轮	通用		通用	足踏开关	铸铁元件	起动调速			
U						油浸		旋钮		油浸起动			
W			万能式			无触头	温度	万能转换开关		液体起动		起重	
X		熔断信号器				星-三角		行程开关	电阻器	滑线式			
Y	其他	其他	其他	其他	其他	其他	其他	超速开关	硅碳电阻元件	其他		液压	
Z	组合开关	自复	塑料外壳式		直流	综合	中间					制动	

第二节　接触器的维修

一、接触器的维护

船舶各种辅助机械的动力几乎都由电动机驱动，而电动机都是由接触器控制，因此接触器在船上的用量很大。接触器的维护成为电气设备管理人员的经常性工作，只有通过良好的维护和检修，才能保证接触器可靠性，延长其使用寿命。接触器的维护工作通常包括以下几个方面：

1）保持接触器清洁。清除接触器零件上堆积的粉尘、油垢等污物，因为这些污垢堆积过多会使运动系统卡住，加大机械磨损。特别是甲板面上的起货机控制箱内的接触器，经常处于装、卸货的粉尘中，应经常进行清洁。一般清洁的方法有先用压缩空气吹，再用毛刷刷，然后用清洁剂或酒精棉布擦净油垢，或用喷雾式电气清洁剂清洁。

2）定期检查接触器所有紧固螺钉及紧固件。特别是静触头的紧固和接线端头紧固，若松动会引起接触不良，增大接触电阻，造成局部过热、断相、相间短路等故障。其他部分松动有可能造成机械卡死。

3）定期手动检查接触器运行机构的运动是否灵活，并在转轴（若有轴承）注入少量润滑油。

4）定期检查调整接触器触头的压力、开矩、超程。应调整各相触头同时接触。

5）定期检查接触器线圈是否牢固地装在铁心上，温升是否过高，使用前应用绝缘电阻表检测线圈绝缘电阻，且相间、对地绝缘电阻应大于1MΩ。

二、接触器的检修

1. 灭弧罩的检修

小心取下灭弧罩，用毛刷或竹板清除罩内脱落物及触头拉弧后产生的金属颗粒，若灭弧罩破裂、缺损或严重碳化，应及时更换。栅片或灭弧罩发生烧损变形严重或栅片松脱，也应更换新罩。

2. 主触头的检修

对于铜质触头，若发现触头变色或相邻的绝缘零件烧焦、散发烧焦味时，表明铜触头已经接触不良，产生过热。此时，应检查并调整触头开距，超行程及触头接触情况，并手动或卸载情况下通电操作几次，把静、动触头的氧化膜清除掉，若清除不掉，可用0#砂纸或小细锉轻轻地修整触头接触面，然后用电气清洁剂喷洗，再用干净破棉布擦干。若发生长期工作致接触器触头过热或熔焊在一起时，则应选用额定电流大一级的接触器。

对于银或银合金触头，若触头表面变黑或轻微拉毛，可不清理。若发生触头温升过高，则应把这些氧化物清除掉，把毛刺锉平。对于烧损严重，开焊、脱落或磨损到原厚度1/3的情况，可更换新触头。

3. 铁心的检修

应检查铁心表面是否有油垢、生锈，若有，应清除油垢、铁锈，保持铁心触头面清洁；检查短路环是否断裂或脱落，若短路环损坏，应及时修复或更换短路环，或者更换整个铁心。

4. 线圈的检修

应检查线圈引线与导线是否脱焊或断路；检查线圈温升，若线圈外表层颜色老化变深，说明温度高于 65℃，这时应查明原因（见表 4-2），若发生线圈断路且故障在表层，可拆下线圈后拆除断匝，然后用相同漆包线补齐断匝，并焊牢即可。焊头处应用砂纸打去漆皮然后涂上中性焊剂，焊牢并焊压平，用黄蜡绸带包好，做好绝缘处理，在深层或内接触头处断路或断匝时，只能重新绕制。

5. 重新绕制线圈

1）拆下已损坏的原线圈。

2）把原线圈连同线圈框架装在绕线机（注意：拆线时，会带动绕线机顺时针方向转）上，把绕线机长、短指针调零，然后拆线，若线圈烧焦、黏结，可用喷灯边加热边拆线，拆完线，绕线机上长、短指针的读数就是原线圈的匝数。若损伤严重，绕毁后无法在绕线机拆线计数（特别是线径很细而又绕结严重），又无处查找对应线圈匝数时，可按以下方法估算匝数：

交流线圈

$$N = 45\frac{U}{BA}$$

式中　N——线圈匝数；

　　　A——原线圈铁心截面积（cm^2）；

　　　B——磁通密度（T），通常可取 $0.9\sim1.2T$，大容量接触器取较低值，小容量接触器取较高值；

　　　U——线圈额定电压（V）。

直流线圈

$$N = \frac{A}{\frac{\pi}{4}d^2}K$$

式中　N——线圈匝数；

　　　A——原线圈横断面积，$A = \frac{b-a}{2}L$，如图 4-1 所示；

　　　d——线径（包括绝缘层）（mm）；

　　　K——充填系数，取 $K=0.3\sim0.5$。

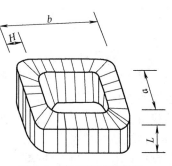

图 4-1　直流线圈横断面

3）用千分尺测出线径（应去掉漆皮），选取相同线径、同型号的漆包线，若不知原线圈漆包线型号，船上一般可选用 QZ 聚酯漆包线，甲板面上的接触器线圈可选择 QH 环氧漆包线。

4）把原线圈框架处理干净，垫上一层绝缘薄膜，即可进行重新绕线。绕线时，应使导线排列均匀，不交叉、不打结。

5）吸力试验。把绕好的线圈套在铁心上，进行吸力试验。对于交流线圈，若吸力太大，应增加线圈匝数，吸力过小，应减少匝数。对于直流线圈正好相反。

6）浸漆、烘干。先将线圈加热到 $105\sim110℃$，烘干 3h，然后冷却到 $60\sim70℃$，浸渍环氧脂漆或聚酯浸渍漆中 4h，取出后滴净，擦除框架内孔残漆，在 $110\sim120℃$ 进行烘干 10h 即可。

7）装配、接线。按照要求将线圈框架装配于铁心上，并接好电源引线。

三、检修后的检验

接触器检修后的检验或容量比较大的接触器定期检验的内容包括以下几个方面：

1. 测量主触头与联锁触头的开距与超程

触头的开距是指触头在完全分开时动、静触头间的最小距离。触头的超程是触头完全闭合时，将静触头取走后，动触头从接触处发生的位移。直动式桥式触头与转动式指式触头的开距与超程如图4-2、图4-3所示。开距与超程用卡尺、内卡钳、塞尺或专用样板等量具测量。测量转动式指式触头超程时，将静触头卸下，测量动触头在接触处发生的位移，也可以测量动触头与支架间间隙，再进行换算。图4-3中，L_1 为测量点到支架间距离，L 为动触头接触处到支架间距离，则触头的超程 δ 为 $\delta = \delta_1 \dfrac{L}{L_1}$

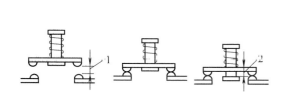

图4-2　直动式桥式触头的开距与超程
1—开距　2—超程

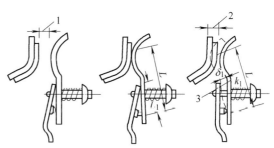

图4-3　转动式指式触头的开距与超程
1—开距　2—超程　3—测量点

2. 测量主触头与联锁触头的初压力和终压力

触头的初压力是指动、静触头刚接触时作用于触头上的压力。触头的终压力是指触头完全闭合作用于触头上的压力。图4-4、图4-5为测量桥式触头与指式触头终压力示意图。对于桥式触头，每一触头的终压力为指示灯刚熄灭时砝码重力的一半。对于指式触头，当指示灯刚熄灭时砝码重力即为终压力。测量时应注意把拉力方向调整到垂直于触头接触线，另外，还可以用图4-6所示的方法来测量指式触头终压力。关合磁系统，使触头完全闭合，在其间垫入厚度不大的纸条，当能轻抽出纸条时，弹簧秤的读数即为触头终压力。触头初压力在触头分开时测量，可采用测终压力的方法来测量初压力。图4-7为测量指式触头初压力的示意图。在动触头及其支架间夹入纸条，当能轻轻抽出纸条时砝码的重力（或弹簧秤的读数）即为触头的初压力。也可测量触头分开与闭合时触头弹簧安装空间的高度，然后卸下弹簧，在弹簧测力计上测量弹簧在相应高度下的压力，即为触头的初压力与终压力。

测得触头初压力、终压力的值，应符合产品目录列出的原始数据，若无原始数据时，可按下式计算：

$$F_Z = 9.8 \times 2.25 \frac{I_N}{100}$$

$$F_C = 0.5 F_Z$$

式中　I_N——触头的额定电流（A）；
　　　F_Z——触头的终压力（N）；
　　　F_C——触头的初压力（N）。

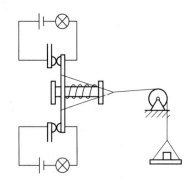

图 4-4   测量桥式触头终压力示意图

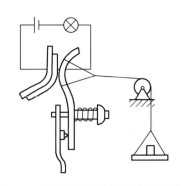

图 4-5   测量指式触头终压力示意图一

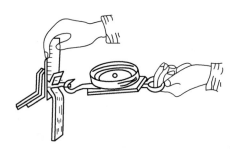

图 4-6   测量指式触头终压力示意图二

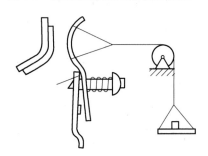

图 4-7   测量指式触头初压力示意图

3. 测量各导电部件间的绝缘电阻

需要测量绝缘电阻的部位为：触头分开时各极的动、静触头间；触头在分开与闭合时各极带电部件间；线圈引线与铁心间；各带电部件与地间等。常用绝缘电阻表来测量绝缘电阻。测量时应根据接触器的额定电压来选用绝缘电阻表的电压等级。

4. 线圈试验

测量交流线圈的匝数，或测量衔铁闭合时线圈中的工作电流或损耗功率；测量直流线圈电阻。

以上检验内容和方法也适用于断路器检修后或定期检验。

四、接触器常见故障分析及处理方法

接触器常见的各种故障现象、产生故障的可能原因及处理方法见表 4-2。

表 4-2   接触器常见故障现象、原因及处理方法

故障现象	故障原因	处理方法
1. 按下启动按钮，接触器吸不上或吸力不足，伴有嗡鸣声	①电源电压过低或波动大	①用万用表测量线圈两端电压，是否低于产品规定的85%额定电压
	②操作电源容量不足	②更换操作电源
	③线圈内部有短路	③更换线圈
	④运动部分卡阻，弹簧反力过大，转轴锈蚀或歪斜	④卸下灭弧罩后，按动衔铁，看是否能灵活带动触头，若不灵活，排除其他故障，拆下相关零件去锈加油，紧固校正或更换已变形、损坏的零件
	⑤线圈的额定电压高于线路额定电压	⑤更换与线路额定电压相符的线圈
	⑥触头开距太大（即衔铁气隙太大）	⑥调整衔铁气隙

（续）

故障现象	故障原因	处理方法
2. 接触器吸不上	①电源断线 ②线圈断路 ③运动部分卡死	①用万用表测量线圈两端是否有电压，若没有电压，说明电源断线，此时应检查线路，若有电压，说明线圈断路 ②断电后，用万用表测线圈电阻，判断是否开路后，决定是否更换线圈 ③同故障现象1.④处理方法
3. 按下停止按钮，接触器不释放或释放缓慢	①衔铁的反力弹簧失效或缺损 ②触头熔焊 ③运动部件被卡阻，转轴锈蚀或歪斜 ④铁心极面有油泥黏着	①更换或调整反力弹簧，但注意反力不要过大 ②打开触头，用细锉修整毛刺或更换触头，若经常发生熔焊，则应调换大一级电流的接触器 ③同故障现象1.④处理方法 ④清除极面油泥
4. 线圈过热或烧损	①电源电压过高（>1.1U_N）或过低（<0.85U_N） ②线圈技术参数（如额定电压、频率、通电率等）与实际使用条件不符合 ③线圈内部局部短路 ④操作频率过高 ⑤使用环境特殊，如空气潮湿，含有腐蚀性气体或环境温度过高 ⑥运动部件卡阻，长时间通电	①调整电源电压 ②选择与实际工作条件相符的线圈或接触器 ③更换线圈（用电阻比较法判定是否内部短路） ④选择大一级电流的接触器更换 ⑤采用适应于特殊条件的接触器 ⑥按故障现象1.④方法处理
5. 电磁铁（交流）噪声大	①电源电压低 ②触头弹簧压力过大或超程过大 ③衔铁歪斜或机械卡阻，使铁心不能吸平吸牢 ④铁心极面有异物（如油垢、尘泥）或接触不良 ⑤短路环断裂或脱落	①调整电源电压，至（0.85~1.10）U_N ②调整触头弹簧及超程 ③排除机械卡阻故障，校正衔铁位置 ④清理极面，调整铁心使其接触良好 ⑤用铜焊接好或更换短路环
6. 触头熔焊	①触头容量过小 ②负载短路 ③吸力不足 ④触头表面严重烧损造成接触不良，或有毛刺、金属颗粒等 ⑤触头弹簧压力过小 ⑥操作过频繁或过载使用	①选择合适的接触器 ②排除负载短路故障后，更换触头 ③检查电源电压是否低于85%U_N，排除机械阻力 ④修理触头表面或更新 ⑤更换或修复触头弹簧，调整触头压力，使之符合标准 ⑥调换合适的接触器

（续）

故障现象	故障原因	处理方法
7. 触头过热或灼伤	①触头弹簧压力不足或超程过小 ②触头接触不良 ③触头严重磨损及开焊 ④操作过于频繁或电流过大，触头容量不足 ⑤环境温度过高或在密闭的控制箱内使用	①调整弹簧压力及超程到规定值 ②清理触头表面，整修表面，紧固触头与导电板 ③触头磨损到原厚度的1/3或脱焊，更换新触头 ④选大容量的接触器 ⑤接触器应降容使用
8. 触头过度磨损	①操作过于频繁，工作电流过大 ②三相触头不同步 ③负载侧短路	①接触器应降容使用或选用适用于频繁操作的工作电流相应的接触器 ②调整触头使之同步 ③排除短路故障后，更换触头

第三节　继电器的维修

继电器是当激励输入量的变化达到整定值时，在电气输出电路中使被控制量发生预定的阶跃变化的开关电器。在控制线路中，继电器被用来改变控制线路的状态，以实现既定的程序，达到预定的控制目的。在保护线路中，继电器被用来测量被控量，当被控量达到保护整定值时，就给保护线路一个阶跃信号，使保护线路动作，从而保护了线路。因此，继电器由两大部分组成：感测部分和执行部分。前者反映继电器的输入量，如电磁式继电器的线圈，热继电器的双金属片，压力继电器的气囊等；后者产生输出量，如一般继电器的触头。

继电器按使用来分，可分为控制继电器和保护继电器；按输入信号的性质分，可分为电压继电器、电流继电器、功率继电器、温度继电器、压力继电器、水位继电器等；按感测元件来分，可分为电磁式继电器、感应式继电器、热继电器、半导体式继电器等。此外，继电器还可按输出形式分为有触头和无触头两大类。

船上使用的继电器种类也很多，有控制继电器，如起货机控制系统、锅炉控制系统；也有保护继电器，如柴油发电机组的保护、主机的保护等。它们的输入有的是电量，也有的是非电量。合理地选用、维护、检修才能发挥继电器的功能，否则，就达不到预定的目的。

一、电磁式继电器的维修

电磁式继电器的结构与接触器基本相似，继电器线圈通过的是电量，如电压继电器、电流继电器、时间继电器、中间继电器等。电磁式继电器的维护内容如下：

1）经常保持继电器清洁，接线螺钉应拧紧，保证接触良好。

2）检查继电器触头参数，如触头压力、超程、开距等应符合使用说明书的规定，触头上不得涂润滑油。

3）检查衔铁与铁心接触是否紧密，接触处的尘埃和污垢必清除干净，保证其动作值的准确性。

4）检查时间继电器的延时是否准确有效。

5）检修一般都采用整体部件更换，如电压继电器的线圈损坏，只能更换同型号的线圈，自行绕制匝数不准，会影响电压继电器的动作值。特别是用于线路保护的保护继电器，要求的加工精度都比较高，船上一般无条件修复。中间继电器的作用是扩大触头容量和对数，其构造与接触器一样，故障分析和处理可参见接触器的检修方法进行。

二、热继电器的维修

热继电器在船上用量很大，一般小型电动机的过载保护都是由它来完成。例如：某轮重油驳运泵电动机，其铭牌数据为：$P_N = 14.7kW$（20 马力），$I_N = 29A$，$U_N = 440V$，$f_N = 60Hz$。某一航次在北方港口，由于重油加热不足，造成泵体内结蜡，刚开始运行一段时间就过载，热继电器动作，复位后，再起动又能正常运行一段时间，这种过程频繁多次。电子电气员就把热继电器的整定值调到 2。这时热继电器不动作，熔丝熔断，电子电气员又随意把熔断器换成 60A，最终，热继电器不动作，熔断器也不熔断，而电动机内部出现冒烟现象。这个例子说明，对于热继电器的正确使用维护和管理非常必要，否则电动机就失去了热继电器的保护功能。热继电器的整定值应为 1.15~1.3，熔丝应先选择 35A，而过载时的实际电流为 40A。只有正确使用热继电器才能够保护电动机。因此，热继电器的日常维护内容如下：

1）检查热继电器热元件的额定电流值或刻度盘值是否与电动机的额定电流值相符合。一般选择热继电器的额定电流与电动机的额定电流相同，其刻度盘值应整定在 1.15~1.3 之间。

2）保持热继电器清洁，动作机构灵活、可靠，复位按键有效，内部调整部件不得有松动。一般热继电器在出厂前都进行校验，可调部分都标有标记。一般不得轻易调节，若非要调整，必须进行试验。

3）热继电器的接线端子与引线应保持良好的接触，否则，接触电阻产生热量会造成其动作值误差。触头必须接触良好。

4）定期检查元件是否良好，不得将发热元件卸下，不得用螺钉旋具撬双金属片，对于已通过巨大短路电流的热继电器，若发现双金属片长久性变形，应更换同型号的热继电器，而不进行校正双金属片。

热继电器常见故障与检修方法见表 4-3。

表 4-3　热继电器常见故障与检修方法

故障现象	故障原因	检修方法
热继器误动作	①整定值偏小 ②电动机起动时间过长 ③操作过于频繁 ④环境温度变化太大 ⑤热继电器可调整部件松动 ⑥双金属片变形	①旋转电流调节旋钮，调整整定电流为电动机额定电流值 ②减少电动机起动时间 ③限制并减少操作频率 ④改善使用环境 ⑤紧固松动部分 ⑥更换热继电器

（续）

故障现象	故障原因	检修方法
热继电器不动作	①整定值偏大 ②热元件烧毁 ③动作机构卡阻 ④灰尘堆积或生锈，传动机构磨损变形 ⑤可调整部件损坏或未对准刻度	①按电动机额定电流重新整定 ②更换热继电器 ③打开热继电器盖板，排除故障，并手动试验，动作应灵活 ④清除灰尘和铁锈或更换热继电器 ⑤更换热继电器
热继电器接入后，主电路不通	①热元件烧毁 ②外接线螺钉未拧紧	①更换热继电器 ②拧紧外接线螺钉
热继电器控制电路不通	①热继电器没有复位 ②触头烧毁或动触片弹性消失，造成动、静触头接触不良或不能接触 ③刻度盘或调整螺钉转到不合适位置将触头顶开	①复位 ②更换动触片及烧毁触头 ③调整刻度盘或调整螺钉
热继电器不能复位	①再扣与脱扣时间间隔太短 ②复位片簧折断	①5mm 左右进行手动复位再扣 ②更换热继电器

三、非电量继电器

在船舶上，常用的非电量继电器有温度继电器和压力继电器。非电量继电器既可用作控制电器，又可用作保护电器，如温度继电器用于冷却水温报警时，就是一个保护电器，同样压力继电器也可作为控制电器，如用于辅锅炉的自动控制蒸气压力，就是一个控制电器，如用于监视主机滑油压力，就是保护电器。所以，温度、压力继电器在船舶中的用量比较大，电气设备管理人员应合理选用、维护，才能使它们可靠工作。非电量继电器的日常维护内容如下：

1）对于温度继电器，其感温元件应与被控对象的热源体有良好的接触。特别是主辅柴油机冷却水温度监控用温度继电器的探棒应与测量孔壁有良好接触，否则会引起动作误差。

2）对于压力继电器，取样导管应符合说明书要求，应密封、防止泄漏。

3）应保持触头清洁，动作可靠。由于这些继电器的安装环境比较恶劣，常装在高温、多油泥、振动比较大的地方，因此应经常检查引线是否牢固好，接线是否接牢，导线是否老化、破损等。

4）温度、压力继电器起保护作用时，不能轻易调节动作值，非要调节时，在调节后应进行动作值试验，以确保保护对象的安全。

5）温度、压力继电器起控制电器作用时，应合理调节返回系数。若返回系数太大，使设备起、停过频繁，缩短设备寿命；若返回系数太小，不能保证被控对象输出在一定范围内变化，所以，要细心、反复调节返回系数。

6）非电量继电器作为保护电器，应每年进行一次校验试验，确保工作可靠。

温度、压力继电器一旦损坏，一般在船上无条件修复，大多采用更换整个继电器。

四、晶体管继电器

晶体管继电器具有精度高、体积小、延时时间范围广、耐冲击、耐振动、调节方便和寿命长等优点，所以发展很快。

晶体管继电器由以下电路组成：

1. 电压变换电路

电压变换电路的功能是把被控制的物理量转换为电压量，如过电流晶体管继电器，就是把电流转化电压信号，而且保持线性关系，即 $U=KI$，又如电动机过载保护晶体管继电器，它将功率转化为电压，即 $U=KP$。总之，电压变换电路的作用就是把输入 X 转换为电压信号，并保持线性关系，即 $U=KX$。电压变换电路的线路多种多样，对于 X 为非电量的晶体管继电器，往往都比较精密，一般船上都比较难修理，而且缺乏测试手段，必须送厂家检修，船上的处理采用替代法；对于 X 为电量的晶体管继电器，如电流、电压、功率、频率晶体管继电器，一般按电子设备的检修方法都能修复。

2. 整流电路

整流电路是把电压变换电路输出的交流弱电压转换为直流的、晶体管继电器中监幅电路所能接受的弱电压。为了提高转换精度，有的采用裂相整流技术，其作用是把交流电压整流输出直流电压，并保持成比例关系。应当指出电压变换电路输出的弱电压信号往往很弱，若没有整流电路，可采取一种直流放大电路取代整流电路。

3. 监幅电路

监幅电路的功能是判断。当输入信号达到整定值时，监幅电路有输出，否则，监幅电路无输出。监幅电路大多采用稳压管、斯密特电路等。

4. 延时电路

延时电路的功能是延时，一般通过电容的充、放电延时来达到目的。从电路参数看，除了滤波电容外，延时电路的电容量比较大，所以电路中有无延时电路很好判断。

目前，国产的晶体管式时间继电器系列产品有 JS13 型、JSJ20 型等。

5. 执行电路

执行电路分为有触点（电磁式小型继电器）和无触点（晶闸管、开关晶体管）两大类。

一般一个晶体管继电器均由以上五大部分组成，其具体线路多种多样，所以无法举例说明具体故障的检修方法，但其故障分析方法与电子设备的检修方法一样，可以参照第一章和第七章发电机综合保护装置故障检修的有关内容，这里不再赘述。

晶体管式继电器一般不用特别维护，只需保持印制电路板和元件清洁、元件散热良好即可。

第四节　断路器的维修

一、断路器的维护

断路器又称自动空气断路器，船舶上使用的断路器有两种：框架式即万能式（DW）和装置式（DZ）断路器。

万能式断路器多用于发电机主开关，正常情况下作为发电机投入电网的接入部件；非正常运行情况下，又可用于保护发电机，如过载。当电网短路、发电机欠电压时，万能式断电器能自动从电网上断开发电机，所以，它既是一种开关电器，又是一种保护电器。而装置式断路器一般用作支路、负载屏、照明屏或箱的开关，不同型号的装置式断路器具有不同的保护功能，如过载保护、短路保护或两者都有，有的还有漏电保护等功能。

断路器在船舶电力系统中占有重要位置。若发电机主开关失效，对应的这套发电机组也将失效，若支路断路器失效，应支路也将失电。所以，对断路器的维护及时排除故障非常必要。通常每半年进行一次全面维护与检修，断路器的日常维护主要内容有：

1）清除断路器上的灰尘、油垢等，以保证断路器绝缘良好。

2）取下灭弧罩、检查灭弧栅片的完整性及清除表面的烟灰和金属细末，外罩应完整无损，若有破损应更换。

3）检查触头表面，用电气清洁剂擦除表面的烟迹或尘埃，若有毛刺、颗粒用细锉或细砂布打平接触面。烧伤严重的或打平后只剩下原厚度三分之一的触头，可考虑更换。

4）检查触头的各个参数（开距、超程、初压力、终压力），并检查三相触头是否同时闭合，若不能同时闭合，应调节三相触头位置和弹簧压力，使其同时闭合和接触压力一致。

5）检查脱扣器的衔铁和拉簧活动是否正常，动作是否灵活，电磁铁工作极面应清洁、平整、光滑无锈蚀，无毛刺和污垢。

6）每4~5年对主开关进行效能校验，包括欠电压、过载、短路、逆功等保护试验，并获得船检有关部门的认可。对于带有试验按钮的半导体脱扣器的主开关，在使用前应用试验按钮检查其动作情况。

7）检查紧固机构，若有松动，应拧紧。检查活动部分，应当灵活，不应有卡阻现象，并对活动部件添加润滑油，不能加得过多或滴在触头或其他部件上。

二、断路器的常见故障检修

断路器常见故障的原因分析和处理方法见表4-4。

表4-4 断路器常见故障的原因分析和处理方法

故障现象	故障原因	处理方法
1. 手动操作断路器，触头不能闭合	①失压脱扣器无电压或线圈烧坏 ②储能弹簧变形，导致闭合力减小 ③反作用弹簧力过大 ④机构不能复位再扣	①检查线路，施加电压或更换线圈 ②更换储能弹簧 ③重新调整 ④调整再扣接触面至规定值
2. 电动操作断路器，触头不能闭合	①操作电源电压不符 ②电源容量不够 ③电磁铁拉杆行程不够 ④电动机操作定位开关失灵 ⑤控制器中整流管或电容器损坏	①更换电源 ②增大操作电源容量 ③重新调整或更换拉杆 ④重新调整 ⑤更换整流管或电容器
3. 有一相触头不能闭合	①一般为断路器的一相连杆断裂 ②限流开关脱开机构的可折连杆间的角度变大	①更换连杆 ②调整至原技术条件规定要求
4. 分励脱扣器不能使断路器分断	①线圈短路 ②电源电压太低 ③再扣接触面太大 ④螺钉松动	①更换线圈 ②更换电源或升高电压 ③重新调整 ④拧紧螺钉
5. 失压脱扣器不能使断路器分断	①反力弹簧变小 ②储能释放 ③机构卡死	①调整弹簧 ②调整储能弹簧 ③消除卡死原因

（续）

故障现象	故障原因	处理方法
6. 起动电动机时断路器立即分断	过电流脱扣器瞬时动作整定电流太小	调整过电流脱扣器瞬时整定弹簧
7. 断路器闭合后（约1h）自动分断	①过电流脱扣器长延时整定值不对 ②热元件或半导体延时电路元件变质	①重新调整 ②更换热元件或半导体延时电路元件
8. 失压脱扣器有噪声	①反力弹簧力太大 ②铁心工作面有油污 ③短路环断裂	①重新调整 ②清除油污 ③更换衔铁或铁心
9. 断路器温升过高	①触头压力过低 ②触头表面过分磨损或接触不良 ③两个导电件连接螺钉松动	①调整触头压力或更换弹簧 ②更换触头或清洁接触面 ③拧紧螺钉
10. 辅助开关发生故障	①辅助开关动触头桥卡死或脱落 ②辅助开关传动杆断裂或滚轮脱落	①拨正或重新装好动触头桥 ②更换传动杆和滚轮或更换整个辅助开关
11. 半导体过电流脱扣器误动作使断路器断开	在查明故障后，确认半导体脱扣器本身无损坏时，大多数情况可能是外界电磁干扰	仔细寻找故障原因，如果邻近有大电磁铁在操作，如接触器的分断、电焊等应予以隔离或更换线路

例1：某轮厂修中，检修2#主发电机的主开关，由于机械装配质量问题，三相触头中有一相没有闭合，造成电网断相故障。

例2：某轮3#发电机主开关运行了一段时间就自动跳闸，进行解体检查没有发现异常现象。装复再用，故障没有排除。与1#、2#主开关比较，发现失压线圈的噪声比较大。更换一个失压线圈，故障排除。原因是失压线圈内部有局部短路，造成吸力减小，同时，短路的热量传递给铁心，铁心受热后导磁系统发生变化，也造成了吸力下降，所以，主开关需要一段时间，才使脱扣器动作。这种故障现象很像冲击负荷所造成，应加以区分。

例3：DW95型船用断路器的检修。首先检查开关的机械部分，脱扣器板外的大电容、线圈、接触器，然后检查脱扣器板。开关故障常常发生在脱扣器板上。检查的方法有眼观、手摸、测量。用万用表测量各测试孔的电压，与表4-5对照，不符说明测试孔有故障。

表4-5　测试孔①对其他测试孔电压数据

测试孔	①②	①③	①④	①⑤	①⑥
正常	24V	随负载而定	0.5V	0.25V	0.25V
动作	24V	随负载而定	19.8V	14.6V	13.6V

查看脱扣器板上的元件有无烧灼的痕迹，有无线头脱落、虚焊等现象。如果没有上述现象，进行通电试验，用手摸半导体元件有无不正常的发烫现象，特别注意几个施密特触发器的第二个晶体管，因为这几个元件在开关工作时一直处于饱和导通状态，根据经验属于易损元件，往往造成元件发烫而损坏。如果没有摸到严重的发烫，就得测量所有怀疑有故障的部分，一般按照从后向前的顺序进行测量。断路器主要元件在静态和开关动作状态下各引脚电位见表4-6，供检修时参考。

表 4-6　断路器主要元件在静态和开关动作状态下各引脚电位

项目		长延时		短延时		瞬时		欠压	稳压源	触发电路	
		BG_1	BG_5	BG_5	BG_5	BG_5	BG_{76}	BG_7	BG_8	BT	
U_b	正常	0.25	0.25	0.20	0.85	0	1.3	0.7	24V	$b_1 = 24$	VT
	动作	0.67	0.1	0.70	0.25	0.5	1.3	0.2	24V	$b_1 = 24$	$U_控$
U_e	正常	0.1	0.07	0.1	0.1	0.5	0.5	0	24V	0.25	—
	动作	0.1	0.07	0.1	0.1	0.5	0.5	0	24V	13.8	$U_阳 = 50V$
U_c	正常	0.75	0.75	0.85	0.25	1.3	0.53	0	36V	$b_2 = 0.5$	—
	动作	0.1	19.8	0.25	14.6	1.3	0.5	10.5	36V	$b_2 = 0.5$	$U_阴 = 0V$

第五节　常用熔断器

熔断器是一种保安电器，广泛应用于电网和用电设备保护。当电网或用电设备发生过载和短路时，通过熔断器的电流就熔化熔断件，从而自动切断电路，避免电网或用电设备的损坏，阻止短路故障蔓延。

一、船用熔断器

船舶常用熔断器的类型、规格和用途见表 4-7。

表 4-7　船舶常用熔断器的类型、规格和用途

系列名称	主要规格	用途及说明
RL_{93}	电压：380V 电流：6~600A	用于电路过载或短路保护元件，为螺旋式
RM_{10}	电压：500V 电流：15~600A	用于电路中过载或短路保护元件
RS_0	电压：250~900V 电流：30~480V	用于半导体整流器或由该类元件组成的成套装置的短路保护和某些装置适当的过载保护
RS_3	电压：250V、500V、750V 电流：10~300A	用于晶闸管整流器或由该类元件组成的成套装置的内部短路保护与某些不允许过电流装置的过载保护
RLS	电压：500V 电流：10A、50A	用于硅整流元件、晶闸管整流元件或由该类元件组成的成套装置的内部短路保护与某些不允许过电流装置的过载保护
BX	电压：250V 电流：1~5A	用于保护电气和无线电装置，作过载保护和短路保护用

二、熔断器选用的计算

为了使熔断器能够真正起到隔离故障的作用，必须正确选用熔断器，否则，将达不到线路保护的目的。

1）在只有照明、电热设备的电路中，熔体的额定电流 $I_{FU \cdot N}$ 大于或等于总负载的额定电流，即

$$I_{FU \cdot N} \geqslant \Sigma I$$

2）在单台异步电动机直接起动的电路中，因考虑电动机起动电流，熔体（或熔片）额定电流 $I_{\text{FU·N}}$ 可取电动机额定电流 $I_{\text{M·N}}$ 的 1.5~2 倍，即

$$I_{\text{FU·N}} = (1.5 \sim 2)I_{\text{M·N}}$$

3）在轻载、不频繁起动的电动机电路中，熔体的额定电流 $I_{\text{FU·N}}$ 可取电动机的额定电流 $I_{\text{M·N}}$ 的 2.5~4 倍，即

$$I_{\text{FU·N}} = (2.5 \sim 4)I_{\text{M·N}}$$

4）在重载、频繁起动的电动机电路中，熔体的额定电流 $I_{\text{FU·N}}$ 可取电动机额定电流 $I_{\text{M·N}}$ 的 3~6 倍，即

$$I_{\text{FU·N}} = (3 \sim 6)I_{\text{M·N}}$$

5）在多台异步电动机直接起动的电路中，熔体的额定电路 $I_{\text{FU·N}}$ 可按下式计算，即

$$I_{\text{FU·N}} = (1.5 \sim 2.5)I_{\text{M·Nmax}} + \Sigma I_{\text{M·N}} + 余量$$

可见，熔断器只能作为电动机短路保护，不宜作为电动机过载保护。

三、熔断器更换须知

在更换熔断器时，必须注意：

1）一般应在不带电的情况下取下熔断器进行更换，有些熔断器允许在带电情况下取下更换，这种情况下应将负载切断，以免发生危险。

2）在熔体熔断后，特别是在分断极限电流后，往往有熔体渣熔化在接触面上，所以在更换新熔体前，必须仔细擦净管内表面和接触面上的熔渣、烟灰和尘埃等。

熔断器是在一般的过电流下熔断还是在分断极限电流时熔断，通常不易区分，而只能凭经验判断。凡熔断器熔断时响声不大，熔体只在一两处熔断，管子的内壁没有烧焦现象，也没有大量的熔体蒸气附着在管壁，熔断器一般是在过载电流下熔断；凡熔断器熔断时响声特别大，有时看见两端有火光，管内熔体断成许多小段，管子的内壁有大量的熔体蒸气附着，有时管壁有烧焦现象，这种情况熔断器可能是在分断极限电流时熔断，说明线路有短路故障，应在排除故障后，再更换熔断件。

3）在换装熔体时，必须注意熔体的电流值和熔体的片数，要使熔体和原熔体相同，不应随意更换凑合使用。快速熔断器不能用普通熔断器的熔体代替。

4）在换装熔体时，应注意不要将熔体折伤和扭伤，因为熔体比较软而易断，容易发生裂痕或减小截面积，降低电流值。

5）对于封闭管式熔断器，熔断器管不能用其他绝缘管代替，否则容易炸裂，发生人身伤害事故；也不可以在熔断器管上钻孔，因为钻孔会造成灭弧困难，可能会喷出高温金属和气体，这对人体和周围设备十分危险。

第六节　PLC 的维修

一、概述

可编程序逻辑控制器（Programmable Logical Controller，PLD）问世于 20 世纪 60 年代，具有编程简单，修改、调试程序简便，维护方便，工作可靠性极高，体积小，价格适中等优点，在自动化方案设计中，PLC 常被工程师列为首选方案，成为工业生产自动化三大支柱（机器人技术、CAD/CAM 技术和 PLC 技术）之一。PLC 在船舶上的应用也很广泛，如 PLC

控制的起货机、自动分油机、锅炉、自动化电站等。下面简单介绍 PLC 控制器的组成和工作原理。

二、PLC 的组成及其工作原理

1. PLC 的组成

PLC 实际上是一台专用的工业计算机，其基本结构框图如图 4-8 所示。PLC 由中央处理单元（CPU）、存储器（RAM/EP ROM）和输入、输出接口组成。其内部采用总线型结构进行数据、指令的传输。

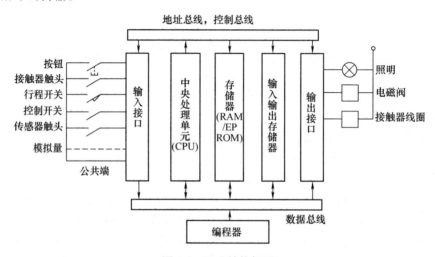

图 4-8　PLC 结构框图

（1）输入、输出接口

输入、输出接口是 PLC 与被控制设备连接的接口，起着传递 PLC 与被控制设备之间信息的作用。输入接口接受现场设备的控制信息，如按钮、行程开关、接触器触头、传感器信息，并把这些信息转换成 CPU 所能接受和处理的数字信号。输出接口正好与输入接口相反，它接受 CPU 处理过的输出数字信号，并把它转换为被控制设备或显示设备所能接受的电压或电流信号，以驱动电磁阀、接触器等。常用的直流输入接口内部电路如图 4-9 所示，交流输出接口内部电路如图 4-10 所示。

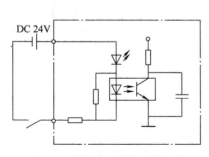

图 4-9　直流输入接口内部电路

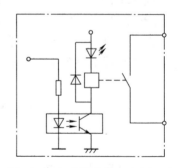

图 4-10　交流输出接口内部电路

（2）中央处理单元（CPU）

CPU 是中央控制器的核心部件，起总监控的作用。CPU 把输入信号读取入存储器中，按程序计数器的地址取出用户按控制要求所编写的程序，并对其进行编译，然后控制各执行部件，完成用户指令所规定的各种操作，最后把操作的结果送到输出接口。

（3）存储器

PLC 中的内部存储器有两类：一类是随机存储器（Ramdom Access Memory，RAM），存储各种暂存数据、中间结果以及用户调试中的程序，CPU 可以随时对它进行读、写操作；另一类是只读存储器（Read Only Memory，ROM），主要用于存储监控程序及用户调好的程序。

（4）编程器

编程器是 PLC 最重要的外围设备，其主要用途是输入、编辑用户程序，调试、修改、检查用户程序，并监视程序的执行。

（5）电源部分

PLC 电源部分具有把交流电源或直流电源转换成内部电路所需的直流工作电源的功能。直流工作电源可分为三类：第一类是供给集成电路的基本电源，为 +5V 和 +15V 直流电源；第二类是供给输出接口电路、提供较高电压和大电流的功率电源；第三类是锂电池，保证存储器在停电时不丢失信息。因此，不同类电源具有不同接线和不同容量，在扩展、使用和维修时必须注意。

除了上面介绍的主要部件外，PLC 还按实际需要装配了其他外围设备，如智能接口 I/D、模拟接口 A/D 和 D/A，通信接口 I/O，以及打印设备等。

2. PLC 的工作原理

PLC 是一台专门的工业计算机，它的工作方式与微机有很大不同。微机是扫描输入设备，一旦有一个输入设备有输入，微机就转入相应的服务子程序，程序执行完毕，再继续扫描查询；而 PLC 是先把所有输入设备的状态扫描并映射在输入寄存器中，然后 CPU 按用户程序进行处理，处理的结果送到输出寄存器，最后按输出寄存器结果刷新输出接口状态，其工作过程如图 4-11 所示。上述执行程序的一个循环过程称为一个循环扫描周期。PLC 按循环扫描周期周而复始进行工作，其可等效电路如图 4-12 所示。

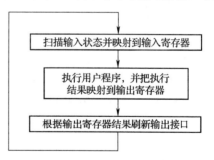

图 4-11　PLC 工作过程

图 4-12 中，X_{01}、X_{03}、X_{05} 分别用寄存器表示，当 SB_1 闭合时，寄存器 X_{01} 状态为 "1"，否则为 "0"；Y_{31} 为输出寄存器，而 Y_{31} 的触点对应的就是输出接口电路。中间是按用户控制要求画出的程序梯形图。由于篇幅限制，程序梯形图的具体画法请参阅有关书籍。

三、PLC 控制器的维护和检修

1. PLC 控制器的维护

在 PLC 运行过程中，由于外围设备连接线故障以及本身元器件故障，均会导致 PLC 控制系统不能正常工作，甚至失效或误动作，造成设备损坏，危及人身安全。因此，必须对 PLC 控制系统进行必要的定期维护。

PLC 控制系统的维护和保养工作主要内容如下：

（1）连接线检查

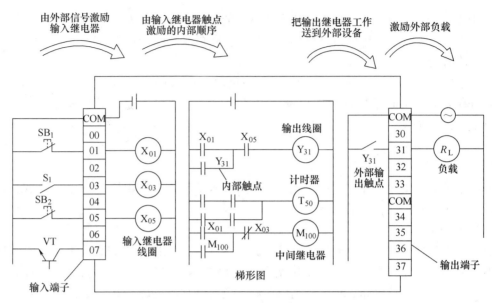

图 4-12　PLC 等效电路

检查连接线是否有损坏、老化等现象，焊点是否有脱焊、虚焊、氧化等现象，如有应及时更换。由于船上条件恶劣，容易使接线头和端子生锈，造成接触不良，应及时清洁。

（2）安装检查

船舶振动、摇摆很容易造成配线压紧螺钉松动，电缆连接头与底座之间的松动，甚至 PLC 机内的固定螺钉松动等现象，产生故障隐患，为此必须及时检查、紧固。

（3）清洁

由于船上尘埃、油雾、盐雾严重，容易造成 PLC 机内的印制电路板绝缘性能变差，甚至元件间形成短路。所以，可打开外盖，用电吹风吹去灰尘，用电气清洁剂喷洗，洗去油污和盐结晶。上述操作必须在切断外电源下进行。

（4）定期更换机内锂电池

为了保证短期内停电 RAM 和 ROM 不丢失信息，PLC 机内都装有一锂电池。必须按电池生产厂家提供的数据，定期更换新电池。更换方法：

1）接通 PLC 的交流电源 10s（为存储器备用电源的电容充电，在锂电池断开后，该电容可对 RAM 短暂供电；若 PLC 是通电状态，可直接进行第二步）。

2）断开 PLC 的交流电源。

3）打开 PLC 的塑料盖板。

4）从电池夹中取出锂电池，换上新的锂电池，安装时注意其极性，操作时间越短越好。

5）盖回塑料盖板。

现代 PLC 采用的是 EEPROM，不需要更换电池。

（5）输入外围设备的检查

PLC 的输入信号都是输入外围设备的开关、触点、传感器送来的信号，这些设备的开关、触点必须定期检查，检查其开关、触点是否接触良好，传感器送来的模拟信号是否偏差太大或有减弱等现象。只有保证这些输入信号正常，才能保证 PLC 控制系统工作正常。

（6）输出外围设备的检查

PLC 的输出控制设备大都是继电器、电磁阀等，应定时检查这些电器设备，保证它们处于良好的工作状态，若有缺陷或故障隐患应及时排除。

（7）备品备件应妥善管理

PLC 控制系统中重要的器件或模板应有一定备件，这对于海上航行的船舶来讲尤为重要，备品备件应妥善保管，注意防潮、防霉。需要指出的是，应选用同一型号的 PLC 控制器，便于维修和贮备备件，而且互换性能好，可以提高船舶设备工作的有效性。

2. PLC 的检修

船舶环境条件比较恶劣，经常大幅度摇摆、振动，可能导致 PLC 控制系统出现故障。由于 PLC 的工作原理及控制方式与继电控制、微机控制方式不同，所以分析其故障原因的方法也有所不同。一旦 PLC 控制系统出现故障，首先必须区分是 PLC 的外围设备故障还是 PLC 本身故障（这一点与微机控制系统的故障分析一致）。一般而言，PLC 本身都具有自诊断功能，故障诊断的结果会在面板上指示灯或在编程器上显示出"错误"信息，根据这些信息可以进行故障检查。因此，PLC 控制系统故障检查总流程如图 4-13 所示。

（1）电源故障

PLC 的电源通常都是开关式逆变电源，具有重量轻、体积小和效率高等优点，缺点是容易出现故障，且检修比较困难，在船上只能更换整个电源部件。电源故障的检查流程如图 4-14 所示。

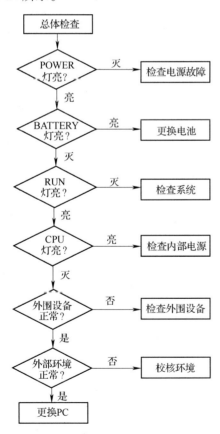

图 4-13　PLC 控制系统故障检查总流程

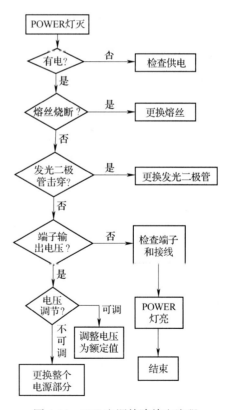

图 4-14　PLC 电源故障检查流程

（2）系统运行异常故障

在确定 PLC 的电源系统为正常的情况下，如果出现系统运行异常而中止工作，则 RUN 指示灯灭。这种故障检查起来比较困难，取决于检修人员对该运行系统的程序、工艺过程是否清楚，以及维修经验的多寡。图 4-15 为检查系统运行异常故障的流程图。

注意：在故障检查中，必须切断电源，以免造成事故；更换、插接 RAM/ROM 时，也应切断电源。

（3）CPU 出错故障

接通电源，PLC 就开始自诊过程。若 CPU 内部出错时，面板上的"CPU Error"灯就会显示，显示状态有两种：一种是闪亮，另一种是常亮，分别代表不同的 CPU 故障。若当电源接通或 PLC 在正常运行、突然发生瞬时中断、接着又投入运行时，此时"CPU Error"灯闪亮，说明 PLC 的用户程序的内部受到外因发生改变。此时，检查流程图如图 4-16 所示。

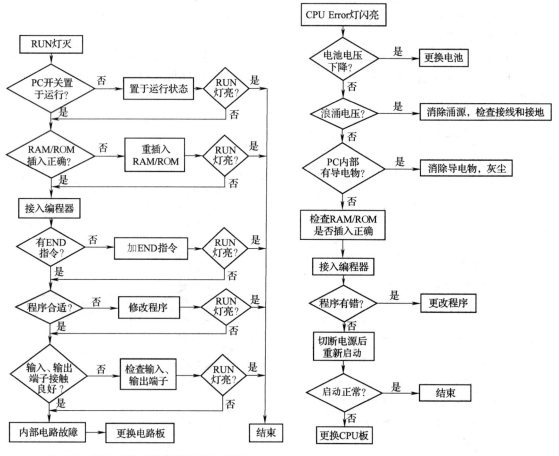

图 4-15 检查系统运行异常故障流程图　　　　图 4-16 CPU 出错故障检查流程图

若"CPU Error"灯常亮，说明 PLC 内的 CPU 误动作，原因可能是外来浪涌电压，形成噪声干扰瞬时加到 PLC 内的 CPU 或存储器。消除外来浪涌电压，需要采取必要的抗干扰措施，并检查接线和接地，最后重新接通电源，观察故障是否消失。若故障还没有消失，一般是由于 CPU 板出故障，需要更换新的 CPU 板。

（4）输入、输出口接电路故障检查

PLC 的输入、输出接口电路是其 CPU 与外部控制对象交换信息的通道，由于它们是通过接线端子和连接导线与控制对象连接，所以，输入、输出接口电路发生故障，首先应从连接导线、端子的接触等方面入手。此外，由于输入、输出接口电路与外部设备直接连接，容易受到外部设备故障影响而损坏，因此，通常 PLC 控制系统发生故障，除了首先检查是否为电源故障外，还应着重检查输入、输出接口电路及连接回路是否有故障。尤其是船上振动、颠簸严重，常常造成端子接触不良、回路断线等故障。输入、输出接口电路故障现象多种多样，只能根据故障现象具体分析。

下面以图 4-17 所示的输入、输出逻辑关系说明输入、输出接口电路故障检查的一般过程。以 Y_{300} 无输出为例，首先，检查输出口上指示灯 Y_{300} 的发光二极管是否亮，若亮，说明 PLC 内的输出接口电路正常，因此，故障原因在于：①输出接口的驱动电路；②执行电路继电器（继电器输出的 PLC）或晶体管或晶闸管（半导体器件输出的 PLC）；③输出配线与接线端子接触或负载异常；④输出接线或熔断器。为了进一步确定具体部位，必须测量 Y_{300} 端子的电

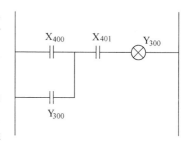

图 4-17　输入、输出逻辑关系

压，若电压正常，说明 PLC 内部输出口电路的驱动或执行电路故障，若测得 Y_{300} 电压不正常，就得检查接线是否正确。若接线正确，此时应将负载撤去，再测电压，若电压恢复正常，说明所带的负载（继电器、电磁阀）故障引起了端子电压不正常，若撤去负载后，端子电压仍然不正常，则首先检查输出端子和输出熔断器是否正常，若端子和熔断器正常，就得检查 PLC 内部输出接口电路。

若 Y_{300} 的发光二极管不亮，则有两种可能：一是 Y_{300} 的输出接口电路故障；二是输入信号有变化。首先用编程器编程，按上最简梯形图编入，模拟一个输入，试验 Y_{300} 是否可控，若不可控，说明是内部电路故障，就不必检查输入信号。若可控，说明输出通道电路正常，此时应删去试验的编程，然后检查输入信号。首先检查 X_{400} 和 X_{401} 的输入指示发光二极管是否亮。若亮，测量 X_{400}、X_{401} 端子电压，若测得电压正常，说明接线没有错误，是输出电路故障；若测得电压不正常，撤去配线再测，若电压仍不正常，说明故障位于输入接口电路，否则，说明配线有误，X_{400} 和 X_{401} 有故障。若 X_{400} 和 X_{401} 的输入指示发光二极管不亮，说明输入信号不正常，应先测 X_{400} 和 X_{401} 两端子的电压，若电压正常，说明输入接口处理电路故障，也可能是接线端子接触不良，若是后者，可直观检查排除故障，若是前者就得更换输入接口电路；若电压不正常，这时先检查配线是否有误、是否断线，若没有，撤去配线再测，若这时测得电压正常，说明输入的负载有故障，若仍不正常说明输入接口处理电路故障，需更换输入接口电路。

总之，输入、输出故障，总是先检查输出接口回路，然后检查输入接口回路，先检查外部的接线、负载，再检查 PLC 内部电路，如此反复，必然可找到故障原因。上述检查过程用流程图表示，如图 4-18 所示。对于其他系列的 PLC 的输入、输出故障也可按这个流程来检查。

（5）常见故障的修理

PLC 控制系统故障五花八门，只要根据具体故障现象，按图 4-14～图 4-16、图 4-18 四

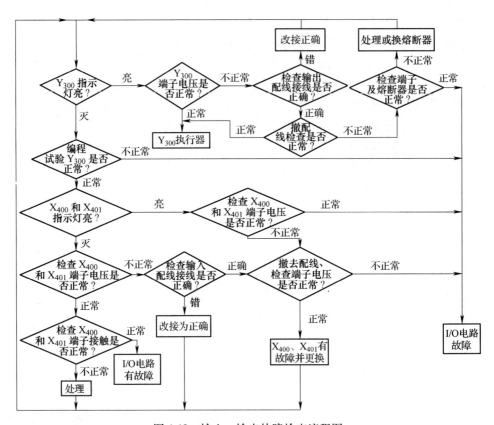

图 4-18 输入、输出故障检查流程图

项流程来检查，一般总能查出故障原因。PLC 控制系统常见故障及处理方法见表 4-8。

表 4-8 PLC 控制系统常见的故障及处理方法

故障现象	故障原因	处理方法
POWER 灯灭	①熔断器熔断 ②输入端子接触不良 ③输入电源断线	①更换熔断器 ②重接 ③更换接线
熔断器多次熔断	①负载短路或过载 ②输入电压设定错误 ③熔断器容量太小	①用万用表测 ②改接正确 ③改换大容量熔断器
RUN 灯灭	①程序中无 END 指示 ②电源故障 ③I/O 端口地址重复	①修改程序 ②检查电源 ③修改端口地址
输入均不能接通	①未向输入信号源供电 ②输入信号源电源电压太低 ③端子触头松动 ④端子板接触不良	①接通有关电源 ②调整电源电压使其符合要求 ③重接 ④处理后重接
PLC 输入全异常	输入接口电路故障	更换输入接口电路

（续）

故障现象	故障原因	处理方法
某一输入继电器不能接通	①输入信号源（器件）故障 ②输入配线断线 ③输入端子松动或输入端子接触不良 ④输入接通时间太短 ⑤输入回路（电路）故障	①更换输入器件 ②焊接 ③重接 ④调整有关参数 ⑤检查电路或更换
某一输入继电器常闭	输入回路（电路）故障	检查电路或更换
输入随机动作	①输入信号电平过低 ②输入接触不良 ③输入噪声过大	①检查电源及输入器件 ②检查端子接线 ③加屏蔽或滤波措施
异常动作的继电器编号为8点单位	①"COM"螺钉松动 ②CPU总线故障	①拧紧 ②更换CPU单元
输入继电器动作正确，但指示灯灭	LED损坏	更换LED
输出均不能接通	①未加负载电源 ②负载电源坏或电压太低 ③接触不良（端排） ④电源熔断器熔断 ⑤输出回路（电路）故障	①接通电源 ②调整或修理 ③重接 ④更换熔断器 ⑤更换输出接口电路
输出均不关断	输出接口回路故障	更换输出接口电路
某一输出继电器不能接通而指示灯灭	①输出接通时间太短 ②输出回路故障	①修改输出程序 ②更换输出接口电路
某一输出继电器不能接通而指示灯亮	①输出继电器损坏 ②输出配线断线 ③输出端子接触不良 ④输出驱动电路故障	①更换继电器 ②焊线或更换 ③重接 ④更换输出接口电路
某一输出继电器不关断而指示灯灭	①输出继电器损坏 ②输出驱动管漏电流过大	①更换继电器 ②更换输出管
某一输出继电器不关断而指示灯亮	①输出驱动电路故障 ②输出指令中端口地址重复	①更换输出口电路 ②修改程序
输出随机动作	①PLC供电电压太低 ②接触不良 ③输入噪声太大	①调整电源输出 ②检查端子接线 ③加屏蔽或滤波措施
异常动作的继电器编号为8单位	①"COM"螺钉松动 ②熔断器熔断 ③CPU中I/O总线故障 ④端子连接排接触不良	①重拧紧 ②更换熔断器 ③更换CPU模板 ④重接
输出继电器动作正常，但指示灯灭	LED损坏	更换LED

第五章 船用电机的维护和检修

本章主要介绍了对船用电机的基本要求、维护要求以及常见故障的检修和船用变压器的维修。

第一节 船用电机的基本要求

电机在船舶上运行的环境和条件与在陆地上相比有很大差别。在海洋上空空气的相对湿度很高,船舶航行时又处于风浪包围之中,海水经常浸没甲板。由于船舶在航行,电机可能在短时间内从温带或寒带地区进入到热带地区,环境温度变化剧烈,尤其是在机舱中工作的电机,经常处于较高温度的环境中。此外,海上的盐雾、亚热带潮湿地区的霉菌等都会对电机的电气绝缘造成危害。由于船上空间狭小,电机工作条件恶劣,有些电机经常受到碰撞,维护管理也很不方便。船舶航行时,振动、颠簸、摇摆等干扰直接影响电机的运行。由于船舶大部分时间在海上航行,电机一旦损坏,无论从维修设备还是维修条件来看,都难以修理,从对船用电机的绝缘结构、机械结构以及电气性能等都提出了比陆地条件更高的要求。

1. 绝缘方面

我国标准规定船舶电机的环境温度为45℃,要求电机能在空气相对湿度为95%的情况下正常工作。电机绕组及其他要求绝缘的部件,在绝缘上必须经"三防"处理,即防潮、防霉、防盐、油雾处理,同时还必须耐油。在一些特殊情况下,还要求绝缘能防止某些热带昆虫的咬食。绝缘的油漆涂层也应具有"三防"和耐油的性能。电机绕组的冷态绝缘电阻应不低于5MΩ,热态绝缘电阻应不低于2MΩ。

2. 机械方面

由于船舶上工作条件恶劣,空间狭小,所以要求电机在结构上应具有耐冲击、耐振动、耐颠簸等特点。从结构上还必须保证电机运行时,在长期15°横倾、7.5°纵倾和长期22.5°横摇的情况下正常工作,这就对电机结构尤其是轴承提出了更高的要求。在这种条件下,直流电动机的换向必须达到规定的火花等级,刷握等处的连接部件必须保证不会松动,电刷不会在刷握中卡阻。另外,还要求船用电机应有尽可能小的体积,结构要紧凑,重量要轻,要有较好的防锈和防海水涂层。电机除应有较合适的安装尺寸外,还必须便于拆卸和安装。

3. 电气方面

根据被拖动船舶的机械特性和工作特点要求,电动机应有相应的电气性能和各种工作特性。例如,锚机电动机应能够满足在30min内起动25次的要求,并能允许堵转1min;对拖动甲板机械有一定的过载能力等。各类船用发电机按照船舶电网的特点也有其特殊要求,如在结构上多用凸极式,参数上应考虑电网的短路电流和各种运行状态下过渡过程的要求等。

第二节　船用电动机的维护

一、船用电动机的解体维护

1. 电动机的解体步骤

1）在拆卸电动机前，必须了解被拆电动机的运行性能和结构情况。对于结构复杂的电动机，例如起货机、锚机等拖动电动机应掌握其结构的技术资料。在拆卸前，需根据资料预先拟定拆卸方案。

2）使电动机与电路脱离。拆电路前，应做好各线端头的标记并做记录，每根电路端头需进行包扎，做好标记，做好绝缘保护。

3）使电动机与拖动机械脱离。一般在其接合面（或线）上做好标记。

4）拆下联轴器。在船舶上，由于空间限制，一般采用刚性或柔性联轴器，很少采用带传动。把整个电动机拆卸下来之后，首先卸下联轴器上的止动螺钉，然后用拉把拉下电动机轴上的联轴器，最后把电动机搬到比较宽敞、明亮、干燥、干净的地方进行解体。

5）做好解体前的标记。为了避免拆装后影响定子内孔与转子外圆的同心度，拆装前，端盖与机座止口配合处应做好标记，以保证拆装前后端盖的位置不变。为此，在端盖与机壳合缝处，用扁铲打上位置标记。前后端盖的标记应有所不同，以防止两个端对调安装。对于不熟悉的电机结构，要按拆卸的先后顺序做好标记，必要时应做适当的记录，防止组装时发生漏装或错装。直流电动机的刷杆座与端盖上的座圈合缝处也应做标记。拆下刷杆座之前，用油漆画上标记。油漆干后再拆卸，这样可以保证安装时电刷位置正确以及可以迅速、精确地调整电刷位置。

取直流电动机刷架时，应做好电刷与换向极间的连线标记。安装时不得接错，否则会使换向极性错误，产生很大的换向火花。

6）拆卸端盖。先取下轴承外盖，再卸端盖。拆卸时，应防止损坏机座止口和端盖轴承孔的配合面。

取下端盖的固定螺钉后，先观察各螺孔的附近有无取端盖的顶丝孔。若有顶丝孔，把拆下的螺钉拧在顶丝中，依次对称旋紧螺钉，即可取下端盖；若无顶丝孔，可用铜棒或硬木棒垫着并敲打端盖外缘卸下端盖。敲打时应沿着端盖外缘对称位置均匀敲打，以保护止口。如图 5-1 所示。

7）取出转子。取下电动机一端的端盖后，从另一端即可把转子与另一端一起抽出。这时要防止碰伤绕组端部、换向器或集电环。若电动机内部转子一端有风扇时，抽取转子要从有风扇的一端向外抽出，以免由于风扇外径大于定子内孔而抽不出转子。船上的变极变速异步电动机，如起货机、锚机等电动机。由于转轴上有两个外径不同的转子铁心，所

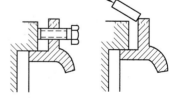

图 5-1　取下端盖的方法

以应从外径大的一端抽取，转子过重时，可在轴上套上一根钢管用人工或电动葫芦拉出，严禁碰伤绕组和铁心。取出的转子应放在转子支架上；如果没有支架，应放在木板上或木垫上，防止滚动，若船舶摆晃，应将转子绑扎牢。

8）轴承拆卸。电动机轴承一般是热套在轴上，轴承内圈与轴之间配合较紧。拆卸时，

可用顶拔器冷拉下来。为了防止损坏轴承，如果磨损不严重，只需清洗、更换牛油，一般可以不必拆下。

9) 定子拆卸。直流电动机励磁线圈损坏时，须拆下磁极进行修理。拆卸前应记下主极之间的距离，拆卸时数清每极下的垫片，若垫片厚度不同，还须做标记。同时还应注意有无非磁性垫片以及分属哪个极，以免装错。

2. 解体保养内容

(1) 轴承的保养

1) 滚动轴承的清洗。对于发热严重的轴承、轴承油过脏或检修电机时拆下的轴承，经初步检查后，认为可以继续使用的应进行清洗。

轴承拆下后，可先刮去脏润滑脂，再放入煤油中浸泡 5~10min，然后用毛刷清洗干净。由于煤油中含有水分又不易挥发，所以应再放入汽油中清洗一下。

有的轴承上油脂硬化，不易清洗，可将轴承浸没于 100~120℃ 的热机油中，然后洗去油污。

不能拆下的轴承，可淋上煤油或用油枪喷射的方法进行清洗。

热油清洗时，油温不得超过 120℃，并注意防火。不要用明火加热机油。清洗时不能用锋利的刮刀等工具剔刮轴承内的油污，以免损伤轴承表面。洗净的轴承如果不立即使用，必须用油纸包好，放到干净的地方。

2) 滚动轴承的检查。检查轴承的顶隙。用拇指和食指拨动外圈使之旋转，仔细听转动声音，若噪声大或转动时外圈扭动或振动，则表明间隙过大。当晃动整个轴承时，弹子与外圈碰击发声，也说明间隙过大，间隙大小可用塞尺或千分尺表进行检查。轴承允许磨损值与新轴承进行比较，轴承内径在 20~59mm 时，允许磨损值可为原间隙的 10 倍左右。一般新轴承的间隙为 0.01~0.02mm，最大允许磨损值可达 0.15~0.25mm，内径大的轴承允许磨损值大一些，对传动系统精度要求低的轴承磨损允许值也可以大一些。

对清洗后的轴承要仔细检查其表面情况。内外圈滑道应光滑完整，没有被腐蚀的麻点，也无锈痕；弹子表面应光滑明亮，无裂纹、斑痕、麻点及锈蚀现象；缺少弹子的轴承严禁使用，弹子挡圈必须完好无损，不得有变形、断裂和锈蚀现象。

3) 滚动轴承的安装。轴承清洗检查后，如果确认良好，即可进行安装。安装前要检查轴颈，轴颈必须光洁，没有锈蚀、裂纹、毛刺、麻点等损伤。若有轻微铁锈可用细砂纸或油石调光。常用的安装方法有打入法和热套法两种：

① 打入法。先在轴颈上抹一层机油，套上轴承后，用管子或软金属管抵住轴承的内圈，用锤子轻轻敲打，直到进入轴颈规定的位置为止。

② 热套法。把轴承放在机油锅内加热，油温保持在 100℃ 左右，锅底应放入一铁丝网架，以免轴承直接受热，同时也可避免油污物落在轴承上。加热后，将轴承取出并立即套在轴颈上，用管子轻轻敲打即可套入轴颈。

最后填入润滑脂，一般只要填入轴承空间的 $\frac{1}{3} \sim \frac{1}{2}$ 容积即可，润滑油过多或过少都会造成润滑不良，因为轴承发热会使润滑脂变质。

(2) 电机绕组的保养

1) 电机绕组的清洗。电机绕组绝缘下降，经烘干无法提高时或绕组上有油垢灰尘时，应对电机绕阻进行清洗。清洗的方法有两种：一种是用化学剂进行清洗，另一种是用高温高压淡水冲洗。

当电机绕组绝缘电阻还很高但绕组表面有油垢、灰尘时，可用电动机清洁剂进行清洗。具体做法：用毛刷进行刷洗，对于毛刷触及不到的地方，用喷枪来冲洗。由于电动机清洁剂含有害的高挥发性气体，冲洗应在通风条件良好的地方进行。

当电机绕组绝缘电阻低时，说明绕组中含有盐分。这时只能用高温、高压淡水冲洗，把盐分、油垢等污物冲走，这种处理只能在船修期间进行。在船上，可用热水浸泡、煮沸的方法来去掉绕组中的盐分。当电机里进入海水时，应进行淡化处理，即用淡水煮沸，换水三次后，再用蒸馏水煮沸，一般就能去掉绕组中的盐分。

2）电机绕组的烘干。船用电机的工作环境很恶劣，空气潮湿会使电机绕组受潮。一般情况下，用 500V 绝缘电阻表测量绕组的绝缘电阻低于 0.5MΩ 时，必须进行烘干，以提高电机的绝缘电阻。但是对于因绝缘老化而使绝缘电阻降低的电机来说，烘干并不能提高其绝缘电阻。

电机绕组由于受潮绝缘电阻低于规定值时，继续使用会击穿绝缘，使绝缘损坏，必须及时烘干，以保证电机正常安全运行。此外，进行清洗和淡化的电机绕组也需烘干。

烘干的方法有很多，这里仅介绍中小型电动机的烘干。

① 灯泡烘干。用红外线灯泡或白炽灯泡均可。先把电机拆开，抽出转子，然后将电机清洁干净，当确认电机绕组只是因受潮而使绝缘电阻降低无其他故障时，即可进行干燥。把定子放在木板或垫有其他干燥物的地板上，灯泡从端盖孔中吊入，灯泡的瓦数与个数可根据干燥电机所需的温度来选择和调整。对一些容量较大的电机，抽出转子后也可不移动电机，用支架在电机内孔和端部固定几盏白炽灯泡或红外线灯泡即可进行烘干。应注意不得使绕组局部过热。

② 烘箱烘干。用正规烘箱或简易烘箱进行烘干。定子放入烘箱加热时必须同时通风，烘箱内要吊入温度计便于记录和调整温度。

③ 电流干燥。在定子绕组中通入电流，利用定子绕组铜耗产生的热量来驱除潮气。在开始时可通入 30% 额定电流，然后逐渐升高，根据所需干燥温度，可以升高到 100%～120% 额定电流，也可以通过自耦变压器调整电压或串联电阻来调节电流值。

④ 热风干燥。利用电热吹风或主机的废热热风吹入电机进行干燥。电机干燥的温度与电机的绝缘等级有关。船用电机多为 E 级和 B 级绝缘。E 级绝缘的电机干燥温度不超过 110℃；B 级绝缘的电机干燥温度不超过 120℃。干燥开始 2h 内每 30min 记录一次温度；前 4h 每小时提高 15℃，然后每小时提高 30℃直到允许的最高温度；同时每半小时或一小时测量一次绝缘电阻。当绝缘电阻达到 5MΩ 以上而且不再变化时，即可停止烘干。自然冷却后，再测量冷态绝缘电阻，合格后即可组装电机。

（3）换向器的维护与电刷的研磨

对于直流电机，换向器和电刷在运行中需要经常进行维护。电气管理维修人员必须保证电刷和换向器之间接触良好；换向器表面应光滑、清洁，绝缘可靠。

1）换向器表面的清洁与研磨。应定期用手风箱或电吹风吹拂换向器上的电刷粉末和灰尘。对不能吹去的污物，可用少量电气清洗剂擦拭。换向器的沟槽中不得积存炭粉，以免引起片间短路。换向器片与电枢绕组焊接处应保持清洁。

当发现换向器表面粗糙、电刷磨损快、换向器表面形成黑色的磨痕或换向器表面有灼痕时，应对换向器表面进行研磨。先用 0#砂布磨去表面的粗糙薄层，再用 00#砂布，最好是用过的旧砂布快速抛光表面，表面粗糙度 Ra 应在 3.2μm 以下。

2）换向器表面的光车与拉槽。换向器表面磨损严重出现凹沟，换向器发生变形、云母片凸出和经过大修的换向器等都需用车床精车其外圆，称为光车。光车时，车床的转速要高，进给量应小。车速可按下式选择：

$$n = \frac{1}{2R} \times 10^3$$

式中　　n——车床转速（r/min）；

　　　　R——换向器外径（mm）。

光车后，换向片间要拉槽，使换向片间的云母片低于换向片 1~2mm。拉槽工具可以用钢锯条自制，若云母片比钢锯条薄，可适当磨薄锯条。大型电动机的云母片较厚，可以用几条钢锯条叠在一起使用。拉槽时一定要小心，不要拉伤换向片。最后再用 00#旧砂布磨光换向器。

3）电刷研磨。直流电动机更换电刷或电刷与换向器接触不良时，应研磨电刷。

一般来说，电刷之间的间隙范围为：轴向电刷间隙为 0.2~0.5mm；旋转方向上间隙为 0.1~0.8mm，电刷尺寸较大时取大值。间隙大小可用塞尺检查。

运行中的电机若检查其接触面时，可从刷握中取出电刷，在光线明亮的地方进行观察。接触处光滑明亮，不接触的地方发暗。接触面积少于 70%时，就必须研磨电刷。

研磨电刷与换向器的接触面时，必须把电刷放在刷握中，然后在换向器表面上包一长条 00#砂布来回拉动。

有些电机的电刷不是与换向器表面垂直，而是有一定的斜度，在研磨电刷时，只有使换向器沿着规定的转向研磨，才能得到满意的效果。

3. 组装步骤及注意事项

组装步骤与拆卸步骤相反，即后拆的先装，先拆的后装，组装时应注意以下几点：

1）用大扳手上紧螺钉时，不能用力过大，防止扭断螺钉。螺钉的型号必须符合要求，不可用不同螺距和尺寸的螺钉强行旋入。螺钉上的弹簧垫片必须保留，不得舍弃。

2）组装时注意保护绕组的端部，不得碰伤绝缘。组装完后，用手正反向转动几圈，注意观察转子转动是否灵活，有无异常声音。

3）旋紧端盖和轴承盖螺钉时，应依次按对角线方向拧，以免损伤止口配合面并防止偏心。同时还应边转动转子，边观察其灵活性。

4）组装时不得将异物或零件遗忘在电动机里。在组装开始时，一般用高压空气吹拂一次电机内腔。拆下的零部件必须装上，如有缺少或多余，一定要查明原因，返工重装。

5）组装前、后应检测绕组间绝缘和对地绝缘，并进行比较，没有差别且符合要求，方可通电进行试验，观测电动机温升、空载电流、噪声和转动的平稳性等。

6）进行负载试验。

二、船用电动机的日常维护和运行监视

1. 日常维护

一般清洁是电动机维护保养工作的基本内容，包括对电动机本身和对电动机安装环境的清洁工作。清洁电动机要注意清除外表污物，以保证电动机正常运转和散热。封闭式电动机要使通风沟槽保持清洁，风扇上的孔洞透气良好。防护式电动机除了保持外表清洁外，还要注意通风孔道的畅通。在不拆卸端盖的情况下，可对防护式电动机绕组端部进行擦拭或吹拂，尽可能保持清洁，以免有害物质腐蚀绝缘。直流电动机有电刷磨损，一般清洁时要用手风箱（皮老虎）或手提电动吹风机吹去绕组端部和换向器附近的电刷粉末及灰尘等，以保持绕组及电动机内部的清洁。

电动机的工作环境必须符合使用规定要求，如无水、无腐蚀性气体等，以免损坏电动机的绝缘及其他结构部件。

轴承的维护工作主要是添油、换油，监视轴承温度和监听运转声音是否正常。

2. 运行监视

为了保证设备正常工作，船舶电气维修管理人员应及时发现电动机故障并迅速排除。为此要经常监视电动机的运行情况。

（1）监视电源电压

电动机端电压必须保持额定值，电压过高或过低都会引起电枢电流、转矩和温升的变化。要求电源电压值与额定值相差不超过±5%，三相电压不平衡程度不得超过±5%。

（2）监视电动机电枢电流

电动机运行时，电枢电流应在额定值以内；三相异步电动机电流应平衡，其不平衡程度不得超过±10%。船用电动机铭牌上的额定电流是指环境温度为45℃时电动机在额定工作状态下的电流，在此电流下运行时环境温度不允许超过45℃，如果环境温度超过45℃，电动机长期运行允许的电流就要比铭牌数据小。

（3）监视电动机的温升

在额定工作状态下的电动机其温升不应超过允许值。若温升超过允许值，则表明电动机或控制设备和负载等有问题，必须查明原因，排除故障后才能继续运行。监视温升可以用温度计，也可凭经验判断。一般靠手来感觉，手感与机温粗略关系见表5-1。

表5-1　电动机外壳表面温度与手感的关系

机壳温度/℃	手感	说明	机壳温度/℃	手感	说明
30	稍冷	机壳比体温低，故感觉稍冷	65	非常热	仅能用手摸2~3s，离开后还感到手热
40	稍温	感到温和	70	非常热	用一个手指触摸，只能坚持3s左右
45	温和	用手一摸，就感到暖和	75	非常热	用一个手指触摸，只能坚持1~2s
50	稍热	长时间用手摸时，手掌变红	80	极热	手指触摸后想迅速离开，用乙烯树脂试会减缩
55	热	仅能用手摸5~6s	80~90	热	用手指稍触摸一下，就感觉烫得不得了
60	甚热	仅能用手摸3~4s			

注：当机壳为钢板时，每种温度均应降低5℃。

（4）监听电动机运行时的声音

正常运行的电动机，由于轴承摩擦，铁心反复磁化和风扇转动等原因，会产生一种均匀连续不断的声音。安装合格的电动机在正常情况下不会振动。当电动机故障或机械部件不正常时，电动机的声音异常，并发生振动。

可用螺钉旋具监听轴承的声音。用螺钉旋具接触轴承盖，手柄贴在耳朵上，即可听到轴承运转的声音。若声音连续均匀，则说明轴承工作正常；若发生持续的"吐噜声"或其他杂音，则表明轴承异常，应检查处理。

（5）监视换向火花

直流电动机的各种故障几乎都能在换向火花上反映出来，换向火花的颜色、大小最能说明直流电动机的运转情况。正常运行的电动机的换向火花应符合规定的等级。若火花过大则表明电动机或负载有某种故障，应停车检查。为了能以火花的大小和颜色上判断出故障，维修管理人员必须经常观察火花，熟悉火花的等级。火花等级见表5-2。

表5-2 直流电动机换向火花等级

火花等级	电刷下的火花程度	换向器及电刷的状态	允许运行方式
1	无火花	换向器上无黑痕	允许长期运行
$1\frac{1}{4}$	约$\frac{1}{5} \sim \frac{1}{4}$电刷边缘下有微弱的点状火花	电刷上无灼痕	允许连续运行
$1\frac{1}{2}$	大于$\frac{1}{2}$电刷边缘下有轻微的火花	换向器上有黑痕，用汽油可擦去，电刷上有轻微灼痕	不允许在船上运行
2	电刷下大部分有较大的火花	换向器上有黑痕，用汽油不能擦去，电刷上有灼痕	仅短时过载或冲击时允许出现
3	全部电刷下有强大的火花，同时有火花飞出，伴有爆裂声音	换向器是上有严重黑痕，用汽油擦不去，电刷上有灼痕	仅在直接起动及逆转瞬时允许存在

三、电动机大修后的验收

为了检验新装或大修后电动机的质量，通常应做以下检查和试验。

1. 外观检查

通电前必须检查电动机的装配质量。电动机各部件应安装正确，螺钉固紧。转子转动应灵活自如，可用千分表检查轴伸的径向偏摆及轴向游隙，其误差应符合要求或不大于修理前的数值。检查引出线及线端标志是否牢固、清楚。直流电动机尚须检查电刷与换向器的接触面是否符合要求，在光亮处观察其接触面不应小于70%。检查电刷压力时可用弹簧秤，一般电化石墨电刷的压力在2.45MPa左右即可，也可凭经验判断，另外还应涂以红漆。最后检查机壳表面的喷涂质量。

2. 测量绝缘电阻

用绝缘电阻表测量大修后或新电动机的冷态绝缘电阻。异步电动机各相绕组对地绝缘电阻和相间绝缘电阻不得低于5MΩ。多速异步电动机应逐个测量各相绕组对地及相间绝缘电阻。直流电动机各绕组之间和各绕组对地的绝缘电阻不得低于5MΩ。

3. 耐压试验

电动机更换全部定子绕组后，有条件的情况下应进行耐压试验，测定绕组对地和各绕组之间的绝缘强度。额定电压为 380V、额定功率为 1kW 以上的电动机，试验电压有效值为 1760V，频率为 50Hz；额定电压为 380V、额定功率小于 1kW 的电动机，试验电压为 1260V，频率为 50Hz。绕组应能承受试验电压 1min。

4. 空载试验

试验前用电桥测量三相绕组的电阻是否相等，各相电阻相差值应小于 ±5%。

在开始空载试验时，首先进行点动试验，以便检查转向是否符合机械负载的要求，若转向相反，对于交流电动机，调换两相接线，对于直流电动机，励磁绕组两线对调。

定子绕组加三相平衡额定电压起动，并空载运行 30min。用钳形表分别测量三相电流，观察电流是否平衡。各相电流相差应不超过 ±10%，空载电流与额定电流的比值应符合大修前该电动机正常运行时的数值。通常空载电流为额定电流的 25%~40%，如果空载电流过大，电动机负载能力将减小。若仍拖动原来的负载，电流将超过额定值，导致电动机温升过高。

直流电动机的空载电流应小于额定电流的 5%。

用转速表测量电动机的转速，一般应不低于大修前的数值。对新装电动机，其转速应与铭牌标称值相同。在电动机转动时应观察有无定、转子相擦，风扇与风罩相碰等现象；监听电动机运行时有无异常的声音等。

直流电动机还需检查空载下的换向火化。空载运行时应没有火花，否则应检查电刷位置，电刷与换向器的接触，电刷是否跳动等情况。

5. 负载试验与温升的测定

空载试验一切正常之后，可进行负载试验，逐渐增加电动机的负载，每增加 15% 测定一次电枢电流和转速，直到额定负载为止。

如果要测量稳定温升，则负载运行时间不少于 4h。绕组的平均温升可在吊孔中插入温度计测量，测得温升值不应超过该电动机绝缘等级所允许的最高温升。

电动机负载运行时轴承温度不超过 95℃，若温度过高，就应仔细检查轴承质量和润滑脂的型号是否符合要求，同时还应检查电动机与被拖动的负载机械方面有无异常。如曾经发生在某轮的油水分离器的电动机安装不好，造成一端轴承受到偏向径力，使其轴承端盖温度上升很高。

负载试验应考虑电动机铭牌规定的额定值，若不是连续工作的电动机，应按额定值进行负载试验。

各试验及检查的项目、内容、结果都应有详细的记录以备查阅。

大修后的电动机验收工作还必须考虑船舶检验部门的其他特殊需求。

第三节　船用异步电动机的维修

一、三相异步电动机常见故障原因及检查

大多数船舶使用的三相异步电动机是笼型异步电动机。下面均以这种电动机为对象来分析，而且，仅对电机本身而言，我们采用故障树的方法来分析。

1. 电动机不能起动

采用故障树（FTA，Failure Tree Analysis）分析法，建造如图 5-2 所示的故障树。从故障树可见，异步电动机不能起动的有八个方面原因。按由简到繁、由表及里的原则进行检

查，先看是否有电源，其次看机械方面，轴是否卡死；负载是否过大。如果以上都没有问题，再检查电动机本身是否发生故障，检查方法见下面的常见故障检查方法。

2. 电动机起动后转速低

故障树如图 5-3 所示。造成该故障的可能原因有八个。检查步骤：首先检查电压是否过低，电源是否断相、线路是否把三角形联结接成星形联结，其次，检查负载是否过大；如果情况都正常，再进一步检查电动机本身。

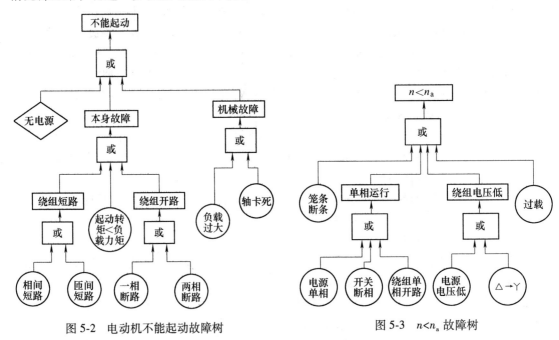

图 5-2 电动机不能起动故障树   图 5-3 $n<n_a$ 故障树

3. 电动机温升高

从电源、电动机本身、机械和散热等四方面分析，建造电动机温升高故障树如图 5-4 所示。由故障树可知，造成该故障的原因有 12 个。

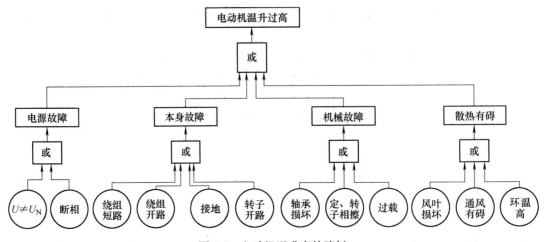

图 5-4 电动机温升高故障树

检查步骤：首先检查是否断相，线路电压与电动机的额定电压是否相符合；其次检查机械方面是否长期过载、噪声是否很大、散热条件是否恶化；如果通过上述检查还没有发现故障原因，再进一步检查电动机本身造成温升过高的原因。

4. 电动机运行时噪声大

从电磁噪声和机械噪声两个方面进行分析。电磁噪声由电动机中的电磁不对称引起；而机械噪声由电动机的机械部分引起。进一步分析可得如图 5-5 所示的故障树，造成该故障的原因有 16 个。

检查步骤：首先判别该噪声是电磁噪声还是机械噪声，或者两者都存在。判别方法是在空载试验时切除电源，若噪声消失，说明是由电磁不对称引起的电磁噪声；若只有当转速下降到一定程度时噪声才消灭，而且噪声大小随转速减小而明显减小，说明是由机械部分引起的机械噪声；若切除电源，噪声只是减弱，说明既有电磁噪声，又有机械噪声。这说明电动机噪声大不是由电流不对称引起而是由气隙不均引起，需根据判断结果再进一步检查。

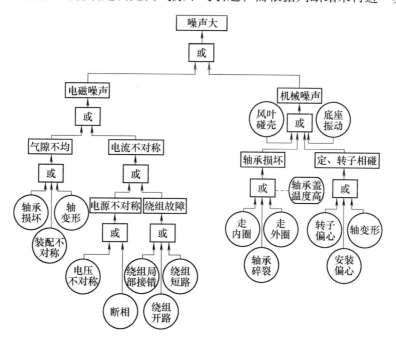

图 5-5　电动机噪声大故障树

5. 电动机运行时振动过大

电动机的振动一般由电磁不对称引起或由机械方面引起。从这两方面入手分析，可建造其故障树如图 5-6 所示，造成该故障有七个方面的原因。

检查步骤：首先判别振动是由电磁不对称引起还是由机械方面引起。判别方法：在空载运行情况下切断电动机电源，如果振动消失，说明振动过大是由电磁不对称引起；如果只有当转速下降到一定程度时，振动才能减轻或消失，说明是由机械故障引起。根据判别结果再进一步按故障树上的分枝进行检查。

6. 轴承过热

从轴承本身故障、润滑故障和安装故障三个方面分析，建造故障树如图 5-7 所示，造成该故障的原因有 10 个。

检查步骤：当电动机转动运行达到额定转速时，首先听是否伴有噪声，如果没有，说明润滑方面故障；如果有噪声，把联轴器脱离，这时电动机空载运行，若这时噪声消失，说明联轴器安装不良；如果噪声仍然存在、振动，说明轴或轴承本身故障，需要解体检查。

二、异步电动机常见故障的检查和处理

1. 绕组故障检查和修理

（1）绕组断路故障检查

断路故障大多数发生在绕组端部、导线的线头以及绕组与引接线的连接处。由于绕组端部在铁心外面，导线易被碰断，或由于接线头焊接不良，长期运行后脱焊，造成绕组端部断路。因此，发生断路故障后，首先应检查绕组端部，找出断路点后应重新连接焊牢，包上相应的绝缘材料后，再涂上绝缘漆即可继续使用。

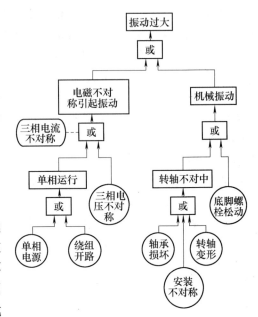

图 5-6　电动机振动过大故障树

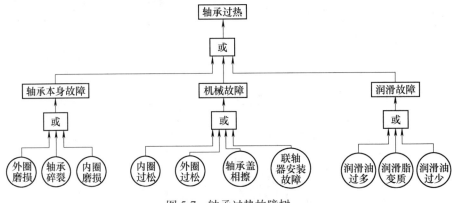

图 5-7　轴承过热故障树

检查单支路绕组电动机断路时，一般用万用表（低阻档）或校验灯。若绕组为星形联结，应分别测量每相绕组，如图 5-8 所示，断相时表不通或灯不亮；若绕组为三角形联结，需将三相绕组接头拆开后再分别测量每相绕组，如图 5-9 所示，断相时表不通或灯不亮。

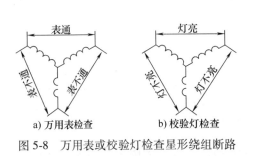

图 5-8　万用表或校验灯检查星形绕组断路

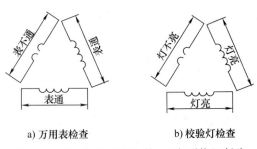

图 5-9　万用表或校验灯检查三角形绕组断路

功率较大的电动机绕组大多数采用多根导线并绕或多路并联，若其中一根（或几根）或一个支路断路，可采用以下两种检查方法：

1）电流平衡法。对于星形联结的电动机，可将三相绕组并联后用自耦变压器提供低电压、大电流的交流电，然后用钳形表测各相支路的电流，如果三相电流相差 5% 以上时，电流小的一相为断路相，如图 5-10 所示。

然后将断路相的并联支路拆开，逐路检查，表不通或灯不亮的支路即为断路相里的断路支路。

对于三角形联结的电动机，则先将定子绕组的接点拆开，再逐相通入低电压的交流电，测量其电流，其中电流小的一相即为断路相，如图 5-11 所示。然后将断路相的并联支路拆开，逐路检查，找出断路的支路。

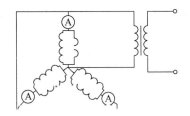

图 5-10　电流平衡法检查多路并联
星形联结绕组断路

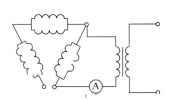

图 5-11　电流平衡法检查多路并联三角形
联结绕组断路

2）电阻法。采用电桥测量三相绕组的电阻，若电阻值相差 5% 以上，电阻较大的一相绕组可能有断路故障。

（2）绕组短路故障检查

定子绕组的短路故障主要是匝间短路和相间短路。

1）匝间短路。在正常情况下，导线表面都有绝缘层，所以匝之间是绝缘的。电流只能沿导线一匝一匝地通过。如果线圈中相邻的两个线匝绝缘破裂而短路，交变磁通穿过被短路线匝回路，将产生感应电动势，由于短路线匝的电阻很小，因此在闭合回路中会产生很大的电流，它将超过额定电流的若干倍，而将这一线匝或几组线匝烧焦。

2）相间短路。三相绕组之间因绝缘损坏而造成的短路称为相间短路。相间短路会造成很大的短路电流，在短路处产生高热，熔断导线。

3）检查和修理。检查绕组匝间和相间短路的方法有以下几种：

① 用兆欧表或万用表测量相间绝缘电阻，如果绝缘电阻值很低，说明该两相绕组短路。

② 用电流平衡法分别测量三相绕组电流，如图 5-10、图 5-11 所示，电流大的一相为匝间短路相。

③ 用电桥测量三相绕组的电阻，电阻值较小的一相为匝间短路相。

④ 用短路侦察器检查。将短路侦察器放在定子铁心槽口后接通交流电源，沿着铁心内圆逐槽移动，当它经过短路绕组时，短路绕组即成为变压器的二次绕组。若在短路侦察器绕组中串联一电流表，此时电流表会指示较大的电流；若没有合适的电流表，也可用 0.5mm 厚的钢片或旧锯条放在被测绕组的另一线圈边所在的槽口上面，如果被测绕组短路，则钢片或旧锯条会产生振动。

对于多并联的绕组，必须把各支路拆开才能用短路侦察器测试，否则绕组支路中有环流，无法分清哪个槽的绕组有匝间短路。

如果短路点在槽内，则将该槽绕组加热软化后翻出，换上新的槽绝缘，将导线的短路部位用绝缘材料包好，然后重新嵌入槽内，再按上述方法进行检查。如果短路的匝数很少，只占每相总串联匝数的 1/12 以下时，为了应急可将短路线圈一端切断，用跨接法把短路线圈重新接通，注意一定要切断短路线圈的全部导线，使之不能成为闭合回路，并妥善绝缘，以免重新接通。如果线圈损伤太多，包上新绝缘后导线无法嵌入槽内，或切断的匝数超过总匝数 1/12 以上时，应拆下线圈重绕。

（3）绕组接地故障检查

异步电动机由于长期过载运行，定、转子相摩擦，振动过大，受潮等原因，都会引起绝缘性能降低、老化或机械损伤而产生定子绕组接地故障。电动机更换定子绕组时，槽绝缘被损坏或绝缘未垫好，也会产生定子绕组接地故障。

检查定子绕组接地的方法很多，可用绝缘电阻表、万用表和校验灯检查。只要有一相对地绝缘为零，说明有接地故障，应把电动机解体，先用肉眼察看接地那一相定子绕组的绝缘物，如果发现绝缘有焦痕或破裂，即为接地点。如果找不到破裂或焦痕，则要用校验灯检查。这时接地点可能有冒烟或火花产生。若有条件，可将接地的那一相定子绕组接单相调压器，将电压逐渐升高到 500~1000V 时，接地点就会明显跳火。若没有单相调压器，也可以用 500V 或 1000V 绝缘电阻表检查。

若用上述方法检查后仍不能找出接地点，那么接地点有可能在槽内。这时，应将该相定子绕组极相之间的连接线剪断，分组逐极检查，经验证明，接地点一般都发生在定子绕组伸出槽口的拐弯处。排除定子绕组接地故障时，亦应仔细检查绝缘损伤的情况，除绝缘已经老化外，一般可以复补。若接地点在定子绕组伸出槽口的拐弯处，而且只有少数导线损坏，或只是个别地方绝缘没有垫好，则可将定子绕组稍微加热使绝缘绕组软化，用竹片或划线板将定子绕组撬开，在绕组与铁心之间垫绝缘衬垫，若损坏严重应更换绕组。

（4）绕组接线错误与嵌反检查

绕组接线错误或嵌反后，通电时绕组电流方向变反，电动机不能正常运行。由于电动机磁场不平衡，因此会引起电动机剧烈振动，噪声异常，三相电流严重不平衡，温度升高，转速降低，甚至不转。若不及时切断电源，有可能烧毁电动机的绕组。

1）三相绕组首尾接反的检查方法。

① 交流感应法。将任意两相定子绕组串联，连接之后再接一低压（36V）灯泡，而另一相绕组接低压（36V）交流电源（对小容量的电动机，可直接用 110V 或 220V 交流电源），如果灯泡亮，说明串联的两相绕组是首尾相连，即一相绕组的首与另一相绕组的尾相连，如图 5-12a 所示；如果灯泡不亮，则说明两相绕组是同名端相连。如图 5-12b 所示。用同样的方法也可确定另一相绕组的首尾端。

② 直流感应法。法在测出每一相绕组的端头之后，按图 5-13 进行连接，电源用两节电池，电流表用直流毫安表（即万用表的毫安档）。当开关 K 闭合一瞬间，如果电流表指针正向偏转，则表明连接电池正极的接线与连接电流表正极的接线的端头是异名端，反之为同名端。用同样的方法也可判别另一相绕组的接线端头极性。

③ 剩磁感应法。三相异步电动机的绕组按图 5-14 接线。用手转动转子，当毫安表指针基本不动时，说明各相绕组假定的首尾端正确。若指针摆动很大，则说明其中一相首端接

错，应调换一相绕组首尾端再试，直到指针基本不动，则说明三个首端接在一起（或三个尾端接在一起）。剩磁感应法可用于中、小型三相异步电动机和三相同步发电机的首尾端判别。转动转子的速度应尽量快一些，指针的摆动才能更加明显。

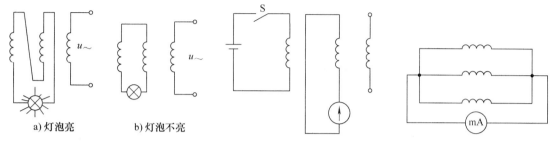

图 5-12　交流感应法判别首尾端　　图 5-13　直流感应法判别首尾端　图 5-14　剩磁感应法判别首尾端

④ 旋转磁场法。三相自耦调压器输出三相对称的低压交流电源给三相异步电动机的绕组，若绕组首尾端接线正确就会产生一个均匀的旋转磁场，用一指南针或短路环位于定子内腔中央就会旋转。若电动机转速太高或太低甚至不转，说明三相绕组首尾接线有误，应依次调换直到转动正常为止。若找不到指南针，也可用易拉罐，将两端中央分别凿一个小孔，穿一根轴来代替。

2）绕组内部个别线圈或极相组接错或嵌反的检查方法。

将低压直流电（一般用蓄电池）通入某相绕组，用指南针沿着定子铁心内圆移动，逐槽检查，如果指南针经过各极组时，指南针的方向交替变化，表示接线正确；如果经过相邻极相组时指南针的指向不变，则表示极相组接反。如果一个极相组中个别线圈嵌反，这时在极相内指南针指向就会交替变化，此时可把绕组故障部分的连接或过桥线加以纠正。以上检查过程中若指南针的指向变化不明显，则应提高电源电压。

2. 笼型转子断笼的修理

（1）铸铝笼型转子断条的修理

铸铝转子常见的故障是断笼，主要是铸铝质量不好或使用不当等原因造成，如经常正反转起动或过载和冲击负载。断笼包括断条和断环，断条是指笼条中一根或数根断裂（或有严重气泡），断环是指端环中一处或几处裂开。断笼后，电动机虽能空转但起动转矩和额定转矩均降低很多。这时如果测量三相绕组电流，就会发现电流表指针来回摆动，有时还伴有异常的噪声。发现上述情况后，应将转子取出检查，先目测，若端环开裂，一般可以看出；若断条严重，运行时间长，在断条槽口处可能会出现小黑洞。若目测不易发现，可用短路侦察器检查，如图 5-15 所示，逐步转动转子，当被短路侦察器磁通包围的笼条完好时，短路侦察器电流表的读数大，如果该处笼条有断裂，则电流表读数变小。

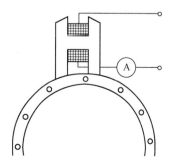

图 5-15　用短路侦察器检查
笼型转子断笼

笼型转子断笼的修理方法有以下几种：

1）焊接法。将导条或端环的裂口扩大，然后把转子加热到 450℃ 左右，再用锡（63%）、锌（33%）和铝（4%）组成的钎料气焊补焊。

2）冷接法。在裂口处用一只与槽宽相近的钻头钻孔并攻螺纹，然后拧上一个铝螺钉，再用车床或铲刀除掉螺钉的多余部分。

3）换条法。用车床车去原有的端环，用夹具夹住转子铁心，浸入浓度为60%的工业烧碱液中6、7h，便可以将铝条腐蚀掉（若将烧碱加热到100℃，腐蚀速度加快）。铝熔化后的转子立即用水冲洗，再投入0.25%浓度的冰醋酸溶液中煮沸1~2h后取出烘干。也可将转子直接加热到700℃左右，将铝条全部熔掉并清理干净。将截面积等于转子槽形面积70%的铜条插入槽内，铜条必须顶住槽口和槽底，不能让铜条有活动的余地；铜条两端伸出槽口20~30mm，再将车好的端环按转子槽口位置对应钻孔，套在铜条上，铜条与端环之间用磷铜焊牢。

对小型电动机可将伸出槽口的铜条打弯，然后用磷铜将转子两端的铜条熔成整体即成端环，最后将其光车。

（2）铜条笼型转子断条的修理

为了改善电动机的起动性能，对于大中型的起货机电动机采用铜条双笼转子。若这种转子铜条超出转子心外部较长，受扭力、离心力的作用，容易断裂；当转子动平衡差或装配不良时，容易引起电动机振动；焊接工艺不良，频繁起动、制动，使转子铜条受到很大的电动冲击力等都会引起铜条和端环断裂。特别是端环断裂后，端部受离心力作用，向外扩张，将定子端口绕组扫断，从而烧毁电动机。

为了防止这种故障的发生，首先应限制操作频度，按设计要求暂载率来操作，使转子铜条受电动冲击次数减少、积累扭伤小一些；其次，改进转子本身的结构，使短路环伸出端缩短，使铜条在槽内没有间隙游回；改进焊接工艺，用铜焊接增加断裂抗拉力，同时焊接温度不宜过高，温度应均匀，保证焊接质量，消除内应力。

3. 轴承故障检修

轴承故障主要体现在轴承端盖过热、伴有噪声、振动等现象。如果发生上述现象，必须解体检查，对症排除。轴承损坏需要换同型号同规格轴承；如果润滑油变质，就得清洗、更换润滑油。

如果轴承端盖或轴颈配合不紧密，就会造成轴承走外圆（与端盖配合松动）或走内圆（与轴配合不紧）。发生这种故障，主要现象也是端盖过热、噪声大、振动剧烈等。解体时，不难发现轴承的外圈或内圈与端盖（或转轴）结合面呈黑色，严重的情况下结合面会起毛。修理方法：如果轴承与端盖配合较松，但尚不严重时，对于小功率电动机，可用冲头在端盖轴承孔内均匀打出冲点即可，对于铝端的电动机此法无效，若此法尚不能奏效，则必须将端盖轴承孔车大，然后再镶套；如果轴承与轴颈配合过松，则必须对轴颈采用金属喷涂法或电镀法将轴颈部分直径加大，然后按要求磨光到所需的精度。这两种方法在船上是无法进行的，必须在厂修进行。对于小功率电动机，可以采用在轴颈四周焊一层锡，再用细砂布磨光的临时应急修理方法。用焊锡的方法处理是因为轴承的运行最高温度达不到焊锡的熔化程度，焊锡时应尽可能使四周厚度均匀。

三、小型三相异步电动机定子绕组的更换

在船上，常常发生小型异步电动机绕组烧毁或损坏的情况，需要更换绕组。更换绕组的步骤和方法如下：

1. 测取有关数据

记录电动机铭牌数据，以便了解电动机各额定值、极对数、绝缘等级等参数。拆除旧绕组前，应检查绕组的形式及接法、并联支路数、同绕导线根数、端部尺寸等，同时记录引线的排列、使用引线的种类及绑扎方法、出线盒接线方法等。

2. 拆除旧绕组

小型异步电动机的定子多半为闭口槽，槽口较小，线圈多数为散下线的软线，浸漆后黏合在一起，拆除困难。通常先通大电流或用喷灯把绝缘烧掉，然后在端部把线圈剪断，从一端边加热边抽出槽内线圈。注意：必须留下 1、2 个完整线圈，以便测取线圈数据和了解槽绝缘情况。

根据留下的完整线圈，测出每个线圈的匝数、每槽导线数、线圈跨距、导线直径和同绕导线根数等，拆除绕组后，还要记录下定子铁心槽形尺寸、铁心长度和槽数等。

3. 制造绕线模

按照取下来的完整线圈制造绕线模，绕线模可做成六角形，如图 5-16 所示。绕线模尺寸要合适，若过小，绕出的线圈小，下线困难；若太大，端部过长会碰触端盖。按实际线圈设计好绕线模以后，可用计算法加以校核，方法如下：

线模宽度为线圈的跨距 Y，即

$$Y = \frac{\pi(D + h_2)}{Z_1} Y_1$$

式中　Y_1——用槽数表示的线圈跨距；

D——定子铁心内径（mm）；

h_2——定子槽高（mm）；

Z_1——定子槽数。

线模的直线部分长度为

$$L = L_1 + (20 \sim 30)\text{mm}$$

式中　L_1——定子铁心长度。

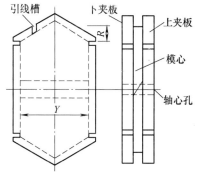

图 5-16　绕线模图形

R—绕线模端部圆弧半径　Y—线圈跨距

如果电动机容量较小，导线直径小于 1mm 时，可在木板上按线模尺寸钉六个螺钉或钉子，包上纱布作为简易绕线模。在钉子上绕好线圈后，稍加整形即可使用。

4. 绕制线圈

绕线通常在绕线机上绕制，这样可使匝数准确，松紧合适。第一个线圈绕好后，应重新核对一下其尺寸是否与拆下的旧线圈一致，最好在定子铁心上试嵌一下，看看各部分尺寸是否符合要求，确认无误后，再绕其他线圈。绕线时注意导线平直，各线圈的绕向应一致，不得损伤绝缘，要留有足够的引线长度。绕好的线圈最少要有四处用白纱线（或带）扎好。

5. 下线

下线前应将铁心槽清理干净，槽内不许有粘附的绝缘和突出的附着物，确认槽内平滑、槽口没有错位的冲片，再将槽绝缘放入。小型电动机多为 E 级绝缘，可用聚酯薄膜与青壳纸的复合绝缘或一层为 0.05mm 厚的聚酯薄膜和一层为 0.15mm 厚的青壳纸。如果是双层绕组，还应做好层间绝缘，所用材料与槽绝缘相同。槽绝缘的尺寸可以按照槽的尺寸剪裁，长度要与线圈的直线部分相同或略长一些，防止端部线圈直接与铁心接触，如图 5-17 所示。

为了便于下线，可使槽绝缘高出槽口，下好线后再剪掉。

按照电动机原绕组形式和跨距，依次将线圈嵌到定子槽内。下线时，应使每匝导线互相平行地嵌入槽内。随时用理线板理直槽内导线，使导线平服整齐，不许交叉叠压或绞线，每下完一个极相绕组的线圈应整理端部，使其向外呈喇叭形，然后再放相间绝缘及层间绝缘。

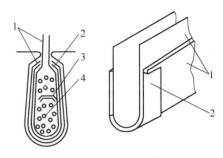

图 5-17 槽内绝缘
1—青壳纸 2—聚酯薄膜
3—层间绝缘 4—导体

槽上、下层边嵌好后，用槽楔封好槽口，槽楔用竹片制成，厚度不小于 3mm，两端应长铁心 10 ~ 15mm，槽楔应平直，厚薄均匀，干燥后用变压器油浸泡，用时擦干。现在市面上有各种型号电动机专用的槽楔。

6. 整理端部

全部线圈嵌完后，按照测得的绕组端部尺寸将端部整理好。整理时可用较软的垫木，最好垫木包一层厚的布放在绕组端部，用小锤轻轻地敲打垫木，使绕组成形。端部伸出部分呈喇叭形，直径要符合测取的尺寸，否则易于碰触端盖或转子。最后剪去伸出外面的相间绝缘。

7. 接线

整理好端部形状后，把线圈串联成极相绕组，然后按照记录的并联路数，把极相绕组接成相绕组。焊接连线时用松香作焊剂，不要用镪水，以免腐蚀绝缘。将焊接处套上绝缘套管，然后把引线用细线绳扎好，固定在绕组端部，通电进行接线检查，检查方法如前所述。

8. 绕组烘干和浸漆处理

电动机绕组更换线圈或重绕后，必须进行浸漆处理，以提高绕组的绝缘性能、散热能力和机械强度。船用电动机对绝缘性能要求较高，浸渍用漆都选用具有较好的干透性、耐热性、耐弧性、耐潮性和附着力强的漆。一般可用耐油清漆（1022）、丁基酚醛酸酚漆（1031）、三聚氰胺醇酸漆（1032）和环氧树脂漆（1033）等。表面覆盖用漆为灰磁漆（1320）。

上述浸漆及覆盖漆都是烘干漆。浸渍或涂覆后，必须加热烘干，否则不能干透或固化。

浸渍处理基本包括预烘、浸漆和烘干三个主要工艺过程，一般浸漆前的预烘只有一次，而浸漆和烘干可能反复数次，以达到规定的处理要求。

1）预烘。更换线圈或重绕电枢线圈须预先进行烘干，然后才可浸漆。预烘的目的在于去除线圈中的水分，使绝缘漆容易浸透。

2）浸漆。预烘后，冷却到 50~70℃，然后浸没于约 30℃ 的漆中，经 15~20min 后取出放在漆槽上进行滴漆，余漆滴完后才可以进行烘干。进烘箱前应把电动机上不应粘有漆的地方用松节油擦干净，以免加热固化之后不易除去。

3）烘干。为了挥发漆中的溶剂，使漆基起聚合作用，并加快漆的氧化，最后形成不再软化的固化树脂膜，浸漆绕组必须在一定温度下、经一定时间进行烘干。烘干后，可提高绕组的绝缘强度、耐热和耐潮性能，同时提高散热、传热和机械强度等性能。

小容量电动机浸漆处理工艺过程见表5-3。

表 5-3 小容量电动机浸漆处理工艺过程

工序	温度/℃	时间	备 注
预热	115~125	10~16h	
一次浸漆	50~70	不少于15~20min	漆黏度: 20℃时为20±1s; 时间: 以最后不冒气泡为准
滴干	室温	不少于20min	
一次烘干	125~135	20~24h	前4h为70℃, 通风量稍大, 之后以每0.5h升高20℃的速度升高到规定温度, 最后2h测绝缘电阻应大于15MΩ, 并保持稳定不变
二次浸漆	50~70	不少于10min	漆黏度: 20℃时为35±1s; 时间: 以最后不冒气泡为准
滴干	室温	不少于30min	
二次烘干	125~135	20~24h	同第一次烘干
三次烘干	50~70	约30min	漆黏度: 20℃时为35±1s; 时间: 以最后不冒气泡为准
滴干	室温	不少于40min	
三次烘干	125~135	20~24h	同第一次烘干

9. 清理附漆及焊接引出电线

浸漆烘干后, 刮去各处多余的附漆。焊好六根引出电线, 测量同名端后把引出电线接到出线盒的端钮上。引出线用细绳绑扎好, 使其有次序地盘在绕组端部。最后进行外观检查、绝缘检查, 测量其对地、相间绝缘电阻。一切合格后, 即可进行组装和试验。

第四节 船用直流电机的维修

船舶电力系统已淘汰直流电机, 因此直流电机在船上的使用也在逐渐减少。但由于直流电机良好的调速性能和直流发电机制造工艺的改进, 目前直流电机在甲板上的 G-M 系统仍然占有一定的比例。本节针对直流电机的常见故障进行分析。

船用直流电机的常见故障及排除方法:

1. 电刷下火花过大

直流电机的多数故障都能从电刷下火花反映出现, 产生火花的原因很多, 主要有:

1) 电机过载。当电机过载时, 电刷单位面积的电流大, 引起换向困难, 造成电刷火花过大。

2) 电刷与换向器接触不良。例如, 换向器表面太脏; 电刷弹簧太小, 电刷与刷握间隙配合太紧, 有卡阻现象存在。这时, 应把电刷侧面磨掉一些 (注意也不能太松)。其外, 应保证电刷与换向器的接触面大于 70%以上。

3) 刷握松动。电机在运行中如果电刷排列不成直线, 会影响换向。电刷位置偏差越大, 火花越大。

4) 电枢振动。电枢的振动是由于电枢与各磁极间的间隙不均匀, 造成磁场不均匀而产生的, 从而造成电枢绕组各支路内的电压不同, 其内部产生的均压电流使电刷产生火花。造成这种间隙不均匀的原因可能是: ①磁极安装不当, 如垫片丢失或忘装或磁极松动; ②轴承磨损或损坏; ③电机与负载轴线没有对中。

5) 换向片短路。如果换向器沟槽中填满电刷粉末或换向器铜粉, 就会造成换向片间短路。若换向片间的绝缘云母脱落或霉变腐蚀也会造成片间短路。检修换向器 (即拉槽) 的形成的毛刺没有及时打光滑也会造成片间短路。所以应经常维护换向器, 保持换向片清洁、光滑。

6）电刷位置不在中性线上造成火花过大。由于修理过程中移动电刷架或电刷架螺栓松动，换向过程不发生在零电势元件上，电刷下就会产生火花。必须重新调节电刷位置位于中性线，其方法是：

① 感应法。按图 5-18 接线，当转子静止时，将毫伏表接到相邻的两组电刷上（电刷与换向器接触要良好），励磁绕组经按钮接入 3V 的直流电源上。不断地按动按钮，若指针不断摆动，则说明电刷不在几何中性线上，这时应移动电刷架，当毫伏表指针不动时，说明电刷已调到几何中性线上，最后固定电刷架。

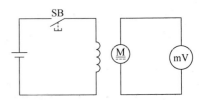

图 5-18 感应法

② 试转法。对于可逆的直流电动机进行正、反试验。试验时用他励方式，在外加电压、励磁电流、负载都保持不变的情况下，使电动机正转测其转速，然后反转测其转速。若正、反方向转速不相等，应转动电刷架再试验，一直调整到正、反转速相等为止，这时电刷位置即在几何中性线上，最后固紧电刷架。

7）换向极线圈接反。一旦换向极线圈接反就会失去改善直流电动机换向的作用，使其运转时换向更加困难，从而在电刷下面产生更大火花。判断的方法是取出电枢正、负电刷成对用导线短接，电动机通入低压直流电源，用小磁针试验换向极极性。发电机的换向极极性与沿着转向的前一个主磁极极性相同；电动机的换向极极性与沿着转向的前一个主磁极极性相反，即发电机为 n—N—s—S；电动机为 n—S—s—N，其中大写字母为主磁极极性，小写字母为换向极极性。

8）换向极磁场补偿不当。若换向极磁场太强，补偿电枢反应过强，就会产生绿色针状火花，若换向极磁场太弱也会产生火花。

9）换向片间云母凸出。造成电刷与换向器接触不良，出现跳火现象。

10）电枢绕组与换向器脱焊。用电桥逐一测量相邻两片换向片间电阻，若测到某两片间的电阻大于其他任意两片的电阻，说明这两片间的绕组已经脱焊或断线。

2. 直流发电机不能建立电压及电压低

（1）自励式直流发电机不能建立电压

可能的故障原因有：①没有剩磁；②检修后，励磁线圈接反；③励磁绕组及调压器发生断路故障；④转向相反。

（2）电压低可能的故障原因有：①励磁电流减小；②电枢线圈匝间短路，换向片间短路；③电刷不在中性位置或电刷与换向器接触不良；④转速低于额定值；⑤当发电机接上负载后，负载越大电压越低，说明串励绕组接反等。

3. 电动机不能起动

电动机不能起动的主要原因有：①电动机没有电源；②电源电压太低或起动电阻太大，起动转矩小于负载转矩，造成电动机堵转，不能起动；③电刷卡阻，没有与换向器接触或接触电阻太大；④励磁回路开路。

4. 电动机转速高

根据电动势平衡方程，在外加额定电压时，造成电动机转速高的原因主要是有效磁通减小。造成磁通减小的原因有：①励磁回路电阻增大；②串励电动机在轻载起动；③积复励电动机的串励绕组接反；④并联励磁绕组有一路断路等。

5. 电动机转速低

造成电动机转速低的原因有：①外加电源电压低于额定值；②电刷不在中性线上；③电枢绕组短路或接地。

6. 电枢绕组过热或烧毁

电枢绕组过热的根本原因是过电流。造成过电流的原因有：①电动机长期过载；②电枢绕组短路或换向极线圈短路；③负载不变时，外加电压低于额定值；④发电机外部负载发生短路，造成电流过大；⑤电动机正、反起动过于频繁；⑥定、转子相互摩擦，造成阻力矩增大等。

7. 磁场线圈过热

磁场线圈过热分为人为和非人为两种情况。人为原因：当发电机转速过低或人为错误地把复励线圈接反，造成端电压下降时，人为地调整励磁电压，造成励磁线圈电流，引起磁场线圈过热。非人为原因如并励绕组部分短路。

8. 电枢振动大

造成电枢振动的原因：①电枢平衡未校好；②轴承磨损或损坏；③检修时风叶装错位置或平衡块移动；④定子与转子相互摩擦；⑤底脚螺钉松动等；⑥电枢间隙不均匀等。

第五节　交流单相电动机的维修

交流单相电动机一般作为电风扇、电钻、电冰箱和洗衣机等的动力机。

一、电风扇常见故障分析和检修方法

随着船员工作和生活环境的不断改善，现代船舶都装有集中空调系统，但是对于小而老龄的船舶而言，电风扇用量还不少。电风扇常见故障和检修方法见表5-4。

表 5-4　电风扇常见故障和检修方法

故障现象	可能原因	检修方法
1. 电风扇不能起动	①电源没有接通	①检查电源线路
	②定子绕组断路	②找出断路处，若为引线部分折断，应重新焊接好；若为槽内断线，应拆换绕组
	③端环（罩极绕组）脱焊	③重新焊接牢固
	④电容器损坏	④更换同规格的电容器，若无相同容量的电容器，也可采用接近的容量替换，但容量不能过小或过大
	⑤轴承损坏	⑤更换轴承
	⑥含油轴承内孔有毛刺、异物或无润滑油	⑥取出异物，刮去毛刺，清洗加油
	⑦转轴严重磨损	⑦更换转轴
	⑧轴承支架螺钉松动引起转子间隙不均匀，使定、转子相擦	⑧调整好定、转子间隙，紧固轴承支架螺钉
	⑨电动机装配不良	⑨重新装配，保证同心度
	⑩调速开关损坏	⑩检修调速开关
	⑪带有摇头机构的电风扇，因齿轮箱内机械零件卡阻而造成不能运转	⑪清除齿轮箱内的异物，更换磨损严重的零件并更换润滑脂
	⑫扇头后盖螺钉过紧使转轴过紧	⑫稍微将螺钉拧松即可

（续）

故障现象	可能原因	检修方法
2. 电风扇起动缓慢，转速降低	①电源电压过低 ②主、辅绕组接线错误 ③短路环组脱焊 ④电容量不足 ⑤吊扇转子下沉 ⑥轴承润滑脂干固 ⑦轴承磨损 ⑧扇叶变形、扭角太大使负载加大，电风扇处于超载状态运行 ⑨绕组匝间短路	①检查电源电压 ②改正接线 ③重新焊接牢固 ④更换同规格的电容器 ⑤重新装配，排除转子下沉的原因，使转子恢复原位 ⑥清洗轴承 ⑦更换轴承 ⑧对吊扇，可取下叶片加以重叠比较，校正扇叶的最高、最低点和扭角；对台扇应根据变形情况反复校正，必要时更换扇叶 ⑨重新绕制绕组
3. 电风扇有时转有时不转	①调速开关接触不良 ②连接线有脱焊点 ③定时器失灵 ④摇头零件配合过紧 ⑤罩极式电动机的罩极绕组开路 ⑥电容式电风扇的电容器有软击穿	①修理或更换开关 ②找出脱焊点重焊 ③更换定时器 ④检查摇头零件，找出故障进行修理 ⑤拆卸后检查修理 ⑥更换电容器
4. 电风扇运转时有噪声	①定、转子气隙内有杂物 ②定子与转子铁心未对齐 ③转子轴向移动量大 ④调速电抗器的硅钢片松动 ⑤轴承损坏 ⑥扇叶变形，各片扇叶倾斜角度不同，造成电风扇运转时振动，发出噪声 ⑦吊扇吊杆间的防振胶圈老化或损坏	①清除杂物 ②对齐定子与转子铁心 ③在轴上适当加绝缘垫圈（尼龙、玻璃、布板、层压布板均可） ④紧固夹紧螺钉 ⑤更换轴承 ⑥检修校正叶片，必要时更换 ⑦更换新胶圈
5. 电风扇发热	①电动机定子、转子相擦 ②部分绕组短路 ③缺油或摇头不灵活	①检查转轴、轴承，进行对称性修理或更换，装配时注意气隙的均匀度 ②重绕绕组 ③清洗换油或修理摇头机构
6. 电动机要拨动一下才能起动	①电动机辅助绕组断线 ②电容器短路、开路或接触不良	①找到断点重接或更换绕组 ②检查电容器，如有损坏应更换同规格电容器

（续）

故障现象	可能原因	检修方法
7. 电风扇摇头机构工作不正常	①钢丝拉线松脱或损坏 ②离合器式摇摆机构失灵的原因是上离合齿不能沿啮合轴下滑同下离合齿啮合，使转矩无法传到曲柄上 ③滑板式摇摆机构失灵，可能是扣杆摇摆盘凹处打滑，使摇摆盘不能很好定位 ④滑板上有毛刺或滑道上有异物阻滞 ⑤斜齿轮严重磨损或啮合不良 ⑥齿轮箱盖上螺钉松脱引起盖板位移使齿轮啮合不良 ⑦摇摆连杆与曲柄连接的开口挡圈脱落或连杆太松	①如松脱应固定好拉线，如损坏应更换同规格的拉线 ②检查上离合齿的压缩弹簧，若弹力不足应更换。若是啮合轴销上有毛刺，应锉去毛刺，并加少许润滑脂 ③应调节钢丝拉线位置，使扣杆与摇摆盘凹处扣紧 ④需清理干净 ⑤更换斜齿轮 ⑥上紧盖板螺钉 ⑦更换新挡圈，若连杆太松，应适当加垫圈

二、电钻的维修

电钻常见故障和检修方法见表5-5，其他电动工具也可参照表5-5检修。

表5-5　电钻常见故障和检修方法

故障现象	可能原因	检修方法
1. 电钻不能起动	①电源无电压或电源线路不通 ②手按式开关接触不良或损坏 ③电刷和换向器接触不良 ④电刷座绝缘破裂又受潮而被击穿接地 ⑤电枢绕组或定子绕组断路 ⑥轴承磨损 ⑦减速齿轮损坏	①检查电源线路 ②检修或更换开关 ③如电刷磨损应更换电刷；如弹簧压力不够应调整弹簧压力；如电刷铜丝辫松脱应修复或更换电刷；如换向器表面不平及不清洁应清除干净并车圆换向器 ④将电刷座拆下，根据原有的绝缘材料、形状、尺寸，重新制作一个电刷座换上 ⑤分别检查电枢绕组、定子绕组，确定修理或重绕 ⑥更换轴承 ⑦更换损坏的齿轮
2. 电钻转速太慢	①电源电压过低 ②齿轮箱内的润滑脂太少 ③啮合齿轮磨损 ④电刷弹簧压力过大 ⑤转子绕组与换向片间的连线松脱 ⑥电刷不在中性线上 ⑦轴承太紧或有脏物 ⑧电钻转速太慢	①检查并调节电源电压 ②添加性能良好的润滑脂 ③更换磨损的齿轮 ④调节电刷弹簧压力 ⑤用万用表检查脱焊点，并焊接牢靠 ⑥校正电刷位置 ⑦清洗换油 ⑧用短路侦察器检查，如有短路应进行重绕

（续）

故障现象	可能原因	检修方法
3. 电钻运转时声响异常	①啮合齿轮损坏 ②润滑脂不足、不干净 ③轴承磨损及润滑脂不清洁，或者装配不良 ④风叶与转轴配合不紧	①更换损坏的齿轮 ②清洗齿轮箱，添足性能良好的润滑脂 ③更换轴承，并加适量性能良好的润滑脂，或重新进行良好的装配 ④取下风叶，在风叶部分的轴上包一层厚薄适当的铜皮，再装上风叶，使其紧密地套在轴上
4. 电刷换向器间火花较大	①电刷不在中性线上 ②定、转子绕组短路、接触不良 ③电刷与换向器接触不良 ④换向器表面不平	①校正电刷位置 ②检查故障点，确定修理或重绕 ③调整电刷压力，修磨或更换电刷 ④车光换向器表面
5. 电钻过热	①电钻超载 ②轴承发热 ③减速箱外表发热 ④定、转子绕组发热	①减轻负载 ②排除机械装备不良故障，清洗换油，注意润滑脂的质量和用量 ③清洗减速箱，更换润滑脂，调整齿轮配合 ④找出故障点，进行针对性修理
6. 电钻某一位置不能起动	换向器与转子绕组连接处有两处以上断头	重焊

三、洗衣机的维修

洗衣机故障可分为电动机故障、电气控制线路故障和机械故障，可参照表 5-6 进行检修。

表 5-6　洗衣机常见故障和检修方法

故障现象	可能原因	检修方法
1. 通电后洗衣机不工作	①电源断路 ②电源电压低 ③定时器故障 ④选择程序开关接触不良或不能定位 ⑤电容器损坏 ⑥电动机绕组断开或损坏 ⑦波轮底部间隙被堵住 ⑧洗涤衣物超量过多或缠绕波轮 ⑨传动轮损坏或脱落 ⑩传动带过松打滑或脱落 ⑪电动机主轴卡阻	①检查电源引线是否有电；插头和插座是否完好；熔丝是否熔断，逐一查明原因并排除 ②加装交流稳压器 ③检查定时器的接线是否松脱、断开；定时旋钮是否打滑；触头是否接触良好。对于接线松脱、断开，应重新接好；旋钮打滑一般是由于定位销挡壁断裂，可用 502 胶水粘合；触头接触不良可检修或更换，损坏严重时应更换定时器 ④用细砂纸磨光触头，检修金属键杆，必要时更换 ⑤更换同规格电容器 ⑥检修故障，若绕组断点在外部，可重新接好，否则应更换损坏绕组 ⑦清除堵物 ⑧减少衣物或去除缠绕衣物 ⑨固定销钉或更换传动轮 ⑩调紧传动带或更换新带 ⑪检查主轴，修复并加润滑油

（续）

故障现象	可能原因	检修方法
2. 波轮转速慢，洗衣不干净	①波轮与轴的连接松动 ②传动带过松或打滑 ③电容器容量减少、变质或接线松动 ④电动机绕组局部短路 ⑤电源电压低 ⑥洗衣物过多或缠绕波轮 ⑦小带轮的紧固螺钉松脱 ⑧电动机转子笼条断路 ⑨定时器故障 ⑩电气控制系统其他元件接触不良	①将固定螺钉拧紧或更换波轮 ②调整或更换传动带 ③检修或更换电容器 ④更换绕组 ⑤加装交流稳压器 ⑥减少衣物或去除缠绕衣物 ⑦拧紧螺钉 ⑧检修或更换转子 ⑨按本表故障现象 1. ③项处理 ⑩按电路图分段检查修复故障点
3. 波轮时转时停	主要是定时器故障	按本表故障现象 1. ③项处理
4. 波轮不能反转	①定时器局部损坏 ②套缸洗衣机离合器扭簧坏 ③选择程序开关触头接触不良 ④修理后线路接错	①检修或更换定时器 ②更换扭簧 ③检修触头或更换选择程序开关 ④按电路图重新接线
5. 洗衣机运行时振动噪声大	①波轮与洗衣桶相摩擦 ②传动机构润滑不良 ③电动机减振装置失效，可能是橡胶垫老化，或减振弹簧锈蚀失去弹性 ④带轮、电动机底板、箱体后盖板等处的紧固螺钉松动或箱体变形	①检查波轮是否不圆或变形；波轮下面是否有硬币之类硬物，可拆下波轮除去杂物；波轮不圆或轻度变形时，可用小刀细心修整，必要时更换波轮 ②若为波轮轴与密封圈之间缺少润滑，可拆下波轮轴和密封圈，在密封圈上涂适量润滑油，再重新组装；若为带轮之间摩擦，可在 V 带两侧涂上少许石蜡；若为电动机轴承缺油，可拆卸电动机加注润滑油；若为波轮轴与轴承之间润滑不良，可从波轮轴下的加油孔加油 ③更换橡胶垫或减振弹簧 ④拧紧螺钉，修复变形
6. 脱水桶运行不正常	①脱水桶盖微动开关接触不良 ②脱水定时器故障 ③脱水电动机绕组或线路松动、断路 ④脱水电动机电容器损坏 ⑤脱水电动机制动装置过紧或过松 ⑥脱水桶内衣物超量或放置不均匀	①检修开关触头或活动栓 ②与洗涤定时器故障类似，按本表故障现象 1. ③项处理 ③检修故障点 ④更换电容器 ⑤检修调整制动装置 ⑥减少衣物，改善衣物放置方式
7. 脱水桶运行时有异常噪声	①脱水电动机三根减振弹簧支承座不平衡，使脱水桶撞桶壁 ②减振弹簧损坏或个别疲劳失效 ③脱水电动机轴与制动鼓松动 ④制动鼓变形或间隙过小 ⑤脱水衣物过量又放置不均匀	①调整高度，可给较低的减振弹簧加橡胶垫片，若效果不好，可更换减振弹簧 ②更换弹簧 ③拧紧防松螺母 ④检修制动鼓，调整间隙 ⑤减少衣物，改善衣物放置方式

（续）

故障现象	可能原因	检修方法
8. 洗衣机排水不畅或无法排水	①排水拉带长期使用而松弛，不能充分拉开阀门 ②排水拉带与排水旋钮之间的塑料钩子断裂，或排水拉带断开，造成无法排水 ③排水阀被杂物堵塞 ④排水管在机内折成死角或压瘪，被杂物堵住	①调整排水拉带松紧，必要时更换 ②更换拉带或旋钮 ③拆开排水阀，清除杂物 ④重新放置排水管位置，将细铁丝弯成钩，把堵塞排水管的杂物勾出
9. 洗衣机漏水	①排水管老化开裂或四周阀门连接不紧密 ②排水阀拉带太紧或排水阀中有杂物 ③波轮轴密封损坏，使密封圈与轴不能紧密配合	①更换排水管，管口连接处可用胶水粘牢 ②适当放松拉带，清除杂物 ③更换密封圈
10. 洗衣机漏电	①定时器或程序开关受潮漏电 ②电动机受潮使机壳带电 ③接地线断开或接触不良	①可用电吹风吹干 ②可进行烘干处理 ③接好地线，保证接触良好

四、电冰箱的维修

船上每个高级船员的房间都有一台电冰箱。作为电气管理维修人员，也应当掌握电冰箱常见故障的检修。电冰箱的故障可分电动机、电气控制线路和制冷系统故障，维修可参照表5-7进行。

表5-7 电冰箱常见故障和检修方法

故障现象	可能原因	检修方法
1. 通电后电动机不起动，且无响声	①电源熔丝烧断 ②电源插头、插座接触不良或内部断线 ③电源电压偏低，低于额定电压的15% ④起动继电器线圈损坏或触点接触不良 ⑤温度控制器断开或在"停点"位置 ⑥热继电器没有复位或热元件断路 ⑦电动机绕组损坏 ⑧电动机引线断路 ⑨化霜器损坏 ⑩误操作按下化霜按钮 ⑪电动机起动电容器损坏 ⑫温度控制器感温剂漏失造成断路	①查明原因后更换熔丝 ②检查修复，必要时更换 ③加装交流电源稳压器 ④修复或更换 ⑤检查温度控制器回路或改回相应位置 ⑥将热继电器复位或检查排除断路故障 ⑦重绕电动机绕组或更换新压缩机组 ⑧检查引线，接好断开点 ⑨修复或更换 ⑩复位化霜钮或待化霜完毕后自起动 ⑪检查确认后更换电容器 ⑫重充注适量感温剂或更换温度控制器
2. 通电后电动机有响声但不能起动	①电源电压过低 ②电动机绕组损坏 ③压缩机缺油或有故障 ④继电器工作失灵或弹簧片不好 ⑤漏电造成电压降太大 ⑥制冷系统内充灌制冷剂过多，造成压力过高，负载过重	①加装交流电源稳压器 ②重绕绕组或更换压缩机组 ③检修压缩机或更换 ④调整检修继电器或更换弹簧片 ⑤检查漏电原因排除故障 ⑥缓慢放掉一些制冷剂

（续）

故障现象	可能原因	检修方法
3. 电动机起动频繁	①温度控制器通断温差过小 ②感温点选择不合适 ③感温管装卡松紧不当 ④感温管长度不当 ⑤门封不严，严重漏冷 ⑥冰箱保温层隔热性能差 ⑦热继电器故障 ⑧温度控制器自动控制触头接触不良 ⑨制冷系统故障引起电动机过载	①检修温度控制器，修理方法：a. 调整温度控制器通断温差，如 WSF 型温控器，逆时针旋转温差调节螺钉可增加其通断温差，反之缩小。螺钉旋转一周温差大约变化4℃，可在6~15℃温差范围内进行调整；b. 感温管加塑料套管或与蒸发器接触表面之间加上塑料垫片，以增加热阻；c. 更换温度控制器 ②移动感温点使感温部位与温度控制器通断特性相匹配 ③开机时间过短时可适当放松感温管装卡，停机时间过短时则应装紧感温管 ④缩短感温管长度可适当延长开机时间 ⑤修补门缝隙或更换磁性门封条 ⑥更换良好保温层材料 ⑦修复或更换 ⑧检修或更换触头 ⑨检查排除制冷系统故障
4. 电动机运转时间过长或运转不停，电冰箱不降温	①制冷剂严重泄漏 ②制冷系统严重堵塞 ③温控旋钮调节不当，置于"不停"或"强冷"位置 ④温度控制器感温管移位或松动，脱开蒸发器 ⑤温度控制器触头黏结 ⑥蒸发器上冰霜太厚 ⑦温度控制器断开温度过低 ⑧压缩机内零件破损 ⑨箱体保温层材料性能差 ⑩间冷式冰箱的冷风循环风扇不工作 ⑪门封泄漏严重或开门次数、时间过多 ⑫冰箱内贮存物过多，冷气对流困难	①有油迹处有泄漏点或充入一定压力气体，用肥皂水检漏，修补漏处；更换过滤器；二次抽真空后，充注适量制冷剂 ②清洗管道，去除堵物；更换过滤器；二次抽真空后重注适量制冷剂 ③从"不停"或"强冷"位置调到正常使用位置 ④感温管尾部移至蒸发器上夹持固定 ⑤温控器旋扭从"停"到"最冷"档位反复旋转几次可恢复正常，否则检修更换新配件 ⑥清除冰霜 ⑦旋转温度调整螺钉，可以改变开点温度（WSF 型温度控制器，顺时针方向旋转可使温度升高，逆时针方向旋转可使温度降低；WDF 型温度控制器，旋转开点温度调整螺钉可改变开点温度，顺时针方向旋转可使温度升高，反之降低；旋转停点温度调整螺钉可改变停点温度，顺时针方向旋转可使停点温度降低，反之升高），必要时更换温度控制器 ⑧拆卸压缩机组，检查更换新配件 ⑨更换新材料 ⑩检修或更换风扇电动机 ⑪检修更换门封条或减少开门次数与时间 ⑫减少贮存物，疏通对流通道

（续）

故障现象	可能原因	检修方法
5. 电动机起动、运行中突然停转	①电源电压升高超过 240V ②压缩机有机械故障 ③热继电器故障 ④起动继电器触点粘连 ⑤电动机线路接地或短路 ⑥电动机绕组短路	①增设交流电源稳压器 ②检修或更换压缩机组 ③检修调整或更换热继电器 ④修理或更换新触点 ⑤检查排除故障点 ⑥重绕绕组或更换新机组
6. 电动机及箱体漏电	①电动机绕组绝缘损坏 ②温度控制器绝缘损坏或性能降低 ③电气控制线路绝缘损坏 ④感应漏电或无可靠的接地线或接地线断开	①检修、重绕或更换压缩机 ②更换温度控制器 ③检查故障点，加强绝缘，必要时更换 ④接好地线
7. 照明灯长亮或不亮	①灯开关损坏 ②灯座接触不良、生锈，灯泡烧坏，电路断线或松动	①检修灯开关或更换 ②检修线路，更换灯座、灯泡
8. 电动机运转时噪声	①电冰箱箱脚未调好 ②压缩机固定螺钉松动 ③压缩机固定用的减振胶垫压得过紧、过松或老化 ④外接水盘有振动 ⑤压缩机内部噪声增大或消振吊簧断裂 ⑥电动机本身故障 ⑦高低压管路或毛细管之间因压缩机运转碰撞时发出噪声	①调整四只箱脚螺钉，使其平稳 ②拧紧固定螺钉 ③调整减振胶垫的松紧程度或更换新胶垫 ④固定好接水盘 ⑤更换压缩机或修复消振吊簧 ⑥检修电动机 ⑦用手轻轻移动管路，避免管路与管路、管路与箱体的碰撞
9. 压缩机能自动停开，但箱内温度偏高	①安装位置不当，靠近热源 ②蒸发器结霜过厚 ③制冷剂轻度泄漏或充灌过量 ④门封不严，老化破损或折曲变形 ⑤照明灯关门后不灭 ⑥温度控制器调节旋钮在"弱冷"点 ⑦间冷式电冰箱风门调节旋钮在"弱冷"点 ⑧冰堵 ⑨压缩机效率降低 ⑩压缩机效率降低 ⑪毛细管结蜡 ⑫调风门失灵 ⑬食品放得过多、过挤	①移动电冰箱位置，远离热源 ②及时除霜 ③查漏补焊，充灌制冷剂或放掉少量制冷剂 ④检修或更换门封 ⑤检修调整灯开关 ⑥将旋钮旋到"中"点 ⑦将风门调节旋钮旋到"中"点 ⑧排除冰堵 ⑨修理电动机，必要时更换压缩机 ⑩检修或更换压缩机 ⑪冲掉结蜡或调换毛细管 ⑫将调风门取下，先检查机件是否失灵，若失灵，进行调整 ⑬减少食品贮存量

（续）

故障现象	可能原因	检修方法
10. 蒸发器不结霜	①制冷剂严重泄漏 ②压缩机高、低阀片击穿 ③压缩机高压缓冲和断裂 ④制冷系统脏堵	①查漏补焊，重新充灌制冷剂 ②开壳检修或更换压缩机 ③开壳检修 ④更换脏堵部件
11. 蒸发器结霜不全	①制冷剂部分泄漏 ②轻微脏堵 ③压缩机效率降低 ④温度控制器旋钮调在"弱冷"点（开冷时）	①查漏补焊，重新充灌制冷剂 ②更换脏堵部件 ③更换压缩机 ④冬季把温度控制器旋钮调到"中"点
12. 蒸发器时而结霜时而溶化	产生冰堵	对制冷系统重新进行抽真空、干燥、充灌制冷剂
13. 蒸发器入口处有少量很实的霜或冰	产生局部冰堵	对制冷系统重新进行抽真空、干燥、充灌制冷剂

第六节　船用变压器的维修

一、船用变压器的维护与主要故障

船舶上常用的变压器有三相变压器、单相变压器和特殊用途变压器等。用于照明、电热等负载供电的多为容量较大的三相变压器，结构为干式、空气冷却式和防水式。

1. 使用与维护特点

1）使用时应严防潮湿，以防变压器绕组受潮而使绝缘电阻下降。在日常维护中应定期检查变压器的密封是否良好，螺钉有无松动。经常测量变压器绕组的绝缘电阻，用500V绝缘电阻表测量其相间及对地绝缘电阻应不小于0.5MΩ，低于0.2MΩ时必须采取措施提高绝缘电阻值。

2）保持引出线端子的清洁，去除污物和油垢，确保接触良好。若发现端子有过热痕迹，应当除去氧化物，重新拧紧，减少接触电阻，防止短路或接地。

3）经常监视变压器的发热情况，其温升不得超过绝缘允许的最高温升。在船舶上加装容量较大的单相负载时，应使变压器的三相电流平衡，三相电流的不平衡程度不得超过额定电流±5%，最大相电流不得超过额定电流。

4）在使用各种小型变压器时应注意电源的接线，绝不可以把二次绕组接向电源，以免烧坏变压器。

2. 主要故障

1）变压器绕组接地。当变压器某相一次侧或二次侧对地绝缘电阻为零或接近零时，即可认为变压器发生接地故障。发生接地故障的原因主要有绕组严重受潮，失去绝缘能力；绕组绝缘材料老化使绝缘电阻下降；机械原因使绕组绝缘受到损伤等。另外，由于变压器引线碰壳，引出线端子处积存污垢和水分也会产生接地故障。变压器绕组接地的检查方法与电动机定子绕组接地的检查方法相似，用校验灯或500V绝缘电阻表测量绕组绝缘电阻，若仅为受潮使绕组绝缘电阻降低，则必须进行烘干。

2）变压器绕组断路。一般船用照明变压器绕组的导线较粗，不易发生断路。断路的原因常常是由于接线螺钉松脱或焊接处发热脱焊。

3）变压器绕组短路。绕组匝间短路常见，产生的原因多为导线局部受力使绝缘强度减弱，在电磁力和发热作用下逐渐发展而成。此外，在维护保养中，经常发生绕组绝缘被碰伤而产生短路的现象。

故障现象表现在变压器严重发热，有焦味或冒烟；测量发现三相电流严重不平衡，这时必须使变压器停止运行，进行检查修理。

二、特殊变压器的使用与维护

1. 交流电焊机的维护要求

1）交流电焊机都是可移动的，在露天使用时要防止海水或雨水浸入，使用后要放置在干燥遮雨的地方，并加以固定，以免随船摇晃而移动。

2）使用交流电焊机时应注意观察其运行情况，如电流、温升，使其温升不得超过其绝缘允许的最高温升。

3）经常用500V绝缘电阻表测量一、二次绕组的对地绝缘电阻以及绕组之间的绝缘电阻，一般不小于0.5MΩ。

4）电焊机电流很大，绕组和铁心经常受到较大电磁力的作用，所以要定期检查各螺钉的紧固情况，如有松动应及时固紧。

5）定期检查电抗器的线圈及连接线有无绝缘破损，导线断裂等情况。

6）定期清除内外部的积垢、油污和灰尘等，防止异物落入壳内。同时检查焊钳引线有无绝缘破损。

2. 电压互感器的使用

选用电压互感器时，可根据被测电压的数值和所用仪表电压线圈的额定电压选择电压互感器的额定电压比，应使互感器一次绕组的额定电压等于或稍大于被测线路的电压。电压互感器的额定容量应不小于所有测量仪表消耗的功率。

使用电压互感器时应注意以下事项：

1）电压互感器的一次绕组与被测电路并联，二次绕组与电压表及其他仪表需量取电压信号的线路并联，其二次侧不允许短路。

2）电压互感器一、二次侧需安装熔断器，对电网和互感器作短路保护。

3）电压互感器的外壳、铁心和二次绕组应有可靠的接地。

3. 电流互感器的使用

选用电流互感器时，可根据被测电流的数值和所用仪表电流线圈的额定电流选择电流互感器的额定电流比。应使电流互感器二次绕组的额定电流稍大于或等于被测线路电流。电流互感器的容量应不小于所有测量仪表消耗的功率。

使用电流互感器时应注意以下事项：

1）电流互感器的一次绕组与被测线路串联。

2）电流互感器的外壳、铁心和二次绕组应有可靠的接地。

3）运行中的电流互感器二次绕组不允许开路。

4）电流互感器一、二次绕组不得安装熔断器。

三、照明母线电源自动转换电路的故障分析

图5-19是某船使用的照明母线电源自动转换电路，照明母线电源采用接触器自动转换。

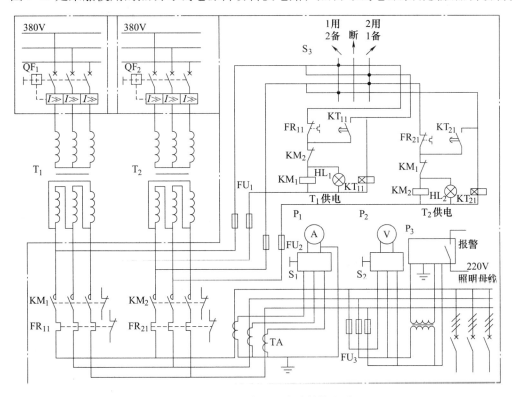

图 5-19　照明母线电源自动转换电路

变压器一次侧开关是带电磁脱扣作短路保护的塑壳断路器 QF_1 和 QF_2，二次侧用热继电器 FR_1 和 FR_2 作过载保护。

两台三相变压器 T_1 和 T_2 互为备用，用选择开关 S_3 来设定。S_3 设三个位置："1用2备""断"和"2用1备"。

变压器二次侧用接触器作开关，执行自动转换。

自动转换由接触器互锁（常闭触头）来实现，即一个接触器释放另一个吸合。用互锁实现自动转换会产生两个接触器的动作竞争，为此，作为备用的接触器需要延时动作。

例如，当 S_3 从"断"位设置到"1用2备"时，KM_1 立即动作，接通变压器 T_1 向照明母线供电。同时，时间继电器 KT_{21} 被启动，经1~2s延时动作，输出为接触器 KM_2 动作做好准备。如果 KM_1 因故释放，则常闭触头闭合，KM_2 动作，接通变压器 T_2 向照明母线供电，完成电源自动转换。供电接触器的释放一般由故障引起，发生故障会发出警报，通知值班人员处理。

第六章 船舶辅机电气系统的维护

现代商船的辅机大多采用电力拖动，由于拖动对象的不同，其拖动控制方案的控制系统线路也不相同，出现的故障现象、故障位置也不一样。即便是相同的故障现象，对于不同线路，其故障位置也不一样，从而给维修人员带来一定的困难。但是，辅机对电力拖动系统提出的技术要求是一样的，维修人员只要了解了这些技术要求，根据具体线路、具体故障现象进行分析就不难查出故障原因。本章选取比较具有代表性的控制系统线路来讨论其维修方法。

第一节 电气控制线路图的读图方法及一般故障的检查方法

一、电气控制线路图的读图方法

要维修设备，首先要了解设备的工作原理，要了解其工作原理就必须读懂设备图样。对于电气设备而言，一般有电气设备的工作原理图和安装图两种（简单的电气设备将两者合而为一）。读图是维修人员必须掌握的关键技能。常用的读图方法有按工作原理图进行查线读图，以及按工作原理图中的元器件状态和连接关系进行逻辑代数读图法。不论采用哪一种读图法，首先必须知道图样上的符号表示什么。对于同一个元器件，各个国家用来表示它的图形和符号也不尽相同。

1. 查线读图法

查线读图法先从主电路开始，查读了主电路，即可大体知道电动机是否有正、反转控制，采用什么调速方式和什么制动方法。根据主电路分析结果所提供的线索及元器件触头的符号文字，即可在控制回路中找出相应的控制环节。在查读控制回路时，一般先从控制电源侧开始，然后从上到下查读，并且应假定是在某一个指令或信号（如起货机控制系统，假定主令器打到上升第 1 档）作用下跟踪线路，观察在这个指令作用下引起其他控制元器件的动作，再查读这些被驱动的控制元器件的触头又驱动哪些元器件，一直查读到出口电器（执行电器）为止。注意：在查读电路时，应将被驱动的继电器所有触点动作状态变化查读完，不可遗漏。

下面以某轮液压起货机电动机的控制线路为例，说明查线读图法的应用。如图 6-1 所示，SC 是一个选择开关，置于 1 位是手动切换；置于 2 位是自动切换操作。

首先，查读主电路，由图 6-1 可见，主电路有三个接触器，KM_1 闭合电动机Ｙ联结，KM_3 闭合电动机△联结，KM_2 则是电源接触器，FR 是热继电器发热元件，这是一个Ｙ-△减压起动控制线路。起动时，电动机Ｙ联结，运行时，电动机△联结，而且在切换过程中，KM_1 先断开，然后 KM_3 才闭合，否则，会造成电源直接短路。

查读控制回路：

（1）起动过程

假定 SC 选择开关置于 2 位（即自动切换操作）。当按下起动按钮 SBT_1 时 KM_1 得电，即

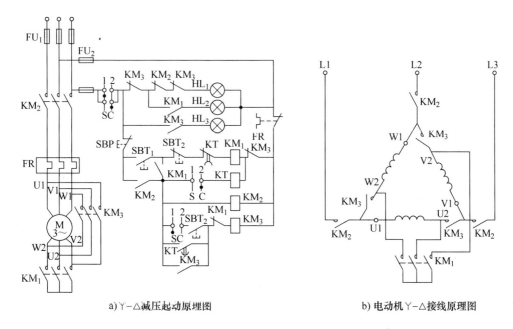

a) 丫-△减压起动原理图　　　　　　b) 电动机丫-△接线原理图

图 6-1　丫-△减压起动原理图

电源通过停止按钮 SBP→SBT$_1$→SBT$_2$（手动切换按钮）→KT 的常闭触头→KM$_1$ 线圈→KM$_3$的常闭触点→FR 常闭触头，KM$_1$ 的触点闭合，使电动机丫联结，同时 KM$_1$ 的常闭触点断开，使 KM$_3$ 线圈不能得电，防止电源短路。KM$_1$ 另一对常开触点闭合，使得时间继电器 KT 得电进行起动计时，使得 KM$_2$ 得电，KM$_2$ 主触点闭合，接通电源进行起动，其辅助常开触点闭合进行自锁。当到达整定的起动时间，KT 的常闭触头打开，使得 KM$_1$ 失电，KM$_1$ 主触点断，KM$_1$ 的常闭触点闭合，在 KT 常开触点延时闭合的共同作用下，使 KM$_3$ 得电。KM$_3$主触点闭合，使电动机在△联结下起动运行，同时 KM$_3$ 的辅助触点 KM$_3$ 进行自保，电动机丫-△切换起动结束。

　　为了简便表示上述过程，约定：用↓表示电磁线圈失电，开关受外力作用撤销，常闭触点闭合，常开触点断开；用↑表示电磁线圈得电，开关受外力作用，常开触头闭合，常闭触点打开，上述起动过程。表示为：

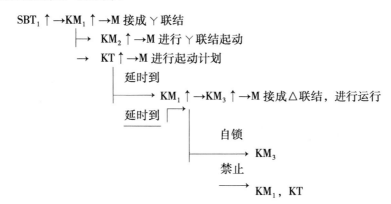

（2）停车过程

停车时只需按下停止按钮 SBP，使得 KM_2、KM_3 失电，各自主触点断开，MD 失电，电动机停车。

可见，查线读图法比较直观，特别是采用符号表示法，动作顺序很清楚。但对于复杂的线路容易出错或遗漏，所以在读图时，当某一个继电器被驱动后，应把该继电器的所有触点带动下一级元器件的作用状态都找出来并列在该继电器符号的下属列下，如上述 KM_1、KT、KM_3 的下属。有多少对触点就有多少支路，不得遗漏。

2. 逻辑代数读图法

逻辑代数读图法的具体步骤：

第一步：列出各个控制元器件的逻辑代数方程。

列代数方程的方法：方程等号左边是控制元器件本身，如接触器或继电器、指示灯等，等号右边列出控制它的各个控制触点（即该控制元器件所处的整个回路所包括的逻辑量）。其逻辑量约定：常闭触点写成"非"的形式，常开触点与其线圈逻辑量一致；转换开关 SC 按常开触点处理，主令器按常开触点处理。触点并联是"或"运算，串联是"与"运算；熔断器和电源关系可以不写在代数式中；方程中的所有逻辑量都是未通电或未受外力作用的初始量。应按图中的每一个控制元器件列出一个方程，图中所有控制元器件都应有对应的一个方程。

第二步：在某一个指令或信号作用下，求出各元器件代数方程的值。

首先，记住初始状态时各逻辑变量的状态，然后，假定某一个指令（如主令器的操作，按钮按下，压力开关断开等）发生，看哪一个逻辑代数式运算后为"1"，则表示等号左边的那个控制元器件得电。再将这个运算结果代入其他方程式，求出其他控制元器件的状态，一直到求出所有出口元器件（执行元器件）和被控对象的状态。

抽象地谈论逻辑代数法较难理解，下面通过一个具体的控制线路来说明其应用。

某轮的机舱具有抽、鼓风机控制线路如图 6-2 所示。采用逻辑代数读图法，首先列出控制元件的方程式：

对于正转（鼓风时），接触器 KMF 线圈（用 KMF 表示以便区别于本身的触头符号）

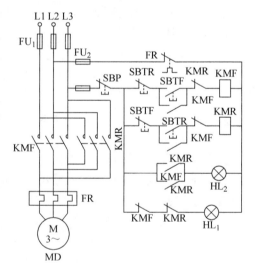

图 6-2　机舱风机线路图

$$KMR_0 = \overline{SBP}\ \overline{SBTR}[\overline{SBTF} + KMF]\ \overline{KMR}\ \overline{FR}$$

对于反转（抽风时）接触器 KMR 线圈：

$$KMR_0 = \overline{SBP}\ \overline{SBTF}[\overline{SBTR} + KMF]\ \overline{KMR}\ \overline{FR}$$

对于指示灯 HL_1

$$HL_1 = \overline{KMF}\ \overline{KMR}\ \overline{SBP}\ \overline{FR}$$

对于指示灯 HL_2

$$HL_2 = (KMF + KMR)\,\overline{SBP}\,\overline{FR}$$

然后，根据指令求解上述逻辑方程。如果运算结果为"1"，表示接触器（继电器）电磁线圈得电，或指示灯亮；运算结果为"0"时，则相反。然后，再考察相应的执行元器件的动作情况。

按下正转（鼓风）按钮，SBTF = 1，则

$$KMF_0 = 1 \times 1 \times [1 + KMF] \times 1 \times 1 \times 1$$
$$= 1$$
$$KMR_0 = 1 \times 0 \times [0 + KMR] \times 0 \times 1 \times 1$$
$$= 0$$
$$HL_1 = 0 \times 1 \times 1 = 0$$
$$HL_2 = (0 + 1) \times 1 \times 1 = 1$$

现 $KMF_0 = 1$，正转的接触器线圈得电，常闭触头打开，使 KMR 反转接触器不能得电，防止直接短路，其常开主触头闭合，使风机正转，常开辅助触头进行自锁，另一个使运行指示灯亮。

同样道理，按下反转（抽风）按钮 SBTR = 1，可求出：$KMF_0 = 0$，$KMR_0 = 1$，$HL_1 = 0$，$HL_2 = 1$，这时，KMR 反转接触器线圈得电，风机反转，其常闭触头打开，禁止正转接触线圈得电，防止误操作，造成直接短路。

逻辑代数读图法一般用于比较复杂的继电器控制线路。只要控制的逻辑代数方程式列写正确，那么各控制元器件之间的关系和制约关系就非常清楚，其控制关系不会遗漏。它也可以用来验证继电控制线路设计是否合理，是否存在"竞争""冒险"等情况，还可以用于将继电控制线路转化为静止元器件逻辑电路和转化为 PC 控制的梯形图。

二、一般故障的检查方法

在船舶电气线路中，经常发生各种故障使设备不能正常运行，这时应根据故障现象分析出故障原因，找出故障点并加以排除，在尽可能短的时间内使设备恢复正常运行。熟练地掌握常见故障的检查方法是电气维修人员的基本技能。

在电气线路中，不论是主回路还是二次控制回路所发生的故障，都可归结为短路、断路和接地三种情况。

1. **线路短路故障的检查方法**

短路故障的现象比较明显，常常表现为短路点流过电流很大，熔断器烧断或保护电器自动动作，有关监视仪表指示失常，系统报警。严重的短路故障会发生线路绝缘烧灼冒烟等现象。

发生短路故障的原因主要有：

1）由于维护管理不善、操作不当等造成短，如电气线路的绝缘浸水或严重受潮；电缆经过金属孔或锐利金属边缘时，由于衬垫破损而未及时更换，使绝缘破损；操作时碰坏绝缘保护层；线路中接线柱间过脏，通电时柱间放电；在运行中或维修时金属零件掉落到导线接线端头或导线裸露导体部件上等。

2）由于设备本身的缺陷造成短路，如设备出厂前就存在绝缘不良、局部绝缘损坏等隐

患，经长期运行之后发生短路；电机或电器线圈由于绕制不符合要求，绝缘薄弱，设备或线路绝缘老化，材料变质等。

检测线路有短路时，应首先切断电源，查出烧断的熔断器。检测时，用万用表的电阻档测量电路两端点间的电阻，若阻值为零，即为短路，如图 6-3 所示。若被测电路为单回路，可沿着线路对所有接线柱、串联的电器线圈或其他元件逐个检查。

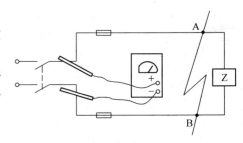

图 6-3　短路故障检查

检测时应注意：

1）为了使测量准确，应将万用表置于 $R\times1$ 档进行测量。检测前后分析、了解被测线路的正常阻值，以做参考。

2）被测线路中若有较大容量的电容时，应在检查前将其断开，以免将电容充电误认为是短路。

3）若电路似通非通，可根据情况用绝缘电阻表测量，若有短路，绝缘电阻表指示为零。为进一步确认，可再用万用表检查。但对于含有各种电子设备的线路不得使用绝缘电阻表检查，以免损坏元器件。使用绝缘电阻表检查时，应把电子设备脱离被测线路。

4）若线路为多路并联时，如图 6-4 所示，必须检查短路发生在哪条并联线路中，这时可用"逐个断开法"找出短路的支路。

断开线路的电源开关，用万用表的 $R\times1$ 电阻档测量 A、B 两端间的电阻。由于有短路，这时万用表指示电阻为零。然后将各支路的分断开关或接线柱 K_1、K_2、…K_4 依次断开。当断开某线路时，万用表指示电阻值

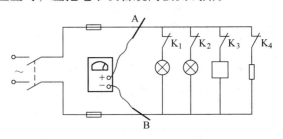

图 6-4　并联线路短路检查

增大较显著，则说明刚才断开的线路中有短路故障。这时再单独检测该线路，查出故障点。若有两个并联线路同时有短路故障，断开第一个有短路故障的支路并不会使万用表的指示电阻值有明显改观，因为第二条支路短路点仍然存在。因此可知，发现一个短路点并不是短路故障检查的结束，而必须再把已查明有短路故障以外的所有支路接通，重复上述做法进行检查。如果万用表指示仍为零，表明还有支路有短路，当某个并联线路断开时，万用表指示阻值突然增大，这说明找到了第二条短路支路。用上述方法可以逐个找出全部短路点。当然，如果怀疑有多条支路短路，在检测方便的情况下，可以在断开支路的同时测该支路的电阻，若为零，说明该支路也存在短路故障点，就没有必要按上述过程重复检测。

有时会发现线路的断路器跳开或熔断器烧断，但检查时未发现该线路有短路故障，重新通电后，线路仍正常运行。出现这种情况可能有两种原因：其一，线路中的短路是非连续短路故障，即短路处是由于油垢或污物堆积而形成放电，当通过大电流时，污物被烧掉，或者有导电物体掉落在用电设备裸露的导体部分上而引起短路，然后自行脱落，使故障不能持续。所以闭合开关或更换熔断件后，线路又正常运行；其二，熔断器的熔体使用较长时间后，由于电源的浪涌电流作用而烧断。因此，熔断器烧断时，若对设备进行表面检查，在没有发现烧焦、异味的情况下，可以换上一个同型号同容量的熔体，观察是否仍然烧断。如果

线路正常，说明并无持续短路故障。否则，再仔细检查线路短路故障的部位。

2. 线路断路故障的检查方法

线路发生断路故障表现为：当电源电压正常，电源开关开、闭良好时，合闸或按下通电按钮后不能接通电源，线路中的电器、电机等不动作，各种灯具不亮。

发生断路故障的原因如下：

1）线路熔断器熔体熔断。

2）导线接头处螺钉松动或螺母脱落。

3）线路接触器触头接触不良。

4）导线中导体断开。

5）某些转换开关损坏或接触不良。

6）线路被外来物砸断。

7）有些线路中的保护电器的触点接触不良或该电器动作后未复位，使电路断路。

8）设备本身有断路故障，如电机绕组、电器线圈的导线有断路，某些灯具的灯丝烧断或镇流器线圈断路等。

断路故障的检查方法：

（1）带电检查线路的断路故障

带电检查断路故障可用万用表的电压档，但其量程应不低于电源电压。另外，也可以用校验灯检查。

检查前应确认电源电压正常，电源开关没有断路或接触不良的现象。闭合电源开关，测量电压正常后，即可进行检查。

由于线路断路，电路中没有电流，在电路中所连接的电阻、电器线圈或电机绕组等都没有电压降，断路点两端的电压应等于电源电压。因此，电压表在线路中各元器件或接线两端测量时，若指示值为电源电压的数值，则表明两表笔之间的线路或元器件有断路。如图 6-5 所示。

有些控制线路中，由于各电器间联锁关系复杂，当接通电源时，有些电器因断路不动作，为了缩小检查范围，可以在带电和不损坏设备或不危及人身安全的前提下，人为地推动某电器的衔铁，查看断路点是否在电器的触头中。

船上检查熔断器断路常用交叉法，这时可用校验灯检查，如图 6-6 所示。当校验灯与电源构成闭合回路时，校验灯亮，从而可根据校验灯与熔断器两端交叉接触时灯的亮灭找出断路点；图 6-6 中，两灯左右交叉接触，若左亮右灭时，下 FU 为断路，若左灭右亮时，上 FU 断路，按此原理可以检查其他断路点。

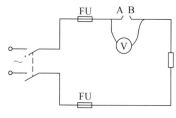

图 6-5　带电检查断路点

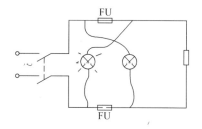

图 6-6　用校验灯检查断路点

（2）不带电检查线路的断路故障

这时可用万用表的电阻档进行检查，检查时万用表应选用较大的量程。由于断路处的电阻为无限大，当万用表两表笔沿着线路依次测量元器件或接线柱两端的电阻时，若万用表指示 $R = \infty$，则两表笔间必有断路，如图6-7所示。

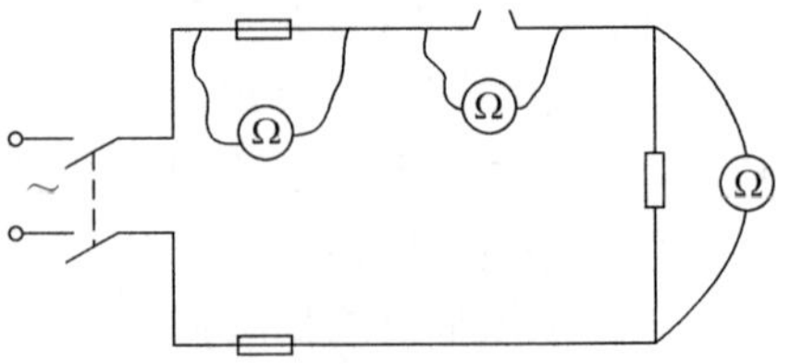

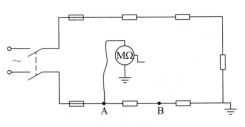

图6-7 不带电检查断路点

检查时应注意：

1）被检查的电路或电路中的元器件不能有并联通路，否则，断点处测不到 $R = \infty$；即应将元器件的一个端头脱离电路，进行测量。

2）被测电路中有电器的触点时，需人为推动衔铁使其闭合，以免测量错误。

3）万用表的量程应置于 $R×1k$ 或 $R×10k$ 档上，避免由于某些元器件电阻很大，判断不准确。使用万用表时，不能两手同时触及两表笔的金属部分，以免影响测量精度。

3. 线路接地故障的检查方法

在三相三线制的船舶电网中，电气线路中一点接地时，电气设备尚可正常运行，若再有另一点接地，就形成多点接地间接短路故障。所以发生一点接地后，应及时排除故障，以提高线路运行的可靠性。通过配电板上的地气灯可以很容易找到发生接地的线路，然后使该线路脱离电源，再用"逐段缩小法"找出接地点，如图6-8所示。把线路分成两部分，用绝缘电阻表测出接地线路，再把接地线路分成两部分，找出接地部分线路。依此类推，即可找出接地故障点。

图6-8 接地故障的检查

也可以直接用配电板上的地气灯检查寻找故障点。依次断开各线路中的各设备开关或各灯具开关，若地气灯亮度恢复正常，则表明刚刚断开的设备有接地故障。

三、控制回路故障的检查方法

下面以交流吊艇机控制电路为例，简单地说明控制回路故障的检查方法，线路原理图如图6-9所示。

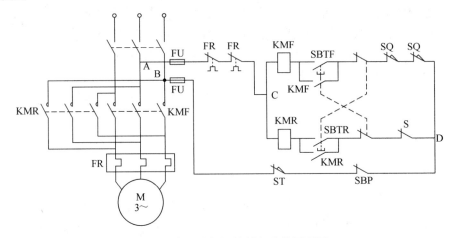

图6-9 交流吊艇机控制电路的原理图

交流吊艇机控制回路由上升、下降两部分电路并联组成，图 6-9 中两回路中，一路从熔断器经 FR 的常闭触头到 C 点，再经 KMF 线圈和两个串联的限位开关 SQ 到 D 点，最后经 SBP 和 ST 回到电源 B 点；另一路从熔断器经 KMR 线圈，下降联锁开关 S 和 ST 回到电源。

若按上升起动按钮 SBTF 时，电动机不起动。检查电源供电是否正常，电动机拖动系统是否卡阻。若观察到正转接触器 KMF 不动作，可见控制回路有断路故障，其检查方法为先用校验灯交叉检查熔断器是否良好，若两熔断器正常，则断路故障发生在后面的线路中，再检查 FR、SQ、ST 等触头是否已经复位或接触良好。用校验灯或电压表带电检查时，应按下 SBTF 按钮并设法固定，不要自动断开。然后用万用表表笔依次接触各端钮，如果跨接到 KMF 线圈两端时万用表指示值为电源电压值，则说明 KMF 线圈内部导线有断路。若 KMF 正常，则表笔接触到哪个端钮使万用表指示值为电源电压值，断路点就在哪两个端钮之间。找到断路点线路后，断开电源，仔细检查两端钮间的线路和元器件，找出准确的断路点。控制线路断路故障发生较多，常见的有螺钉松动、触点接触不良、线圈或绕组引出线断路等。也可断开电源，不带电检查断路点。这时用万用表欧姆档检查，方法同前。

控制线路发生短路，表现为熔体烧断。这时可先使控制线路脱离电源，再仔细观察线路中的异常情况。一般短路点有较大的电流流过，可能有烧灼现象，检查时先确定短路发生在哪一条并联支路上，然后再用万用表检查接触器线圈，同时观察端钮间有无污物或脱落的金属零件。

四、主回路故障的检查方法

一般来说，主回路线路中只有主触点、接线柱、各种电器的电流线圈或互感器线圈等，电路比较简单。检查时，首先确认电动机绕组没有故障，然后再检查线路。

如图 6-9 所示，如果按下起动按钮 SBT，接触器 KMF 动作，但电动机不起动，若检查得知电源电压正常，主回路的熔断器或断路器正常，则表明可能主回路线路中有断路故障。先切断电源，再用万用表测量热继电器中串联在主回路的热元件是否断路。若正常，可用万用表在电源刀开关处测量哪一相不通。测量时用手推动接触器衔铁，使主触头闭合，找出断路相后，再用前述方法找出断路点。

对于直流拖动系统，主回路中电阻和电气元器件较多，有串联也有并联，接线头也较多，检查比较复杂，但方法仍同上述。

五、电气控制系统读图实例

对于电气设备维修而言，读图是关键，维修人员必须掌握。常用的读图方法是按工作原理图进行查线读图。

查线读图法先从主电路开始，查读主电路即可大概知道电动机是否有正、反转控制，采用的调速方式为及制动方法。根据主电路分析结果所提供的线索及元器件的符号文字，即可在控制电路中找出相关的控制环节。在查读控制电路时，一般是从控制电源侧开始，然后从上到下查读，并且假定在某一个指令或信号作用下跟踪线路，观察在这个指令作用下引起的其他控制元器件的动作，再查读这些被驱动的控制元器件的触头又驱动了哪些元器件，一直查读到出口电器（执行电器）为止。查读时，应将被驱动的继电器所有触点动作状态变化查读完，不可遗漏。

例 1：某轮的空压机控制线路原理如图 6-10 所示，说明查线读图法的应用。

图 6-10 中，SC 是一个转换开关，当转换开关 SC 扳到手动位置时，由按钮操作，当将转换开关 SC 扳到自动位置时，由压力继电器控制。

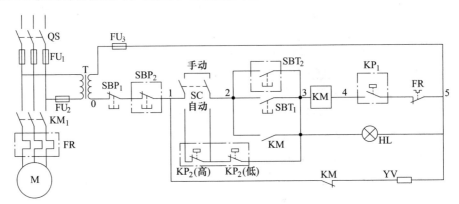

图 6-10　空压机控制线路原理图

查读主电路：接触器 KM 为电源接触器，接通时电动机起动，断开时电动机停转；FR 为热继电器发热元件，起过载保护作用，电动机过载时，其常闭触点（串联在控制电路中）动作，断开控制电路，使主接触器 KM 线圈失电，主接触器 KM 的主触点动作，切断电动机的电源，电动机停止运行。变压器 T 主要起隔离作用，通过变压器 T 把主电路与控制电路隔离。熔断器 FU 在短路时起保护作用。

查读控制电路：

（1）起动过程

手动起动：当转换开关 SC 扳到手动位置时，电动机的起动（停止）均由按钮操作，这就是一般的多地点连续控制线路。

按下起动按钮 SBT$_1$（或 SBT$_2$），主接触器 KM 线圈回路接通，KM 线圈得电吸合，主接触器 KM 的主触点动作，接通电动机的电源（并且自锁触头 KM$_1$ 闭合），电动机起动，拖动空压机运行向空气瓶充气。

自动起动：当将转换开关 SC 扳到自动位置时，由压力继电器控制。分析此线路时，暂不考虑冷却水压力继电器 KP$_1$ 的作用，将它视为短路。

低压开关触头 KP$_2$（低）在此相当于遥控起动按钮，故与 SBT$_1$ 并联；高压开关触头 KP$_2$（高）在此相当于遥控停止按钮，故与 SBP$_1$ 串联。

当空气瓶中压力低于下限时，KP$_2$（低）闭合，接通主接触器 KM 线圈回路，KM 线圈得电吸合，主接触器 KM 的主触点动作，接通电动机的电源（并且自锁触头 KM$_1$ 闭合），电动机起动，拖动空压机运行向空气瓶充气，并且自锁触头 KM$_1$ 闭合。当空气瓶压力高于下限时，KP$_2$（低）断开，但由于自锁触头 KM$_1$ 保持线圈有电，故电动机继续向空气瓶充气，当压力升高到高限 P_H 时，KP$_2$（高）断开，KM 线圈断电，主触头释放，电动机停转，并且自锁触头也断开。当空气瓶压力下降到高限以下时，KP$_2$（高）重新闭合，但由于 KP$_2$（低）和自锁触头 KM$_1$ 均为断开状态，故 KM 线圈仍不通电，但 KP$_2$（高）的闭合，为电动机的重新起动做好了准备。当空气瓶压力降到下限后，KP$_2$（低）重新闭合，电动机重新起动。

上述分析没有考虑空压机冷却问题，实际上空压机无冷却水是不能自动开机的。这就需要控制电路与装在冷却水入口管路上的压力继电器 KP_1 进行联锁。管路无冷却水或压力不正常时，KP_1 断开；当冷却水压力正常时，触点 KP_1 闭合。因此，将触点 KP_1 和 KP_2（低）相串联，再与自锁触头并联。即只有当 KP_1 和 KP_2（低）都闭合才接通 KM 线圈电路，其中有一个不闭合就不能自动起动，或者将 KP_1 常开触点与 KM 线圈串联，也会起到同样的作用。

图 6-10 中，电磁阀 YV 受接触器的常闭辅助触头控制，其作用是泄放空压机中的残气。即当 KM 线圈有电、空压机工作时，常闭触点 KM_2 断开，电磁阀 YV 线圈失电，电磁阀关闭；当 KM 线圈失电、空压机停转时，常闭触点 KM_2 闭合，接通电磁阀线圈，电磁阀打开，泄放掉空压机内的残气，使带动空压机的电动机能在空载下起动，缩短起动时间。

此控制线路除了具有通常的过载、失电压（欠电压）保护外，还具有冷却水低压（或失电压）保护。其中 HL 为空压机运行指示灯。

（2）停车过程

手动停车：只需按下停止按钮 SBP_1（或 SBP_2），使得主接触器 KM 线圈回路失电，各主触头断开，电动机 M 失电，停车。

自动停车：当空气瓶压力高于下限 P_L 时，KP_2（低）断开，但由于自锁触头 KM_1 保持线圈有电，故电动机继续向空气瓶充气，当压力升高到高限 P_H 时，KP_2（高）断开，KM 线圈断电，主触头释放，电动机停转，并且自锁触头也断开。

可见，查线读图法比较直观，特别是用符号来表示，动作顺序很清楚。但对于复杂的线路，容易出错或遗漏，所以在读图时，当某一个继电器被驱动后，应把该继电器的所有触点带动下一级元器件的作用状态都找出来，并列明。

例 2：自动给水控制电路如图 6-11 所示。

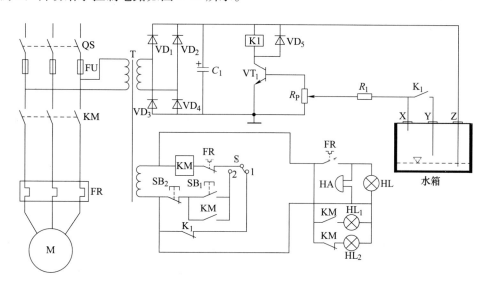

图 6-11　自动给水电路原理图

（1）查读主电路

该电路的主回路很简单。由图 6-11 可以看出，电动机 M 通过热继电器 FR、接触器常开主触头 KM、熔断器 FU、开关 QS 取得电源。在开关 QS 合闸的情况下，只要 KM 闭合，电动机就运转；KM 断开，电动机就停转。

（2）查读控制回路

该电路除了具有水位自动控制功能外，还具有完善的电动机保护和声、光显示功能。仔细分析电路，可分解为下列功能：

1）由晶体管 VT_1 等组成的水位控制电路。这部分为最简单的典型的晶体管开关电路。当晶体管 VT_1 基极加上一定的偏置电压后，VT_1 饱和导通，继电器 K_1 得电工作；当晶体管 VT_1 基极失去偏置电压后，VT_1 截止，继电器 K_1 断电释放，从而起到控制作用。

2）由接触器 KM 等组成的典型的电动机起停控制电路。用以控制水泵的起停。

3）由变压器 T 和二极管 $VD_1 \sim VD_4$ 等组成的典型的单相桥式整流电路。

4）声、光信号回路。

（3）控制电路工作原理

由图 6-11 可知，闭合电源开关 Q 时，若水位低于电极 Y，则 VT_1 因基极无偏流而截止，继电器 K_1 不动作，K_1 的常闭触点使接触器 KM 通电工作。KM 的常开主触头闭合，电动机带动水泵抽水。其常闭辅助触头断开，常开辅助触头闭合，使得信号灯 HL_2 灭、HL_1 点亮，表示水泵正在抽水工作。随着水位的逐渐升高，当水面接触到电极 Y 时，由于继电器 K_1 的常开触点断开，因此 VT_1 仍截止，电动机继续工作。当水面升高接触到电极 X 时，VT_1 的基极就从电位器 R_P、电阻 R_1、电极 X 与 Z 间的电阻到整流桥的二次侧获得偏流，于是 VT_1 导通，继电器 K_1 得电工作，其常开触点闭合，同时 K_1 常闭触点断开，HL_1 熄灭，常闭辅助触点 KM 闭合，HL_2 点亮，表明水箱已抽满。此后，随着不断用水，水位逐渐下降。当水位降到电极 X 以下时，由于 K_1 的常开触点已闭合，VT_1 仍导通，K_1 继续得电工作，电动机仍然停止工作。当水位降到电极 Y 以下时，VT_1 的基极偏流通路被切断而截止，继电器 K_1 失电，其常闭触点恢复闭合，使接触器 KM 重新得电工作，电动机又带动水泵抽水。此后重复上述过程，系统周而复始的工作，从而保证了对用户的供水。

开关 S 用于实现自动、手动切换。当 S 处于"1"位时，电路工作在自动状态；当 S 处于"2"位时，电路工作在手动状态。在手动工作状态下，自控电路不起作用，但保护电路不受影响。手动控制时，按下启动按钮 SB_1，电动机运转；按下停止按钮 SB_2，电动机停转。手动控制主要供应急停车或试车时使用。

图 6-11 中，热继电器 FR 构成电动机的过载保护。熔断器 FU 构成电路的短路保护。控制电路中 C_1 为滤波电容，VD_5 为续流二极管，R_1、R_P 为 VT_1 的基极偏置电阻。

上述对给水控制电路的实例分析，为维修人员分析阅读电路图提供了帮助和启发。电气维修人员能否熟练地读电气图，应依据每个人所掌握的知识面和工作实践的不同而不同。每个电气维修人员只要具备一定的电工基础知识，了解各种电气元器件的工作原理，熟悉电气制图的标准规范，研究熟记一些典型线路，按照上述的看图方法、步骤都能较快地看懂和分析电气图。再者，平时多看图、多实践非常重要，从简单电路的分析入手，经过反复练习，读图能力必然会得到逐步提高。

第二节　单速拖动控制系统的维修

一、单速不可逆拖动控制系统的维修

单速不可逆拖动系统在船上一般用于各类泵辅、空压机、分油机等，其控制系统比较简单，主要是起动问题。交流异步电动机的起动大多数采用直接起动，只有对于容量比较大的异步电动机才用控制箱减压起动（如丫-△起动、自耦变压器起动）。所以，这种控制箱也称为起动箱，它除了接触器外，仅有少数保护电器和按钮等，国产船用起动箱多用 QC 型，可根据电动机的容量和起动电流来选用。

1. 对起动箱的技术要求

1）起动箱应采用防水式结构，要有良好的水密性。

2）起动箱的各种电气绝缘应能耐油、防潮、防霉和防盐雾。

3）机械机构动作要灵活，并能在船舶摇摆、振动下正常工作。

4）符合电气技术要求，有必需的保护环节，如过载保护、短路保护、欠电压保护等。

5）操作方便，安全可靠，有必需的状态指示。

6）便于维修和保养。

2. 起动箱的维护

起动箱应定期进行检查。在航行前应检查停用设备的起动箱或备用设备的起动箱。停靠码头或锚泊时，应检查为主机服务的各类泵辅的起动箱。检查时应切断电源，对远离起动箱的电源开关应挂上修理告示牌，写明"进行检修严禁合闸"等字样，除放置人员外，任何人不得移动告示牌，以保证检修安全。

起动箱的维护与保养包括以下内容：

（1）除锈

对起动箱内的电气装置的零件腐蚀生锈的地方，必须用砂布或刮刀等除锈。刮磨时应尽量除去氧化物并不磨去金属。对不导电和不受摩擦的零件表面，刮磨之后可涂以凡士林或牛油。涂漆零件上防锈层剥落时，可在除锈后涂以防锈漆，禁止在接线柱、摩擦接触的平滑面、螺纹、弹簧等上面涂漆。

（2）应保持触头接触面贴合良好

所有导电接触面必须洁净光滑，露出金属光泽，便于接触导电，触头的初压力、终压力和超程都应符合规定。

触头接触面上的氧化物或烧灼的熔化物可用细锉或玻璃砂布擦磨，擦磨时禁止使用金钢砂布。银制触头可用干布或沾少量清洁剂的拭布抹去灰尘和污物，不宜用砂布等擦磨。擦磨时应尽量少磨去金属，擦磨后应用干布将擦磨面擦拭干净，禁止用任何润滑油或其他油漆抹触头，以防接触不良。

擦磨触头时应保持触头原来的形状，不可用力过猛使触头等部件变形。

在三相触头中，如果有一相的主触头和另外两相的主触头有比较大的磨损时，可将该相主触头的动触头桥臂弯曲，以调整触头间隙。修整后应保持三个触头同时接触。当触头磨损烧灼严重而无法修整时，应及时更换同类型的备用触头。

（3）检查电器的电磁机构、灭弧系统和弹簧检查电磁机构在吸合和释放时其行程是否符合要求。吸合时应使触头的接触压力、贴合情况等达到要求；释放时应保证动、静触头间有足够的间隙。衔铁心的接触面应贴合良好，若接触面上有灰尘、油污或铁锈时，应清除干净。使用中的电器，各铁磁性接触面上不得涂抹任何防锈油脂。

灭弧罩应安装牢固，灭弧栅片数不得缺少，若灭弧罩有振裂、损坏或灭弧栅烧损严重时，应予以及时更换。

弹簧在长期使用后会断裂或失去弹性，也会随着船舶的振动或由于弹簧本身的弹力而脱落，在维护保养时应细心检查，根据损坏的程度进行修理或换新。

（4）检查各部分机械连接的情况

应仔细检查有无零件脱落掉入箱内，有无螺母松动，有无零件破损和脱落，若有应及时配好；应检查起动箱内的导线连接情况，若松脱应按照接线图正确接好并紧固；应检查起动箱内可动部分的零件动作是否灵活自如。

（5）定期测量接触器线圈和线路的绝缘电阻

电器线圈的绝缘电阻在低温状态下不得小于 $0.5M\Omega$。由于受潮而使绝缘电阻下降的线圈应进行烘干。应保持导线的绝缘良好，各接线端钮处应保持无灰尘和污物堆积。

（6）保持起动箱的水密性

经常检查出线孔和箱盖的水密封垫，若有损坏或变质时，应及时更换。

（7）保持清洁

定期用电吹风清除箱内灰尘，如有油污应擦干净。不得用纤维丝物擦拭箱内部件，以免纱线落入箱内。

3. 单速不可逆直接起动拖动控制系统的故障检修

在船上，单速不可逆直接起动拖动控制系统的起动箱基本原理图如图 6-12 所示。常见的故障可分为电动机本身故障和控制系统故障两大类，电动机故障按第五章有关章节方法处理，此处不再重复讨论，这里主要讨论控制系统的故障。常见的控制系统故障有：不能起动、起动按钮 SBT 复位后电动机即停转；起动后运行、电动机突然停转；起动后起动箱内噪声大；指示灯不工作等。下面分别讨论各种故障的原因和检修方法。

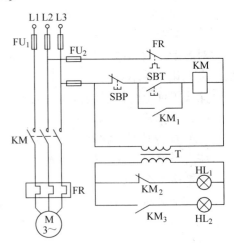

图 6-12 起动箱基本原理图

（1）系统不能起动的故障检修

这种故障的检修按第一章第二节中的方法处理，这里不再重复。

（2）起动按钮 SBT 复位后电动机停转的故障检修

由图 6-12 可以看出，造成该故障的唯一原因是并联在按钮 SBT 两端的自保副触头 KM_1 失去作用。所以，只要检查 KM_1 触头是否完好、引线是否松脱、触头是否接触良好即可找到故障点。

（3）运行中电动机突停的故障检修

首先检查 FR 是否动作，如果电动机发热、过载，FR 动作是正常的，应减小负载，使 FR 复位，重新起动；如果电动机不发热，没有过载迹象，FR 不正常动作，需重新调整 FR 的整定值，或 FR 本身损坏需更换，并重新调节整定值；如果 FR 没有动作而电动机突停，故障检修方法同系统不能起动故障。

（4）起动后起动箱噪声大的故障检修

起动箱内的噪声由接触器产生，检修方法按第四章第一节中消除接触器噪声大的方法处理。

（5）指示灯不亮的故障检修

指示灯的正常显示给设备运行管理带来了很大的方便，当指示灯不亮时应及时修复。由图 6-12 可以看出，指示灯不亮是由灯泡、灯座、变压器和 KM 辅助触头组成的功能逻辑事件，如图 6-13 所示，四个元器件中只要有一个失效，指示灯不亮事件必定会发生，这是一个串联系统，必须分别检查四个元器件。

图 6-13　指示灯不亮的功能逻辑事件图

4. 单速不可逆减压起动拖动控制系统的故障检修

电动机大功率的直接起动对电网冲击很大，因此一般采用丫-△减压起动或自耦变压器减压起动，以减轻起动电流对电网的冲击。下面以丫-△起动器为例进行故障检修分析，如图 6-14 所示。

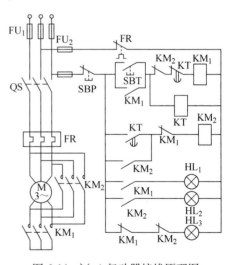

图 6-14　丫-△起动器接线原理图

丫-△起动器与直接起动的区别在于起动时必须把电动机的定子绕组接成丫联结，当电动机的转速达到稳定时，再将定子绕组改接成正常运行的△联结，所以这种起动箱需增设定时改接功能，它由时间继电器 KT 和接触器 KM₁、KM₂ 来完成。这种起动箱除了可能会发生直接起动控制箱的常见故障外，还可能发生时间继电器的动作是否准确、可靠，即在起动过程中，改接是否过早或者过迟，甚至不能改接等故障。

（1）改接过早

改接过早，电动机起动第二次冲击电流过大，也会冲击电网。造成这种故障的原因除了时间继电器 KT 的延时时间过短外，还有电动机起动困难、起动时间过长。因此，应首先用手转动电动机的转轴，检查电动机的阻力矩是否过大。只有确实证明时间继电器的延时过短时，才能调整时间继电器的延时旋钮，增加延时时间。

（2）改接过迟

改接过迟，虽然减小了对电网的冲击，但延长了电动机的起动时间，电动机处于欠电压状态运行，使电动机发热，这种情况下必须调整时间继电器延时，减少延时时间。

（3）不能改接

不能改接不仅影响电动机拖动的机械不能正常工作，而且将导致电动机过热，热保护继电器动作，若采用自耦变压器减压起动，不能改接将会造成自耦变压器线圈烧毁。图 6-14 中，用指示灯来显示起动控制是否改接成功，有的线路同时采用指示灯和音响信号，即起动控制改接成功，电动机转入全压运行，则指示灯亮，音响信号停止。

不能改接的故障，大多是由时间继电器 KT、接触器 KM_2 本身故障及其线圈回路的故障造成，必须重点检查这些线路和元器件。

二、单速可逆拖动系统的维修

在船舶上，一些机械需要电动机正、反转工作，如盘车机、通风机、舷梯升降机、吊艇机、机舱中的行车等，这种单速可逆拖动控制系统的原理图如图 6-15 所示。如果用于舷梯升降机、吊艇机和行车还要增加行程开关（图中未画出）。

单速可逆直接起动控制箱也称为可逆起动箱，对它的要求和日常维护与单速不可逆起动箱一样，只不过这种起动箱增加了可逆、联锁功能。

可逆起动箱的起动故障有电动机不能起动、电动机突然停转、噪声大、不能自保、指示灯不亮等，其故

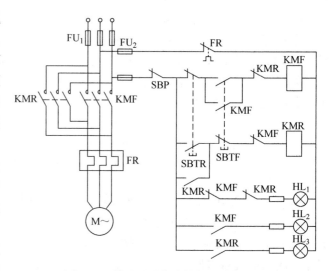

图 6-15　单速可逆拖动控制系统原理图

障检查步骤和方法同不可逆起动箱，这里不再赘述。需要指出的是：故障若在正、反转两种状态都存在，则应检查它们的共同部分，如电源、热继电器、熔断器、停止按钮等；反之，只要检查正转或反转控制系统的有关线路和元器件即可。

此外，如果经常直接改变转向，加之对主触头保养不善，常常会造成主触头烧毛、过热、甚至焊死不能断开，检查时也应注意。

三、起动箱大修后的验收

不管是可逆或是不可逆起动箱经船厂大修后或新安装正式使用前，应进行试车前的验收检查。检查项目除了修理单所规定的整修项目外，还需检查下列内容：

1）外观检查。起动箱壳体及表面油漆质量应符合要求。各固定螺钉应紧固，接地螺钉应有红色标志。水密情况应符合规定。

2）箱内电气线路应与原理图和接线图相符合。各电器及零部件应完好无损、安装正确。

3）箱内可动部分零件用手推动时，应动作灵活，不得有卡阻或过紧现象。各按钮及转换开关等应灵活可靠。三相触头应能同时接触良好。

4）用 500V 绝缘电阻表测量电气部分对地绝缘电阻应不小于 $2M\Omega$。

5）检查各保护电器的整定值，若电器必须在负载下整定，可先投入运行，然后再细致整定。热继电器、过电流继电器、时间继电器等的整定值应按技术要求进行检查。若原出厂整定值偏差过大，验收时应重新调整。

起动箱检查合格后，还应在通电前检查电动机和负载连接等情况，确认正常后方可通电起动电动机。

四、起动箱的调试

由于目前船舶大多采用交流电制，所以下面只讨论交流起动箱的调试方法。

1. 正式通电前的检查

检查起动箱是否符合要求，起动箱的型号、容量与配套的电动机应一致；检查起动箱内外是否完好无损、无油垢污物，内部接线应与图样符合；同时检查外部接线，并仔细检查接触器动作是否灵活，若接触器衔铁受阻不能很好吸合，会造成线圈电流过大而烧坏线圈。

用 500V 绝缘电阻表测量起动箱导电部分的绝缘电阻，其阻值不得低于 2MΩ。

检查熔断器熔体容量是否符合要求。

检查外接线路的各元器件。检查外接的各遥控按钮、压力继电器、温度继电器以及行程开关等接线是否正确。

检查机械部分。联轴器应转动灵活，无卡阻、过紧或时松时紧的现象。此外还应根据拖动机械的要求，确定各阀门的开启与关闭，以使电动机尽可能在空载或轻载下起动。

2. 调试步骤

电动机的转动方向应符合被拖动机械的要求。如果被拖动机械允许反转，可起动一下，观察其转向是否正确；如果被拖动机械不允许反转，必须脱开联轴器起动电动机。确认转向正确后，再装好联轴器。

起动电动机，观察起动过程。若是减压起动应能准确切换，应能按技术要求起动；用钳形电流表检测起动电流，注意其量程应在额定电流的 7 倍以上。起动后，用钳形电流表检测三相电流是否平衡。

起动时应检查接触器有无噪声。若噪声很大，应检查铁心贴合面是否清洁、短路环是否断裂和脱落。

负载实验。使电动机带额定负载起动，观察起动过程，测量额定负载下电动机的电流以及运行情况，必要时调整保护电器的整定值，并做好记录。

观察运行情况。一切正常后，记下冷态绝缘电阻值。额定运行 2h 后，测量起动箱的热态绝缘电阻，记录各数据。同时检查起动箱中各电器线圈的发热情况，以及各触头的闭合情况。

第三节　泵自动控制系统的维修

船舶上使用的多种用途的泵辅，根据其服务对象的不同可分为两大类：一类是服务于船舶动力装置的泵，如循环水泵、冷却水泵、燃油泵等；一类是服务于船舶系统的泵，如消防泵、压载泵、舱底泵、卫生泵、淡水泵、通用泵等。由于服务对象的不同、船舶自动化程度的不同，因而对不同的泵辅有不同的自动控制系统。本节介绍对泵辅自动控制系统的技术要求、日常维护、常见故障分析以及系统的调试方法。

一、泵自动控制系统的技术要求

由于船舶自动化程度的不同，对泵自动控制系统的技术要求也不同。一般除了像起动箱的常规要求以外，还有如下要求：

1）在集中控制室内对各组泵能够进行遥控起动和停止。

2）自动控制时，同组泵辅能够进行自动切换。

3）在电网失电后恢复供电时，各组泵辅能够依据主次按顺序逐台重新自动起动。

4）泵能够就地控制。

5）泵自动控制系统应设置报警。

二、泵自动控制系统的日常维护

泵自动控制系统的日常维护内容除与起动箱要求维护内容一样外，还应在日常维护中增加以下内容：

1）开航前应检查自动切换操作是否正常、是否能够进行遥控（如果设有遥控功能的话）。

2）应定期检查时间继电器、压力继电器的整定值。

3）同组两台泵辅运行时间应基本相同。

4）经常检查各零件有无松动或脱落现象。

三、泵自动控制系统的常见故障检修

由于泵的服务对象不同、船舶自动化程度不同，因而泵有不同的自动控制系统，不同自动控制系统的常见故障也不同。下面以最有代表性的为主机服务的泵辅为例说明该系统的故障检修方法。

例 1：某轮的燃油泵自动控制系统。

图 6-16 为某轮的燃油泵自动控制系统原理图，该控制系统具有遥控起动和停止、自动起动和自动切换、顺序起动和报警功能。

工作原理：

1）手动操作。将 WH_1 和 WH_2 转换开关置于"1"位，这时两台泵辅处于手动操作状态，按下 QA_{11}，就能起动对应的机组，以 1 号泵为例。

起动：按下 $QA_{11}\uparrow \rightarrow J_{10}\uparrow \rightarrow C_{10} \rightarrow M_1$ 起动、运行
$\longmapsto J_{10}$ 自保

停车：按下 $TA_{11}\downarrow \rightarrow J_{10}\downarrow \rightarrow C_{10}\downarrow \rightarrow M_1$ 停转

2）自动投入运行。把 WH_1 和 WH_2 转换开关置于"2"位，并以 1 号机组为运行机组，2 号机组为备用机组，即 KK_{11} 和 KK_{12} 转换，KK_{13} 开关闭合。当电网通电后，K_1 和 K_2 闭合时，延时时间继电器 SJ_2 自动投入开始延时，延时时间一到，SJ_2 的执行电路导通，使得 J_{12} 得电，其常开触点短接 SJ_2，防止 SJ_2 跳动，其次使 J_{10} 得电，使 C_{10} 得电，M_1 运行。另一个常开触点闭合，使得 SJ_3 得电，SJ_3 延时，延时时间一到，SJ_3 执行电路导通，使 J_{13} 得电，其常开触点闭合作为自保，常闭触点打开，使得压力继电器 YLJ_1 投入监视。

3）自动切换。由于种种原因，M_1 泵辅不能产生压力时，YLJ_1 因失电压继电器触点断开，使得 J_{11} 失电，其常闭触点闭合，使得 J_{20} 得电，其常开触点闭合，使得 C_{20} 得电，使 M_2 机组投入运行，同时 J_{11} 的常闭触点闭合，接通报警回路进行报警。

下面分析常见的故障检修。

1. 自动起动失效的故障检修

假定线路导线连接完好，无短路、断路情况，下面从主电源、电动机、控制系统元器件三个方面分析。

主电源故障造成机组不能自动起动的原因有 RD 熔断、K 没有闭合、线路没有供电。

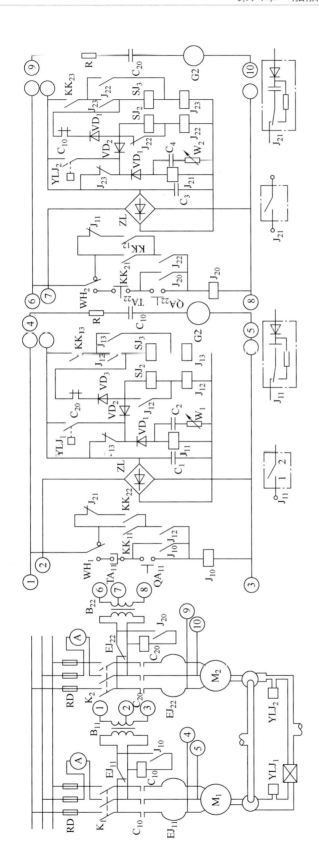

图 6-16　燃油泵的自动控制系统原理图

WH—遥控、自动控制转换开关　KK—运行、备用选择开关　YLJ—压力继电器　J_{10}、J_{20}—1、2 号泵控制继电器　(J_0)
J_{11}、J_{21}—1、2 号泵自动起动继电器　(J_1)　J_{12}、J_{22}—1、2 号泵自动起动继电器　(J_2)　$_{13}$、$_{23}$—1、2 号泵延时压力监视投入继电器　(J_3)
SJ_2—顺序延时自动起动时间继电器　SJ_3—延时压力监视投入受入时间继电器

电动机本身故障不能起动，其原因请参见第五章有关内容，这里不再赘述。

这里主要分析控制系统元器件失效造成机组不能自动起动的原因。由控制原理图可见，除主电源、电动机本身故障外，C 没有动作也会使泵辅不能自动起动。所以，C 没有动作的原因是 C 本身故障和 J_0 没有动作，而造成 J_0 没有动作闭合的原因有：J_0 本身故障；WH 切换开关没有置于自动起动位置，运行、备用选择开关 KK 没有闭合；J_2 没有动作，触点没有闭合。而 J_2 触点没有闭合的原因有：J_2 本身故障；J_2 线圈回路开路；控制系统的控制电源故障。依此演绎下去就可以得出如图 6-17 所示的故障树。

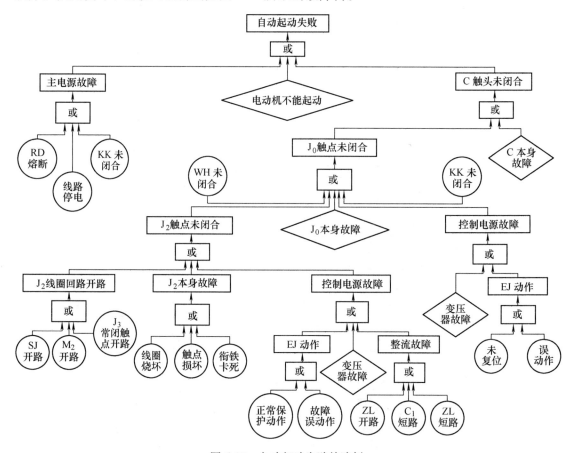

图 6-17 自动起动失败故障树

从故障树可知，造成不能自动起动的原因很多，遵循由易到难、由表及里的原则。首先检查 WH、KK 位置是否正确，若位置正确，把 WH 改为手控起动；若手控正常，说明主电源、主接触器 C、控制电源变压器 B、控制继电器 J_0、热继电器 EJ 都正常。这时只要检查 ZL 是否有直流电压输出，若没有直流电压输出，应检查 ZL 中的二极管 VD 是否短路（或开路）、C_1 是否短路，若有直流电压输出，应检查 J_2 本身和 J_2 线圈回路有关元器件是否存在开路故障。如果手动控制不正常，这时应检查控制电源变压器和控制继电器 J_0 是否正常，电源回路、热继电器 EJ、接触器 C 是否有故障，或者电动机本身有故障不能起动，必须对上述有关的元器件和电动机进行检查。检查方法同起动箱不能起动故障，这里不再赘述，查明故障后，对于损坏的元器件应酌情修理，或者更换新配件。

2. 不能自动切换的故障检修

从控制系统来看，自动切换是靠运行泵辅的 J_1 失电后，其常闭触点闭合来控制备用泵辅的自动起动投入运行。所以，不能自动切换故障的原因除了备用泵辅不能自动起动故障原因外，还需增加 J_1 常闭触点在失电情况下不能闭合的原因，故可得故障树如图 6-18 所示。由故障树可见，检查方法同自动起动失效故障检查，只是除了检查两种故障中相同的元器件外，还应检查运行泵辅控制系统中的 J_1 及其常闭触点是否有故障，或者当机组不能自动切换时，首先把备用机组的 KK 置于运行位置，这时泵辅能自动起动，说明运行机组的 J_1 有故障，应检查 J_1；如果这时泵辅不能自动起动，应按自动起动失效故障来检查。

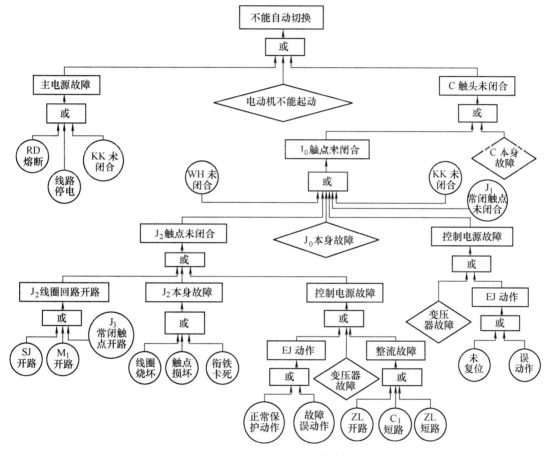

图 6-18　不能自动切换故障树

3. 不能按顺序自动起动的故障检修

顺序起动由延时继电器 SJ_2 或 SJ_3 来控制。电网通电后，机组按主次顺序整定延时起动投入运行，所以，当发生不能按顺序自动起动故障时，应首先检查 SJ_2 是否正确动作，确认 SJ_2 正常，然后按自动起动失效故障来检查，这里不再赘述。

除了以上故障外，燃油泵自动控制系统还有压力继电器失灵，不能报警等故障，可以用同样的方法分析并找到故障点，排除故障。

例 2：某轮泵辅的自动切换控制系统。

某轮泵辅的自动切换控制系统线路原理图如图 6-19 所示。

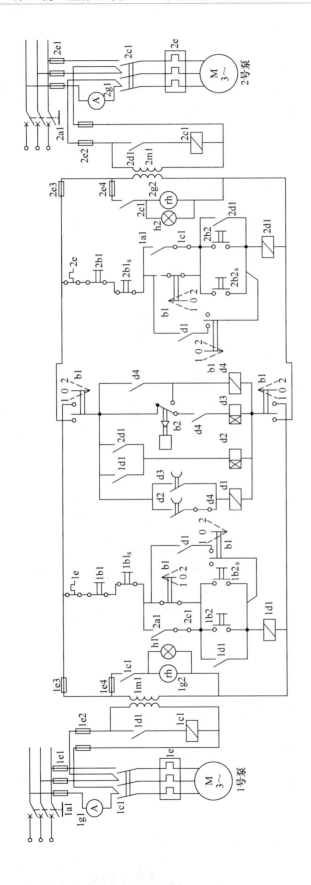

图 6-19 泵辅的自动切换控制线路

1a1—断路器 d1—自动切换继电器 d2—时间继电器（用于延时压力监视投入） d3—时间继电器（用于压力波动延时自动切换，防止频繁误动作）
b1—手动、自动切换控制开关 b2—压力继电器 1c1、2c1—主接触器

工作原理：

1) 手动操作。把 b1 置于"0"位（手动切换位，不能自动切换），如起动 1 号泵，按下 1b2 使 1d1 得电，一个常开触点闭合作为自保，另一个常开触点闭合，使 1c1 主接触器得电，主触头闭合，1 号泵电动机运行。主接触器的辅助常开触头闭合，使计时器投入计时，并且运行指示灯 h1 亮。

2) 自动切换操作。若把 b1 置于"1"位，即选择 1 号泵为运行机组，2 号泵为备用机组，当 1 号泵发生故障时，能自动切换到 2 号泵工作。按下 1b2 使得 1d1 得电，一个 1d1 的常开触点闭合使得 1c1 有电，主接触器动作，使 1 号泵的电动机运转，另一个 1d1 的常开触点闭合，使得时间继电器 d2 得电，开始起动延时，在延时时间内，机组运行正常，泵辅输出端建立压力，压力继电器 b2 动作，使得中间继电器 d4 得电，一个触点自保，另一个在 d1 回路中的常闭触点打开，防止起动延时结束时引起误切换。当起动延时时间一到，d2 常开触点闭合，但此时 d4 已打开，不会使 d1 得电。如果在起动延时时间内，没有建立压力，压力继电器 b2 不动作，从而无法使中间继电器 d4 得电，其常闭触点就无法打开，只要起动延时时间一到，d2 常开触点闭合（说明 1 号泵起动过程中有故障），使 d1 得电，自动切换到 2 号泵，即 d1 得电，其常开触点闭合，使得 2d1 得电，接通 2c1，主接触器闭合，使 2 号泵投入运行。同时，2c1 的常闭辅助触头打开，使得 1d1 失电，1d1 的常开触点打开，使得 1c1 失电，1c1 常闭辅助触头闭合，提供 2d1 的自保回路。

如果运行一段时间后，1 号泵发生故障，压力变低，压力继电器将回到初始状态，使时间继电器 d3 得电，在延时时间内，如果压力恢复，压力继电器就动作使 d3 不再有电，不能动作。如果在延时时间内，压力不能恢复，延时时间一到，d3 常开触点闭合，使 d1 得电，进行自动切换。如果把 b1 置于"2"位（1 号泵为备用机组，2 号泵为运行机组），其自动切换过程同上，这里不再赘述。

下面分析常见故障检修。

1. 手动操作时，机组不能起动运行

采用故障树分析：假定线路没有断线，接触良好，以 1 号泵机组为例，不能起动运行的故障树如图 6-20。检修方法：首先按下起动按钮 1b2，观察 1c1 是否动作，如果动作，说明 1c1 触头没有闭合的子树的故障原因都不存在，若此时听到电动机有嗡鸣声，说明电源断相或泵辅有机械卡死，使得电动机无法转动，此时应立即按下停止按钮，防止电动机长时间堵转而烧毁。若没有声音，应着重检查主电路中的各元器件，如 1c1 的主触头是否完全闭合，电动机本身是否存在不能起动的故障，热继续器 1e 是否有断开。如果 1c1 没有动作，观察 1d1 是否动作，若 1d1 动作，说明 1c1 本身故障或 1d1 的触点没有闭合，若 1d1 不动作，就得检查是否有控制电源，1d1 线圈回路中的各元器件是否完好等，应依次进行检查。

2. 分析不能自动切换运行

当发生不能自动切换运行故障时，除了备用机组不能起动运行的故障原因外，还有自动切换控制环节失效的故障原因，因此可做出不能自动切换运行故障树，如图 6-21 所示（以 1

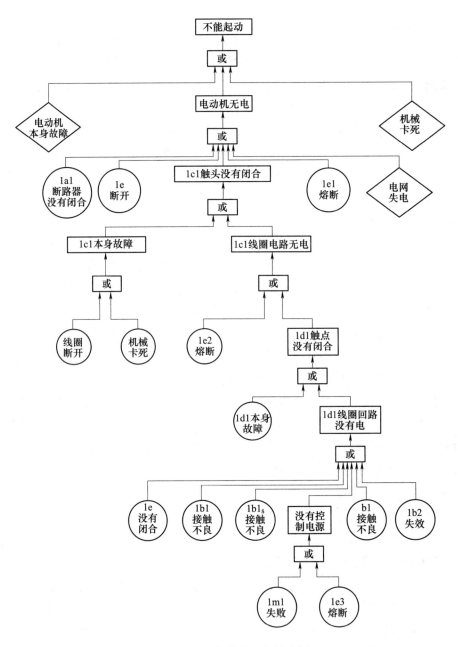

图 6-20　不能起动运行故障树

号泵机组为运行机组、2 号泵机组为备用机组为例）。故障检查方法：首先判别是备用机组本身故障还是自动切换环节失效。此时，按下 1 号泵机组的停止按钮，把 b1 置于"2"位，然后按下 2 号泵机组的起动按钮 2b2，若 2 号泵机组不能起动运行，说明存在不能起动运行故障，按不能起动运行故障树的检查方法来检修。若能正常起动运行，说明自动切换环节存在故障，即 d1 没有闭合的子树故障原因存在，这时应重点检查 d1 和中间继电器 d4、时间继电器 d3 和压力继电器 b2 以及运行方式选择开关 b1。

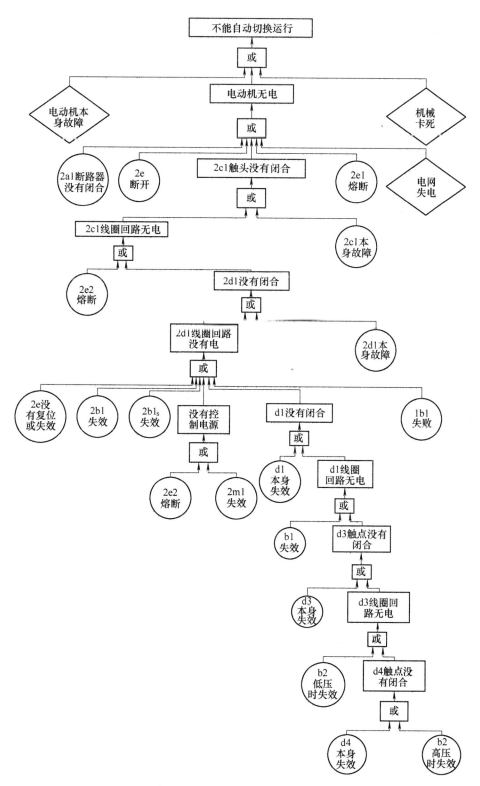

图 6-21 不能自动切换运行故障树

第四节   船舶起货机电气系统的维修

一、电动起货机的分类、技术要求与维护

1. 电动起货机的分类

电动起货机在现今船舶上应用较为广泛，可分为：

（1）双杆起货机

如图 6-22 所示，双杆起货机通过两台电动机分别拖动起货绞车。电动机的起动、调速、正反转和制动控制由电气控制系统来实现，便于实现遥控和自动化。这种起货机工作平稳，噪声小，设计较为紧凑，操作和日常维护都较方便，缺点是货物定位、变幅困难。

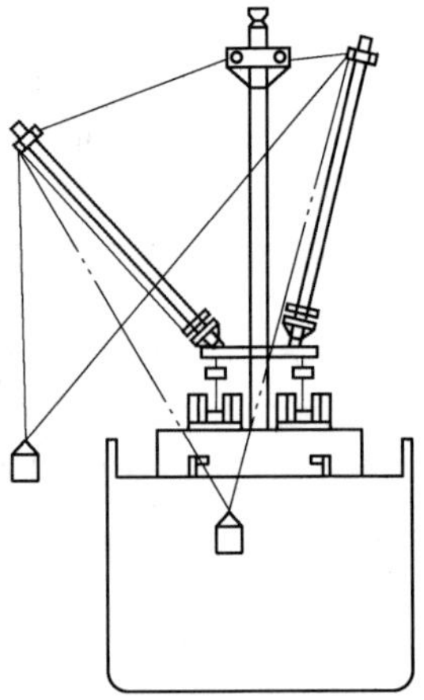

（2）单杆起货机

如图 6-23 所示，单杆起货机由三台电动机分别拖动升降绞车、变幅绞车和回转绞车，每台电动机的起动、调速、正反转和制动等由各自的电动机电气控制线路来完成。

（3）克令吊

如图 6-24 所示，克令吊的升降机构、回转机构与变幅机构

图 6-22   双杆起货机示意图

及其控制设备均在同一个工作平台上，并且绞车、平台和吊杆均能一起绕其中心轴回转。这中起货机的操作比较灵活，起货速度快，生产效率高，但结构复杂、紧凑，维护不方便。

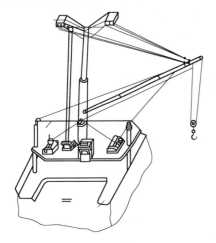

图 6-23   电动回转和变幅的
单杆起货机示意图

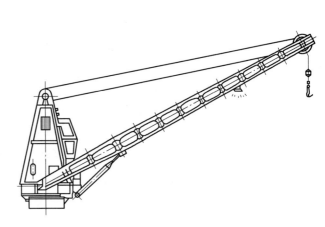

图 6-24   克令吊示意图

电动起货机按电源种类可分为交流电动起货机和直流电动起货机两大类。

（1）交流电动起货机

一般都用笼型变极变速电动机拖动，有三种转速。交流电动起货机按中速到高速的调速范围，可分为恒功率调速和恒转矩调速两种。目前，国产的电动起货机拖动控制系统采用恒

功率调速形式和一种既非恒功率又非恒转矩的派生形式，如 PHKJ-1A-H 控制屏与 JZF-H$_6$ 型 26/26/5.5kW 电动机配套的拖动控制系统和派生的 PHKJ-1-H 控制屏与 JZF$_2$-H$_6$ 型 38/26/4.5kW 电动机配套的拖动控制系统。国外多采用恒转矩调速系统。有的交流电动起货机采用三相绕线转子型异步电动机拖动，通过转子串电阻调速或晶闸管调速。

（2）直流电动起货机

其拖动控制种类较多，有发电机-电动机组拖动系统、继电接触控制系统、磁放大器控制系统及 AEC 控制系统等。

目前，船舶普遍采用交流电制、继电接触控制的直流电动起货机已不常见。但由于直流电动机具有良好的调速性能，因此常将其用于船舶 G-M 系统，如用交流电动机拖动一台直流发电机同时向双杆起货机的两台直流电动机供电的双输出系统，以及交流电动机拖动一台直流发电机同时向克令吊的三台直流电动机供电的三输出系统。

随着电力电子技术的发展，各种电子设备，如各种半导体控制单元，可编程序控制器等，已应用于交流电动起货机的控制线路中，电动起货机的控制技术正进一步向前发展。

2. 交流电动起货机的技术要求

恒功率调速系统要求有可靠的过载保护，同时还要求两吊杆应进行同速联锁控制。

在恒转矩调速系统中，中、高速都可吊起额定负载，并且具有起动快、生产效率高等优点，但轻载和空钩时电动机功率未充分发挥能效，电站容量也必须增大。

对控制系统的要求：

1）控制线路必须保证起货机工作可靠、操作方便、使用安全。

2）控制线路与电动机必须使用同一电源。对于直流电磁制动器，其电源必须由同一电源整流后供电。

3）为了便于控制电动机起动、调速和停车，应设置主令控制器。主令控制器应有"上升 1、2、3 档""停车""下降 1、2、3 档"，并有明显标记。主令控制器手柄应有复位弹簧，当操作人员放开手柄时，手柄应自动回到零位，使电动机停转。

4）控制线路中应设置自动逐级延时起动线路，但从起动到高速运转的时间应小于 2s。从高速突然到零位停车时，应采取三级自动制动过程，即由单独的电气制动—电动机再生制动；当 $n = 500 \sim 200 \text{r/min}$ 时进行电气与机械联合制动；最后单独的机械制动，整个制动过程应小于 1s。

5）控制线路应保证当主令控制器手柄从上升高速档突然扳到下降高速档时，应先实现从高速到停车的三级制动过程，然后再实现从零位到高速下降的自动逐级延时起动过程。

6）主令控制器手柄在任意扳动的情况下，不应发生重物自由跌落状态，同时应保证在中、高速不发生堵转。当电磁制动器线圈中的电流小于维持电流时，中、高速绕组应及时断电。

7）控制线路应设如下保护：

① 欠电压保护：85%U_N 时，继电器吸合；75%U_N 时，继电器释放。

② 单相保护。

③ 过载保护。

④ 短路保护。

⑤ 通风冷却保护。

8）控制线路应设紧急开关，以便紧急停车。

3．电磁式控制屏、控制箱的维护

（1）一级保养

一般 2~3 个月进行一次一级保养，内容包括：

1）清除各部件上的积灰和污垢。

2）检查按钮、指示灯、开关、仪表等零部件的完整性，紧固件不应有松动。

3）检查并维护继电器、接触器。

4）机械和电气联锁应可靠，机械活动部位应灵活，必要时加润滑油。

（2）二级保养

一般 6 个月进行一次二级保养，内容包括：

1）检查并调整时间继电器、压力/温度/液位调节器、热继电器及失电压保护继电器的整定值，使其符合控制线路的要求。

2）检查并调整继电器、接触器的触头初压力、终压力、超程及断开距离。

3）对接触器应检查非磁性垫片、短路环及铜套有无损坏。

（3）三级保养

一般 3~4 年或船修期间进行三级保养，内容包括：

1）检查控制屏前后全部零件、螺钉和垫圈，有过热，有锈蚀时应拆下清洁，各连接导线和线头编号有损坏应更换。

2）检查各线圈的电阻值，以便排除短路、开路隐患。

3）检查并调整各保护电器的整定值。

4．主令及凸轮控制器

（1）一级保养

每航次或使用前应进行一级保养，内容包括：

1）检查主令控制器外部装置，如手柄或手轮、指示灯、开关、按钮等。

2）检查控制器指针实际位置是否相符，定位是否准确。

3）清洁触头、凸轮表面，检查内部弹簧有无损坏或错位。清洁灭弧罩，如有损坏或绝缘不良，必须修复或更换。

（2）二级保养

3~6 个月进行一次二级保养，内容包括：

1）检查主令控制器内部复位弹簧、触头、凸轮，并清洁触头。

2）对采用可变电阻的主令控制器应检查滑动臂与电阻的接触是否良好。

（3）三级保养

3~4 年或船修期间进行三级保养，内容包括：

1）对内部进行除锈、防锈和水密处理。

2）更换损坏的零件。

5．电磁制动器的维护

起货机、锚机、绞缆机等甲板机械都需要制动功能。一般这些机械的拖动电动机本身带圆盘式电磁制动器，其结构如图 6-25 所示。这种圆盘式电磁制动器与电动机合成一体，既提高了制动器的水密性，又使制动性能稳定可靠。摩擦片铆接在动片上，有的是将动片沿着圆周打孔，放入摩擦块，摩擦块厚度比动片厚得多，当线圈通电后，电磁衔铁圆盘被吸合，弹簧被压缩贮能，于是动片在空腔内可自由转动。动片与电动机同轴自由旋转。当线圈断路时，电磁衔铁圆盘被弹簧顶回，于是动片被卡在端盖与衔铁圆盘之间，摩擦片或块与它们摩擦产生制动力矩，从而使电动机制动。

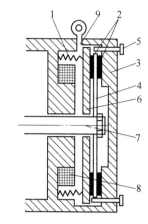

图 6-25　圆盘式电磁制动器结构图
1—弹簧　2—摩擦片　3—端盖　4—动片
5—人工释放螺钉　6—衔铁圆盘　7—转轴
8—线圈　9—测间隙孔

显然，调节人工释放螺钉可限制衔铁圆盘被弹回的行程，从而调整刹车的松紧。但是，当摩擦片或块磨损过大时，衔铁圆盘与电磁铁心间隙即回程太大，制动力矩减小，制动效果差，滑程大。若间隙太小，弹簧的弹力大，制动力矩大，很快将动能以热的形式消耗掉，短时间内造成制动器温度急剧上升，使端盖油漆变色甚至焦黑。所以，这些甲板机械在运行时应注意制动器温度和滑程，每个航次结束都必须测量间隙，必要时调整间隙。

（1）间隙测量方法

取下测量孔的螺母，并把人工释放调节螺钉放松。用塞尺测量衔铁圆盘与电磁铁心的气隙并记录，然后与制动器说明书的要求比较，若间隙过大，应调整或更换新的摩擦片或块。

（2）间隙的调整

当摩擦片或块磨损严重时会造成间隙太大，此时，只能更换摩擦片或块。更换新摩擦片或块后，若间隙还太大，可能是端盖没有拧到位或者衔铁圆盘和端盖长期摩擦而磨损造成间隙过大。

（3）制动力矩的调整

当更换新摩擦片或摩擦块时，刹车过紧，往往造成端盖温度急剧上升，这时，可通过调节人工释放螺钉、改变弹簧回程来调节制动力矩。当更换新摩擦片或摩擦块后，滑程过大，制动力矩不足，应螺出人工释放螺钉，若此时滑程还是太大，说明弹簧工作长度增加，造成弹力不足。这时，将端盖 3 取出，从转轴上卸下动片 4，取出衔铁圆盘，将弹簧从弹簧孔中取出。若是由于衔铁圆盘 6 和端盖 3 磨损严重而造成间隙大，引起制动不足，则应在弹簧孔内垫入垫片（一般每片垫片厚度为 0.5mm），注意每个弹簧孔放垫片的厚度要一样，防止刹车时局部先受力，局部发热严重。若弹簧长期工作，疲伤引起弹力不足，则应更换新弹簧，建议最好全部换新，若仅更换部分，应按新旧间隔均匀放置。

船舶机械设备除了使用上述联体圆盘式电磁制动器外，还有使用电磁铁闸瓦式制动器。这种制动器其结构是开启式的，采用杠杆机构，工作原理很简单。当电磁线圈通电时，衔铁吸合，推动杠杆把闸瓦顶开，松闸；断电时，衔铁自由，靠弹簧的张力迫使闸瓦抱紧制动轮而制动。其调整制动力矩也简单，不再多述。

（4）电磁制动器维护、保养的要求

1）一级保养。每航次或使用前进行一级保养，主要是测量间隙，必要时进行调整。

2）二级保养。3~6 个月进行一次二级保养，内容包括：

① 局部解体清洁，防止铁心吸合面太脏，引起吸力不足，造成不能松闸或似松非松

故障。

② 检查衔铁、铜套及弹簧有无变形，若变形应修复或更换，更换制动片弹簧时，应注意型号及材料质量。

③ 检查制动片即腰形或圆形制动块与衔铁接触是否匀称，有龟裂、过热现象时应更换。

④ 检查制动器的人工释放装置是否有效。

3）三级保养。3~4 年或船修期间进行三级保养，内容如下：

① 电动机解体的同时对制动器进行解体。

② 清洁检查并更换部件。

6. 交流电动起货机电气系统的日常维护

一般而言，交流电动起货机日常维护从三个方面进行，即巡视检查，每航次的一般性检修和定期检修。

（1）巡视检查

起货机在使用中应根据装卸货物的种类和本身设备的技术状况制定巡视检查制度，一般巡视检查包括下列内容：

1）监视电动机和电磁制动器的温升，在运行中不应超出允许温升。若电动机过热，应检查电动机通风冷却系统是否正常，同时检查电动机的堵转及电磁制动器的动作和释放是否符合技术要求。

2）了解控制屏上各电器的工作情况。检查有无零件松动或脱落；机械部分有无因受力而变形、断裂或影响正常灵活动作；衔铁在吸合和释放时有无振动、噪声异常；时间继电器的延时是否有明显差异；各电器线圈是否有过热、焦烟味或冒烟等现象。

3）对克令吊应检查各种限位保护和报警装置是否正常。

4）检查操作是否符合规程，手柄位置与运行转速是否相符，起重滑程是否过大，若过大，应检查电磁制动器的动作及有关电器是否正常，必要时停车调整，检查电磁制动器的间隙。

5）巡视时应观察各电器的整定值，若与整定值有明显偏差，可停机调整。对有时间继电单元、过载保护单元和变速单元电子设备的起货机，应观察有关指示灯的亮灭和亮度变化等。

6）装、卸结束，应检查起货机及主令控制器的电源是否切断，电动机的风门、控制室的门窗是否关闭，防水罩是否遮盖好，在温度较低时，接通控制器和电动机加热电阻应进行驱潮、防凝露。

（2）每航次的一般检查

每航次离港后，在到达目的港前，必须进行一次维修保养工作，主要内容如下：

1）清洁控制屏，去除在港装卸货时沾染的灰尘污物。

2）仔细检查控制屏与各紧固件是否松动、脱落、折断、损坏等现象；各接线头有无松动、掉落；电器的各反作用弹簧应正常和没有变形，若失去弹性、断裂或脱落丢失，应更换。

3）检查正反转接触器和各加速接触器的主副触头是否良好，若发现触头烧毛，接触面上有氧化物或细小的熔化物，应用油光锉磨光，力求接触表面光洁，保持原有形状，并贴合良好，触头清洁后，用万用表检查其接触情况。

4）检查各时间继电器、中间继电器、保护用继电器以及风机接触器等电器的触点和触头接触是否良好，有无损坏、变形，动作是否灵活，若发生变形、断裂或脱落等故障，应及时修理或更换。触点和触头清洁或修理后应用万用表检查接触的情况。

5）检查控制屏上电器的线圈有无短路、断路或接地等故障，若发现线圈有变色、发焦或烧灼等现象，应仔细检查，必要时应予更换。

6）测量控制屏对地绝缘电阻值。若由于受潮而不符合要求时，应用热风吹干，必要时应仔细擦拭并通电驱潮。

7）检查和清洁主令控制器，测量电磁制动器的间隙。

8）每个控制屏保养完毕、检查无误后，应进行通电运行试验。操作主令控制器，各项功能操作无误后，切断电源，加盖防水遮盖并关闭控制门窗。

（3）定期检修

定期检修内容除包括一般航次检修内容外，还应增加以下内容：

1）检查和调整各接触器、电压继电器线圈的动作电压和释放电压值，以及各保护电器的整定值，使其符合本船的技术要求。

2）检查与调整接触器、继电器触点的断开距离、超程、初压力、终压力以及线圈对地的绝缘电阻；测量线圈电阻值，判断内部是否短路，若短路应及时更换。

3）用绝缘电阻表测量控制屏、电动机绕组及电磁制动器线圈的绝缘电阻值，如因潮湿而使绝缘电阻值降低，应采用热风驱潮，使绝缘电阻值提高。

4）检查电动机通风系统，对鼓风机进行解体、清洁、更换轴承润滑油；检查并清洁风门、开关，清除风道中的灰尘和污物。

5）解体、清洁电磁制动器，更换损坏或磨损严重的部件。

6）检查接触器衔铁上的短路环是否断裂、松动或高出接触面而影响贴合，以避免噪声大。

二、交流起货机电气系统的常见故障检修

例：恒功率三速起货机电气系统的常见故障检修。

恒功率三速起货机电气控制线路如图6-26所示。

1. 工作原理

主令控制器在0位时，风门开关FK和主令控制器上的电源开关闭合使FSC得电，其常开触头闭合，使风机电动机得电运转，同时失电压继电器得电，常开触点闭合，控制线路得电。然后，逐档扳动主令器控制手柄，起货机就在对应档运行，在上升第一档，ZC和1C得电，低速绕组得电运行；扳到上升第二档，ZC和2C得电，中速绕组得电运行；扳到上升第三档，当负载在半载以下时，负载继电器ZJ不动作，ZC和3C得电，高速绕组得电运行，若负载超过半载时，负载继电器ZJ动作，使中间继电器J得电，其常开触点闭合，自保，常闭触点打开，使3C失电，只能在中速下运行。当主令控制器从0位直接扳到高速档时。由于在0位时，3SJ得电，常闭触点打开。2C先得电，在中速下起动。2C的常闭触点打开，使得3SJ失电，其常开延时触点延时（即为中速起动时间）闭合，使得3C得电，在高速下运行，同时受负载继电器ZJ限制。当从高速档直接扳到0位时。由于2SJ的常开触点延时打开，使得方向接触器ZC或FC仍然保持有电，在延时内，方向接触器ZC和1C低速接触器有电，同时制动器线圈回路电阻减少，放电时间常数增大，使延时抱闸，在延时时间内，

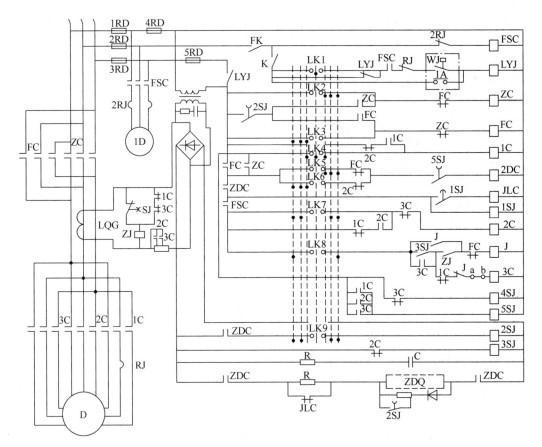

图 6-26 恒功率三速起货机电气控制线路图

电动机进行再生制动,即单独电气制动。当制动线圈放电到不能维持松闸值时,制动器抱闸,进行电气、机械联合制动,延时时间到,2SJ 打开,方向接触器 ZC 失电,电气制动结束。只有机械制动到电动机停转,即所谓的三级制动过程。当从一个方向的高速档快速扳到另一方向的高速档时,首先进行二级制动,然后再进行延时起动,其过程为:当手柄从起货高速快速扳向落货高速过程中,使得 2SJ 失电,延时打开常开触点 2SJ(13-14),使 ZC 仍然有电,使 ZDC 制动继电器失电,其常开触点 ZDC(36-59)打开,使得 2SJ 常开触点无法得电,只能进行二级制动,2SJ 常开触点延时时间一到,2SJ(13-14)打开,ZC 失电,使得 FC 得电。同样的道理,3SJ 的常闭触点(30-31)打开,3C 无法得电,只能在 2C 中速下起动,延时后,才能使 3C 得电,在高速下运行(负载在半载以下,否则,也只能在中速下运行)。

2. 常见故障的检修

(1)电动机过热,甚至烧坏

产生这种故障的原因主要有以下几个方面:

1)重载超速。国产恒功率电动机起货机应用负载继电器 ZJ 来防止负载超过半载升高速,但 ZJ 的可靠性差,不能很好地起到保护作用,经过不断改进,现推出晶体管式负载继电器,该负载继电器灵敏度高,对电网电压波动影响小。负载继电器失灵是造成重载超速运行的主要原因，若不及时发现、调整修复，就会发生电动机过热现象，久而久之或有其他故障就可能烧毁电动机。

2）长时间过载，操作频率过高。使用起货机时，由于装卸人员难于准确估计货物重量而超载运行，同时又希望提高装卸速度，因此操作频率常常超过 240/480/480 接通次数/小时，这是造成电动机过热的又一个原因。

电动机过热保护是由埋在电动机定子槽内绕组端部的热电偶和串联在主电路的热继电器 RJ 动作来实现。但是热电偶通常在电动机出厂前就已经损坏，可靠性极差，又不能修复，而主电路电流大，热继电器 RJ 比较粗糙，其整定值难于准确整定。由于这两种保护都不可靠，因此要求电气维护人员应经常监视电动机的发热情况。

3）电动机堵转。电动机发生堵转时，定子电流大大增加，如国产恒功率 JZF-H 型三速异步电动机 28 极、8 极、4 极的堵转电流分别为 $2I_e$、$4I_e$、$4I_e$，温升快而且高。

若起动时快速把主令器手柄扳向中速或高速档，中速绕组的加速接触器 2C 和 ZDQ 线圈同时通电。2C 动作比 ZDQ 快时，则可能发生中速绕组短时堵转。堵转电流较大容易使电动机发热。若这种操作过于频繁，就会造成发热严重。如果制动器本身故障，不能释放，制动器将发生堵转。若制动接触器 ZDC 因故障而不吸合，而 ZDC 的副触头熔焊或卡阻在闭合状态，将会使中速绕组长期堵转。为防止高、中速由于 ZDC 故障而堵转，线路中用 ZDC 的副触头控制 2C 和 3C 的通断，一旦副触头发生故障，就会发生上述现象。

在制动过程中，如果 2SJ 延时过长，ZDQ 放电电阻又较大，也会产生低速绕组堵转。若 5SJ 继电器失效，也会发生低速绕组堵转。由于时间继电器的工作频繁，寿命有限，失效很快，因此应维护监视上述电气元器件。

堵转保护依靠 RJ 和断路器动作。一般 RJ 整定到 $2I_{MN}$、15s 以内动作。

可见，电动机过热时，应检查制动接触器 ZDC、电磁制动器 ZDQ 以及放电电阻，还应校核 2SJ 延时整定值，检查 5SJ 工作状态以及其他有关部分电器。

4）电动机本身故障。电动机定子绕组、轴承等发生故障也会出现温升过高的现象。

（2）电磁制动器温升高、摩擦片磨损过快

这种故障的原因较为复杂，除制动器线圈发生短路外，还应从以下两方面进行分析：

1）从控制线路看，若时间继电器 2SJ 整定太短，电动机再生制动来不及发挥作用，未使电动机的转速降低，电磁制动器将在高速下刹车，从而使制动器温升高、磨损快。若电磁制动器线圈回路放电电阻太大，放电过快，也会产生高速刹车。

摩擦片磨损快也可能是由于经济电阻阻值太大或串入太早，使制动器似开未开，引起摩擦片磨损而造成，也可能是因为制动器线圈放电回路的二极管击穿，放电电阻成为分流电路而造成。

2）从制动器来看，摩擦片间隙太小、间隙不均匀、摩擦片变形等都会引起制动器发热和磨损严重。此外，制动器内弹簧弹力过强，线圈内部短路，吸力太小、弹簧掉落使衔铁受阻，间隙不匀或变小等也是摩擦片过快磨损的原因。

（3）控制系统失控

起货机不按照主令控制器手柄的要求工作，致使控制失灵的现象称为失控。电气维修人员必须能够迅速地排除失控故障，保证起货机正常运行。失控故障原因很多，下面对一些常见的故障做简要分析。

1）扳动主令控制器手柄，正、倒车都不能起动。正、倒车都不能起动的故障原因在于正、倒车控制线路中的公共部分，所以，首先检查风机是否转，若不转，应检查主电源、各个熔断器是否烧断，热继电器 RJ 是否复位，若风机转，应检查风机接触器 FSC 的副触头和零压继电器是否吸合。若以上各元件正常，就应检查主令器内部触头接触是否良好，有无脱落或损坏，制动器是否已松开，最后检查电动机本身是否有故障。

2）扳动主令控制器手柄，只有正车或倒车。这种故障常常是方向接触器触头接触不良而引起，应检查 ZC 或 FC 两接触器的主、副触头接触情况，同时检查主令控制器的触头。

3）正、倒车均无高速和中速。风机长期过载运行，其热继电器 2RJ 动作，风机接触器 FSC 释放，使高、中速不能运行，只可用低速放下货物；或者风机接触头故障（FSC 的副触头接触不良），制动器接触器的副触头接触不良以及主令器内部触头故障都可能造成这种故障。

4）制动时货物滑程过大。一般电动起货机额定起货速度为 40m/min，滑程不应超过 0.4m。滑程过大的原因主要是三级制动配合不好或电磁制动器有故障。

时间继电器 2SJ 的延时整定过程短，电动机再生制动的时间就短，系统在高速下制动会使滑程增大。2SJ 延时过长，将使电磁制动器过晚制动，也会使滑程过长。一般 2SJ 整定在 0.7s 为宜。

电磁制动器铁心有剩磁时，在剩磁吸力作用下，会使衔铁释放过晚，使货物处于自由跌落状态而产生较大的滑程。此外，摩擦片太光滑，间隙过大，反作用弹簧力不足都会影响滑程。

5）电动机单相运行。当主回路中的某档接触器三相触头不能同时接触或者有某相触头损坏、脱落时，常常发生单相运行故障，通电时电动机不能起动。但中、高速起动后，手柄扳回到低速档时，低速仍可转动，但负载力矩小。同样现象也会发生在中、高速档中。

6）负载继电器引起的故障。负载继电器 ZJ 是经常引起故障的元件，主要表现在重载下高速运行时，使电动机过热。在起货机管理中，应细心调整，注意监视。

交流电动起货机故障及原因见表 6-1。

表 6-1　交流电动起货机故障及原因

故障现象	故障原因
主令控制器接通，正、倒车都不转	①电源电压未接通，电源线路有断点 ②控制线路熔断器烧断 ③制动接触器未动作或触头接触不良，刹车未松开 ④主令控制器触头闭合不良或主令控制器损坏 ⑤风门开关未接通 ⑥温度继电器未复位或触头接触不良 ⑦失电压继电器触头接触不良 ⑧应急开关接触不良
有正车而无倒车或相反	①方向接触器有一个出现故障 ②某方向接触器触头接触不良 ③主令控制器有故障

（续）

故障现象	故障原因
只有正车低速，而无中、高速	①主令控制器未接通 ②风扇接触器副触头未闭合 ③方向控制器副触头接触不良
主令控制器手柄从高速档扳向 0 位时，电动机不停车；手柄反向，电动机仍正向运行	时间继电器 KT_2 失灵造成延时过长
滑程超过规定数值	①制动时间过长 ②高速刹车 ③摩擦片间隙过大，制动力矩小
恒功率起货机轻载不能高速运行	负载继电器失灵或整定值不对
电磁制动器不吸合，电动机发生堵转	①电磁制动器线路断路或短路 ②时间继电器 KT 失灵
电磁制动器不释放	①摩擦片碎裂卡阻 ②加速接触器副触头未断开，使电磁制动器未断电 ③制动拉触器有故障
电磁制动器吸合后马上又释放	①换档时加速接触器交接不当，有中断 ②KT_5 延时太短 ③制动器线圈的经济电阻阻值过大 ④制动器反作用弹簧弹力过强
电磁制动器发热	①制动器线圈有匝间短路 ②摩擦片变形或片间间隙太小 ③经济电阻阻值太小或串入太晚
摩擦片磨损过快	①片间间隙太小 ②摩擦片质量不好，不耐磨 ③电动机再生制动时间过短，发生高速制动 ④摩擦片间隙不均匀，长期高速摩擦，摩擦片变形

第五节　锚机、绞缆机电气系统的维修

一、技术要求与维护要求

电动锚机和绞缆机分为直流和交流两种，其拖动控制方案一般都与本船的电动起货机控制方案相同，目前大多采用交流三速锚机、绞缆机或 G-M 系统的锚机、绞缆机，两者拖动控制系统基本相同。

1. 技术要求

1）控制线路中应设有自动逐级延时起动环节。

2）电动机应能承受堵转电流 1min，堵转力矩为额定力矩的两倍。在堵转时，对直流而言，应能使电动机自动转到人为特性上运行；对交流而言，应能自动转换到低速运行。

3）电动机应能在最大负载力矩下起动。应急起锚时，电动机应能正常起动，在 30min 内允许起动 25 次。

4）深水抛锚时，控制系统应能使电动机工作在再生制动或能耗制动状态，使加速抛锚变为匀速抛锚。

5）控制系统应满足在正常抛锚深度下，起单锚的平均速度不小于12m/min，在45m抛锚深度下，起双锚的平均速度不小于6m/min。收锚入孔的速度一般为3~4m/min。

6）采用电气和机械配合制动，以满足快速停车和保护电动机的要求。

7）电力拖动装置应能满足在给定航次区内，单锚破土后，能起双锚。

2. 对锚机、绞缆机电气系统的维护要求

锚机、绞缆机电气控制屏的保养可参见起货机的控制屏的维护保养要求。

对于电磁制动器和主令控制器的维护要求与起货机相同。

锚机和绞缆机虽然能在最大负载力矩下起动和运行，但它是属于短期工作制的设备，使用时应根据锚链、缆绳状态及电流的读数进行操作，并注意：

1）起动次数不宜过于频繁，一般允许30min内起动25次。

2）堵转时间不能过长，一般允许1min，当电流表指示值较长时间超出电动机额定电流时，应停车。

二、电动锚机的常见故障检修

例：交流三速电动锚机电气控制系统常见故障检修

交流电动锚机与起货机的技术要求有相似之处，如调速，正、反转，逐级自动延时起动，电、机械制动，所以，控制线路与起货机大同小异，有许多故障也与起货机的故障相似，其检修方法也相似。

下面以交流三速电动锚机为例介绍其常见故障检修。如图6-27所示，其控制线路具有以下特点：

1）采用三速笼型异步电动机。三速笼型异步电动机定子铁心上有两套绕组：一套为高速（4极）绕组；另一套为中速和低速共用绕组，可改变极数，中速为双星形联结（8极）、低速为单三角形联结（16极）。

2）具有失电压和高速过载保护功能。当高速绕组额定电流110%时，过电流继电器GLJ吸合，3C断电，$2C_1$和$2C_2$触头闭合，使锚机在中速运行。

3）深水抛锚时，可使电动机工作在再生制动状态，把加速抛锚变为匀速抛锚。

4）各时间继电器的整定值为：1SJ为0.5~2s；2SJ为1~2s。

交流三速电动锚机的工作原理与交流三速起货机相似，这里不再赘述。

下面分析交流三速电动锚机常见故障检修。

1. 电动机发热严重

电动机发热严重的原因除电动机本身故障外，主要由于操作频繁、工作条件恶劣所造成。从控制线路上看，电动机可以在中速直接起动，起动电流较大，多次起动后，常会发生电动机过热现象。此外，由于锚机的工作特点，常常需要进行高速制动，从而使制动器发热严重。

当锚机电动机发热严重时，热继电器1RJ、2RJ动作，为了应急起锚，可以按下紧急按钮关AN，强制起锚。

2. 只有中速和低速，无高速

这种故障常常由过电流继电器GLJ误动作或主令控制器、接触器、继电器的触头接触不

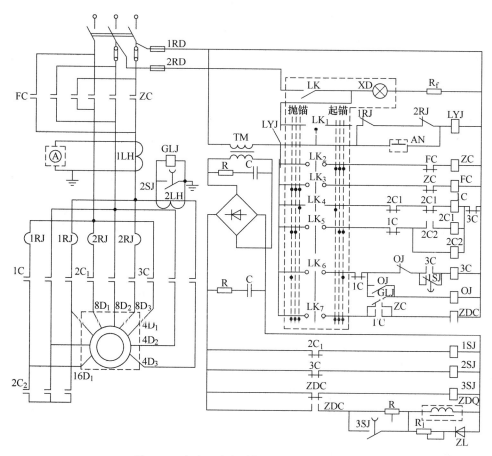

图 6-27　交流三速电动锚机电气控制线路图

良造成，此外，若 2SJ 时间继电器延时整定过短，过电流保护太早接入，在起动时也会无高速。

3. 制动器失效

若起动时吸合后即抱闸，说明经济电阻断路；若不能吸合松闸，首先检查 3SJ 是否正常动作，主令控制器手柄在零位时，3SJ 是否吸合，若吸合，说明制动器电源和 3SJ 正常，应检查主令控制器触头、制动继电器 ZDC 和电磁制动器线圈是否开路。

其他故障在此不做具体分析，只要按照第一章的故障诊断方法，参照起货机类似故障检修方法，总可以找到故障点。

三、锚机、绞缆机电气控制系统的调试

由于锚机、绞缆机拖动控制系统与起货机相似，所以调试的方法与起货机基本相似，但也有它的特点。一般调试分三个阶段进行，即空载、负载和航行抛、收锚。下面以交流三速电动锚机电气控制系统的调试为例分别介绍各阶段的调试特点。

通电调试前的检查内容与起货机相同。

1. 空载试验

1）先粗略整定各保护电器。零电压继电器 LYJ 可整定为 $80\% U_e$；过电流继电器 GLJ 交流时整定为 110%I_e，直流时整定为稍大于 2I_e。

2）接通电源，主令控制器手柄在零位，观察各电器动作情况，零压继电器 LYJ 和三个时间继电器 1SJ~3SJ 应动作，其他电器不应动作，正、反转逐级操作，观察电动机的转向、转速是否与线路原理图和主令控制器手柄位置相符，并注意观察各档的起动电流、空载电流。

3）分别将手柄从正、反转的高速档快速扳回零位，观察电磁制动器能否迅速制动。

4）在各档转速下检查和监听齿轮箱、电动机和各轴承的声音是否正常，一切正常后，空载运行 2h，检查系统工作情况、轴承温升、电动机发热、锚机机械等不应有异常现象，最后停车测量绝缘电阻。

2. 负载试验

在空载试验一切正常后，方能进行负载试验。对于大修时，线路变动不大而锚和锚链没有检修、不允许进行空载试验时，可以直接进行负载试验。

1）将主令控制器手柄扳向"起锚"第一档，电动机起动、低速运行，记录起动电流、工作电流和转速。再把手柄扳向其他各档，同样记录电流和转速，各档转速应有明显区别。

2）把主令控制器手柄从高速档快速扳回零位，观察制动器的制动性能，应符合规范要求。

3）将主令控制器手柄扳向"抛锚"各档，记录电流和转速，观察能否再生制动匀速抛锚，以及制动器的工作情况。

4）反复操纵主令控制器手柄，观察电动机、齿轮箱、锚机各部件工作情况是否正常，有无异常声响和振动。

3. 航行抛、收锚试验

在试验过程中，要测量各档转速下的电动机电流和转速，当锚破土时，锚机承受最大负载，应准确地记录锚破土瞬间电动机的电流和转速。在锚破土之前，交流锚机应能运行在中速档上。通常情况下，靠锚机本身的力矩能够拔锚出土。若电动机力矩不能使锚破土，电动机将堵转，这时应靠主机冲车，用船体向前的冲力拔锚出土。

最后，进行双锚的抛锚和起锚试验，也应符合《钢质海船建造规范》。

第六节　舵机电气控制系统的维修

目前，大型远洋或近海客、货轮多采用电动液压舵机，其电气控制系统中装有自动操舵仪或自动航迹保持器，按照一定的要求，对航向误差进行比例、比例微分、比例微分积分规律控制或保持船舶航行在给定的航线上。

一、舵机拖动控制系统的技术要求

1）舵机应由两路电源供电，即应急和主配电板，且应远离分开敷设。驾驶室内的操舵装置和舵机应使用同一电源。

2）为保证电-液压系统可靠工作，电动油泵机组采用冷备旁待方案，各台机组可单独运行，互成自动切换冷备旁待，也可两台机组并联运行。

3）舵机电动机应满足舵机技术性能的要求，在舵机舱和驾驶室、机舱集中控制室都能控制电动机，并有操纵转换装置，以防同时操纵。

4）在船舶处于深吃水和最大营运航速前进时操舵，应能使舵自一舷 35°转到另一舷 35°，并且自任何一舷 35°转到另一舷 30°的时间不得超过 28s。

5）舵角指示器指示舵叶位置的误差不应大于±1°。

6）应设有如下保护报警装置：舵叶偏转限位开关、电源失电压和过载声光报警。

二、舵机拖动控制系统的维护

1. 开航备车时对舵

对舵时应注意以下事项：

1）检查操舵台上的控制开关、按钮、指示灯及失电压、过载报警、声光信号等装置是否完整有效。

2）观察两舷供电转换使用情况，并用应急电源在驾驶台和舵机机舱分别试操。

3）用各种操舵方式在各操作台进行试操，检查应急舵操作是否有效，观察两套机组工作是否正常，自动切换是否可靠，控制系统工作是否正常，舵机的机械传动部分是否灵活可靠。

4）自动舵及电动舵机系统不应有跑舵、冲舵、不回舵及振荡等现象。

5）检查操舵器、舵角指示器与舵叶实际位置的偏差，在正舵时，偏差应为 0°；在人舵角下，偏差应不大于 2°；

6）复查舵从一舷 35°转至另一舷 30°所需时间是否符合规定，同时检查舵叶偏转速度是否均匀，转舵时有无异常声音、异常现象等。

2. 航行期间的巡视检查

巡视检查应包括以下内容：

1）查看机组的运行情况，电动机运转的声音、温升；

2）检查电磁阀、伺服电动机、限位开关等动作是否可靠；

3）观察各仪表读数、机组运行指示、舵角指示等装置的工作是否正常；

4）由两套舵机拖动控制系统的船舶，应定期更换使用。

3. 舵机电气系统维护保养的主要内容

舵机电气系统维护的周期及内容要求见表6-2。

表 6-2　舵机电气系统维护周期及内容要求

项目	周期	维护内容及要求
自动舵操纵台	1 次/6 个月	主操舵器传动部分加油
	1 次/1 年	①检查齿轮及微型轴承等传动部分的油质，如变质，则洗净后重新加油 ②清除操舵器内部的灰尘和污垢 ③必要时更换易损零件
随动控制系统	1 次/每航次	①对 AEG 式舵机，检查发信器和受信器的电阻、电刷、导电环；对滑环式舵机，检查集电环、导电滚轮；对手柄式舵机检查复位触头及其他反馈装置 ②检查系统中的各连杆、弹簧等机件 ③清除装置内铜屑和灰尘

（续）

项目	周期	维护内容及要求
执行装置	1 次/每航次	一般性检查
	1 次/3 个月	①检查电磁离合器线圈的固定，电刷和集电环的摩擦情况，检查机械制动的开距、刹车片的摩擦情况 ②执行电磁阀解体清洁检查，其衔铁活动部分应无卡阻、打毛等现象，行程应符合要求，测量电磁阀线圈的电阻，如有变化，应换新
舵角指示器	1 次/3 个月	检查电桥式舵角指示器的内部接触、磨损情况，清除灰尘并检查电源
	不少于 1 次/1 年	①清洁仪器内部，然后对各摩擦部分、轴、齿轮（橡皮件除外）加油 ②检查仪器的密封情况 ③检查调光电阻及灯光是否适当

电动液压舵机日常维护应注意以下几点：

1）对油泵电动机的维护与一般电动机相同；

2）两台机组和起动箱应轮流使用，其运行时间应基本相同；

3）经常检查各连接件有无松动或脱落等现象；

4）具有互为备用的双通道系统的印制电路板应经常互换使用，以保证其工作性能不变。对于备用印制电路板和元件应密封或干燥保存。

三、舵机自动控制系统的主要故障检修

目前，在船上使用的自动舵种类很多，但其工作原理基本相同。由于自动舵的线路、调整、结构比较复杂，操舵装置与推舵装置又相距较远，所以对自动舵的检修相对比较困难。如果不能掌握一些基本的检修方法，一旦在海上航行时自动舵发生故障，必将带来难以预料的后果。

现以日本产 PR4507 型自动舵为例介绍自动舵常见故障的检修方法。

自动舵出现故障时，总会暴露出一些不正常现象，仔细观察这些现象，根据自动舵原理，以这些现象为线索进行认真分析，找出可能的原因，逐步缩小故障范围，最后总能找到故障所在，加以排除。图 6-28 为 PR4507 型自动舵一般故障排查流程。

一般自动舵故障可以归纳为不工作、不灵敏、不稳定和不准确等方面，也可能是几种故障并发，或者是间断发生。

自动舵不工作一般都由明显的故障引起，如电源开路、熔断器烧断、短线（断路）短路、各种电子元件故障等。

自动舵不灵敏（运转迟钝）可能由于放大器增益定值不当、相位不合，系统内元件失灵等。

自动舵的误差过大，可能是由于自动舵执行机构运行不灵活等原因导致。

四、舵机拖动电气控制系统维修后的调试

舵机拖动电气控制线路不同，其具体的调试方法也有所不同，但调试的内容一样，所以，无法针对某一个线路讲述它的具体调试方法。下面介绍舵机拖动电气控制系统的调试内容和一般方法。

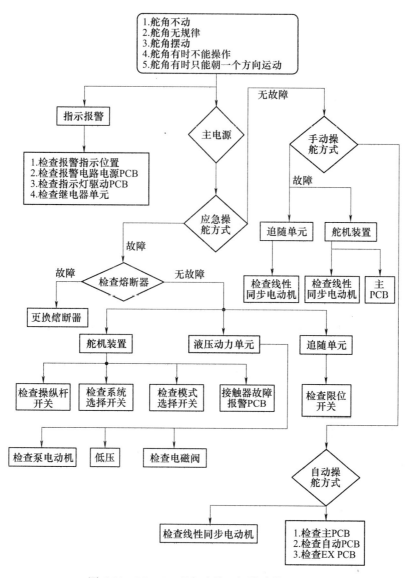

图 6-28　PR4507 型自动舵一般故障排查流程

1. 初次通电前检查内容

1）清洁整个系统，包括清洁控制箱、电动机和接线盒、反馈装置、电磁阀和执行电动机等，同时检查自动操舵仪。

2）熟悉图样及舵机系统的工作原理，检查接线及安装情况，是否与线图路相符。

3）把系统中的熔断器按图样要求的容量全部校对或装好，指示灯泡应按规定数目装好。

4）检查绝缘电阻，主回路和控制线路的绝缘电阻必须符合要求，测量时应注意不得损坏各种半导体器件或印制电路板。

5）检查系统动作的灵活性，如电动机-油泵机组、机械执行机构、反馈装置、舵机装置、手轮、手柄等。

2. 电动液压舵机电气系统调试

调试按操舵方式分别进行。

（1）应急操舵调试

在通电前检查合格之后，把操舵选择开关置于手动操舵位置，起动油泵机组，观察油泵和控制箱正常时，方能进行应急操舵调试。

首先在舵机舱操作手柄，操舵时先小角度后大角度。检查舵叶偏转方向是否与手柄转动方向一致；机械传动装置动作是否灵活，舵角指示器是否能准确反映舵角，检查限位开关动作是否准确，限位开关位置应能使舵叶停在左、右35°处，若误差过大应予调整。

进行满舵操作试验：从零向左和从零向右至满舵，再从右满舵到左满舵并相反，这时舵叶偏转应符合技术规范，即从一舷满舵到另一舷30°所用的偏舵时间不大于28s。

在舵机舱调试完成后，即可进行驾驶室应急操舵调试。闭合相应开关，先核对舵角指示器工作是否正常。无误后，按上述相同步骤进行应急操舵调试。

（2）随动操舵调试

把有关的转换开关扳到相应位置，转动随动操舵手轮，先做小角度随动操舵。检查偏舵方向是否与手轮转动方向一致；舵角指示器指示舵角与实际舵叶偏转角度是否相等；反馈信号的相位是否正确等。然后做大角度操舵，操舵过程与应急操舵调试一样。

如果发现系统不工作或跟踪角度不对等现象时，可以把反馈的舵角变送器从舵机上拆下，在驾驶室内与操舵仪直接相连，晶闸管或继电器输出处可接指示灯作负载。当手轮某角度时指示灯亮，再用手拨舵角变送器到相应角度指示灯熄灭，说明故障不在操舵仪，而在系统其他元件或电路中，若指示灯亮灭混乱，说明操舵仪有故障，此时，可先更换印制电路板。若其他部分有故障可按上述有关内容来处理。

随动操舵调试中尚需检查系统有无振荡、舵角与舵角指示器的指示误差等。

（3）自动操舵调试

系泊预调：用随动操舵使舵叶置零位，即使舵叶处于船的首尾线上，将压舵旋钮置零位，灵敏度调节即天气调节置一般位置（灵敏度不可过高），选择开关扳向"自动"位置。转动压舵旋钮或航向改变旋钮，舵叶应偏转给定角度。调节舵角比例调整旋钮，对一定给定舵角，舵叶应按比例变化。

航行调试：预调结束后进行航行调试，航行调试中要进行航向改变、航向稳定性、微分、压舵等试验，其指标可按技术要求检查。调试内容：

1）操舵信号应与反馈信号相位相反；

2）调节灵敏度，记录并检查使系统振荡的极限数据；

3）调整比例舵，试验压舵调整；

4）检查微分环节反应是否明显。

3. 自动操舵调试注意事项

1）测量电源变压器各输出电压是否正确，电源电压在$\pm 5\% U_e$内变化时，操舵仪应能正常工作。

2）舵角变送器和航向发送器调零位。如果零位不对，会使左、右舵偏转，灵敏度不对称。零位偏离大时，在自动操舵工作时船舶偏航角的信号会有误差。自动操舵仪安装时会有假零位现象，会产生要左舵来右舵或相反的故障。

3）检查电源印制电路板的各输出电压数值，若数值不对，应检查各元件的质量和焊接情况。

4）检查相敏电路。理论上讲，当相敏电路无输入时应无输出信号，但由于电路不可能做到绝对对称，一般都有极小的输出。若输出信号太大，则应检查该电路板上的元件质量和焊接情况。

5）测量无操舵信号时放大器的输入和输出。无偏航和操舵信号时，晶闸管无输出或继电器不动作。若一边有输出信号时，应检查放大器或舵角变送器的元件是否损坏或质量有问题等情况。

第七节　船用辅锅炉电气控制系统的维修

一、船用辅锅炉电气控制系统的技术要求

主机为柴油机的船舶，一般都装设辅助燃油锅炉以便供热。我国船舶多采用 1.8t/h 的自动燃油锅炉，气压为 294~686kPa，对其控制系统的主要技术要求如下：

1）锅炉系统的控制箱应集中装设在锅炉附近。

2）锅炉控制系统应具有手动和自动控制功能，自动控制失效时，应能很方便地切换到手动控制。

自动燃油锅炉控制系统一般包括：

（1）自动调节系统

1）水位自动控制环节。锅炉内低水位时，水泵自动起动给水；到达高水位时，自动停止给水；当水位降到危险水位时，能发出声光报警信号，并使全部系统停止工作。

2）蒸汽压力自动控制环节。锅炉内蒸汽压力下降到下限值时，能自动点火燃烧；压力达到上限值时，能自动熄灭；压力达到最大压力值时，能够发出声光报警，并自动打开安全阀放汽降压。

3）燃油温度自动调节环节：能自动保持燃油的适宜温度。

（2）程序控制器

锅炉的点火燃烧应按一定程序进行，接通电源，按下自动起动按钮后，系统按以下程序工作：风机首先运行向炉膛内鼓风，进行预扫气，经一定时间后燃油泵起动，随后点火变压器得电，开始点火，然后点火喷油嘴喷油（一般火等油原则）。若点火成功，光敏电阻发出信号，点火停止；同时主喷油嘴开始喷油，风机和燃油泵进入正常工作。对由风油自动比例调节的自动锅炉，点火成功后，调节器根据气压变化对风油按比例自动调节。若点火失败，点火和喷油自动停止，同时进行后扫气。扫气结束后，进行声光报警。有的锅炉可自动进行第二次点火。若再失败，再进行报警。

锅炉正常燃烧使蒸汽压力达到压力上限时，自动熄灭，后扫气，同时高压状态指示灯亮。气压降低到下限时，自动点火燃烧，程序同前。

（3）自动保护和声光报警

在下列情况下自动保护并报警：

1）危险水位时，自动熄灭，后扫气，报警。

2）气压达到最大时，自动熄灭，放气并报警。

3）点火失败时，自动熄灭，后扫气，报警。

船用辅锅炉的自动控制系统比较复杂，控制线路的种类很多，但基本的技术要求不变。对于维修人员来说，只有掌握了这些技术要求，才能有的放矢地分析实船应用的锅炉的控制原理，了解它具有哪些功能，由哪些元器件和线路实现等。当控制线路发生故障（即系统中某个功能不能完成）时，通过检查相关元件和线路即可找到故障点，所以，在了解掌握设备电气控制系统维修时，首先要了解该设备及其技术要求。

二、锅炉控制系统的维护

锅炉自动控制系统的维护要求见表 6-3。

表 6-3 锅炉自动控制系统的维护要求

项目	周期	维护内容及要求
控制系统	1 次/2 个月	顺序控制器的程序动作灵活可靠，进行人工操作时，声光报警安全设施有效、正常
点火系统	1 次/2 个月	检查点火棒间隙、棒极的绝缘性能以及光敏元件和电磁阀的工作情况；保持光敏元件的良好透光度，光敏元件要定期轮换使用
给水系统	1 次/2 个月	自动给水控制器及水位传感器的动作是否灵敏可靠，水密是否良好
风油调节装置	1 次/2 个月	检查电气元件，机械传动应灵活牢固，检查比例式压力调节器的压力上下限整定值是否符合要求
废气锅炉机械传动	1 次/2 个月	检查三向换向阀的电气及机械部分是否灵活可靠

锅炉控制系统日常维护应注意以下事项：

1）定期清洁控制箱，清洁多回路时间继电器及其他继电器和接触器的触头，经常清洁各电位器的触头。同时，防止油水进入控制箱。

2）经常检查点火系统的绝缘，尤其是点火棒的绝缘；清洁点火棒尖端积炭；定期检查各电动机绝缘电阻，监视电动机运行时的发热情况。

3）清洁水位观察器防止水垢积存，保持玻璃透明。

4）保持声光报警装置处于良好状态，及时更换损坏的指示灯。

三、锅炉电气控制系统的常见故障检修

船用辅锅炉自动控制系统线路种类较多，线路比较复杂，被调节和被控制的量也较多，所以故障也是多种多样。下面以国产 2t 立式燃油锅炉自动控制系统为例说明其故障检修方法。

图 6-29 为国产 2t 立式燃油锅炉自动控制线路图，具有以下功能：

1. 水位自动控制及过低水位保护

将 K_8 扳到 71，当锅炉水满时，电棒 77 导电，使 2JY 得电，常闭触点打开，使 7JZ 失电，1CJ 失电，给水泵停止，当电棒脱水时，由于 2JY 的常开触点闭合，此时，电棒 78 仍导电，所以不会因为电棒 77 脱水而使给水泵马上起动。只有当电棒 78 脱水时，2JY 失电，使 7JZ 得电，使 1CJ 得电，给水泵起动给水。当水位到达极限最低水位时，电棒 82 脱水，3JY 失电，使 6JZ 得电，警铃响，使 1JZ 失电，切断风油控制线路的电源。

2. 燃烧程序控制

当锅炉水位正常、蒸汽压力低于 5kg/cm² 时，压力继电器 YD 闭合，使得 3CJ 和 4CJ 得

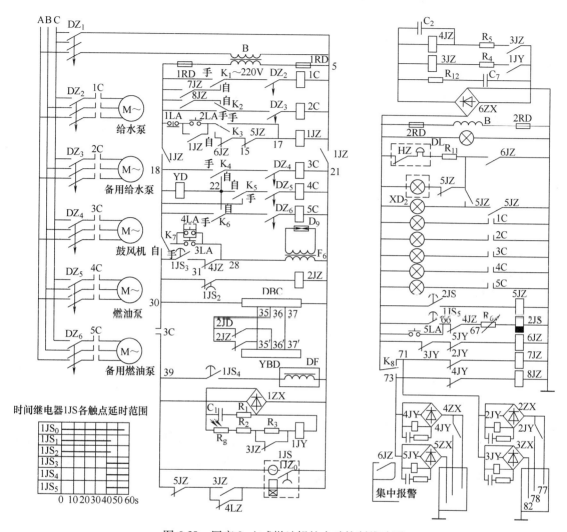

图 6-29　国产 2t 立式燃油锅炉自动控制线路图

电，风机和油泵运转，开始给炉膛进行预扫风，当预扫风 40s 后，$1JS_3$ 闭合，使点火变压器 F_6 得电，开始产生点火火花，同时 $1JS_4$ 闭合，使燃油电磁阀得电，切断燃油循环回路，进入油嘴喷油。若点火成功，光敏电阻 R_g 的电阻值减小，使 1JY 得电，使 3JZ 得电，使 4JZ 得电，4JZ（31、28）断开，点火变压器失电，4ZJ 另一个常闭触点（66、67）断开，使 2JS 失电，点火计时失去作用。若点火失败，在 2JS 延时的 7s 内，1JY 不动作，3JZ 和 4JZ 也不动作，2JS 的延时闭合触点闭合，使 5JZ 得电，点火失败指示灯 XD_2 亮，警铃响，同时 5JZ（15、17）触点断开，使 1JZ 失电，油、风控制线路电源被切断。

3. 燃烧比例控制

燃烧过程自动调节由比例式压力调节器（YBD）和电动比例操作器（DBC）两个元件来实现。其线路如图 6-30 所示。

工作过程：

当锅炉汽压达到压力调节器的整定值时，YBD 带动的电位器 R'_9 与电动机 M 带动的反馈

电位器 R'_{10} 所构成的电桥平衡，电桥无输出，差动放大 VT_1、VT_2 也没有输出，调整静态参数，使 VT_1 和 VT_2 截止，晶闸管 VTH_1 和 VTH_4 截止，伺服电动机 M 不转，保持这种风油比例状态。

当锅炉汽压低于整定值时，压力调节器 YBD 带动 R'_9 上的滑动触头上升，电桥失去平衡，使得 VT_1 仍然截止，VT_2 导通，触发了 VTH_1，使伺服电动机 M 的一个绕组得电，向增大油、风门方向转动，同时，M 带动电位器 R'_{10} 向上升，与 R'_9 构成新的平衡。一旦达到新平衡，电桥无输出，伺服电动机停止，反之亦然。

4. 手动控制

把操作方式置手动位置，即 $K_1 \sim K_7$ 置手动位置，按先预扫风、后点火操作顺序进行，这里不再重复。

5. 常见故障检修方法

这种控制线路采用时间继电器的时序控

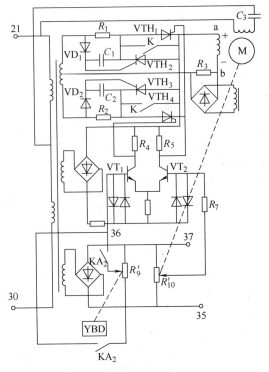

图 6-30　燃烧比例控制线路图

制器，具有风油比例调节功能，线路比较复杂。当发生故障时，应根据故障现象，判断出哪个功能失效，再找出完成该功能的线路或元器件。检查这些线路或元器件是否有故障。如风油比例调节失常故障，需要检查 YBD 和 DBC 元件；锅炉燃烧自动系统正常却误报警，说明火焰监视环节失效，这时就得检查光敏电阻及其有关电路和报警电路等。

下面举例说明该系统发生故障时的检修方法。

（1）点不着火

这种故障应从电气和油两方面寻找故障原因。

电气方面，首先检查点火间隙有无点火火花产生，检查方法同上；若没有火花，则检查点火棒和引线的对地绝缘或相互间绝缘，点火变压器对地绝缘，点火间隙是否太大或太小；最后，检查点火变压器和点火按钮 4LA，若有火花，则应检查电磁阀 DF 是否动作，若不动作，应检查电磁阀线圈是否开路，阀心是否卡阻，若动作，则应从油方面进行检查。

油方面，首先检查油嘴是否喷油，无喷油，检查油路，观察油嘴是否堵塞，油路系统是否建立压力，最后，检查 2JZ 是否动作，若其常开触点没有闭合，在点火期间，燃烧比例调节器投入工作会把风门打开很大，造成点火失败。此时，应检查 2JZ 本身，线圈回路及其触点闭合情况。

（2）不能自动给水

这种故障是自动给水系统故障，首先进行手动给水，若正常，说明控制 7JZ 或 8JZ 的电路或继电器本身故障，这时只需检查 7JZ 本身和 2JY 的常闭触点，若不能手动给水，则说明接触器 1CJ 或泵辅机组本身故障。

（3）不能自动点火、燃烧升压

发生这种故障时，先切换到手动操作，若也不能生炉，按不能点火故障来检修；若正常，说明自动控制系统故障，此时按下起动按钮，观察风机油泵是否运行，若没有运行，首先检查自动转换开关 $K_1 \sim K_7$ 是否到位，最低水位和点火失败的两个继电器 6JZ 和 5JZ 是否误动作，压力继电器 YD 和 1JZ 是否正常工作。若风机、油泵运行正常，说明时序控制器 1JS 故障，检查 1JS 继电器，各触点是否按延时表进行动作，同时，应检查 4JZ（31、28）的常闭触点是否闭合。

（4）点火时，产生火焰后自动熄灭

这种故障是火焰监视环节故障，首先检查光敏电阻 R_g，光敏电阻是否老化，感光窗是否被油灰堆积影响光通量；1JT 继电器本身或回路是否存在开路故障，其工作电源整流桥 1ZX 是否存在开路故障。这些故障都会产生火焰，若系统没有检测出，将出现点火失败而自动保护动作的错误动作状况。

（5）不能自动保持正常的气压和气温

锅炉在燃烧时，气压和气温波动比较大，说明风油比例调节器工作不正常。这时应检查压力调节器 YBD 的整定值是否变化，其本身工作是否正常，运动部件是否卡阻，它所带动的电位器的滑动触头是否接触良好。同时应检查电动比例调节器 DBC，其差动放大器参数是否对称，元件是否损坏，交流电子开关晶闸管 $VTH_1 \sim VTH_4$ 是否正常，伺服电动机 M 工作是否正常，它所带动的反馈电位器的触头是否接触良好等。

（6）自动熄火，点火过于频繁

这种故障产生的原因有：①气压继电器 YD 的上、下限值偏差太小，造成频繁点火生炉，没有燃烧一会儿，蒸汽压力又达到上限，又停炉；②电动比例调节器不能随蒸汽压力变化而自动调节风油比例时，常使点火过于频繁，如当蒸汽压力与给定值偏差小时，应减小风门和油门来维持气压和气温，若它失去控制，仍以偏差大时的大风门、大油门燃烧，将很快使气压升高，导致自动熄灭停炉；③风门机械拉杆调整不当也会常使锅炉熄灭。

四、锅炉电气控制系统的调试

辅助锅炉电气控制线路多种多样，大修后，其具体调试方法和步骤也有所不同，但是调试总的原则是不变：即先进行分块功能调试，待子系统调试完毕后，再进行整体调试；先进行手动功能调试，后进行自动功能调试。下面以国产 2t 立式燃油锅炉为例说明其调试方法和步骤。

1. 报警子系统的调试

仅闭合 DZ_1 控制回路得电，把 1RD 拔掉，只有报警部分和水位检测部分有电。如果此时锅炉内没有水，会立即听到警铃响，若用螺钉旋具顶一下 3JY 或 5JY 的衔铁，就能停止报警，若顶一下点火失败继电器 5JZ 的衔铁，也会立即报警，说明报警子系统工作正常，然后，用同样方法，顶一下 $1C \sim 5C$ 的衔铁，观察各运行指示灯的指示情况。采用这种模拟方法来调试报警系统，如果线路动作不符合线路原理，应查出故障并排除，使这部分线路按线路原理要求动作。

2. 自动给水系统调试

闭合 DZ_1 和 DZ_2，给控制回路送电，把水位检测部分 K_8 闭合至 71 侧。按照先手动后自动调试原则，把 K_1 置于手动位置，给水泵开始运转，向锅炉注水，当锅炉水满时，把 K_1 闭合于自动位置，打开排水阀，使炉水排到低水位，观察给水泵是否能自动起动，若能，则断开 DZ_2 停止给水，使水位继续达到最低极限位置，此时应能报警，若不能报警，检查 6JZ 及其回路。

3. 点火控制系统调试

当锅炉水位正常时，$DZ_1 \sim DZ_4$ 闭合，把 K_3 闭合于手动位置，使 1JZ 得电，点火控制子系统得电，把 K_4 闭合于手动位置，3C 得电，风机转，做预扫气，若第一次预扫，时间应长一些，预扫后把风门关小一些，做好记号。然后，K_5 闭合于手动位置，使燃油泵运行，管路中建立油压。把 K_7 闭合于手动位置，按下手动点火按钮 3LA，点火棒产生火花，同时，打开燃油阀，使燃油进入油嘴喷油，若点火成功，在火焰观察孔可观察到火焰。若点不着火，断开 DZ_5，使燃油泵停转或关闭燃油阀，从炉膛中取出点火棒。试验是否有点火火花产生，再观察油嘴是否有油迹，若有火花和油迹，可能是点火棒距离油嘴太远或油压不足等造成雾化不良，应调整，同时，应检查风门是否开太大或太小，由于风门和油门是联动的，风门关太小，不易着燃。反复多次手动调试，手动多次点火成功后进行自动功能调试。

首先要对火焰检测环节进行调试，从炉膛取出光敏电阻，用手电筒照射，1JY 应动作，然后，校验时间继电器 1JS 各触点动作延时和闭合或断开情况，最后，断开 DZ_4，用螺钉旋具顶一下 2JZ 的衔铁，观察风油比例调节器是否把风门、油门关小。若这些部件都正常后，线路复原，仅把光敏电阻放在外面，进行模拟联调。先断开 DZ_5，油泵不打油，$K_1 \sim K_7$ 置于自动位置，按下起动按钮 2LA，观察到风机鼓风，风门关到最小位置，43s 左右再开大，47s 后报警，这时按下停止按钮 1LA。再一次起动，40s 后用手电筒照光敏电阻 R_g，观察到 1JY 动作，不再报警，风油比例调节器使风门开大，说明点火系统工作正常。最后，进行自动点火调试。把光敏电阻放回原位，闭合 DZ_5，按下起动按钮。一般来讲，自动点火会成功。若点火火焰已产生，然后自动熄灭、报警，说明火焰检测部分故障，可能光敏电阻的感光管没有对准火焰或感光玻璃脏了影响感光强度，这时调整位置或清洁玻璃。

第七章 船舶报警装置的故障诊断与维修

船舶报警装置主要是指通用报警装置、火警报警装置、水雾灭火装置、机舱集中监测与报警装置及一些特殊场所的专用报警器等，它们各自由不同的报警电路组成，构成整个船舶的报警系统。

第一节 通用报警装置

通用报警装置又称紧急集合警报，是在船舶发生重大海损事故或发生火灾等紧急情况下，对全体船员和旅客发布紧急总动员和集合的报警装置。通用报警装置由关闭器、警钟、警灯、接线盒等组成。

通用报警装置的控制方式分为直接控制方式和间接控制方式。前者是在驾驶室按下关闭器时，全船警钟、警灯通过关闭器触头直接接通应急电源，发出音响和灯光信号，适用于警钟安装数量不多、馈电干线电流容量不大的船舶；后者是在蓄电池充放电板上安装接触器，由驾驶室的关闭器或按钮进行控制，全船警钟和警灯通过接触器常开触头的闭合接通应急电源，发出音响和灯光信号，适用于警钟数量多、馈电干线电流容量较大、总馈电线截面较粗、警钟电源接至驾驶室再进行馈电有困难的船舶。通用报警装置控制原理线路如图 7-1 所示。

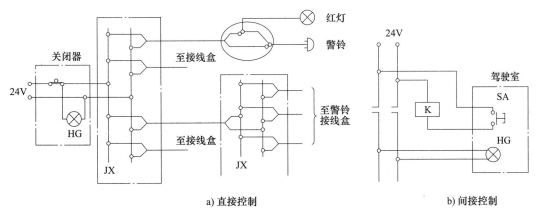

图 7-1　通用报警装置控制原理线路

一、通用报警装置控制系统主要功能

图 7-2 是某散货船的通用报警装置控制系统图，其主要功能有：

1）通用报警装置上设有"通用报警""手动报警"两个按键；设有主电源失电声、光报警装置。

2）通用报警装置输出信号有：

① 通用报警信号。七短一长循环周期输出，每隔 2s 重复发送。

② 手动报警信号。以按键开关通/断节奏输出。

3）通用报警装置与广播系统连接时，可从扬声器中播放不同节奏频率的音响信号，以区别不同的报警方式。

4）通用报警装置外接输入端有：

① 紧急报警按钮。设在两舷、集控室、消防站或其他位置。

② 火灾报警设备。火警控制器的火警信号延时 2min 接入通用报警系统。

③ 通用报警遥控盒。安装在救生艇旁，在发送弃船信号及紧急广播讲话时启用。

5）通用报警装置输出端有：

① 至警铃控制端。控制电铃，报警时输出闭合触点。

② 至机舱警报指示器端。报警信号延伸到机舱，报警时输出闭合触点。

③ 至雾笛控制端。控制雾笛按节奏发信号，报警时输出闭合触点。

④ 至公共广播系统。报警信号通过广播扬声器覆盖全船。

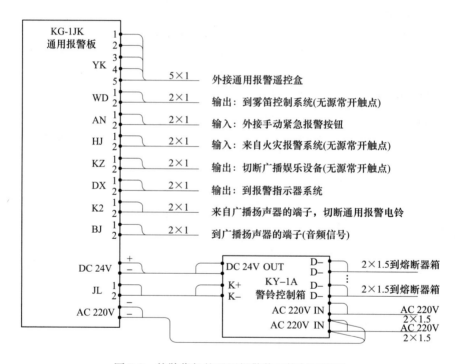

图 7-2   某散货船的通用报警装置控制系统图

二、通用报警装置控制系统常见故障处理

1）遥控启动/停止按钮只有一个按钮好用时，检查遥控按钮的公共线连接是否正确。

2）遥控按钮和控制板上启动操作没有反应时，检查遥控启动/停止按钮是否接于常闭触点，是则改为常开触点。

3）启动操作后，遥控启动/停止按钮指示灯亮，控制板上指示灯不亮时，检查电源极性是否接反，是则改正。

第二节　火灾自动监控与报警装置

船舶火灾自动监控与报警装置根据安装区域和探测介质的不同主要分为三种：用于舱室的火灾自动监控与报警装置，用于干货舱的火灾自动监控与报警装置，以及可燃气体探测装置。

目前在船上应用的报警控制器主要有继电接触器控制式、PLC 控制式以及微机控制式三种，其作用是接受火灾探测器从监控现场发送来的火灾信号，经过处理后给出声、光火警报警信号，并显示出火警的部位，以便船员及早采取灭火措施。

一、火灾探测方法及探测器分类

1. 火灾探测方法

火灾探测是以物质燃烧过程中产生的各种火灾现象为依据，实现火灾的早期发现。分析普通可燃物的火灾特点，以物质燃烧过程中发生的能量转换和物质转换为基础，可形成不同的火灾探测方法，如图 7-3 所示。

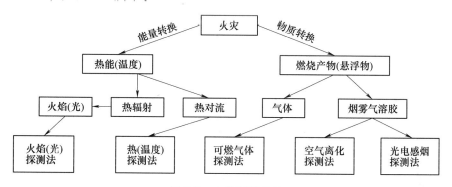

图 7-3　火灾探测方法

2. 火灾探测器分类

一般来讲，火灾探测器由火灾参数传感器或测量元件、探测信号处理单元和火灾判断电路组成。火灾信号必须借助物理或化学作用，由火灾参数传感器或测量元件转换成某种测量值，经过测量信号处理电路产生用于火灾判断的数据处理结果量，最后由判断电路产生开关量报警信号。直接产生模拟量信号的火灾探测器输出的测量信号是经过信号处理电路进行数据处理后，产生模拟量信号并传输给火灾报警控制器，最终由火灾报警控制器实现火警判断的功能。

根据各类物质燃烧时的火灾信息探测要求和上述不同的火灾探测方法，可以构成各种类型的火灾探测器，主要有感烟式、感温式、感光式（火焰探测式）和可燃气体式四大类型。如图 7-4 所示，船舶常用的火灾探测器均为点型探测器（陆用感温探测器有的采用线型）。

（1）感烟式火灾探测器

感烟式火灾探测器目前在船舶中应用较普。据有关机构统计，感烟式火灾探测器可以探测 70% 以上的火灾。目前常用的感烟式火灾探测器有离子式和光电式两种类型。

1）离子感烟式火灾探测器。离子感烟式火灾探测器采用空气电离化探测火灾。根据其

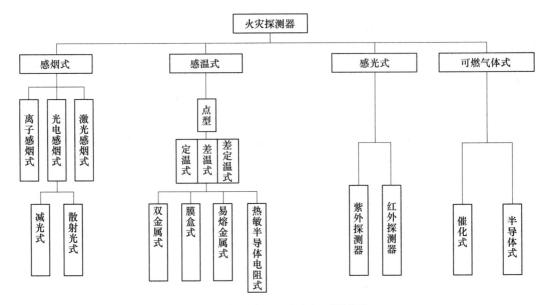

图 7-4 船舶常用的火灾探测器分类

内部电离室的结构形式，又可分为双源感烟式和单源感烟式。

双源式感烟火灾探测器：当有烟雾进入火灾探测器时，由于烟雾粒子对带电离子的吸附作用，使检测用电离室内特性曲线发生变化，从而形成电压差 ΔV，经电子线路对电压差 ΔV 的处理确认火灾发生并报警。采用双源感烟式火灾探测器可以减少环境温度、湿度、气压等条件变化引起的对离子电流的影响，提高火灾探测器的环境适应能力和工作稳定性。目前在船舶中应用较多。

单源式感烟火灾探测器：在火灾探测时，探测器的烟雾检测电离室和补偿电离室都工作在其特性曲线的灵敏区，利用极电位的变化量实现火灾的探测和报警。单源式离子感烟火灾探测器的烟雾检测电离室和补偿电离室在结构上基本都是敞开的，两者受环境条件缓慢变化的影响相同，因而提高了对使用环境中微小颗粒缓慢变化的适应能力。特别在潮湿地区要求的抗潮能力方面，单源式离子感烟火灾探测器的自适应性能比双源式离子感烟火灾探测器要好得多，但目前双源式离子感烟火灾探测器也可以通过电路参数调整以及与火灾报警控制器软件配合来提高抗潮能力。

在离子感烟式火灾探测器中，选择不同的电子线路可以实现不同的信号处理方式，从而构成不同形式的离子感烟式火灾探测器，如选用阈值（门槛值）比较放大和开关电路的电子线路，可以构成阈值报警式离子感烟火灾探测器；选用 A/D 转换、编码传输电路和微处理器单元，可以构成带地址编码的模拟量以及智能式离子感烟火灾探测器。

2）光电感烟式火灾探测器。光电感烟式火灾探测器利用火灾产生的烟雾改变光敏元件受光的强弱而发出报警信号。根据烟雾粒子对光的吸收和散射作用，光电感烟式火灾探测器可分为减光式和散射光式两种类型。

减光式光电感烟火灾探测器：当在探测器周围有烟雾出现时，进入光电检测暗室内的烟雾粒子对光源发出的光产生吸收和散射作用，使通过光路上的光通量减少，从而在受光元件上产生的光电流降低。光电流相对于初始标定值的变化量大小，反映了烟雾的浓度大小，据此可通过电子线路对火灾信息进行放大比较或火灾参数运算，最后通过传输电路产生相应的火灾信号。

散射光式光电感烟火灾探测器：当在探测器周围有烟雾出现时，进入遮光暗室的烟雾粒子对发光元件（光源）发出的一定波长的光产生散射作用，使处于一定夹角位置的受光元件的阻抗发生变化，产生光电流。此光电流的大小与散射光强弱有关，根据受光元件的光电流大小（即当烟粒子浓度达到一定值时，散射光的能量就足以产生一定大小的光电流），可以激励遮光暗室外部的信号处理电路发出火灾信号。

（2）感温式火灾探测器

在火灾初起阶段，使用热敏元件来探测火灾的发生是一种有效的手段，特别是那些经常存在大量粉尘、油雾、水蒸气的场所，无法使用感烟式火灾探测器，只有用感温式火灾探测器才比较合适。在某些重要的场所，为了提高火灾监控系统的功能和可靠性，或保证自动灭火系统的动作的准确性，也要求同时使用感烟式和感温式火灾探测器。感温式火灾探测器可以根据其作用原理分为如下三大类。

1）定温式火灾探测器。定温式火灾探测器是在规定时间内，火灾引起的温度上升超过某个定值时启动报警。它结构简单，可靠性高，误动作少，动作温度一般分为60℃、70℃及90℃三种。由于冬季或夏季环境温度变化，对探火的反应时间有一定影响。这类探测器灵敏度较差，一般适用于厨房、锅炉间、烘衣间等。目前，常用的定温式火灾探测器有双金属式、易熔合金式和热敏电阻式等几种形式。

2）差温式火灾探测器。差温式火灾探测器是在规定时间内，火灾引起的温度上升速率超过某个规定值时启动报警。点型结构差温式火灾探测器根据局部的热效应而动作，主要感温元件有空气膜盒、热敏半导体电阻等。

3）差定温式火灾探测器。差定温式火灾探测器是将定温式和差温式两种探测器组合在一起。若其中某一功能失效，则另一种功能仍然起作用，因此大大提高了火灾监测的可靠性，在实际船舶中应用较多。差定温式火灾探测器一般多是膜盒式或热敏半导体电阻式等点型结构的组合式火灾探测器。

（3）感光式火灾探测器

物质燃烧时，在产生烟雾和放出热量的同时，也产生可见或不可见的光辐射。感光式火灾探测器又称火焰探测器，用于响应火灾的光特性，即扩散火焰燃烧的光照强度和火焰的闪烁频率的一种火灾探测器。根据火焰的光特性，目前使用的火焰探测器有两种：一种是对波长较短的光辐射敏感的紫外探测器；另一种是对波长较长的光辐射敏感的红外探测器。

紫外探测器是敏感高强度火焰发射紫外光谱的一种探测器，它使用一种固态物质作为敏感元件，如碳化硅或硝酸铝，也可使用一种充气管作为敏感元件。

红外探测器基本上包括一个过滤装置和透镜系统，用来筛除不需要的波长，如将太阳、日光灯光谱过滤掉，而将收进来的光能聚集在对红外光敏感的光电管或光敏电阻上。这种探测器具有视域广阔、灵敏度高、抗干扰性强等优点。

感光式火灾探测器使用在可能发生有可见火焰、烟气较小的高度危险的区域，同时在同一区域必须有感烟或感温式探测器作为辅助探测。由于感光式火灾探测器的灵敏度很高，甚至有时会把其他光线误认为火灾，所以在探测区域内不要有与探测器波长相同的光线。一般安装在钻井平台上的油处理区、井口，油船、化学品船上的防爆区，但不适用于装有相应光线灯和明火作业的场所。安装时应注意探测器的覆盖角，一般红外探测器的探测角为140°，紫外探测器的探测角为90°，安装时应使保护面积都处在覆盖面之内。

（4）可燃气体式火灾探测器

可燃气体式火灾探测器即易燃气体探测系统。

3. 火灾探测器的接线形式

在实际系统中，火灾探测器和控制器的接线方式一般均采用并联。也就是说，若干个火灾探测器的信号线按一定关系并联在一起，然后以一个部位或区域的信号送入火灾报警装置（或控制器），即若干个火灾探测器连接起来后仅构成一个探测回路，并配合各个火警探测器的地址编码形成保护区域内多个探测部分火灾信息的检测和传送。目前在火灾报警系统中，对于火灾探测器通常采用三种接线方式：二线制、三线制和四线制，如图7-5所示（由于三线制在实船中较少使用，在此不作介绍）。

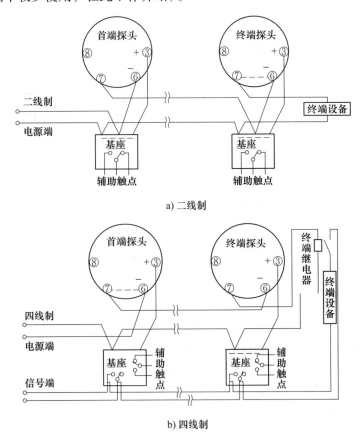

图 7-5　火灾探测器的接线方式

图7-5a是二线制接线方式，此电路电源线与信号线重合，各个火灾探测器如果状态正常，则通电后其内部接线柱⑥、⑦闭合，使得电源得以送入下一个火灾探测器，在终端探头有一终端设备（一般为电阻或稳压二极管），使得系统在正常监视状态下有一监视电流（微安级）；一旦火灾发生，相应探测器动作，使电源两端电阻急剧下降，产生一较大的动作电流（毫安级），由系统内部处理后给出声光报警；如果某回路中有一个探头故障，其内部接

线柱⑥、⑦不能闭合，使电源端开路，由系统处理后显示该回路开路或探头故障。

如 7-5b 是四线制接线方式，其工作原理与二线制接线方式类似，此电路中电源线与信号线相互分开。不管采用何种方式，均要求可以实现检测探测器脱落、探测器故障失败、线路开路故障、终端电阻脱落或故障失效、火灾报警等功能。

二、微机控制的火灾自动监控系统

近几年来，火灾报警采用总线制编码传输技术，这种新型的集中报警系统是由火灾报警控制器、区域显示器（如集控室或生活区显示屏）、声光报警装置及感温或感烟智能探测器（带地址模块）、控制模块（控制消防联控设备）等组成的总线制编码传输型集中报警系统。它是今后船用火灾监控系统发展的方向。

图 7-6 是一种典型的总线区域火灾监控系统框图。该系统采用单片机技术，线制小，安装开通方便，在使用编码底座后，可与智能型离子式感烟探测器、感温探测器、编码按钮等组成火灾自动监控系统。该系统由一个中央单元，一个或几个控制单元，数个探测环路所构成。

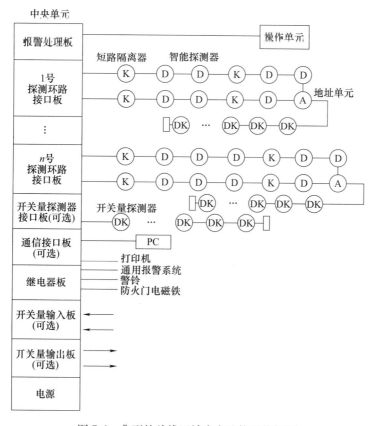

图 7-6　典型的总线区域火灾监控系统框图

1. 中央单元

中央单元为模块式结构，由几种功能不同的模块所组成，可根据系统所需选用相应的模板。所有线路板安装在一个标准的框架中。中央单元由以下几部分组成：

1）报警处理板。此板是中央单元的核心部分，板内有一个内部和两个外部串行通信口。内部串行口用于接收来自探测环路接口板的信息，控制其相应动作。外部串行口用于和操作单元等通信。此板还通过继电器板完成相应的报警、控制功能，通过通信接口板实现与外部计算机、打印机等的串行通信，控制开关量输入/输出板完成相应功能。

2）探测环路接口板。此板用于与探测环路中的探测器通信，并将探测器的状况传至报警处理板。每块板可连接两个探测环路，一个中央单元中最多可插入95块探测环路接口板。板上的多位开关用以设定其地址。

3）继电器板。它受报警处理板所控制，驱动外部报警、控制设备，如通用报警系统、警铃、防火门电磁铁等。板内有两路 DC 24V/2A 电源输出，三路 DC 24V/2A 有源信号输出，四路容量为2A的继电器信号输出，两路以集电极开路形式输出的信号。

4）通信接口板。此板内有两个 RS-232 和两个 RS-485 串行通信口，受报警处理板所控制，用于与外部计算机、打印机通信。

5）开关量输入板。此板可接受24路经光电隔离的开关量信号，受报警处理板所控制。

6）开关量输出板。此板可输出24路经光电隔离的开关量信号，受报警处理板所控制。

7）开关量探测器接口板。此板用于连接以非智能型的开关量探测器所组成的探测分路，每块板可连接四个分路。

8）电源单元。电源单元包括整流电源和蓄电池，两路电源可自动切换。

2. 探测环路

在该系统中，一个中央单元最多可连接190个探测环路，每个环路中可安装99个模拟量探测器或地址单元。一个环路可覆盖船上几层甲板。因为中央单元和探测器之间的通信信号在发送和接受时受过特殊处理，所以对其电缆要求不高，采用一般的二芯非屏蔽船用电缆即可。

3. 操作单元

操作单元是操作者与系统进行人机对话的装置，其面板图如图7-7所示。

当系统发生火警时，左上角的火警大灯闪亮，其右侧的两组三位数码管分别显示报警的环路号和探测器号。操作单元右上方的液晶显示窗显示系统的信息，液晶显示窗下方的键盘用以输入操作者的各种控制命令，如设置日期、时间，设置某个探测器的灵敏度，在某段时间内关断某几个探测器等。

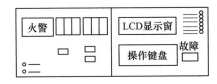

图7-7 环路式火警装置操作单元面板图

有的操作功能需输入相应的密码后才能实现，以避免非相关人员的误操作。当系统发生故障时，操作单元右下方的故障灯闪亮，其上方相应的发光二极管指示故障类型。

三、易燃气体探测系统

1. 易燃气体探测系统

滚装船、渡船等往往在货舱区域需要载运车辆，消防船有时要救护油船，这些船及油船在货舱或船上某些舱室可能聚集较多易燃气体。通常可燃气体的密度较空气重，因而不容易驱散，在易燃气体的体积超过爆炸下限时，遇明火即可能产生爆炸或燃烧。为了检测这些舱室的易燃气体是否达到危险浓度，在这些船上一般装有易燃气体探测系统，如图7-8所示。

根据不同的化学和物理原理，可有多种检测易燃气体的方法：

1）化学试剂法。将气体通过装有化学试剂的玻璃管，气体与管内试剂发生化学反应引

起颜色变化，褪色的长度就是气体浓度的
测量尺度。该方法测量较为精确，但显示
管不能重复使用，适用于定点测量，不能
进行连续监测。

2）红外线/分光光度计/色层分离法。
这些方法可进行连续精确的测量，但价格
较高，只适用于专业化工业分析。

3）催化灯丝法。气体在催化性金属丝
上反应燃烧导致温度升高，金属丝电阻随

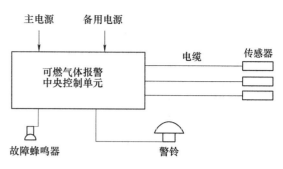

图 7-8　易燃气体探测系统示意图

可燃气体浓度变化，但是催化性金属丝会受到惰性舱的惰性气体影响，不能提供可靠的
读数。

4）气敏半导体法。目前在易燃气体探测实际应用中，采用较多的是金属氧化物元件又
称气敏半导体，它是在铂丝上涂以金属氧化物，在高温中焙烧而成。气敏半导体品种很多，
制成的气敏半导体元件按其性质可分为 N 型和 P 型两大类。N 型气敏半导体元件在遇到敏
感气体时，其电阻值下降；而 P 型气敏半导体元件在遇到敏感气体时，其电阻值上升。

2. 本质安全型泵抽吸式探测装置

在油船的实际应用中，大多数需要探测防护的场所，如货泵舱、管道等都是危险区域，
要求探测装置为防爆安全设计，因此设备除配有用于一般场合的探头外，还有专门设计的防
爆安全探头。

图 7-9 是一种专门用于船舶、石油平台或其他工作生产现场对易燃气体进行连续探测报
警的系统框图，它采用气敏半导体元件，配合设计合理的测量电路，性能稳定精确，操作简
便可靠，实船应用效果很好。

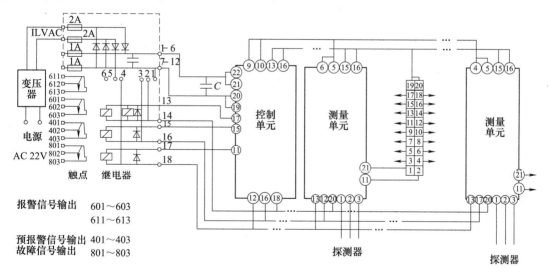

图 7-9　气体探测报警装置系统原理框图

1）防爆安全探头（隔爆型）。外壳为尼龙材料，气敏元件置于不锈钢腔体内，由烧结
金属粒子加以保护隔离即阻焰作用，构成防爆结构，即使烧结金属、金属网内气敏半导体及

电器火花引起易燃气体爆炸，也不能使外环境易燃气体产生爆炸危险。

2）本安型泵抽吸式探测装置。如图 7-10 所示，通过泵抽吸式设计达到本质安全型要求。将泵箱置于安全区域，通过管道将危险区域内监测点的气体抽至泵箱内气敏半导体测量，再将此危险气体送回原处或在安全处排入大气。泵箱内设有管道堵塞监测线路，发生堵塞时会明确指示提醒、及时排除故障。在管道由安全区穿壁到危险区处安装阻焰器，不锈钢壳体内嵌装烧结金属，可有效防止火焰爆炸蔓延。

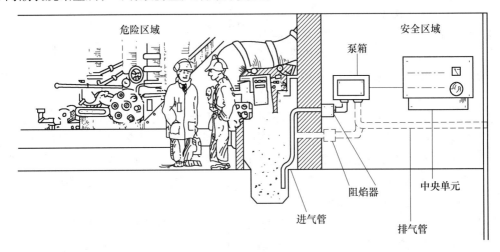

图 7-10　本安型泵抽吸式探测装置

3）除这种对单个监测点进行连续测量的泵抽吸式装置外，还有一种对多点（数十点）进行循环监测的报警装置。该装置可在设定的时间周期内完成对每一监测点抽吸气体并测量。为保证每个监测点在平均分配的测量时间内不因管道长短而产生测量质量问题，每个监测点在测量抽吸前都进行预抽吸，以得到最新的监测点样气。此外每个在等待测量的监测点管道都受到反压装置的保护，以防止吸入水或被杂物阻塞。中央测量装置中配有标准浓度样气，可随时校验设备。

实船在确定每个固定气体监测点时，除应满足规定的保护面积和间距外，还应考虑拟载运货品的蒸气密度、舱内各种构件的布置、空气进出口位置所形成的死角位置。根据具体情况确定监测点布置的高低、间隔，尽可能将易聚集气体的死角部位置于有效监测范围中，做到更安全可靠。

四、火灾探测器的常见故障与处理

在火灾自动报警系统的实际运行过程中，中央单元本身很少出现故障，出现故障最多的是火灾探测器以及外围接线。火灾探测器故障主要有漏报或误报两种情况：漏报指的是火灾已发展到应当报警的规模但却没有报警；误报指的是没有发生火灾却发出了报警信号。

1. 漏报分析

感温式、感烟式和气敏半导体火灾探测器都是接触式探测器，只有当足够浓度或足够热的烟雾到达探测器所在位置时才能被探测到并做出反应。假定探测器本身及线路没有故障，出现漏报往往是探测器没有探测到足够多的烟雾，如目前常用的感烟式探测器，其监视舱室顶棚的高度一般不超过 10m，这样当其地面附近起火时，火灾烟雾可在几秒钟内升到顶棚，并迅速形成烟雾层，探测器能够起到及时发现火灾的作用。如果舱室的内部空间较大、较高，烟气到达顶棚的时间必将延长，而且由于卷吸空气的稀释，烟雾的浓度有所降低，等达到探测器的报警浓度时，火灾已经发展到相当大的规模。若探测器离顶棚过近也会漏报警，如在夏季，环境温度较高时，可造成室内顶棚下的空气温度较高，它可导致燃烧刚产生的烟雾无法到达顶棚，通常称为烟雾的热降。为避免热降，感烟式探测器应与顶棚保持一段距离。又如当室内有通风换气装置时，形成的强制空气流动可使烟雾偏斜，以致烟雾到达不了探测器位置。

2. 误报分析

造成探测器误报有结构方面的原因，也有使用方面的原因。结构方面主要与探测器的灵敏度有关，探测器的灵敏度过低会造成报警延迟，但太高又容易发生误报，应当选择合适的报警范围。现在通用的探测器大都将灵敏度设为若干级，如定温式探测器的一级灵敏度的动作温度为62℃，二级灵敏度的动作温度为70℃，三级灵敏度的动作温度为78℃。感烟式探测器的一级灵敏度表示单位长度的烟雾减光率达到10%报警，二级灵敏度表示该减光率达到20%报警，三级灵敏度表示该减光率达到30%报警等。

根据实际使用统计，由于使用不当引起火灾误报主要有以下因素：

1）吸烟。这是大量事实所证明的，尤其是当房间顶棚较低而探测器的灵敏度较高时更容易发生。有时一个人吸烟即可干扰探测器的工作，三个人同时吸烟则足以使探测器发出火警信号。由于吸烟过程多为阴燃，生成的烟雾颗粒较大，故更容易使感烟式探测器误报。

2）电气焊。在使用电气焊作业时，产生的大量烟雾很容易使火灾探测器发出火警信号。在机舱工作间以及修船厂修船时应特别引起船舶管理人员的注意。

3）水蒸气。当室内的湿度较大时，水蒸气可进入探测器内干扰探测器的工作。若水蒸气凝结在有关元件上，也会影响光线的发出和接受。造成室内水分过多主要有两种情况：一是室内存在水源或汽源，如厨房、洗衣间、房间漏水等；二是季节影响，如夏季，尤其是梅雨时节，容易出现室内湿度很大的情况。现在所用的大多数探测器适用于相对湿度低于85%的环境。

4）小昆虫和蜘蛛网。为了让烟雾进入探测器内腔，通常会设置一些进烟孔，并在孔口加上丝网，其主要目的是阻挡昆虫进入，但孔口过小又会影响烟雾进入。出于综合考虑，目前常用的丝网孔径为1.25mm，可挡住大昆虫，但小昆虫和小蜘蛛难免进入。

5）炊事。做饭时常产生大量的烟雾，尤其是炒、蒸、熏时产生的烟雾量更大。这种烟雾中往往掺杂着油蒸汽，对探测器的影响很严重。

6）缺乏清洁。这一因素对探测器的影响是逐渐积累的。探测器长时间使用后，其内部总会积聚污染物，因此必须定期清洁。然而船舶管理人员并未重视这一问题，火灾探测器往往几年不保养，这就难免经常发生误报。

7）当火灾自动报警系统显示某区域报警，但该区域并无火情，则可能是探测器本身的故障，如场效应晶体管输入阻抗降低，镅241片剂量较低，晶闸管击穿等。

3. 探测器常见故障处理

（1）底座接线错误

探测器安装到天花板的底座上之后在报警控制器上即显示该区域报警，一般来讲说明底座上的两条接线接反（无极性要求的探测器除外），要用万用表检查极性后换接过来。

（2）某区域误报警

当火灾报警器显示某区域报警，但该区域并无火情，则可能是探测器本身的故障，如场效应晶体管输入阻抗降低，镅-241 片剂量较低，晶闸管击穿等。应更换该探测器。

（3）熏烟检查时对烟雾无反应

在进行定期的熏烟检查时，若对烟雾无反应，始终不报警，可能是场效应晶体管损坏，也可能是晶闸管或稳压二极管损坏。熏烟检查可用塑料管吹入香烟烟雾，用专用试验器检查更好。

五、典型火灾监控报警系统的常见故障与处理

1. 总线控制火灾监控系统的检修和调试

在火灾监控系统出现故障时，一般来讲主要检查外围设备及线路。重点是所有火灾探测器、输入输出模块和探测总线，要确认没有短路，输入输出模块与受控设备的连线不应短接；要把探测总线连接到控制器的探测总线输出端，接通控制器电源，查看火灾探测器和输入输出模块是否全部已登记。如果某回路探测器和输入输出模块全部已登记，则该回路无故障。

如果某回路没有一个探测器或输入输出模块登记，用万用表测量控制器探测总线输出端电压应为 8~12V，如果不在该范围内，把探测总线断开，再用万用表测量控制器探测总线输出端电压，如果测量电压仍为 8~12V，则探测总线有故障，否则说明控制器已被损坏；如果某回路只有部分探测器和输入输出模块登记，说明未登记探测器和输入输出模块有断线和重号等故障情况。如果登记的探测器和输入输出模块有报火警或故障情况，但探测器或输入输出模块所处位置又没有火警和故障，则说明探测器和输入输出模块有重号。

在火灾监控系统故障修复后进行系统调试时，首先要确认所有火灾探测器和输入输出模块在系统内已登记，再开始在火灾报警控制器上对火灾探测器和输入输出模块进行编程。编程的操作步骤如下：

1）选择物理号。物理号由一般由四位数字构成，前两位是探测器或输入输出模块所处的探测总线位置；后两位是探测器或输入输出模块的编码地址。

2）选择探测器或输入输出模块类型。在未选择类型前一般来讲所有探测器或输入输出模块都预设为离子式感烟探测器，选择火灾探测器或输入输出模块类型就是使其类型与实际安装的类型一致。可供选择的类型有离子式感烟探测器、光电式感烟探测器、输入模块、光电复合探测器、离子式烟温复合探测器、区域显示器、感温式探测器、手动报警按钮、输出模块和消火栓报警按钮等各种类型。

3）显示地址编程。对于输出模块显示地址，一般编程为其所控制的设备名称及所处位置，输入模块一般编程为其所显示探测器或设备名称及所处位置，以便于查询。其他都编程为探测器所处位置，以便报警后迅速查找其位置。对于输出模块还要进行后续的编程工作，而其他如探测器和手动报警按钮等到此全部编程完毕。

4）模块位置编程。这一步只适用于输入输出模块，模块位置就是输入输出模块在联动面板的位置，为 0~599 的数字。

5）联动逻辑关系编程。这一步只适用于输入输出模块，其联动逻辑关系按下列关系设计。

① 任一消火栓按钮报火警启动消防泵，即启动消防泵的控制模块。

② 任一水流指示器报火警启动喷淋泵，即启动喷淋泵的控制模块。

③ 任一区域有火警，启动相邻区域火警广播，即启动相邻区域控制火警广播的输入输出模块。

在对逻辑关系编程前，应首先检验输入输出模块是否工作正常。在联动面板上，用鼠标启动所选定的输入输出模块，模块上的指示灯应亮，当把模块输入信号两端短路时，报警控制器面板上该块对应位置的灯应亮。如果上述两种情况下灯不亮，说明模块或接线有故障。

在调试时，输入输出模块的控制输出端不与受控设备相连，只有在系统调试完毕，需与受控设备实现联调时输入输出模块的控制输出端才与受控设备相连，反馈信号输入可一直与受控设备相连。

2. 船舶细水雾灭火系统常见故障及处理方法

（1）细水雾灭火系统组成

细水雾灭火系统主要由三个大的部分组成，即本地控制部分、货控室部分、驾驶台显示部分。如图 7-11 所示。

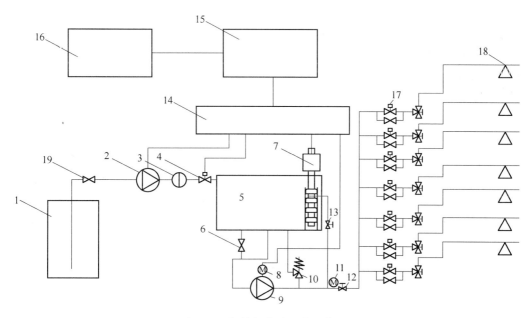

图 7-11　船舶细水雾灭火系统图

1—淡水舱　2—淡水给水泵　3—滤器　4—单向阀　5—淡水柜　6—泄水阀　7—液位指示计　8—电动机
9—高压淡水泵　10—安全阀　11—压力表　12—主隔离阀　13—淡水管　14—本地控制箱　15—货控室控制箱
16—驾驶台显示面板　17—各分区电磁阀　18—各分区喷嘴　19—进水阀

本地控制部分由本地控制箱、淡水舱、进水阀、淡水给水泵、滤器、单向阀、淡水柜、液位指示计（高位指示，低位指示，低低位指示，最低位指示）、泄水阀、高压淡水泵、压力表、主隔离阀、安全阀、各分区电磁阀、各分区喷嘴组成。货控室部分主要由一个控制箱组成，在此控制箱上可以实现对各分区域的遥控释放；并且船舶火灾系统的信号可以从此处进入细水雾灭火系统。驾驶台显示面板部分主要是显示机舱各个区域的释放情况。淡水从左、右淡水舱经进水阀进淡水给水泵，然后经过滤器，进水单向阀进入淡水舱，当淡水舱的水位达到低位指示水位以上时，七个区域（主机区域、1 号发电机、2 号发电机、3 号发电机、焚烧炉区域、分油机区域、锅炉区域）中的任意一个区域动作后，高压淡水泵启动，高压淡水经过各区域电磁阀后，通过喷嘴释放进行灭火。此时在货控室控制箱上及驾驶台显示器上同时显示释放区域，并分别给出报警指示。

（2）细水雾灭火系统常见故障及处理方法

该系统常见故障及处理方法归结为以下六个方面：

1）淡水舱内没有水流或水流偏少及其处理。在淡水给水泵启动后，若淡水舱内没有水流或水流偏少，此时应该立即按下应急停止按钮，然后首先检查从淡水舱到淡水泵的水阀是否打开或全开，若没有打开或没有完全打开，此时应立即完全打开此阀。为了避免此故障出现，在系统通电之前，应打开淡水给水泵的放水旋塞，若有大量水流流出，就意味着此环节正常。其次，检查与淡水给水泵相连接的电动机的转向是否正确。淡水给水泵由六个普通的离心泵串联组成，因为离心泵旋转有方向，若是转向反向，离心泵就会不出水或仅有少量的水流流出，并将导致与淡水给水泵相连接的电动机处于过载状态，电流过大，本地控制箱内电动机的熔丝将会被烧坏。所以通电后应首先检查与淡水给水泵相连接的电动机的旋转方向是否正确，若旋转方向反向，需立即调整；高压泵亦是如此。淡水舱内没有水流或水流偏少的另外一个原因是滤器或单向阀的方向安装反了，滤器和单向阀都有各自的安装方向，其中任何一个或两个反向，都会造成上述现象。

2）主隔离阀容易出现的故障及其处理。淡水经过高压泵加压通过主隔离阀后到达各个分区域的电磁阀处，在调试本地控制箱的过程中应该先把该阀关闭，但限位开关应人为地使其处于断开的状态，目的主要是在没有真正确认各个分区域的电磁阀是否好用之前，防止高压淡水直接喷淋到各个分区域，造成对未保护设备的损坏。其次，该处限位开关的接线点处各有一个常开触点和常闭触点，可根据不同的系统选择不同的触点。而该系统应该接在闭合触点处。

3）高压泵出口处压力表的损坏及处理。在调试本地控制箱设备时，由于从高压泵出口到压力表的细小管路里存在少量空气，若是在关闭旁通阀后直接启动高压泵，压力表在少量高压空气的冲击下极易被损坏。所以在实验前必须先使旁通阀处于打开状态，在本地控制箱上手动启动高压泵，使其在旁通阀旁通状态下运转 2～3min，确保与压力表相连接的细小管路里的空气被驱除出去，然后再关闭旁通阀，手动启动高压泵，检验高压泵出口压力。该系统此处的压力为 70～130kg，一般情况下调整为 100kg 的压力。

4）各分区声光报警器和电磁阀不正常及处理。此系统各分区的声光报警器和电磁阀均为 DC 24V，所以一般情况下只要对调声光报警器和电磁阀电源的正负极就可以解决问题。但油漆间分区的电磁阀接线方式有别于其他六个分区，该分区的电磁阀不是接在外面的接线盒内，而是从电磁阀直接接到本地控制箱内。这部分接线很容易被误接到淡水给水泵的电磁阀处，而且很难从外观上查找出来。另外，各区域的电磁阀下面有手动释放开关，在正式进行喷淋之前应该手动多次打开和关闭手动释放开关。因为新船在建造的过程中，部分管路里面存有少量的铁屑等杂质，它们很容易卡在电磁阀的阀芯处，使电磁阀失去原有的功能，致使高压淡水直接喷淋到各个区域内。

5）本地控制箱与货控室（ECR）的通信不正常及处理。此系统货控室内的通信线和电源均来自于本地控制箱内。对于通信线来讲，船厂提供了白 1 黑 1 和白 2 黑 2 的通信线，在连接通信线时只要确保线的颜色和线号正确即可；电源线为红、棕、黑三色，由于某些人为的原因，在货控室内看到的电源线往往是多根型号不同的线，此时应该用万用表查线。另外，在通电前应该把货控室内的电源线断开，等通电后用万用表分清正负极后再连接。因为货控室内的电源都是 DC 24V，当设备的电源正负连接不正确时，会对设备造成损害。

6）喷嘴堵塞及处理。由于各个被保护区域的面积不同，所以系统在各个区域有不同数量的喷嘴，特别是主机区域：在主机扫气箱正上方有六个大喷嘴，每个大喷嘴由三个小喷嘴组成；透平和烟囱处各有一个大喷嘴；主机倒数第二层有七个小喷嘴，由于此处是系统的最低处，管系内的脏东西由于重力的作用而聚集于此，因此此处是系统最容易发生堵塞的地方，所以在系统每次出水之前，先把这七个小喷嘴拆卸下来，用高压淡水冲大约1min，然后再安装，从而可以确保喷嘴不再发生堵塞。

第三节　常用其他报警装置的实例分析

一、冷藏库呼叫报警器

冷藏库呼叫报警器原理如图 7-12 所示，其工作原理比较简单。如船员被误锁在肉库内出不来时，只要扳动肉库内的呼叫开关 K_3，此时开关 K_3 的一组触点使本库的呼叫灯 HL_3 点亮，发出呼叫信号；同时 K_3 的另一组触点使厨房和餐厅的呼叫铃 HA_1 和 HA_2 发出救助警报声，相应的呼叫灯 HL_1 和 HL_2 点亮。当警报解除后，关闭呼叫开关即可。

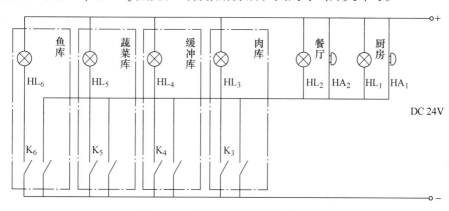

图 7-12　冷藏库呼叫报警器原理图

二、病员呼叫报警系统

该系统供病员在病房的病床上需要医护人员时进行呼叫使用。图 7-13 为病员呼叫报警系统图，它由呼叫板和呼叫按钮等组成。当病员需要呼叫时按动病床旁的呼叫按钮，大副房间等处的应答器会有声响。图 7-14 为系统原理图。当病员需要呼叫时，可以按病床旁的呼叫按钮 SB，驾驶室呼叫板内继电器 KM_1 得电动作，它的一组触点自保，使继电器 KM_1

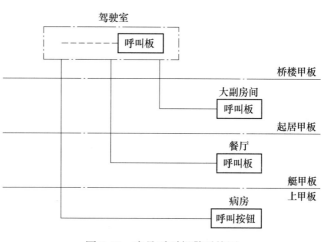

图 7-13　病员呼叫报警系统图

继续保持动作状态；另一组触点使病房报警板上的 HL_1 点亮。而其余的几组触点分别接通餐厅、大副房间和驾驶室的呼叫铃 HA_1、HA_2 和 HA_3，这几个部位同时听到呼叫铃后，任意一个部位按下应答按钮 SB_2、SB_3 或 SB_4，均可以使继电器 KM_1 失电而释放，达到消声的目的，同时病员呼叫板上的呼叫灯 HL_1 熄灭，告知病员有关部位已收到报警信号。

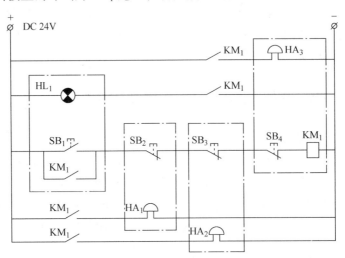

图 7-14　病员呼叫报警系统原理图

三、轮机员安全报警系统

无人值班机舱或一人机舱，当轮机员下机舱工作前，开通此系统就可以保证轮机员安全地工作。如果在工作期间出现了人身伤害，不能在固定时间内将系统复位时，系统会发出警报，报警信号送至机舱延伸报警灯柱和机舱监测与报警系统。机舱监测与报警系统又会将此报警信号送至延伸报警系统，再送至驾驶室及相关船员房间以及公共场所，提醒大家进入机舱救人。反之，若值班轮机员能够在固定时间内复位该系统，则系统将重新报警计时，直至轮机员安全离开机舱关闭该系统时，系统才不再进行报警计时。轮机员安全报警系统的采用大大提高了轮机员的人身安全系数。

下面以图 7-15 所示某轮轮机员安全报警系统控制电路为例介绍该系统。

1. 基本组成

轮机员安全报警系统控制电路由控制回路（安置于集控台内）、启动/停止按钮箱（每个机舱入口位置）和复位按钮箱（在机舱延伸报警灯柱和机舱监测与报警系统的楼梯口）等组成。

2. 原理分析

由图 7-15 可以看出，控制回路中的旋钮开关 K_2 和机舱入口位置的启动停止按钮并联，都可以控制系统启动和停止，当按下启动按钮时，继电器 KM_2 动作，继电器 KM_1 经继电器 KM_3 的常闭触点（1、9）和继电器 KM_2 的常开触点（5、9）闭合而动作，并经自身的触点 KM_1（5、9）自保。启动/停止按钮箱的指示灯 HL_1 由继电器 KM_1 的触点（6、10）闭合、经继电器 KM_6 的常闭触点（8、11）供电点亮，表示系统开始工作。同时继电器 KM_1 的触点（7、11）闭合，使控制板上的指示灯 HL_2 也得电点亮。此时，时间继电器 KT_1 经继电器 KM_8 的常闭触点（1、9）得电开始延时。当延时到达设定时间时，时间继电器 KT_1 动作，

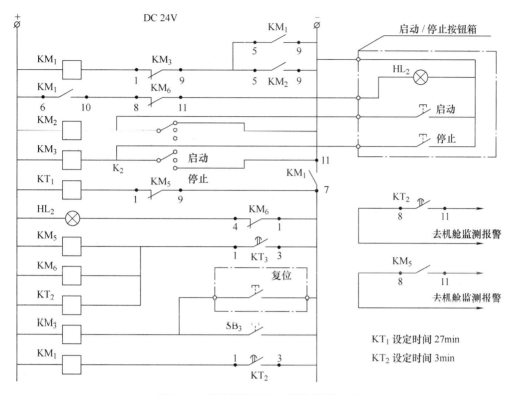

图 7-15　某轮轮机员安全报警控制电路

其延时闭合触点（1、3）闭合，使继电器 KM_5、KM_6 和时间继电器 KT_2 线圈得电，继电器 KM_6 的常闭触点（8、11）断开，切断遥控启动/停止按钮箱上指示灯 HL_1 的电源，指示灯熄灭。继电器 KM_5 的常开触点（8、11）闭合，将信号传送至机舱延伸报警灯柱，整个机舱出现声光警报，并且继电器 KM_5 的触点使报警灯板的蜂鸣器发出声响。如果经过 3min 没有复位或停止系统的操作，时间继电器 KT_2 将延时动作，其常开触点（8、11）闭合，将信号传至机舱监测与报警系统，机舱监测与报警系统将警报输送至延伸报警系统，送到公共场所和值班轮机员房间，通知船员下机舱救人。

如果在时间继电器 KT_1 延时过程中，复位按钮箱的复位按钮被按下或控制板上复位按钮 SB_1 被按下，继电器 KM_8 动作，其常闭触点（1、9）断开，切断时间继电器 KT_1 的电源。当复位按钮松开后，继电器 KM_8 失电，其常闭触点（1、9）闭合，恢复对时间继电器 KT_1 供电，重新进行报警计时。如果系统启动后的任何时间内，在控制板或启动/停止按钮箱按下停止按钮，继电器 KM_3 得电动作，其常闭触点（1、9）断开，切断 KM_1 继电器的电源，继电器 KM_1 自保点（5、9）断开，同时因 KM_1 的常开触点（11、7）断开，切断时间继电器 KT_2 的电源，控制板上的指示灯 HL_2 熄灭，KM_1 的常开触点（6、10）切断启动/停止遥控按钮箱上指示灯 HL_1 的电源，指示灯熄灭，表示值班轮机员安全离开机舱。

3. 故障修复后的调试方法

（1）通电前的准备

1）检查所有元件接线是否正确、牢固。要求所有元件安装正确、牢固，清洁干净，系统完整，绝缘良好。

2）测量电源侧无短路现象，极性正确。

3）为了调试方便将时间继电器 KT_1 延时 27min 调至 2min，KT_2 调至 1min。

（2）通电调试

1）控制板功能调试。测量电源 DC24V 电压正常后送电，旋转启动/停止旋钮开关 K_2 至启动位置，继电器 KM_2 动作，继电器 KM_1 动作，其常开触点（7、11）闭合，面板上指示灯 HL_2 点亮，遥控启动/停止按钮箱上指示灯 HL_1 点亮。时间继电器 KT_1 延时 2min 后触点动作，继电器 KM_6 动作，其常闭触点（8、11）断开，切断遥控启动/停止按钮箱上指示灯 HL_1 的电源，指示灯熄灭。继电器 KM_5 动作，送至机舱延伸报警灯柱的信号闭合输出，同时集控台上的蜂鸣器发出声音报警。再将启动/停止旋钮开关 K_2 旋至停止位置，蜂鸣器声响停止，面板指示灯 HL_2 熄灭，然后将启动/停止旋钮开关重新旋至启动位置，继电器 KM_2 动作，继电器 KM_1 动作，面板指示灯 HL_2 点亮，时间继电器 KT_1 延时，在 KT_1 延时未到 2min 时，将复位按钮 SB_1 按下，继电器 KM_8 动作，使时间继电器 KT_1 失电断开。当松开复位按钮 SB_1 后，因继电器 KM_8 没有自保触点，所以 KM_8 失电断开，其常闭触点又重新闭合，时间继电器 KT_1 动作重新开始延时。

2）外部遥控按钮及复位按钮检查调试。将控制板送电后，在机舱入口遥控启动/停止按钮箱处将启动按钮按下，按钮箱上的指示灯和控制板上的指示灯点亮，按下停止按钮，按钮箱上的指示灯和控制板上的指示灯都熄灭，重新按下启动按钮，等 2min 后集控室的蜂鸣器发出声音报警，送至机舱报警灯柱的信号闭合输出，1min 后送至机舱监测报警的信号闭合输出，指示灯熄灭，然后在复位按钮箱处按每个复位按钮，观察 KT_1 时间继电器是否有复位重新计时的过程。全部调试好后，将时间继电器恢复至原设定值。

第四节　船舶机舱监测与报警系统

机舱集中监测与报警系统是轮机自动化的重要组成部分。它能准确可靠地监测机舱内各种动力设备的运行状态及运行参数。对于无人值班机舱，集中监测与报警系统能把报警信号延伸到驾驶台、公共场所、轮机长及值班轮机员的住所。

一、监测与报警系统控制单元

监测与报警系统由三大部分组成，分别是分布在机舱各监测点的传感器，安装在集中控制室内的监测屏和控制柜，安装在驾驶台、公共场所、轮机长和轮机员住所的延伸报警箱。

机舱监测与报警系统主要由分布在机舱的各种传感器、报警控制单元、警报器控制单元、闪光源、自检单元、显示单元、打印记录单元、延伸报警控制单元、3mim 失职报警控制单元、延伸报警箱以及主电源和应急电源组成。机舱监测与报警系统的工作流程如图 7-16 所示。

机舱内的各种传感器用来检测各监测点的参数，传感器是监测与报警系统信息获取装置，可分为模拟量和开关量传感器两大类。模拟量传感器是把被测参数变换成连续变化的电信号即模拟量信息，适用于既要监测运行设备是否正常，又要随时显示其各监测点参数值的情况。开关量传感器是把被监测参数是否越限变换成触点的断开或闭合，即开关量信息，仅适用于监测运行设备是否正常，而不能用于参数的测量显示。

机舱监测与报警系统的控制单元主要有监测与报警控制单元、警报器控制单元、显示单

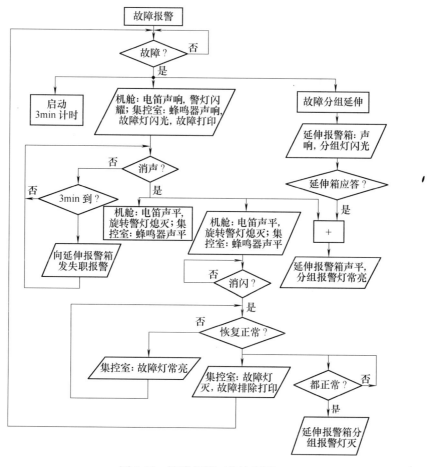

图 7-16　故障报警工作流程图

元、打印记录单元、延伸报警控制单元等，而监测与报警控制单元又可分为开关量报警控制单元和模拟量报警控制单元。

1. 开关量报警控制单元

开关量报警控制单元由输入回路、延时环节和逻辑判断环节组成。其中输入回路较简单，主要将开关量传感器给出的触点开闭信息转换成相应的故障电平（0 或 1）或者在接收到"试验"信号后输出故障电平，以模拟监测故障。延时环节用来延时故障输出电平，完成延时报警功能，以避免误报警。逻辑判断环节是其控制部分，常由门电路和触发器组成，或者由继电器组成，主要完成逻辑运算和状态记忆。它根据延时后的开关量传感器的状态信息、报警闭锁信息及消闪指令信息进行逻辑判断，以控制故障指示灯，启动声响报警，输出分组延伸报警及控制故障打印。逻辑判断的工作流程如图 7-17 所示。

在监测点参数处于正常范围时，开关量传感器的触点闭合，输入回路不输出故障电平，此时故障指示灯处于熄灭或微亮状态，并且不启动声响报警、分组报警及故障打印。这时若按"试灯"按钮，故障指示灯亮，否则表示故障指示灯损坏，需更换。当监测设备发生故障、其相关参数越限（超出正常范围）时，开关量传感器触点断开，经输入回路转换成相应的故障电平 V_F。V_F 经延时环节输出故障报警电平 V_A 至逻辑判断环节。逻辑判断环节在无

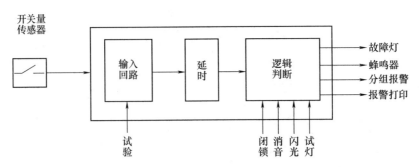

图 7-17 开关量报警控制单元的逻辑判断工作流程

报警闭锁的情况下：

1）控制故障指示灯间断闪亮，进入快闪状态。

2）发出声响报警启动信号至警报器控制单元，使机舱内的电笛声响，旋转警灯闪烁，集控室内的蜂鸣器蜂鸣，进入声响报警状态。

3）在机舱无人值班的情况下，输出分组报警信号至延伸报警控制单元，由延伸报警控制单元归类分组后把机舱报警延伸至驾驶室监测屏、公共场所、轮机长及值班轮机员居住舱室，实现分组延伸报警。

4）对重要监测点输出故障打印触发信号至故障打印控制单元，自动打印故障日期、名称及内容。整个系统进入故障报警状态，同时启动 3min 失职报警计时。

开关量报警控制单元工作流程如图 7-18 所示。

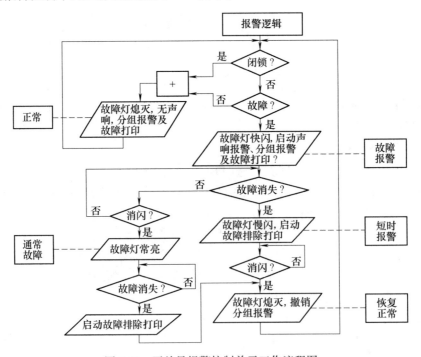

图 7-18 开关量报警控制单元工作流程图

值班轮机员在获悉机舱故障报警时，首先在延伸箱按应答按钮，使延伸报警声平静。但延伸箱应答不能使机舱报警声停止，也不能复位 3min 失职报警计时。因此，值班轮机员必须在 3min 以内下到集控室，按消声应答按钮，使之在停止声响报警的同时复位 3min 失职报警。

由于报警控制单元仅仅用来启动声响报警，声响报警控制单元一旦被启动后，将记忆这一状态，直至接收到消声信号，才复位记忆单元，停止声响报警，因此，消声信号仅作用于声响控制单元，而不影响报警控制单元。为此，值班轮机员必须根据故障指示灯的闪烁情况，了解设备故障内容，然后按"消闪"按钮。逻辑判断环节在接收到消闪信号后，根据传感器状态，在通常报警情况下，使故障指示灯从快闪切换成常亮状态，以记忆故障状态。这一状态一直持续到故障排除，监测点参数恢复正常，传感器触点重新闭合，逻辑判断环节使故障指示灯从常亮切换成熄灭，回到正常状态，若在值班轮机员消闪前，监测点参数因自动切换作用已经自行恢复正常，传感器触点重新闭合，逻辑判断环节将自动控制故障指示灯从原来的快闪切换成慢闪状态，以记忆原报警状态，进入短时故障报警状态。这时若按下"消闪"按钮，故障指示灯将熄灭，回到正常状态。但这并不意味着被切换下来的故障设备的故障已排除。因此，轮机员必须及时修复切换下来的故障设备，用以备用。

模拟量报警控制单元主要由测量回路、比较环节、延时环节、逻辑判断环节和显示及其识别环节组成，如图 7-19 所示。

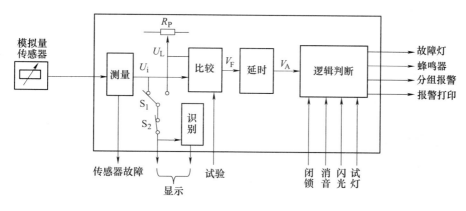

图 7-19　模拟量报警控制单元的逻辑判断工作流程

2. 模拟量报警控制单元

图 7-19 中，测量回路用来把模拟量传感器发送的模拟量信息（如热敏电阻的阻值）变换成相应的电压信号，作为监测点参数的测量值 U_i，并在模拟量传感器开路或短路时，因其测量值超出其正常测量范围，而向自检单元发送传感器故障信号，使控制系统进入系统故障报警状态。比较环节用于故障鉴别，它将测量值 U_i 与报警电位器设定的报警值进行比较。若越限，则输出故障电平至延时环节。比较环节常由比较器报警值设定电位器及上限报警与下限报警跨接线组成，如图 7-20 所示。设计中，上限报警与下限报警电路相同，不同之处在于跨接线的接法。若设比较器输出 $V_F=1$ 表示故障电平，则上限报警只要把跨接线分别接在 a 与 b 和 c 与 d 之间，如图 7-20a 所示，于是，当测量值 U_i 小于设定电位器 R_P 所设定的报警值 U_L 时，$V_F=0$，表示正常，而当 $U_i > U_L$ 时，比较器翻转，$V_F=1$，输出故障电平。因此，调整 R_P 中心位置，即可改变报警值 U_L。调整时，只要同时按下 S_1 和 S_2，使显示仪表

显示报警值读数，然后用螺钉旋具插入面板上的小孔内调节报警值设定电位器 R_P，使读数调至所需值即可。

另外，系统的功能试验信号 TEST(H) 也加在比较环节。功能试验时 TEST(H) 输入高电平，使比较器 A 翻转，输出故障电平（$V_F = 1$），以模拟监测点参数越限。

显示及其识别环节通过操作面板上的 S_1 和 S_2 选择测量值或报警值显示，同时向显示单元发出相应的显示识别信号。在机舱监测与报警系统中，各模拟量监测通道的测量回路都是将监测参数转换成统一的电压信号，如主机气缸套冷却水温度监测通道则

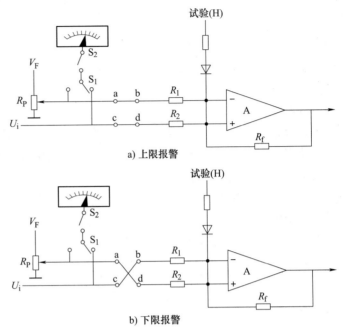

图 7-20　模拟量报警控制单元比较环节

把 0~100℃ 的温度信号转换成 1~5V 的电压信号；而主机排烟温度监测通道则把 0~1000℃ 的温度信号转换成 1~5V 的电压信号等。因此，为确保显示值与实际测量值相符，通常在送出显示信号 U_i 或 U_L 的同时，由识别环节发送表示本通道的量程识别信号、正负号识别信号、小数点识别信号以及单位量纲识别信号，以使显示单元能正确选择相应的量程系数、正负号、小数点位数和显示参数的单位。

模拟量报警控制单元中的延时环节和逻辑判断环节与开关量报警控制单元中的相应环节完全相同，但不是所有的模拟量报警控制单元都设置延时环节，延时环节仅用于需要延时报警的监测通道中。有关这两个环节的作用原理已在开关量报警控制单元中有详细介绍，不再重述。

3. 延伸报警控制单元

机舱无人情况下，通过故障报警系统的分组单元以及集控室值班报警系统的显示操纵部分把故障报警信号（分组报警信号）通过集控室的接线传送到以下各处：

1）驾驶室操纵台上值班报警系统的显示操纵设备。

2）轮机长室和公共场所各处的显示操纵设备。

3）各轮机员住处的显示操纵设备。

值班报警系统的工况可以根据船舶是否航行以及机舱是否有人值班等情况，由轮机值班人员通过设在集控室操纵台上的选用切换开关来进行确定。图 7-21 所示为值班报警系统是否投入工作的切换电路，全部指示灯的另一端应与 0V 相连接，K_1 为故障报警系统电源是否正常的指示继电器，SC_A、SC_B 为两个选用切换开关。其中，SC_A 为机舱是否有人的切换开关，在机舱有人的情况下，应置于 I 位；机舱无人时，则还要考虑船舶航行的情况，当船舶在港口停泊状态时，应把切换开关 SC_A 置于 II 位，当船舶处于海上航行时，则要置于 III 位。

SC$_B$ 为值班轮机员的选定开关，系统设计可以提供多个值班选用位置，我国一般设计有三名，即大管轮、二管轮和三管轮，其余的可留作备用。

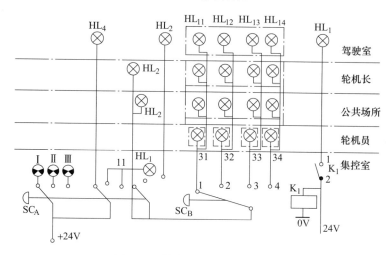

图 7-21 值班报警系统切换电路

SC$_A$、SC$_B$ 切换开关三种选择的线路变化情况如下：

（1）轮机员在机舱值班

不论船舶处于停泊还是航行中，轮机员在机舱值班时，对机舱内各种设备的运行情况完全可以通过设在集控室的故障报警系统来实现监测，完全不必要启用值班报警系统。这种情况下，切换开关 SC$_A$ 应置于 I 位，这时驾驶室值班显示操纵部分的"机舱有人"指示灯 HL$_5$ 以及集控室" I（机舱有人）"指示灯都会显示常亮。这时值班轮机员选定开关 SC$_B$ 不论处于什么部位都不起作用。

（2）港口停泊，值班轮机员不在机舱

这时切换开关 SC$_A$ 置于 II 位，值班轮机员选定开关 SC$_B$ 应置于值班轮机员的位置上。

图 7-21 中，在轮机长以及公共场所"值班报警系统投运"指示灯 HL$_2$ 都应处于常亮，表示机舱内无人。

在集控室，值班系统工况指示灯 II 切换成常亮。

由选定开关 SC$_B$ 确定值班轮机员：如若放在"大管轮"位置，那么大管轮住处操纵显示屏上的指示灯显示值班灯光。与此同时，在驾驶室、轮机长处及公共场所各显示操纵单元的指示灯也给出大管轮当班的值班显示。

（3）船舶海上航行，值班轮机员不在机舱

这时切换开关 SC$_A$ 置于 III 位，值班轮机员选定开关 SC$_B$ 也被置于相应轮机员的位置上。指示灯的符号联系与上述第二种情况大致相同，只是驾驶台部分"值班报警系统投运"指示灯 HL$_2$ 显示常亮，提示值班驾驶员对值班报警系统的报警指示要多加注意。

二、微机型机舱监测报警系统常见故障与处理

1. 微机型机舱监测报警系统概述

微机型机舱监测报警系统的基本组成如图 7-22 所示。

（1）微机

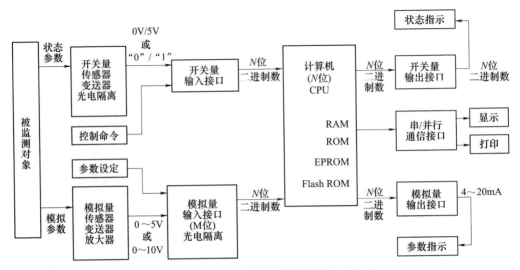

图 7-22 微机型机舱监测报警系统基本组成

微机是系统的核心部件（包括 CPU 和存储器等重要部件）。在控制程序的支持下，实时采集输入接口送来的信息，并不断地通过输出接口送出显示和报警信息。在网络型的微机监测系统中，还包括中央微机、分站微机以及它们之间的连接网络等。

（2）开关量输入接口

开关量输入接口的功能是将开关量传感器、控制台和控制箱上的开关状态输入到计算机中。图 7-23 所示为开关量输入接口板原理图，图中只画出了一位开关量的输入情况。开关 K 为输入信号，开关闭合时输入电压为 24V，开关断开时输入电压为 0V。在实船上，来自机舱的开关量信号很多，如水柜或油柜中的浮子开关、发电机柴油机滑油压力开关、锅炉水位和蒸汽压力开关等。现场开关信号又经光隔离器实现了传感器回路与 I/O 接口及 CPU 之间电的隔离，起到了保护接口板的作用。每组开关量状态信息都随时储存在 8D 锁存器中，而锁存器中的信息能否送到数据总线上取决于三态门的状态，三态门的控制端由设备地址选通脉冲控制，而选通脉冲由 I/O 指令的地址编码经 I/O 地址译码器译码后产生，所以在执行 I/O 指令时，I/O 地址经地址译码器译码与 CPU 发来的读命令共同作用打开三态门，将该组开关量信号经数据总线读入到 CPU 中。很显然，被读入 CPU 的信息，应与输入的开关量状态有关，即输入到 CPU 的二进制数的每一位都与输入开关量信号的对应位相对应，如第 0 个开关为"1"状态，则被读入 CPU 的二进制数的第 0 位也应该是"1"，以此类推。需要指出的是，开关量输入接口电路板中使用的接口器件，除了图中的简单接口芯片（如 74LS373）外，还可以使用可编程通用接口芯片（如 8255 等）。如果使用可编程通用接口芯片，那么接口板的结构形式和选通控制方式将有所不同。

（3）开关量输出接口

开关量输出接口的功能是接受计算机输出的控制量（二进制数）并将其送往相应的显示与报警装置。经某接口送出的二进制数是在 I/O 地址和写信号的控制下写入该接口的设备寄存器并对显示与报警装置进行控制。开关量输出接口原理图如图 7-24 所示。图中仅画出了两路完整的开关量输出电路，从 CPU 送出的二进制数（对开关量输出设备的控制量）经

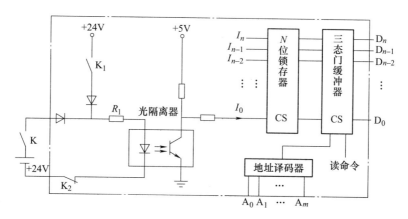

图 7-23　开关量输入接口板原理图

传送器送到锁存器中暂存。当锁存器被选址和接受写命令后，暂存器中的三态门被打开，将暂存器中的控制量经光隔离器和驱动器驱动 I/O 输出设备。如果要控制指示灯亮，只要送出的二进制数的第 0 位是"1"即可。与开关量输入接口一样，开关量输出接口也可以用可编程通用接口。

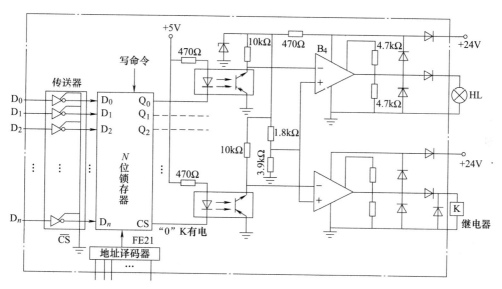

图 7-24　开关量输出接口原理图

（4）模拟量输入接口

模拟量输入接口的功能是将模拟量传感器送来的模拟量信号转换成数字量送入计算机。通常多路模拟量信号经多路开关选送到共用的 A/D（模拟量/数字量）转换器中转换成相应位数的二进制数送入计算机。该接口也称为 A/D 转换接口。

（5）模拟量输出接口

模拟量输出接口的功能是将计算机送出的数字量转换成相应的模拟量信号，如电流或电压信号，并将其送往相应的模拟量输出设备，如指示仪表上显示。通常，每一路模拟量输出设备都独自使用一个 D/A 转换器，所以，该接口也称为 D/A 转换接口。通常，每个 D/A 转换器独自使用一个 I/O 地址。每路 D/A 转换器输出可带一块模拟仪表或执行机构（如调节等）。如果带执行机构，则必须经 I/V 转换和 V/P 转换。

（6）传感器

传感器的功能是用来检测被测对象状态和参数的感受元件。模拟量传感器（如 PT100 或热电偶）用来感受温度高低，而开关量传感器（如温度开关）则是用来感受温度正常还是越限等。

（7）光隔离环节

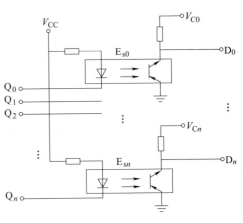

图 7-25 光隔离电路

光隔离器是把两部分电路用光/电的形式联系起来，使它们之间没有直接电的联系，从而一部分电路的故障源不会蔓延到另一部分电路中。在计算机监测系统中，常利用光隔离部件将传感器与 I/O 接口电路隔离开来，或将 I/O 接口电路与计算机核心部件隔离开来，从而可以有效地防止来自传感器或 I/O 接口回路的干扰信号进入计算机。图 7-25 是 I/O 接口电路中常用的光隔离电路，$E_{s0} \sim E_{sn}$ 为光隔离器，$Q_0 \sim Q_n$ 为输入，$D_0 \sim D_n$ 为输出，输入与输出没有直接电的联系。当 $Q_0 = 0$ 时，E_{s0} 的发光二极管发光，发光晶体管导通，$D_0 = 0$；而当 $Q_0 = 1$ 时，E_{s0} 的发光二极管不发光，发光晶体管截止，$D_0 = 1$。

2. 微机监测与报警系统的故障诊断

在微机监测与报警系统中，监测系统的任务是不断地采集来自现场的用以描述被监测对象运行状态的有关信息，并不断地对这些信息进行处理、显示，在必要时发出报警信号，以达到预期的监测目的。

（1）故障分类

1）按软/硬件故障分类。软件故障：系统程序和用户程序本身错误、有漏洞等造成控制错误或死机；因用户程序中的数据丢失而引起的控制异常等。

硬件故障：参数故障，元件参数变化或超出允许范围而出错；逻辑故障，逻辑电路出现了永久性逻辑，如固定 1(stuck at 1) 故障或固定 0(stuck at 0) 故障。

2）按故障持续时间分类。暂时性故障：故障持续时间短，有时能自动恢复，有时故障后经再启动指令复执或程序卷回故障现象便自动消除。这类故障不需修理。所以在系统故障后，首先应通过再启动等方法判断是否为暂时性故障，不要急于修理。

固定性故障：故障后经重新启动等故障现象仍重复出现或仍持续存在。这类故障可通过诊断程序等进行故障定位。

3）按故障的影响面分类。系统性故障：影响到整个系统的故障。系统性故障往往引起程序中断、运行中故障停机、系统不能启动或永不停机等。这类故障多发生在微机的核心部件或内层接口部件上。

局部性故障：仅影响局部的故障。这类故障出现时，一般不会引起程序中断，整个系统大多可以继续运行，但局部系统工作错误，局部控制失灵，如不尽快修复，可能会引起故障的扩大和蔓延，严重时也会导致程序中断。局部性故障多发生在系统外层 I/O 接口电路等。

（2）微机监测与报警系统的自诊断功能

微机监控系统的自诊断功能与其监控功能同等重要。通常微机监控系统的自诊断功能分为在线自诊断和离线自诊断两大类。

1）在线自诊断功能。在线自诊断是指微机系统在运行系统程序的同时，定期地或随时地插入运行某些系统故障诊断的诊断程序，当发现故障时，能及时地给出故障指示或故障信息等。

通常，微机系统给出的故障信息有以下几种形式：

故障指示灯：在控制面板上或印制电路板上装设一些指示灯，用这些指示灯分别表示不同的故障内容。如 CPU 故障指示、RAM 故障指示、ROM 故障指示、A/D 故障指示等。

故障代码和故障信息：在显示屏和打印机上显示和打印若干个故障代码和故障信息，不同的系统能显示和打印的故障代码和故障信息的多少不同，有的几十个，有的几百个，并且故障信息的详细程度和准确程度也大不相同。

故障的图形显示：整个系统的硬件结构图形显示在屏幕上，在正常情况下，系统中的每个部件都以正常的颜色（绿色）显示，当某个部位或部件故障时，则该部位或部件会变为红色并且闪光，如果鼠标单击闪光的部位，屏幕上便会显示出详细的故障信息，同时给出适当的处理意见。

故障信息库：有的系统除了上述诊断外，还能将故障资料保存起来，建立有效的故障信息库，为智能式故障诊断软件提供有用的故障分析资料，逐步修正和增强系统的自诊断和自修复能力。

微机系统的在线自诊断系统所给出的故障诊断信息仅给出故障的大概部位，有时也可能给出错误的信息，在实际排除故障时要根据在线自诊断信息给出的提示，进行全面分析、反复试验，最终确定故障部位。

2）离线自诊断功能。离线自诊断是指在停止系统程序的情况下仅运行诊断程序的自诊断功能。这种自诊断功能能对微机系统进行比在线自诊断更加细致的故障诊断。

系统开机时的自诊断程序：开机自诊断程序主要检查 CPU、存储器和所连接的重要 I/O 设备。这种诊断是一种简要的诊断，有些细节的故障往往诊断不到。几乎每个系统都具有这功能。

系统投入运行前的检验程序：典型的检验程序，如主机遥控系统的模拟实验功能、冷藏集装箱的预检（PTI）功能等。这些检验程序的启动和进入大都通过某些功能按钮的操作才能实现。

外置的检验程序：有些系统，为了对存储器、CPU 等重要部件进行特别细致的检验，专门提供了功能强大的检验程序，为了节省空间，常常将这些程序存放在软盘或光盘中，使用时临时装入运行。

通常离线自诊断结果的准确程度较高，其诊断信息比在线自诊断要准确和详细得多。

3. 微机监测与报警系统的常见故障处理

（1）引起程序中断或停机的故障

在运行中出现程序中断或停机故障可能会有两种情况：

1）还没来得及给出任何故障信息，系统就完全不能运行，键盘、鼠标、显示器和打印机等都无反应。这种故障可能是电源故障，特别是微机系统电路板上集成电路芯片电源故障。鉴别和排除此类故障的方法是检查交、直流电源指示灯、电源熔丝的状态，重新加电试验，必要时更换直流电源。

2）打印机和显示器上给出故障信息，但对各种设备的操作和控制都失效。这种故障一般发生在 CPU、存储器等微机核心部件，管理维修人员应依据打印或显示的故障信息进行灵活的分析后排除故障。

系统中给出的故障信息来自系统中装设的故障诊断硬件和软件，可以肯定地说，既然给出了故障信息，那就肯定有类似的故障发生，只是不一定和故障信息中所描述的完全一样，有时也可能是完全错误的。所以，当按照故障信息提示处理故障时，若故障现象依然存在，就应该把故障范围从故障信息中给出的故障点向内或向外延伸扩大，直至从中找出故障的电路板或部件。

如果始终不能找到确切的故障部位，应试着启动有关的离线自诊断程序，对系统有关重要部位（存储器等）进行细致的故障诊断。

（2）不引起程序中断但能给出故障信息的故障

不引起程序中断但能给出故障信息的故障主要指发生在 I/O 设备和 I/O 接口方面的故障。这类故障发生时大都会打印或显示出相应的故障信息和出现局部控制异常，但系统程序仍能继续运行。

这类故障发生后，应首先根据故障信息给出的提示，查找有关的图样资料，确定可能发生故障的电路板板位，然后进行换板试验。例如，故障信息为某种 A/D 故障，这时管理人员应首先根据该故障信息，查找这种类型 A/D 转换板的插座位置和更换电路板等。

通常生产厂家为用户提供的有关资料主要有中央系统及 I/O 接口电路板插座位置布置图和 I/O 地址编码表。以上资料对查找故障板位、更换插板乃至电路板修理等工作都十分有用。

如果系统所提供的故障信息有错误，管理人员应根据系统知识和自己的经验，利用插座位置布置图和 I/O 地址编码表，采用后面将介绍的插拔法和交换法，确定故障板位和排除故障。

（3）不引起程序中断也不给出故障信息的故障

由于软、硬件的限制，故障检测系统检测不到的元部件很多，如微机主体、内层部件以及 I/O 接口电路板上都有很多这样的元部件，因这些检测不到的元部件引发的故障，有时会很难诊断和很难处理。这类故障发生后，一般短时间内不会引起程序中断。故障的排除全凭管理人员的系统知识和维修经验，通常采取以下方法进行故障处理。

1）模块分割法。模块分割是在维修人员头脑中的分割，它建立在系统分析的基础上。当维修任何一种部件时，应该首先怀疑那些最可能出现故障的模块。检查的思路应从模块入手，当一个模块被确认无故障时，再查下一个模块，对具体模块采用不同的诊断方法。这样反复运用分割法，将无故障的模块从有疑点的模块中分离出来，逐渐缩小故障点，直至找到故障点。

2）分析法。对故障现象进行系统的分析，确定故障类型，预计故障范围。利用系统图样、I/O 地址编码表和系统维修手册等资料，确定故障点或故障电路板板位。

3）插拔法。插拔法即通过拔除和插入有关电路板来确定故障部件的方法。插拔法最适合诊断系统死机及任何显示也没有等故障。出现这类故障时，首先把整个微机系统缩小到最小单元。使用插拔法不是盲目的，而是在进行了初始诊断和具体分析之后才有目的地使用插拔法，如果盲目地插拔，其结果不但不能排除故障，还可能会导致故障扩大或产生新的故障，特别是当插拔电路板时没有放掉人体静电，或没有关掉电源，很可能产生新的故障。

4）交换法。交换法是用相同的插件、部件或器件进行交换，观察故障的变化。显而易见，如果故障消失说明换下来的部件是坏的。如果故障未消失，说明故障点与部件无关。交换可以是部件级的，也可以是芯片级的。交换法需要具备两个或以上相同规格的组件为前提条件。

（4）开关量报警控制单元故障

检查报警系统是否正常，可把试验开关置"试验"位置，输入回路接收到"试验"信号后，即刻输出故障电平 V_F，以模拟监测点参数越限，传感器触点断开。因此，经延时后，逻辑判断环节将进入报警状态，否则说明该报警通道的报警控制单元有故障，或者该报警通道的报警被闭锁，利用"试验"开关可进行通常故障报警试验，也可进行短时故障报警试验，原理同上。

当报警系统发生故障时，可借助功能试验来查找故障的部位，若把功能试验开关置于"试验"位置，某监测通道不能进入报警状态，可能是该通道的报警控制板有故障。这时可利用更换备件板或交换插板的方法来确定故障部位。更换插板时必须注意，不同类型的报警插板不可乱换，乱换插板轻者使系统不能正常工作，重者将使系统或插板损坏。同类型的插板一般可互换，对开关量报警单元在非液位监测中可直接互换，而在液位监测中应重新调整其延时报警的延时时间，使之符合液位监测的延时要求。

（5）模拟量报警控制单元故障

在处理模拟量报警控制单元常见故障的过程中，通过试验开关判断故障方法与开关量报警控制单元常见故障处理方法基本相似，在此不再叙述。模拟量报警板更换时应做如下适当调整：

1）保证更换插板后其上限报警或下限报警的形式不变，即检查插板上的上、下限报警跨接线是否一致，若不一致，则调换跨接线，使其一致。

2）保证更换插板后送到显示单元的显示识别信号不变，即检查插板上的显示识别发送电路，确保各开关位置或接线一致，相关电阻的阻值一致，否则会出现显示混乱的现象。

3）保证更换插板后输入测量电路的零位和量程不变，可通过按测量值显示按钮，观察显示值与实际值是否相符予以核实。若显示值与实际值不符，可通过零位和量程调整使其一致。

4）保证更换插板后的报警值保持不变，可通过按报警值显示按钮，从显示读数上比较确认。若与原报警值不同，可相应调节报警值设定电位器。

三、监测与报警系统的维护与效用试验

1. 监测与报警系统的维护

由于监测与报警系统是对机舱的主要设备运行参数进行检测，报警装置必须保持测量准确，报警可靠，为此，应进行日常维护保养，其内容和要求如下：

1）在航行时，对该装置每天至少进行一次试验。一般在装置上均设有试验按钮，可通过该按钮进行试验，要求灯光信号可靠，音响装置应有足够的音量，否则应及时修复。如果计算机控制系统有自检程序，可以每时每刻进行自检，就没有必要再进行上述试验。

2）定期（每三个月一次）检查下列内容：

① 检查外电路的温度、压力、液位等传感器工作情况能否正确反映它们的变化；检查这些传感器的微动开关的动作准确性、灵活性，特别是微机控制系统的开关量的微动触点两端并联的高阻电阻是否完好。

② 清除测温元件护管外的积垢，保证感温元件与被测物体紧密接触，保持被测物表面光洁。

③ 检查各检测元件、继电器等的整定值是否符合技术要求。

④ 检查各信号传输线屏蔽是否完好，是否破损、紧固，严禁把传输线敷设在电力电线上，以防止工频（50Hz、60Hz）干扰。

⑤ 检查各报警器功能、消警功能、打印机的自检功能。

2. 机舱检测报警点的效用试验

机舱检测报警系统在新造船的航行试验、营运船舶大修后都需进行效用试验。

（1）试验注意事项

1）检测点的试验必须在机舱检测报警系统线路安装（或大修）结束后进行。

2）在做检测点试验之前，集控台监测系统的自检程序应该先运行结束，以保证对设备的监控检测的正确性。

3）对被检测设备运行有影响的检测点应该优先分批做试验，如发电机的燃油柜液位检测点应在发电机运行前进行该检测点的试验。

4）全封闭设备的检测点应该在安装之后、封闭之前进行试验，以免以后无法进行实际试验。

5）对系统综合报警检测点的试验，一般放在系统试验中去做。

6）当进行集控台检测报警点试验时，应该注意检测元件动作参数的准确数值，安装在设备上的位置和报警状态。

7）对于可以调整的检测点，试验结束后应该立即锁住，以免因误操作而改变。

8）对检测中有疑问的数据，应及时汇集设计人员、船东、验船师的意见进行修改，修改后应有文字记录，以备后查。

（2）系统试验方法

监测报警系统的供电方式应该是双电源供电。当主电源失电后，能自动转接到独立的备用电源，并同时发出警报，备用电源的容量应该至少能维持供电 15min。为保证应急供电，平时应对备用电源实行监控，当备用电源失电时，必须发出警报。

监测报警系统的自检。当报警系统自身发生故障时，应及时发出警报。自检系统能及时指明故障部位并报警。

报警的声响和视觉信号均应符合船级社的规范要求。当报警应答后，应可以消音，但光信号必须一直保留到故障消除为止。报警应答消音后，闪光信号可以转为平光信号。

报警信号应发送到值班轮机员住室、驾驶室和轮机员常滞留的场所，如餐厅、休息室等。报警信号应与集控台检测报警点一致。当轮机员应答后，机舱应有显示。较先进的显示方法是当呼叫后轮机员未做应答，能将报警信号自动转到驾驶室或轮机长室。

（3）报警点试验

报警检测点检测的系统（或设备）有主机系统、锅炉系统、发电机系统、艉侧推系统及机舱一切与动力运行有关的设备。报警点试验一般分为压力的检测和控制、温度变化的检测和控制、液位的检测、工况运行的检测等四方面。工况运行的检测比较复杂，有些必须实际运行后才可以检测，无法用模拟手段进行试验。

1）压力报警点的试验。试验时，一般使用手动液压泵对检测的压力传感器进行测试，对其控制参数进行调整，使其在设定值动作。一般采用下面的方法：

① 压力开关或传感器试验方法。将试验装置按图7-26所示接通，通过试验泵对该设备进行增压或减压，通过压力表观察达到所需监控显示报警的设定值时，检查是否显示报警正确无误。

② 压差开关试验方法。将试验装置按图7-27所示接通，通过试验泵进行增压或减压，通过压力表观察达到所需报警的设定值时，检查是否显示报警正确无误。

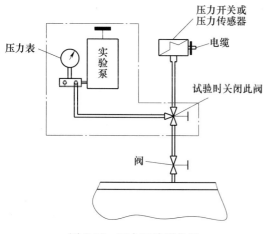

图7-26　压力开关调整图

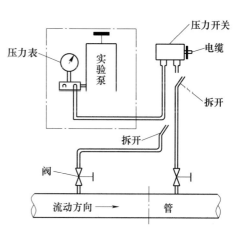

图7-27　压差开关调整图

2）温度测量点的试验。温度测量通常是利用热膨胀、热电变换、电阻变化等方法进行测量。一般分100℃以下和100℃以上两种试验方法。

① 100℃以下温度传感器的检验一般采用实际加热的方法。将温度传感器按图7-28插入试验装置中，调节温度调节器。使试验装置中介质的温度升高或下降，通过标准温度计观察达到所需的设定值，检查报警显示状况，应正确无误。

② 100℃以上热电阻式传感器的试验方法。它是利用导体或半导体的电阻值随温度变化的特性来测温，表7-1为我国常用热电阻的基本参数。试验时将接线盒中的温度传感器的接线断开，按图7-29接上可调

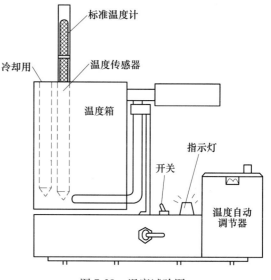

图7-28　温度试验图

电阻，根据温度所对应的电阻值标准图表册，查出所需设定的温度值所对应的电阻值，调节可调电阻达到所需电阻值。检查显示与报警，应正确无误。

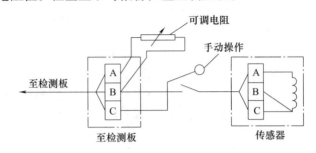

图 7-29 热电阻试验图

表 7-1 常用热电阻的基本参数

名称	代号	温度测量范围/℃	0°时的电阻值 R 及其允许误差/Ω
铂热电阻	WZP	−200 ~ +650	46±0.046，100±0.1
铜热电阻	WZC	−60 ~ +150	50±0.05，100±0.1
镍热电阻	WZN	−60 ~ +180	50±0.05，100±0.1

③ 100℃以上热电偶式传感器的试验方法。热电偶的结构简单，尺寸小，热惰性小，输出为电信号（热电动势）。通常使用精度较高的毫伏计精确测量热电偶产生的热电动势的毫伏数。检验时，在接线盒中将温度传感器的接线断开，按图 7-30 接上毫伏表，根据温度所对应的电压（毫伏）值标准图表册，查出所需设定的温度值对应的毫伏值，调节毫伏计达到所需电阻值，检查显示与报警，应正确无误。表 7-2 为我国常用热电偶的基本参数。

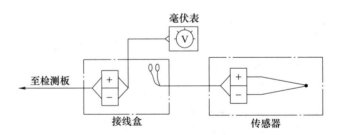

图 7-30 热电偶试验图

表 7-2 常用热电偶的基本参数

名称	分度号	测量温度范围/℃	温度范围/℃	允许误差
铜-康铜	CK	−200 ~ +300	−200 ~ −40	±1.5%t
			−40 ~ +80	±0.6%t
			+80 ~ +300	±0.75%t
镍铬-康铜	EA-2	0 ~ +800	≤400	±4%t
镍铬-康铜	NK	0 ~ +800	>400	±1%t

（续）

名称	分度号	测量温度范围/℃	温度范围/℃	允许误差
铁-康铜	FK	0～+800	≤400，>400	±3%，0.75%t
镍铬-镍硅	EU-2	0～+800	≤400	±3%t
铂铑$_{10}$-铂	LB-3	0～+1300	≤600，>600	±3%，0.5%t
铂铑$_{30}$-铂铑$_6$	LL-2	0～+1800	≤600，>600	±3%，0.5%t
钨铼$_5$-钨铼$_{20}$	WR	10～+2800	≤1000，>1000	±10%，1%t

注：t 为被测温度的绝对值。

3）液位报警点试验。液位报警点一般都以浮标的形式出现。为了防止由于船的摇摆，或者液面处于临界状态时所产生的误报警，应采取延时措施，延时时间一般可以调整。试验可采用手动的方法进行，试验中应重点注意浮标安装的位置和延时时间选择。

4）工况检测报警点试验　这种报警点一般以两种形式出现，一种是重要故障或保护系统动作的单独报警点，另一种是设备的综合报警点。试验时应先重点试验保护系统的报警点。对于综合报警点，首先要搞清楚几种状态的报警，然后按功能逐一进行测试，以保证每一种状态的报警的传递均正确无误。

第八章　主机遥控系统的管理与维护

目前，大型船舶的推进装置主要有柴油机推进和电力推进两类。采用柴油机推进时，直接驱动螺旋桨的柴油机称为主柴油机。主柴油机一般可以在机旁、集控室和驾驶台三个操作部位进行操作和控制。当离开机旁，在集控室或驾驶台操作时，无法通过机旁操纵机构直接操纵主机，这就需要在操作部位与主机之间设置一套能够对其进行远距离操纵的控制系统，称为主机遥控系统。随着无人值班机舱船舶的发展，对主机和机舱设备进行自动控制的遥控、遥测系统变得越来越复杂，对其管理与维护的工作难度也变得越来越大。本章主要介绍主机遥控系统的技术要求、日常维护、常见故障的维修、主机遥控系统的模拟试验、电子调速系统的维护。

第一节　主机遥控系统的分类和技术要求

一、主机遥控系统的分类

1. 气动式主机遥控系统

气动式主机遥控系统主要由气动遥控装置和气动驱动机构组成，并配有少量的电动元件，如电磁阀和测速电路等。它的主要特点是驱动功率大，工作可靠，结构简单、直观，便于掌握管理，但是存在压力传递滞后的现象，因此控制距离受到限制，而且对气源要求高，气动元部件容易出现漏气、脏堵及磨损现象。

2. 电动式主机遥控系统

电动式主机遥控系统的遥控装置与驱动机构均由电动元部件构成。它的主要特点是结构紧凑，遥控距离不受限制，控制性能好，能够较灵活地实现各种功能，但执行机构的驱动功率小，对管理人员技术要求较高，电动遥控系统又可分为有触点继电器式和无触点集成电路式两种。

3. 电-气式主机遥控系统

电-气式主机遥控系统的遥控装置主要由电动元器件构成，而驱动机构则由气动元件构成。这种结构充分发挥了电动式和气动式两种遥控系统的优点，是较完善的遥控系统。

4. 电-液式主机遥控系统

电-液式主机遥控系统主要由电动遥控装置与液压执行构成组成，具有驱动功率大、可控性好、便于远距离控制等优点，但结构复杂，需设置液压油回收系统，并且容易出现漏油、渗气现象。

5. 微机控制的主机遥控系统

微机控制的主机遥控系统主要由 PLC 或微型计算机及其接口电路组成，只有驱动机构采用气动或电动元件。遥控系统的功能主要由软件实现，具有应用灵活、功能强大、适用性强和可靠性高的特点。近几年下水的船舶几乎全部采用微机控制，并朝着分布式和网络化的方向发展。

6. 现场总线型主机遥控系统

现场总线型主机遥控系统是计算机网络化技术在船舶上广泛应用的产物。在现场总线型主机遥控系统中，控制系统的各个组成部件采用分布式的计算机节点控制，各个控制节点采用现场总线互联，大大地减少了连接电缆，降低了布线成本，安装维护极为方便，同时也提高了系统的可靠性。严格意义上说，现场总线型主机遥控系统同时也属于微机控制的范畴。

二、主机遥控系统的技术要求

主机遥控系统的基本要求主要包括以下几个方面：

1. **换向逻辑程序**

当车令与主机凸轮轴实际位置不符时，必须能自动地进行换向；换向完成后，送出许可启动信号。

2. **启动逻辑程序**

当车钟手柄从停车位置移到正车（或倒车）位置时，能自动地完成启动条件判断，自动完成启动程序；当启动转速达到发火转速时，自动地进行汽油转换，启动成功后自动切断启动空气（如果在该设定时间内没完成启动则应发出报警信号）。

3. **重复启动逻辑程序**

在启动过程中发生点火失败时，能够进行三次试启动；当发生三次启动失败时，自动停止启动过程并能发出报警信号。

4. **重启动逻辑程序**

在应急或有重复启动的情况下，增加启动油门或提高发火转速进行重启动。重启动成功后，转入正常调速运行。

5. **慢转启动逻辑程序**

当主机停车时间超过规定时间（0.5h 或 1h）后，再次启动时，需经过慢启动程序，使主机先慢转 1~2 转后再进行正常启动。其目的是早期发现某些故障和保证运行件摩擦表面润滑。

6. **发送速率程序**

当主机进行加速操作时，其加速过程应受到限制，以防止加速过快。通过发送速率程序，使加速按规定速率进行。

7. **负荷程序**

当主机的负荷达到 70%~75% 额定负荷时，已属于高负荷状态，在这之上的加速过程称为负荷程序。负荷程序是时间程序，实现慢慢地进行加油。一般从 75% 到 100% 额定负荷需要 1h 左右。

8. **全速运行时换向逻辑程序**

当车钟手柄从全速正车位置转换到倒车某一位置时，主机遥控系统应能自动地实现停油、换向、制动和反向启动等逻辑程序。

9. **自动避开临界转速的逻辑程序**

在主机遥控系统中必须设有自动避开临界转速区运行的逻辑程序。

10. 应急操作功能

在应急情况下，可取消慢转、负荷程序等，进行快加速，或取消自动减速或停车信号，进行应急运行。

11. 安全保护程序

在运行中，当出现滑油低压、轴承高温、冷却水出口温度高、曲轴箱油雾浓度过高等情况时，主机应能自动地减速或自动停车，并发出报警信号。

12. 系统功能模拟环节

主机遥控系统应设有功能模拟环节，以检查其系统各环节的功能是否工作正常。

13. 微机控制系统自诊程序

能够自动地显示出故障点或在打印机上打印出故障类型、故障点。

第二节 主机遥控系统的日常维护和故障排除

对于电-气主机遥控系统，电气控制部分若采用继电器即可按继电器的维护要求进行维护；若采用电子集成电路或微机控制系统，由于失效率是常数，不需要进行定期预防维护。

主机遥控系统是关系船舶操纵的重要设备，为保持其性能良好以及在发生故障时能迅速地判断出故障部位，进行日常维护十分重要。下面介绍对主机遥控系统进行日常维护和故障判断的基本方法。

一、日常维护

1. 保持起动和控制气源压力正常、干净

在气源干燥、干净的状况下，阀件检修周期如下：

1）驾驶台、机舱中工作压力为1MPa的阀件每四年检修一次。

2）工作压力为3MPa的阀件每两年检修一次。

定期检修中要及时更换损坏的部件，如老化的密封圈、密封环，以及磨损的运动部件，更换润滑脂。不要随意调整系统中的参数或拆开生产厂家红漆密封的部件。拆开气路管路时，要防止外部杂物、灰尘落入。每天泄放残水，每月检查滤器，更换脏的滤网。

2. 控制箱内部检查

由于电气控制装置都采用插件形式，日常维护就是检查插件是否松动，接触是否良好；插件与插座是否有锈蚀现象，若有，应及时清除；控制箱与外部的信号线是否固紧，接触是否良好；屏蔽接地是否可靠。定期检查继电器触点、滑动接触电器（电位器）的接触状况。

3. 输入与输出元器件的检查

输入与输出元器件为发信器、传感器、执行器等。应按各元器件具体产品说明要求维护，一般而言，每三个月须对下述各项目进行一次检查：

1）各温度、压力、液位、转速等传感器的电触点以及并联触点两端的高阻电阻。

2）导线紧固件是否良好。

3）检查传感、检测元器件的上、下限给定值是否在要求范围内，否则，必须重新整定。

4）检查各控制站的显示装置与实际值的误差是否在要求范围内。

5）执行机构，例如执行电动机、电磁阀等部件是否良好。

6）检查报警装置是否完整，动作是否可靠、准确，若是继电器式，还应分别检查和测量各部分的绝缘。

4. 在航行前，结合主机备车须检查的项目

1）检查装置的工作电源、应急电源、报警电源是否正常。

2）进行各控制站（驾驶室，集控室，机旁）的转换、联锁试验，按功能进行各遥控站的闭环操纵试验和模拟试验。在试验中，应观察并判断车令发送器、程序控制器、各执行器、监测器、记录器、报警装置的工作是否正确、可靠。

3）检查与主机遥控系统有关的辅助动力装置及自动控制、自动调节装置是否处于正常状态，凡不符合技术要求的装置，不能投入使用。

5. 定期进行系统全部功能的效用试验内容

1）试验换向、起动、制动、调速、停车等程序控制。

2）试验盘车机、起动、遥控站等的联锁。

3）试验转速检测及调速精度。

4）采用模拟故障的方法，试验停车、减速、应急操纵等功能。

5）采用扫气压力、扭矩、油门等模拟信号，试验装置的限制功能。

6）试验电源故障、紧急操纵、停车或减速、换向失败、起动失败等警报功能。

6. 其他注意事项

阅读系统的技术资料，注意与资料对照或记录系统正常工作时的参数，如启动油量的设置值、发火转速等，注意系统正常运行时的仪表和指示灯显示，以便在维修或发生故障时进行对照。

二、主机遥控系统的故障分析方法

正在运营中的船舶主机遥控系统如果发生故障，一般故障部位比较单一，容易找到。而陈旧的故障或经过维修人员处理仍未修复的故障，则往往增添一些人为的故障，增加了故障判断的难度。下面介绍一些常用的故障判断和分析方法。

1. 熟悉系统

在进行故障判断前应熟悉系统的结构、工作原理、功能和操纵方法，熟悉操纵手柄的用途、显示灯的含义，熟悉各种操纵方式之间的转换方法和相互关系，系统运行的条件和结果。仔细地阅读说明书，这是进行故障排除的基础。当然，有实践经验的维修人员，也常常可以通过烧焦的元器件或气味，或先检查易损部件，迅速找到故障点。

微机遥控系统的功能主要有重复启动、启动油量保持、临界转速自动回避、负荷程序等。可设定的参数很多，说明书中一般都提供详细的数据表。对系统的功能和参数一定要理解，必要时根据机器的状态进行适当的调节。

当遥控系统的某项功能不能实现时，并不一定是系统确实有故障，可能是操纵者对系统不熟悉，系统工况不符合正常运行要求，而引起的假故障。

例如，主机遥控系统的安全保护装置和联锁装置遇到不能启动、不能换向、不能调速等故障时，原因有可能是安全装置的保护作用。因而在分析故障之前，一定要首先了解安全保护装置和联锁装置，最好能找到安全装置的传感器或联锁装置的安装位置，便于现场查询。

安全保护装置常见的有油压、水压、油温、水温、超速保护、曲柄箱油雾浓度监测等。联锁装置一般有不停油不能换向、换向不完毕不能起动、转向联锁、盘车机联锁等。安全保护和联锁装置造成操纵主机困难的原因，往往不是参数和主机的状态不正常，而是传感器的误传导，有时也存在说明书与实际系统有不符的情况。

例如，点火转速实质是给计算机设置一个指令，根据机器的状态，认为主机能够点火燃烧而切断起动空气的一个转速。经过多年运转，机器状态发生了变化，原来设置的点火转速就可能不够，需要进行修改；再如，起动油量是为了起动可靠而设置的、专门用于起动的油量，一台主机经过几年的运转，汽缸、活塞、油泵及油门传动机构会有不同程度的磨损，若仍用新机的起动油量，往往造成起动困难，这时应适当增大起动油量的设置，问题即可解决。

2. 功能模块分解测试法

各种复杂的系统通常可以看作由一些分系统、环节或部件组成。这些具有一定功能的分系统、环节或部件可以称作模块。

现代船舶主机的遥控系统大多以微机遥控为主，气动遥控作为辅助或备用。气动遥控系统比较直观，一般根据说明书中提供的逻辑图，能够较快地掌握系统的主要功能，而在微机遥控系统中，主机操纵的主要功能都"压缩"到了微机里，一旦发生故障，往往不能比较直观地查找与分析，但如果能够把微机作为操纵系统中一个模块来对待，问题就会简单多了。实质上，不论是何种微机遥控系统，都可总结为如图 8-1 所示的功能框图。

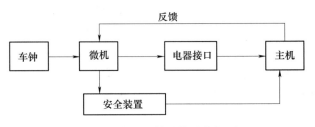

图 8-1 微机遥控系统功能框图

（1）车钟

微机遥控系统的操作非常简单，只需移动车钟手柄，即可完成对主机的操纵。车钟手柄控制的只是一个电位器，车钟在不同位置送给微机不同的电压信号。微机接收到这个信号后，判断执行，发出起动、换向、调速或停车信号。

（2）安全保护装置

安全保护装置在检测到主机有不正常状态时，即输入微机一个信号，微机再输出自动减速、停车信号，或直接通过一个电-气转换机构给主机操纵的执行机构一个停车、减速信号，使主机减速或停车。

（3）电-气转换单元

主机操纵的执行机构，所接收的信号一般是气压信号，而计算机输出的只能是一个电信号。因而，微机和主机操纵的执行机构之间，必须有一套电-气（Electric-Pneumatic，E-P）转换装置，称为 E-P 转换。在电-气转换装置中，目前大多采用电磁阀。如起动、换向、停车，微机只需要按一定程序输出一个开关量，通过电磁阀给出起动、换向、停车等气压信号。调速信号较复杂，以液压调速器为例，它所需要的调速信号为一连续的气压信号，如微机输出的是开关量，则需将此开关量通过一个 E-P 转换单元，转换成为一个连续的气压信号。

NABCO M-800 型主机遥控系统调速信号的 E-P 转换单元如图 8-2 所示。

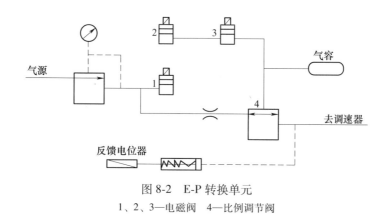

图 8-2　E-P 转换单元
1、2、3—电磁阀　4—比例调节阀

图 8-2 中，电磁阀 1 有电时为减速，电磁阀 2 有电时为加速，在设定转速和实际转速差距比较大时，电磁阀 3 打开，以增大加、减速度的速率。若调速信号合适时，反馈电位器反馈信号，通过微机使三个电磁阀都断电。微机控制的三个小电磁阀，相当于比例调压阀 4 的一个调节螺钉。有的微机遥控系统，在调速过程中微机输出一个电压信号 V，经过 V/I 及 I/P 转换器，转换为一个气压信号，输送给调速器达到调速的目的。

一个功能模块可能不知道它的具体内部结构，但通过对其功能和输入输出信号的关系进行测试，就可以判断该功能模块是否正常。不同功能模块在系统中的地位、作用不同，有的是系统实现各种功能的共用部分，如果损坏了，则系统的全部功能丧失；而另一些功能模块只承担局部的工作，如果损坏了，将只影响局部的功能。因此，当系统出现故障时，可以根据系统的功能模块结构，将故障原因判断至功能模块一级，然后对这一功能模块设计测试方案进行测试，即对该功能模块提供输入信号，观察其输出信号是否符合功能模块设计的规定。

3. 故障树分析方法

故障信号流程图追踪法是判断故障部位的最常用方法，该方法亦称为故障树分析法。在这种方法中，通过追踪检查与故障有关的各种信号通路及状态，从而确定发生故障的部位。图 8-3 列出了查找主机起动故障的流程图。

4. 故障出现后的分析与处理步骤

1）检查报警信息。充分利用指示灯、LED 的信息，尤其是自检显示的信息。一台柴油机从静止状态到运行状态，操作不灵或运行过程中突然自动减速或停车，首先应检查的是故障报警。一般控制台或模拟板上都有比较重要参数的指示灯、测量仪表，如润滑油和冷却水的压力、温度等。分析这类故障时，要分清是参数不正常还是传感器不正常，并分别进行处理。

2）根据系统的结构和工作原理，以及各个部件在系统中的作用，在不同位置进行操纵，进行交叉对比区分故障点。如可使用机旁操纵检查执行机构，如果机旁操纵没有问题，可以断定主机操纵的执行机构（包括起动阀，换向机构）完好。

例如，Sulzer RTA84c 型柴油机有两套机旁操纵系统：

第一种：通过手动杠杆打开起动控制阀起动；通过应急手柄直接推动油门杆调速。

第二种：起动方式同前，通过手动调压阀调节调速气压信号，通过调速器调速。

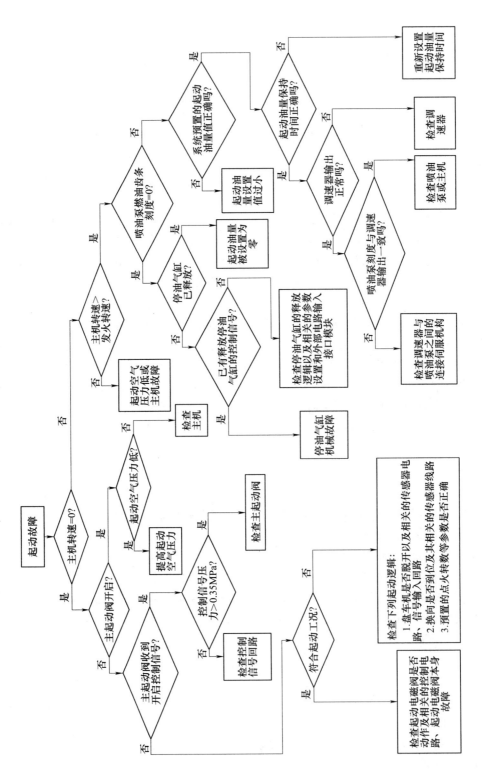

图 8-3 主机起动故障查找流程图

　　两种操纵方式相比较，第一种更接近于主机，而通过两种操纵方式试验可检查调速器本身是否有问题。如第一种操纵系统能用，第二种不能用，则必定是调速器的故障，否则可能是其他执行机构的问题，需进一步分析。不能达到点火转速是起动空气的问题，达到发火转速而不能起动可能是供油系统的问题。

　　3）根据模拟板检查微机的控制功能，通过模拟板输入相关模拟指令，根据系统的显示结果判断故障点。如果机旁操纵没有问题，可以断定主机操纵的执行机构完好，其中包括起动阀、换向机构、调速器等。下一步应检查微机的指令系统，一般微机遥控系统都有一个模拟板，通过此模拟板可以检查微机本身的工作状态及各重要参数的设置。这些工作状态、参数数值都可通过指示灯、数码管或液晶显示屏显示出来。如果属微机硬件故障，可通过换备用模拟板的方式进行解决，而不必去考虑板上的哪个集成块或元器件有问题。硬件无故障，则应考虑参数的设置问题，如起动油量、点火转速、一次起动时间等。应根据故障的具体现象及机器的使用状态等情况做适当修改。

　　4）当经过测试微机控制部分功能正常，而执行机构没有随其动作时，应根据电气原理图和接线图检查外部的电磁阀或者外部电气连接，是否接触不良，检查电-气接口。由于气电转换的接口部分阀件管路比较复杂，所以放在最后检查。一般先使微机发出操纵指令，再检查阀件是否动作。若不动作，再进一步找原因。如起动过程中，车钟放在起动位置，起动指令已发出，如果主机无反应，可用螺钉旋具通过起动阀尾部的小孔，推动阀芯使其达到起动位置。若主机能够起动，则说明气路管线无问题，故障就在电磁阀。可检查阀芯的滑动情况和电磁阀的电路问题，使故障范围缩小到很小的范围，即可找到故障点。若电磁阀无问题，而起动系统无反应，则需检查电磁阀与执行机构之间的管线，具体方法是关闭主起动阀，将操纵手柄放在起动位置，然后从电磁阀开始，逐个接头或阀件进行检查。可旋松管路接头，检查是否有气，从而很容易找出故障点。

　　5）在使用键盘修改系统工作参数或通过印制电路板上的微调电位器修改系统工作参数之前，最好记录其原始数据或原始位置，以便在修改无效时，恢复初始值。

　　6）在进行电气测量时，应预先设计好测试方案。当模拟外部继电器触点闭合状态（短接某两个电气接线端子）时，要确认两端子间没有电压，或虽然有电压，但有限流电阻，不会造成短路，扩大故障。

　　7）拔插印制电路板时，要关闭电源。记住印制电路板的型号和在插槽的原始位置。

　　总之，主机遥控系统故障分析与处理步骤与电气设备分析与处理步骤一样，必须掌握系统的工作原理、各部件的功能。一旦某项功能不能实现，只需寻找实现此功能的环节。特别是微机控制系统有自检程序和模拟板，寻找故障点会更方便。

三、主机遥控系统的常见故障及维修

1. 气动阀件的常见故障和维修

（1）气源或转速设定气压信号等气控调节回路常见故障

　　减压阀、调压阀在正常使用时，其输出气压稳定在整定值，放气孔在工况不变时没有空气泄出。故障时则在放气孔可以发现较严重的漏气，其故障原因一般是节流孔堵塞，橡胶膜老化，或者是拆装时某些部件位置装错。修理时用通针通开堵塞的节流孔，清洗污垢，更换橡胶膜。

（2）气动逻辑回路的常见故障

漏气，使阀件控制端动作气压过低、阀位不能切换。漏气原因通常是管接头漏气或二位三通阀内的密封环损坏或丢失。查找漏气部位时，可以听声音，但最好是用气压表定量从气源向末端测量。活塞环等运动部件的磨损也能造成漏气。

运动部件卡阻，如停油气缸活塞卡阻。这往往是缺油造成的。

气动部件的故障在运行时间过长的旧船上比较常见。

2. 电气部件的常见故障及维修

1）熔丝熔断或电源故障。

2）接线端子或接插件接触不良、锈蚀。

3）电气元器件故障。

4）检修后错误接线。

3. 主机遥控系统的工作参数设置错误

主机遥控系统的工作参数对系统的正常工作影响很大。例如，在点火转速预置值、起动油量、每次起动主起动空气阀开启时间限制三个参数中，任何一个被错误地设置为零，即使系统部件没有任何故障，也会造成主机起动失败。一般造成工作参数设置错误的原因可能是系统老化，原有的工作参数不符；或维修人员更换部件后，没有相应地调整工作参数，或把参数设错。对于气动遥控系统，工作参数的设置是通过减压阀设定值（如起动油量）、单向节流阀的节流大小来实现；对于使用小规模集成电路构成的遥控系统，工作参数的设置是通过调整印制电路板上的微调电位器阻值来实现；而对于微型机主机遥控系统，则是使用键盘来设置、修改工作参数。

4. 遥控无法起动主机

假设主机一切正常（即机旁操作有效）。首先要检查操纵方式选择开关是否在所选的控制站，主机遥控气动系统的工作气源是否打开等。若常规检查没有发现问题，则需进一步检查起动主机的条件是否符合。一般主机起动条件有：盘车机脱开信号；主机起动位置信号；启动空气压力信号；控制空气压力信号；主机滑油压力信号；电源信号；操作部位转换信号；试验开关位置信号；故障停车复位信号；三次起动失败信号；起动限时信号；起动转速信号。

以上所列举的主机起动条件仅仅是一部分，根据系统设计要求可增减。只有起动条件都满足，主机才能允许起动，所以，遥控不能起动主机时，应该逐一检查每个起动条件或传感检测元件是否故障。若每个起动条件都满足，各检测元件反应都正常，就应检查控制箱，完成这些起动条件的逻辑判别回路，若采用继电逻辑回路，就应检查这一部分的继电器及其有关触点；若采用电子集成电路，可用波形测试法或代替法来检查；若是微机控制系统可用自检程序或模拟板的自检功能寻找故障点。

5. 不能重复起动

首先要弄清楚这套装置进行重复启动是按时间原则还是按转速原则或者两者综合。若按时间原则，应检查计时电路或时间继电器；若按转速原则，应检查转速检测、判断电路。若按转速、时间综合原则，则应检查转速检测、变换电路和时间电路。

6. 不能遥控换向

可能的故障原因：

1）本身逻辑电路或逻辑继电器回路故障。

2）不能换到某一方向的机械和控制检测电路、器件故障，不能正确反应，所以应着重检测这两部分元器件和电路。

3）换向电磁阀故障。

四、主机遥控系统故障处理实例

1．主机起动过程不正常

NABCO M-800 主机遥控系统的操纵系统有三种操纵方式：微机遥控、气动遥控和机旁操纵。正常使用为微机遥控，气动遥控作为备用，机旁操纵作为应急使用。

故障现象：微机遥控起动，每次都要进行两次，第一次失败，第二次成功。

试验及分析：机旁及气动遥控均无问题，参数正常，安全保护装置正常，模拟板模拟实验，检查微机及控制阀均无问题，根据说明书对重要参数起动油量进行分析，发现该系统的启动油量有两个，第一次起动模拟板设置的起动油量气压为 1.1bar（1bar $= 10^5$Pa），第二次起动（Heavy Start）面板设置的起动油量设定气压为 1.8bar；第一次起动失败，第二次起动时自动转换到"Heavy Start"方式，使用 1.8bar 的转速设定气压信号后起动成功，说明第一次起动油量过小，将第一次起动的起动油量气压设置为 1.5bar，故障排除。进一步分析认为：该机已经运行 10 年，由于气缸及油门传动机构磨损，柴油机的状态改变，此时用新机的起动油量显然不行，应根据机器状态适当修改。

2．主机起动后不能加速，且自动停车

故障现象：某轮气动遥控系统起动后转速不能增加，运行 10s 后自动停车。

检查及分析：首先检查安全系统及联锁装置，若一切正常，机旁操纵正常，排除执行机构故障的可能；然后分析起动环节，此遥控系统有一起动油量设置及保持环节如图 8-4 所示。

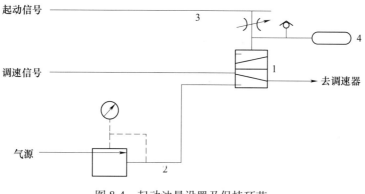

图 8-4　起动油量设置及保持环节

1—电磁阀　2—调节阀　3—节流阀　4—气容

在主机正常运转时，来自调速手柄的调速信号通过电磁阀 1 直达调速器。起动时，起动信号送往主起动阀的同时，一个分支经单向可变节流阀 3，作用在阀 1 的上方，并向气容 4 充气，使阀 1 工作在上位，由调节阀 2 供给一个起动油量，此油量大于调速手柄在起动位置时所设定的油量，以保证起动。当起动信号消失后，气容 4 中的空气经节流孔 3 泄放，泄放的时间相当于起动油量保持时间。当阀 1 上方的压力小于弹簧力时，阀的阀芯在弹簧的作用

下上移，使之工作在下位而切断起动油量，进行正常调速。由于节流孔 3 脏堵，使得起动后两种转速信号不能及时转换，导致不能加速。又因节流孔变小，两种状态的转换过程过长，使阀芯处于临界状态的时间过长，导致停车。经清洗及调节节流阀，故障排除。

第三节 数字电子调速系统的维护

一、电子调速系统的技术要求

在主机遥控系统中，除了把遥控给出的转速信号通过电-气转换后变为气压信号加到调速系统进行调速外，还有直接通过电动执行器操作油门杆改变油门开度。电子调速系统组成原理框图如图 8-5 所示。该系统的技术要求如下：

1）调节环节应采用无静差的 PI 调节规律，具有良好的跟踪车钟指令的性能。

2）调速系统的输出特性曲线应尽量符合螺旋桨的工作特性，使其达到最佳调节性能。

3）应能接受各种限制，如最高、最低转速限制，最大油门限制等，但在应急操纵下可以自动取消这些限制。

4）对主机安保系统送来的故障减速或停车指令应能立即执行。

5）电动执行器应反应快，动作灵敏，制动及时，不能有振荡现象发生。

6）为了主机操纵的可靠性，能够进行自动和手动切换，有的电子调速系统在自动情况下，还设有 PG 调速器和电动执行器之间的选用切换。

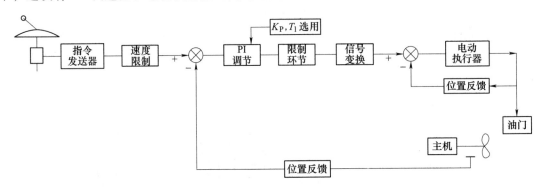

图 8-5 电子调速系统组成原理框图

二、电子调速系统的维护

电子调速系统的维护与主机遥控系统的维护内容一样，由于电子设备不需要拆检，只需做一些清洁工作，保持元器件具有良好的散热条件，保持线路板插件牢靠，接触良好。电子调速系统的维护内容包括：

1）试验有关指示灯，及时更换损坏的灯泡或发光二极管。

2）紧固插件板、插件板插座。

3）旋紧熔丝、接线柱。

4）检查电-气（液）变换阀工作是否正常。

5）检查交、直流工作电源电压是否正常。

6）仔细检查各引线电缆有无断路故障，屏蔽端是否可靠接地。

7）若执行器为伺服电动机，应定期检修电动机。

8）检查控制回路中继电器、伺服电动机、制动器。在拆检伺服电动机时，应注意位置反馈、自整角机与油门开度的对应位置。

三、DGS-8800e 数字式电子调速系统实例分析

DGS-8800e 数字式电子调速系统原理框图如图 8-6 所示。

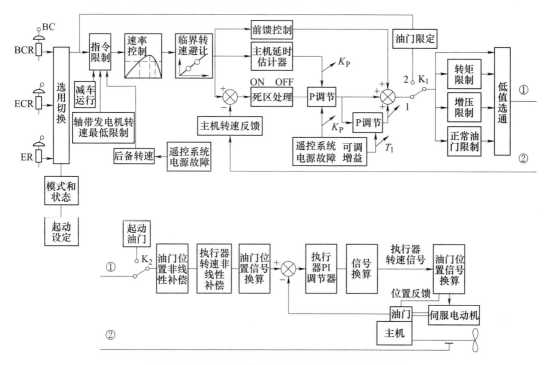

图 8-6　DGS-8800e 数字式电子调速系统原理框图

DGS-8800e 数字式电子调速系统是 NOR-CONTROL 公司的产品，可作为主机遥控系统中的一个调速控制回路，也可直接接收车钟指令，进行主机供油的控制。它由两大部分组成，一部分是调节器，另一部分为执行器，分别由两个微机系统来控制。调节器接收车钟指令后，对车钟指令进行处理（如速率限制控制、临界转速避让等），得到一个现时车钟指令与主机的现时转速比较，依据其固有的程序，发出供油信号给执行器，执行器依据调节器的指令使伺服电动机动作，把油门拉到对应的位置。

1. 给定转速指令处理

这个功能环节可以接收以下转速指令：

1）驾驶室、集控室、机旁的车钟转速指令。

2）安保系统送来的故障减速或停车指令。

3）接收操作者的程序指令减小最高允许转速。

4）设定轴带发电机的基本转速。

5）主机遥控系统故障时，给出一个后备转速。

给定转速指令处理环节还进行转速指令的高、低速率限制和自动避让临界转速处理。此外，还能进行操作方式和状态切换控制，能根据转速给定指令自动地给出起动油门（正常

起动，重起动）。

2. 主机转速检测

它是由磁电感应式转速传感器提供转速脉冲信号，通过高、低频滤波器滤去低频的抖动噪声和高频干扰，然后通过飞轮齿数的换算因子，把转速脉冲信号换算成实际转速的数字值。而且，它能对 A、B 传感器通道进行校验，取出正确通道的值作为调节器的反馈值，并送显示器显示实际主机转速。

3. 转速调节

一般根据操纵过程中的转速指令和主机实际转速两者的差值加到转速 PI 调节环节，但是，它考虑了使主机运行特性更好配合螺旋桨特性和调节品质，采用了复合控制方式。由图 8-6 可见，它具有转速指令的前馈控制，提高了系统的跟踪精度。在 PI 调节回路中，在其前设置了低偏差值的死区处理环节，有效抑制了低放大倍数的噪声。比例（P）调节环节不仅随海况自动调节增益，而且还根据主机延时估计器来改变其增益。增设主机延时估计器是 DGS-8800e 调速系统一个特色，针对不同的转速指令，给出主机的油门开度并不一样，即不是一个常量增益。由于主机是热工机械，并不是大油门时进入的油量全都转化为热能（与供气不足等因素有关），所以，按照主机的燃烧特性（使它能充分发挥良好的燃烧性能），比例（P）调节环节必有一个延后，而且这个延后随转速指令大小变化而变化。简言之，主机延时估计器的作用就是转速指令大时，不要马上按不变比例系数开大油门，而是按燃烧性能要求加大油门。

4. 燃油限制环节

由图 8-6 可见，燃油限制环节是把处理后的车钟转速指令、转矩限制、增压压力限制、手动限油进行取小运算，取出小者——转速指令信号，然后进行信号转换处理，变换为执行器所要求给定的位置信号。

5. 执行器

由调节器送来的要求油门位置信号与实际油门位置信号进行比较，其偏差值通过执行器的 PI 调节运算之后进行信号变换处理，变为伺服电动机的转速指令信号，该信号通过功率放大器使伺服电动机转动，带动油门，使之达到调节器所输出的油门要求。

第四节　主机遥控系统的模拟试验装置

为了检查主机遥控系统的功能和运行状况，在各种型号的主机遥控系统中，通常都设有系统功能模拟试验装置。

掌握模拟试验方法对轮机管理人员来说十分重要。尽管有各种各样的模拟试验装置和多种试验方式，但基本的试验方式是在主机停车时利用车钟（实际车钟或模拟车钟）和模拟转速旋钮配合操作，使遥控系统完成一系列动作。遥控系统对主机的实际转速和模拟转速没有辨别能力，把模拟转速同实际转速同等对待，利用这一特点可使遥控系统达到检查各种功能和判断故障的目的，按设计要求完成各种动作。在采用实际车钟和模拟转速的试验中，除了主机因起动空气截止阀关闭而不动以外，遥控系统的各种部件都可以动作。因此，在进行模拟试验前要做好各种准备工作。而在模拟试验进行完毕后，必须将模拟试验使用的开关全部复位，否则系统不能正常工作。

一、主机遥控系统模拟试验装置的结构和工作原理

各类主机遥控系统的模拟试验装置尽管在实现的手段、使用的部件方面可能不同，使用方法也会有差异，但其基本的设计目的是相同的。其作用通常有：提供主机转速模拟电位器、模拟车令发信电位器、凸轮轴位置模拟开关来产生模拟主机转速、模拟车令、模拟凸轮轴位置信号；显示遥控系统的工况，如车钟位置、电磁阀的状态以及主机凸轮轴的位置等；检查遥控系统的各种功能是否正常，若有故障，判断故障部位；显示遥控系统的各种参数，并能对不正确的参数进行调整或修改。本节讨论的主机遥控系统由微机实现控制，因而模拟试验就是把主机转速模拟电位器、模拟车令发信电位器、凸轮轴位置模拟开关产生的模拟主机转速、模拟车令、模拟凸轮轴位置信号输入微机，通过处理后发出控制信息，试验操作人员可以通过对代表外界电磁阀动作情况的发光二极管和系统运行状态的其他显示部件来观察系统的工作状况，从而判断控制系统工作是否正常。主机遥控系统模拟试验装置输入输出框图如图 8-7 所示，它和控制系统使用同一台微机。

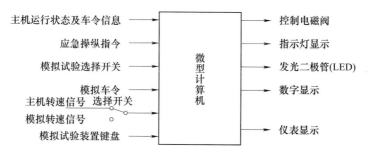

图 8-7　主机遥控系统模拟试验装置输入输出框图

模拟试验装置设在电气控制箱中，它由主机模拟转速设置板和系统功能模拟试验板两部分组成，其中主机模拟转速设置板的结构比较简单，主要由一只模拟转速选择开关、一只能提供模拟转速电压信号的电位器和一只指示模拟转速大小的电压表组成。当进行模拟试验时，将选择开关扳到模拟转速位置，表示主机实际转速值的测速传感器经电压变换器输出的电压信号被主机模拟转速电位器的电压信号取代。旋转电位器的旋钮可以提供不同的主机模拟转速值，供控制微机进行转向和转速鉴别使用。

模拟试验装置的另一主要部分是系统功能模拟试验板，面板上的主要部件有：①发光二极管（LED），用来显示遥控系统的工作状态；②模拟试验选择开关，模拟车令发信电位器和凸轮轴位置模拟开关等用来把遥控系统工作方式切换到系统功能模拟试验方式以及提供相应的输入模拟信息，进行系统功能模拟试验；③七段数码显示装置（或液晶显示）和键盘，主要用于查询和更改遥控系统的工作参数。

二、模拟试验装置的功能

主机遥控系统模拟试验装置既能在平时对系统的运行状况进行显示，对系统工作参数进行检查或调整，也能对系统的功能进行模拟试验。采用微机作为控制器核心的主机遥控系统，为使用者提供了通过键盘来改变系统工作参数的手段。这对于系统的设计、代换不同的工作部件、以及对系统性能进行调整都极其灵活方便。在系统使用说明书的有关系统参数表格中可查到各个参数的原始设定值和调整范围。这些参数有的和主机起动有关，如每次放气

总时限、启动油量、点火转速等。即使电气元件和气动阀件这类硬件没有故障，但如果上述参数中任一项设置不合理，主机也不能起动。在系统使用说明书中也可以查到修改系统参数的操作方法。表8-1列出了某轮主机遥控系统常用的部分主要参数。

表8-1　主机遥控系统常用的部分主要参数示例

地址	作用	设定值	对应值
T01	启动油量保持	5s	—
T03	再次启动判断	5s	—
T04	主启动阀开启时限	15s	—
T05	应急倒车操作判断时限	5s	—
T10	自动减速油量设置	1.54V	0.077MPa
T11	启动油量	2.2V	0.11MPa
T12	重启动油量	3.0V	0.15MPa
T13	负荷程序起点	6.5V	0.325MPa
T14	临界转速下限	3.25V	0.162MPa
T15	临界转速上限	4.07V	0.235MPa
T23	发火转速	—	—
T24	应急倒车判断转速	—	—
T25	换向转速	—	—
T32	车令 AS. FULL 预置值	6.2V	0.31MPa
T33	车令 AS. HALF 预置值	4.98V	0.249MPa
T34	车令 AS. SLOW 预置值	3.3V	0.165MPa
T35	车令 AS. D. SLOW 预置值	1.54V	0.077MPa
T40	车令 AH. D. SLOW 预置值	1.54V	0.077MPa
T41	车令 AH. SLOW 预置值	3.3V	0.163MPa
T42	车令 AH. HALF 预置值	4.98V	0.249MPa
T43	车令 AH. FULL 预置值	6.2V	0.31MPa
T44	车令 NAV. FULL 预置值	9.8V	0.49MPa
T83	调速器设定转速显示	—	—
T92	负荷程序加速速率	—	—
T99	主机实际转速显示	—	—

三、系统功能模拟试验方法

目前，营运船舶的气动、电动及电-气结合等各类主机遥控系统都设有模拟试验装置，其试验目的、步骤基本类似。但也因各类设备结构上的差异存在一些不同之处。

本节讨论的主机遥控系统的功能模拟试验装置设有模拟转速选择和模拟试验选择两个开关。模拟转速选择开关接通时，仅用以将通向微机的来自测速环节的主机转速输入信号用模拟转速代替；而后一个选择开关接通时，则通知微机系统进入模拟试验状态。这时，微机选择模拟板上的模拟车令作为车令信号，选择凸轮轴位置模拟开关的信息作为凸轮轴的实际位置进行控制。同时，在这种状态下，模拟板上代表各电磁阀工作状况的发光二极管虽然根据系统的工作要求发亮，但微机的控制信息并不送到各实际电磁阀上，只有停油电磁阀有电保持停油，以保证进行模拟试验时系统的安全。对以上两个选择开关的通断进行不同的组合，可以使主机遥控系统的模拟试验有两种不同的工作方式，试验手段更加灵活。当然不论以何种工作方式进行模拟试验，在扳动选择开关进行试验前，主机必须处在停车状态，主起动空气截止阀必须关闭，而试验结束时，必须把选择开关复位。下面对两种试验方式分别进行介绍：

1. 真实车令和模拟转速（真车令和假转速）

仅将模拟转速选择开关接通，系统就进入了真车令和假转速试验方式。所谓真车令和假转速，即为了测试某些气动阀件及换向系统的工作性能，可以使用实际电动车令发信电位器进行操作。当操纵主机换向、启动时，主机的凸轮轴按换向要求进行换向，各种阀件按实际的工作情况进行动作，只是没有启动空气，主机不能启动，测速电路测不到主机转速。可利用模拟转速电位器代替测速发电机，根据实际操作情况，利用模拟转速电位器送入一相应的转速信号，检查主机和遥控系统的有关气动阀件及电气控制箱的工作是否正常，诊断主机遥控系统的故障。

2. 模拟车令和模拟转速（假车令和假转速）

如果仅对系统中的电气（微机）部件的工作情况进行试验，可利用假车令和假转速方式进行模拟试验。进行模拟试验时，首先按下模拟试验开关，使系统进入模拟试验状态，计算机按照模拟车令发信电位器的模拟车令信号和凸轮轴位置模拟开关的信号进行控制和显示。同时还要接通模拟转速选择开关，操作人员可以通过设置不同的车令信号及相应的模拟转速信号使系统处于不同的运行状态，通过对发光二极管和七段数码显示器、仪表、指示灯的观察，进行系统功能测试。采取这种试验方式，发令和显示都在模拟板上进行，操作方便，另外，还可以对比发现在车令发信装置或凸轮轴换向机构中存在的故障。

第五节　主机遥控系统的模拟试验

一、主机遥控模拟试验前应具备的条件

1）机舱集控台主机监控、检测报警延伸到驾驶室控制站的报警点，按照机舱集控台检测报警点试验方法检验完毕。其各报警点试验均符合设计要求，声、光报警信号效用情况良好、正确、可靠。驾驶室控制站所设的报警应答后，允许消去驾驶室的报警声响信号。其光信号应在故障排除后消失，而且光信号应在故障被应答前和应答后要有所区别。

2）根据自动化程度的不同要求，一般在驾驶室控制站应设如下检测报警点：

① 滑油进机压力（如设有齿轮箱时，包括齿轮箱）低/过低报警。

② 滑油进机温度（如设有齿轮箱时，包括齿轮箱）高报警。

③ 滑油进涡轮增压器压力低报警。

④ 滑油进涡轮增压器温度高报警。

⑤ 涡轮增压器滑油重力油柜低位报警。

⑥ 滑油循环油柜低位报警。

⑦ 滑油滤器前后压差大报警。

⑧ 气缸注油器出油量小报警。

⑨ 气缸冷却水进机压力低（或流量小）报警。

⑩ 气缸冷却水出口温度高报警。

⑪ 活塞冷却液进出口压力低（或出口流量小）报警。

⑫ 活塞冷却液出口温度高报警。

⑬ 喷油器冷却液压力低报警。

⑭ 喷油器冷却液高温报警。

⑮ 海水冷却水压力低报警。

⑯ 冷却水膨胀水箱低水位报警。

⑰ 重燃油温度低（或黏度大）报警。

⑱ 燃油日用及沉淀油柜加热温度高报警。

⑲ 燃油日用及沉淀油柜低位报警。

⑳ 燃油低压油泵出口压力低报警。

㉑ 高压燃油管故障报警。

㉒ 扫气温度（或火警）高报警。

㉓ 排气温度高报警。

㉔ 增压空气冷却器出口温度高/低报警。

㉕ 涡轮增压器排气出口温度高报警。

㉖ 推力轴承温度或滑油出口温度高报警。

㉗ 曲轴箱油雾浓度或主轴承温度高报警。

㉘ 柴油机转速或螺旋桨轴转速超速报警。

㉙ 柴油机转速或桨轴转速在禁区内报警。

㉚ 主机第三次自起动失败，停止再起动时报警。

㉛ 启动空气压力低报警。

㉜ 启动蓄电池组电压低报警。

㉝ 监控系统动力源（电动、气动、液压）故障报警。

㉞ 离合器的控制动力源（电动、气动、液位）故障报警。

㉟ 尾轴管油润滑尾管轴承温度高报警。

㊱ 尾轴管滑油柜油位低报警。

㊲ 可变螺距桨螺距控制的液压系统低压报警。

㊳ 可变螺距桨电-液控制系统电源失电报警。

㊴ 可变螺距桨液压油柜油位低报警。

㊵ 可变螺距桨液压油温度（当装有油冷却器时）高报警。

上述驾驶室控制站主机检测报警点，在条件具备时，可以与机舱集控室控制站的主机检测报警点同时进行试验。

3）驾驶室控制站控制系统所用的压缩空气管系与液压管系已经强度试验，上船安装后已经 1.25 倍最大工作压力的密性试验；上述管系安装应完整、正确，符合有关规范、工艺要求，并用压缩空气吹干净。

驾驶室控制站控制系统的各控制执行机构的安装应正确完整。

4）驾驶室控制站电气控制系统安装完整，接线牢固、正确，接地良好、可靠。驾驶室控制站电气、气压、液压等仪表均经校准。气控安全阀经 1.1 倍工作压力的开启试验合格。

5）主机系泊试验和航行试验完毕。如主机安全保护装置试验，主机起动、调速、换向、停车、紧急停车试验，主机最低稳定转速试验，主机盘车机联锁试验，主机机舱集控室操纵与机操纵转换试验，主机在机舱集控室操纵各种工况（25%、50%、75%、90%、100%、110%）负荷运行试验，主机在机舱集控操纵自动减速和自动停车试验（以及主机自动减速和自动停车报警）完毕，均符合设计、规范要求，正确无误。

为主机服务的泵和备用泵的自动转换、自动起动切换试验（以及相应的自动转换、自动起动的切换报警）完毕，均符合设计要求、正确无误。

6）船内通信和信号装置如主机车钟、声力电话、自动电话等试验完毕，效果良好。

二、主机遥控试验的实施

1. 机舱集控室控制站和驾驶室控制站等主机操纵位置的切换试验

1）机舱集控室控制站操纵→驾驶室控制站操纵；

2）驾驶室控制站操纵→机舱集控室控制站操纵；

3）机舱集控室控制站操纵→机旁控制站操纵；

4）机旁控制站操纵→机舱集控室控制站操纵。

要求控制站操纵的转换试验灵活、正确无误，并记录转换所需时间。

2. 驾驶室控制站中主机备用车钟的效用试验

检查备车、各种正车、各种倒车、停完车的效用情况，信号正确无误。

3. 在驾驶室控制站操纵主机试验

进行主机启动、调整、停车、紧急停车等操纵试验，要求效用良好、正确无误，并记录起动操纵所需时间。主机在空气压缩机不补充空气的情况下，遥控操纵正车和倒车交替起动试验 12 次，并满足要求。

4. 模拟主机遥控起动失败试验

主机连续三次自起动失败，停止再启动时报警，工作正确无误。

5. 主机遥控自动增速、自动减速、自动停车及自动停车报警试验

模拟主机遥控自动增速和自动停车以及自动减速和自动停车报警试验的效用情况，工作正确无误。

6. 限制功能试验

在驾驶室进行限制功能试验：

1）增速程序限制试验。

2）减速程序限制试验。

3）越控功能效用试验，当越控装置使某一程序或某一安全保护动作解除时，主机应仍可以从驾驶室控制站进行遥控操纵。

试验时主机的转速应为船舶在狭水道或港内操纵航行时的全速、中速、慢速和微速，一般试验时的全速约为海上航行时主机额定转速的 2/3。

试验中当每一档控制状况改变时，其改变的转速应达到稳定状况。

三、主机保护装置试验

为保证主机能正常地运转，在主机上设置了保护装置。主机运转过程中，当某一参数超过或低于安全运行的规定值时，该装置能使主机自动停止运转。为了防止发生主机操纵方面的误操作，设置了主机联锁保护装置。

四、主机报警装置试验

为了使主机能正常地运行，在主机系统的重要控制点处设置了较多的安全报警装置。主机运行时，若某一个参数不符合主机说明书所规定的要求，达到预先设定的报警参数值时，主机报警装置将立即发出声、光报警信号，使操作者及时获得故障信息。

1. 试验内容

主机系统设置的报警装置一般为高、低温报警装置和低压报警装置。高温报警装置有推力轴承高温、主机排气高温、主机扫气高温、增压器进气高温、燃料油高温、滑油出口高温、冷却水出口高温等报警装置。低温报警装置有滑油进机低温、冷却水进机低温等报警装置。低压报警装置一般包括滑油低压、燃料油低压、冷却水低压、海水低压、操纵空气低压等报警装置。在这些报警装置中，有的一个系统只有一个，有的则分设在各个汽缸上，数量较多。试验时应对所有报警装置逐个进行检验，确认在达到各自规定的参数值时能够报警。

2. 试验要求

对高、低温报警装置和低压报警装置报警点的调整依据为系泊试验大纲或主机说明书所规定的参数值，对主机系统所有的报警测量点逐个进行试验，确认在达到各自规定的参数值时能发出声、光报警信号。

3. 试验方法

报警装置一般均采用模拟方法检验，低压报警、低温报警、高温报警三种类型的试验方法如下：

报警装置效用试验时，主机不必运转，只要将主机低压报警传感器和高、低温温度传感器从主机上拆下进行试验；试验低压报警时，将压力传感器接至手压油泵；试验高、低温传感器时，将其放入电加热的液体容器中。在具体试验时，一些与主机保护装置相结合的重要参数可与主机保护装置一起试验。这些试验在主机运转时进行，可先试验参数值达到报警设定值时报警，然后再使参数值达到主机保护装置的设定值，此时主机应停车。

对用于主机排气、扫气、增压等的高温报警装置，其模拟试验方法则根据热电偶特性的种类，采用电阻法、电压法或电流法进行，并依据相应的曲线，找出规定高温报警温度值的对应量，然后进行设定，观察报警动作的正确性。上述各项试验进行 2 次或 3 次。

第三篇

船舶通信、导航设备的维护和修理

第九章　船舶常用导航设备的维护

第一节　陀螺罗经维护与保养

一、Anschutz 4 型陀螺罗经操作使用

1. 启动前检查与准备

启动前应对整套罗经进行认真的检查，发现问题及时处理，做到防患于未然。检查内容如下：

1）检查船电开关和变压器箱上电源开关是否置于"切断"（OFF）位置。

2）检查主罗经各部分在正常位置；检查各仪器内是否清洁干燥；机械部分的传动是否灵活；电缆插头、导线接头和零部件安装是否牢固正常。

3）检查主罗经左侧小门内配电板的随动开关是否在"切断"（OFF）位置。

4）检查各分罗经的航向与主罗经的航向是否一致，校对所有分罗经的航向应与主罗经航向一致。

5）检查航向记录器，校对其航向应与主罗经航向一致；检查航向记录纸是否够用，记录纸左侧的时间标志是否与船时一致。

2. 启动过程

通常应在开航前 4~5h 启动罗经。若前次关闭罗经后，船舶停靠在码头，且航向未曾改变，则可在开航前 2~3h 启动罗经启动步骤，即接通船电开关，接通变压器箱上的电源开关，由"OFF"位置转到"ON"位置。20min 后，接通随动开关，由"0"位置转到"1"位置。

3. 日常使用时检查

（1）检查支承液体液面高度

支承液体用于支承陀螺球并构成陀螺球随动球导电通路。当液面高度不足时，陀螺球顶电极因裸露在液面之上，从而无法导电；因此，应经常检查支承液体的液量，保证液面至加液孔顶端的距离为 4~5cm。检查时可用小木签测量，如图 9-1 所示。

（2）检查陀螺球高度

陀螺球的高度是确定陀螺球在随动球中位置的重要

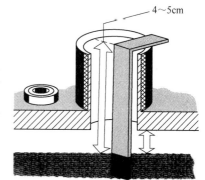

图 9-1　支承液体液面高度检查

指标，陀螺球高度不正常将造成陀螺球与随动球顶部或底部摩擦，引起不定误差。检查陀螺球高度的方法：罗经工作稳定后，且液温正常、罗经桌水平的前提下，打开主罗经尾部的小门，使眼睛与随动球透明玻璃块内外表面的两条水平线位于同一平面内，如图9-2所示。以此为基准，观察陀螺球赤道线的高度。正常时，赤道红刻线高出2mm，允许偏差±1mm。

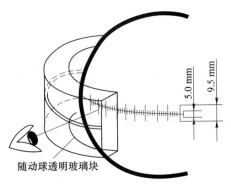

随动球透明玻璃块

图 9-2 陀螺球高度检查

（3）支承液体成分及作用

支承液体的成分：蒸馏水 10L，甘油（20℃时，比重为 1.23g/cm³）1L，苯甲酸 10g。甘油用于增大液体比重，苯甲酸用于导电。当液体高度不正常时，添加 20mL 甘油，支承液体的高度增加 1mm；反之，添加 125mL 蒸馏水，支承液体的高度减小 1mm。

二、Sperry MK37 型陀螺罗经操作使用与检查

1. 操作使用

以 Sperry MK37 型陀螺罗经为例介绍罗经的正常启动、关机、日常检查及维护保养：

正常启动

1）检查发送器箱上的所有开关都应位于"切断"（OFF）位置上，电子控制箱上的转换开关应位于"切断"（OFF）位置上。

2）接通位于电子控制箱上的电源开关。

3）将转换开关转到"旋转"（SLEW）位置，观察电子控制箱上的高度角指示表，若为（+），用旋转开关使航向比真航向减小 30°；若为（-），用旋转开关使航向比真航向增加 30°。

4）将转换开关转到"启动"（START）位置，等待 10min，让陀螺电机转速达到额定转速。

5）转换开关转到"自动校平"（AUTO LEVEL）位置，等待 30s，直到刻度盘停止转动或有微小摆动。

6）如果高度角指示表指示陀螺主轴不水平，将转换开关置于"手动校平"（MANUAL LEVEL）位置，用"旋转"（SLEW）开关使高度角指示表指示陀螺主轴水平。

7）将转换开关放在"运转"（RUN）位置。

8）接通发送器箱上的电源开关，匹配所有分罗经，再接通各分罗经开关。

9）放好纬度开关，调整纬度旋钮并放至船舶所在地的纬度值上，纬度每变化 5°调整一次。

10）船舶航行时，将速度旋钮调整至船舶航速上，航速每变化 5kn 调整一次。

2. 关闭主罗经

1）置电子控制箱上的转换开关于"切断"（OFF）位置，电源开关置于"切断"（OFF）位置。

2）把发送器箱上的所有开关都置于"切断"（OFF）位置。

3. 日常检查

1）检查补偿器上纬度旋钮是否位于船舶所在地的纬度值上。

2）检查 N/S 纬度开关位置是否正确。

3）检查补偿器上速度旋钮是否位于船舶的航速上。

4）检查主罗经和分罗经的航向是否一致，不一致，需要调整匹配。

三、Arma-Brown 10 型陀螺罗经操作使用

1. 启动步骤

1）检查船电是否正常。

2）接通电源箱上的电源开关，电源指示灯亮。

3）调节其亮度，电源开关接通后，所有的复示仪器亦进入工作状态。

4）检查主罗经控制面板上的电源指示灯是否亮，若亮则表示电源已输至主罗经，如图 9-3 所示。

5）等待 5min，待陀螺电机达到额定转速，随动系统自动投入工作，此时需将电源故障报警器上的开关接通后，方可进行以下操作。

6）按下旋转按钮（SLEW）并转动旋转速率旋钮（RATE），使主罗经方位刻度盘指示尽可能接近真航向，顺时针转动旋转速率旋钮，罗经航向读数增大；逆时针转动旋转速率旋钮，罗经航向读数减小。当达到真航向时，必须将旋转速率旋钮转回到其中心位置上后方可松开旋转旋钮；将速度误差校正旋钮置于与航速相应的位置（与航速相差不超过 5kn，船静止时应将旋钮置零。

7）将纬度误差校正旋钮置于船舶航行纬度（与船舶所在纬度相差不超过 5°）。

8）根据需要转动照明灯旋钮，调节主罗经方位刻度盘照明灯的亮度。

9）检查所有的复示仪器，若需要可重新匹配校准。

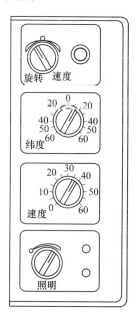

图 9-3　主罗经控制面板

2. 关机步骤

1）切断电源箱上的电源开关。

2）切断电源故障报警器上的开关。

3）切断船电开关。

四、Anschutz 22 型陀螺罗经使用与保养

1. 启动

罗经在靠港期间通常是不关闭的，由于某种特殊情况必须关机时，罗经必须重新启动。Anschutz 22 型陀螺罗经的启动过程非常简单，只需合上船电开关，整套罗经设备便会自动完成全部启动过程。但必须注意观察主罗经顶板上数字显示器所显示的内容，以判断罗经的工作是否正常。数字显示器可以显示罗经的航向、罗经的工作状态、警告和报警信息，如图 9-4 所示。

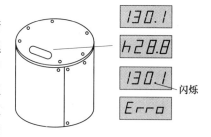

图 9-4　Anschutz 22 型数字显示器

当接通船电后，信号分配箱（Distribution Unit）主控面板上电源接通后，主罗经启动。

此时，因支承液体温度低于45℃，罗经首先进入加热阶段，数字显示器所显示数据如图9-5a所示。数字显示器用"h××.×"表明加热阶段罗经的液体温度，其中"h"表示正在加热（heating）。这期间因随动系统不工作，罗经无法显示航向，分罗经等复示仪器刻度盘静止不动。

启动后约30min，液体温度达到45℃，如图9-5b所示，随动系统被自动接通，数字显示器显示船舶航向，如图9-5c所示，表示罗经进入到稳定阶段，陀螺球主轴开始找北，这时的航向与准确值相比有很大的误差，为了引起注意，在主罗经航向数字后会出现一持续发光的绿色亮点作为提示。

罗经接通电源大约3h后，持续发光的绿色亮点消失，如图9-5d所示，罗经的指向精度≤2°，数字显示器所指示的航向可以使用；罗经接通电源5h后，陀螺罗经已完全稳定指北，罗经静态精度小于$0.1×1/\cos\varphi$，动态精度小于$0.4×1/\cos\varphi$。此时，数字显示器所指示的航向精度才达到技术指标要求。

图9-5　数字显示器
启动信息显示

Anschutz 22型陀螺罗经增加了快速稳定（Quick Settling）选配功能。对于紧凑型罗经配置，需选配快速稳定功能，操作单元控制罗经快速稳定；对于完整型罗经配置，可以使用操作单元控制该功能。

Anschutz 22型陀螺罗经在前次关闭罗经时，最后的航向值被保留。当再次启动罗经时，前次关机保留航向值被默认为本次航向稳定值。在测知本次罗经指向后，可计算出罗经主轴与子午面间的初始方位角，通过控制方位随动电机，带动随动球转动，借助于陀螺球与随动球间液体的摩擦力，推动陀螺球向减少初始方位角的方向转动，直到初始方位角最小为止。由于减小了罗经的初始方位角，故可以减少罗经的稳定时间。

考虑到借助于陀螺球与随动球间液体的摩擦力推动陀螺球减少初始方位角的能力有限，因此，快速稳定功能只有在前次关机和本次启动期间船舶位置没有发生变化的情况下才可以使用。

罗经启动开关接通后，若可以激活快速稳定功能，则快速稳定按钮闪烁持续2min时间。按下快速稳定按钮，按钮点亮，快速稳定功能激活，如图9-6所示。若3min时间内没有激活快速稳定功能，罗经将按正常启动步骤进行启动，稳定时间大约3h。

快速稳定功能使加热阶段和稳定阶段总体上减少到1h，罗经的指向精度≤3°。在这期间，显示屏显示可用的航向信息。

图9-6　快速稳定操作器

2. 操作单元的使用

（1）基本操作

1）亮度与对比度调整。

①亮度调整。按动"Dim Up"或"Dim Down"按键使显示屏幕变亮或变暗，如图9-7所示。

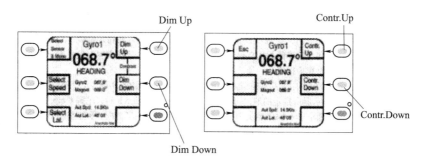

图 9-7　亮度与对比度调整

② 对比度调整。同时按动"Dim Up"和"Dim Down"按键，显示屏发生变化，按动"Contr. Up"或"Contr. Down"按键使显示屏幕对比度发生变化。

2）当前传感器选定。

每按动一次"Select Sensor & Menu"按键，传感器依次出现在显示屏顶端。按动"Set"按键将确认选择的传感器，如图 9-8 所示。

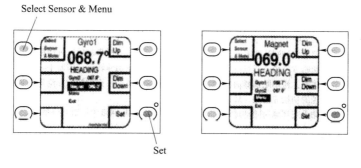

图 9-8　传感器及子菜单选择

使用菜单"Exit"和"Set"按键退出"Select Sensor & Menu"功能。菜单的选择，使用"Select Sensor & Menu"按键可以选择下级子菜单。

3）指示灯测试

按动"Lamp Test"持续大约 3s，进入"Lamp Test"状态，显示屏底部显示"Lamp Test"字样，发光二极管发光，同时产生音响报警，亮度不断增加，如图 9-9 所示。

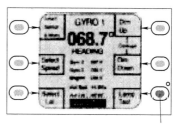

图 9-9　指示灯测试

（2）陀螺罗经操作

1）航向显示。通电后，陀螺罗经的航向指示（加热 Heating 和稳定 Settling 阶段）如图 9-10 所示。

2）速度数据输入。按动"Select Speed"按键，选择手动输入"Man Spd"方式。发光二极管以黄色光闪动，表明可以进行参数值修订，如图 9-11 所示。

按动"Set"按键使系统接受这个数值，当系统接受这个数值后，闪动的发光二极管熄灭。

3）纬度数据输入。按动"Select Lat"按键，选择手动输入（Man Lat），光标跳到手动

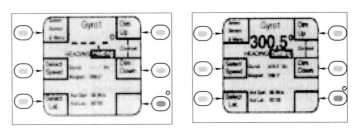

图 9-10　航向显示

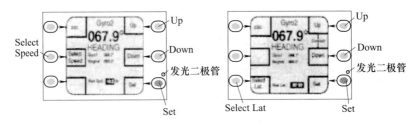

图 9-11　速度、纬度数据输入

纬度输入值处，发光二极管以黄色光闪动，表明可以进行参数值修订。

使用"Up"或"Down"按键改变纬度值，然后按动"Set"按键使系统接受这个数值，当系统接受这个数值后，闪动的发光二极管熄灭：

系统接受速度和纬度修订值后，系统（包括未被选定的陀螺罗经）将按照这个修订值进行速度误差计算，并消除速度误差。

（3）快速稳定激活

Anschutz 22 型陀螺罗经正常启动大约需要 3h，快速稳定功能可以使稳定时间缩短到 1h（精度到达±3°）。

注意：快速稳定功能只有在前次关机和本次启动期间船舶位置没有发生变化的情况下才可以使用。

罗经开关接通后的 3min 时间内，可由操作单元激活快速稳定功能。3min 时间内没有激活快速稳定功能，罗经将按正常启动步骤进行启动，稳定时间大约 3h，如图 9-12 所示。

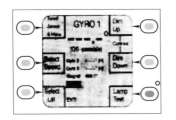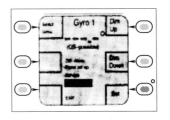

图 9-12　快速稳定激活

1）首选罗经快速稳定功能激活。启动罗经后，选定的罗经航向信息下方出现"QS-possible"字样，必须立即按动"Select Sensor & Menu"按键，选择"Menu"项，按动确认键"Set"进入下级菜单。

按动"Select Menu"按键，选择"Quick Settling"项，再按动确认键"Set"激活快速

稳定功能。此时，显示屏显示"Gyro X QS SET"（X 代表罗经的编号）。选择"Exit"项，返回初级菜单，如图 9-13 所示。

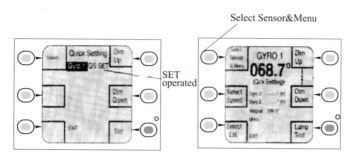

图 9-13 激活后航向显示

2）未选定罗经快速稳定功能激活。启动未选定的罗经后，罗经信息处出现"QS-possible"字样，必须立即按动"Select Sensor & Menu"按键，选择"Menu"项，按动确认键"Set"进入下级菜单。

按动"Select Menu"按键，选择"Quick Settling"项，再按动确认键"Set"激活快速稳定功能。此时，显示屏显示"Gyro X QS Set"（X 代表罗经的编号）。选择"Exit"项，返回初级菜单。

3. 维护与保养

（1）更换支承液体

Anschutz 22 型陀螺罗经的支承液体，按规定应每 18 个月更换一次。更换步骤如下：

1）关闭陀螺罗经 DC 24V 电源，打开罗经箱侧盖板（注意拆下地线连接）。

2）拔下随动球印制电路板上的小插头。

3）双手握住随动球上的两个拆卸锁紧螺钉，向下推压锁紧螺钉顶部，锁紧螺钉即可脱开。

4）将随动球转动 90°，用同样的方法松开另外两个拆卸锁紧螺钉，并慢慢将随动球取出。

5）将随动球顶部中心的透气螺钉旋出，排出系统的气体，再将支承液体注液孔螺钉旋出，如图 9-14 所示。

6）双手抱起随动球，将其内的支承液体从顶部的螺孔倒出。

7）旋出随动球上半球上的蒸馏水螺钉，并将贮液室内的蒸馏水倒出。再将随动球摆正，等待 3~5min，让蒸馏水从贮液室流入随动球后，再反复倾倒几次。若有必要，可使用注射器由蒸馏水注入孔抽取剩余液体。

图 9-14 随动球俯视图
1—透气螺钉和测量锥体 2—蒸馏水注液
3—支承液体注液孔螺钉

8）拆除随动球上下半球的六个螺钉，将随动球上半球移至下半球旁边，注意上下半球的连接电缆不要拉得太紧。用备品箱中的帽状吸力杯将陀螺球从下半球中取出。

9）用清洁棉布和蒸馏水清洗陀螺球外表面和随动球内表面（注意清洗导电电极部分）。

10）重新将陀螺球放回随动球下半球内。

11）检查上下半球间的密封圈，将随动球上半球放回到下半球上，拧紧六个螺钉。

12）从蒸馏水螺钉孔加入 230cm³ 蒸馏水，从支承液体螺钉孔加入 840cm³ 的支承液体之后，将蒸馏水螺钉和支承液体螺钉拧紧（注意是否水密）。

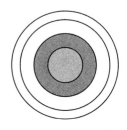

图 9-15 测量锥体液体合适

注意：从顶部查看测量锥体 1 如图 9-15 所示，即说明支承液体已注满，将透气螺钉拧紧。

13）将随动球装复罗经柜中的波纹管连接器，将电缆头插入插座。上好罗经柜侧盖板，注意连接好地线。至此，陀螺罗经即可重新启动。

（2）更换陀螺球

步骤同上。

第二节　雷达设备的维护

一、雷达安装与验收

雷达设备的安装和初始化设置通常在船舶建造、修理或在港期间，由船舶所有人或船舶设计者或船厂或雷达生产厂家或雷达供货商指定的技术人员完成。船舶电子电气员对设备位置的确定负有一定责任，并负责安装后的验收工作，验收后由船长签字认可。对于电子电气员来说，了解雷达安装的相关知识及其注意事项，对雷达安装进行监督、验收十分必要。

1. 雷达安装

雷达探测获得的信息对船舶航行安全具有重要作用，良好的安装有助于最大限度地发挥雷达性能。

（1）安装前的勘验与准备

安装雷达前的勘验准备工作非常重要，如果必要，电子电气员应协助准备相关文件，通常包括：

1）从艏艉及左右舷和俯视等视角，提供船舶详细的配置比例图。标示已经安装在船的雷达设备天线与其他设备天线的位置；标示雷达天线位置周围的建筑结构和可能的货物装载，如桅杆、烟囱、高层建筑和可能的集装箱货物等，避免影响雷达性能；标示天线附近的旋回物件，如起货吊杆下作时的转动范围。

2）图示标示雷达天线的选位及其最大旋转空间。

3）在驾驶台布置图上标明雷达显示器、收发机等设备单元的安装场地。

4）雷达生产商提供雷达安装手册，审验设备形式认可证书，确认雷达部件安装位置及其连接易于操作，确认雷达的传感器连接适宜操作。

5）检查并确认雷达安装配件及工具齐全。

6）如果是在旧址上改装雷达，应书面确认先前的线缆、传输线是否可以利用。

（2）天线安装

正确的天线位置对保证雷达系统性能至关重要。天线位置要远离烟囱，避免高热和有腐蚀作用的不良环境，尽量安装在与船舶纵向中剖面重合的驾驶室顶桅或独立的雷达桅之上。雷达天线的选位应考虑周围建筑物的反射干扰和其他发射机的电磁干扰，考虑建筑物遮挡、阴影扇形与探测距离、设备吊装的方便等因素。

1）电磁干扰。考虑到雷达天线与其他设备天线不互相构成电磁干扰，天线的位置应满足：

① 雷达天线与无线电发射和接收天线保持安全距离。

② 雷达天线辐射窗的最低沿应高于安装平台安全护栏 0.5m 以上。

③ 两部雷达天线之间的仰角应大于 20°，垂直距离应不小于 1m，如图 9-16 所示。

④ 为避免影响磁罗经精度，应确保天线安装满足磁安全距离。

2）与船舶建筑物的相对位置。

①天线位置应远离可能引起反射的建筑物。

②天线的转动应不受周围物件的影响。

3）观测视野。天线应避免被烟囱和桅杆等遮挡，不使船首方向和右舷出现阴影扇形区域，尽量减小建筑物遮挡角，尽量避免产生假回波。天线高度应高于前方桅杆，且与前桅顶连线的夹角不小于 4°，兼顾观察远距离目标和减小最小作用距离。

① 落天线高度。雷达天线的高度应能够使雷达有最好的目标视野。无论船舶载货情况和吃水差，从雷达天线位置到船首的视线触及海面处，其水平距离不应该超过 500m 或两倍船长的较小者，如图 9-17 所示。

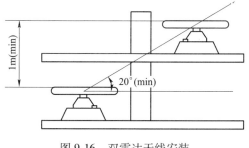

图 9-16　双雷达天线安装

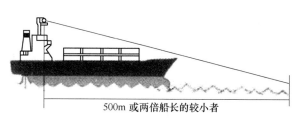

图 9-17　雷达天线安装位置

② 雷达视野。天线的位置应保证阴影扇形区最小，而且不应出现在从正前方到左右舷正横后 22.5°的范围内，如图 9-18 所示。在余下的扇区内，不应出现大于 5°的独立的或整体之和大于 20°的阴影扇形。需要注意的是，两个间隔小于 3°的阴影扇形应视为一个阴影扇形。

4）安装注意事项。天线基座安装时应保证天线旋转平面与主甲板平行，若有前方标志，则标志线应在船首线两侧±5°以内，天线周围除应有足够的供天线旋转的空间外，还应有供安装和维修工作必需的平台和不低于 0.9m 的保护栏杆。

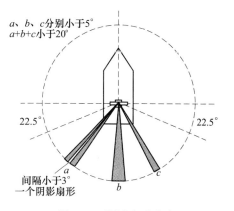

图 9-18　阴影扇形分布

天线基座的安装钢板和天线基座的接触面要加有保护措施，以防止不同金属之间的电化学腐蚀，并使用抗腐蚀的螺栓、螺母、垫片等，使用的螺栓应与安装孔相符，螺栓由下向上装配在螺母上，拧紧后加装备帽，以免松动。

（3）收发机安装

收发机通常安装在驾驶台附近通风良好的设备间、海图室或驾驶台内，尽可能安装在天线的正下方，安装位置高度及周围空间要便于维修。

1）桅下型雷达。为保证波导与收发机出口端妥善连接，必须精确测量收发机和天线之间所用的波导长度。波导宜呈直线走向并尽可能短，有效长度最大不超过25m，弯波导不宜超过五个。波导走向应始终保持扼流圈法兰朝向收发机，尽量避免使用软波导。收发机出口和天线入口端的波导面应分别加专用的隔水薄膜。舱室外的波导应加装波导支架及防护罩，以免受外力而造成机械损伤。波导的连接应采用厂家提供的专用波导螺栓、螺母，波导连接处要使用密封胶圈，并经气密试验和泄能试验合格后涂漆保护处理。电缆和波导穿过舱壁或甲板时，应加护套和规定的防火填料，防止损伤并确保甲板水密。

对于S波段雷达的微波同轴电缆的弯曲程度（最小半径），必须符合产品标准的规定。

2）桅上型雷达。桅上型雷达收发机与天线的连接应采用制造商提供的电缆，标配电缆长度通常为25m左右，也可以订购使用30m或50m的加长电缆，但不可随意加长或剪短改变其长度。

（4）显示器安装

显示器装在驾驶室内无强电磁辐射、远离热源和干燥的地方，周围尽可能留有足够的空间，以便维修。显示器应配置硬木底基座，用合适的螺栓固定，基座高度应考虑电缆引入的方便和弯曲度。显示器的朝向应使观察雷达图像者面向船首，有能够容纳两位观察者同时观察的站立空间，便于观察操作和不影响瞭望。主雷达显示器应安装在驾驶台右舷一侧。

（5）接线

雷达设备各单元机箱应接地良好，电缆的屏蔽应可靠接地，接线应尽量短，以避免信号衰减，并远离高频辐射线缆，与其他设备线缆应垂直交叉以避免磁场耦合。户外接线要注意防水，各传感器的连接应符合产品标准的要求，接在规定的接口上。

（6）启用初始化与安装报告

现代雷达启用初始化是雷达安装的重要步骤之一。确认安装接线无误后，安装技术人员需按照设备制造商提供的安装手册以及IMO《船载雷达设备安装导则》的要求完成设备启用初始化。内容通常包括初始化参数设置（初始化调谐、统一公共基准点设置、发射扇区抑制）、初始化误差校准（船首线及方位误差、测距误差）、阴影扇形测定等。

以上初始化内容及其可能引起的雷达性能的局限性，应以文字和图示记录在安装报告中，作为雷达验收记录附录保留。雷达安装后测定近距离盲区半径，阴影扇形区域应以图示标注。

2. 雷达验收

雷达安装后或维修后应进行验收工作，并记载在雷达日志中。

（1）新雷达验收

船舶所有人主管部门或船舶电子电气员对新安装的雷达应按照以下内容实施验收，并将验收过程如实记录，按照设备生产商提供的资料填写验收清单，在安装工程报告单上签字，并将所有在安装期间产生的文件归档保存，同时做好雷达日志记录。

1）外观检查。首先应对雷达设备的安装场地、安装工艺进行外观检查。天线、收发机、显示器的安装位置和实施工艺应满足上述雷达设备安装规范，尤其应注意雷达阴影扇形应满足规范要求。各机件稳固牢靠，电缆连接及绑扎紧固坚实，对易振动产生摩擦的部位应加装防护，易于腐蚀的位置应有防腐处理，防火、水密处理措施得当。还应特别注意仔细核对所有的传感器及设备内部电气线路的连接准确无误。

2）通电验收。

① 通电之前应确认天线附近没有人和障碍物，确认电源电压符合要求。

② 加电时仔细观察各部件，确认无打火，设备运转声音和谐，无烟尘和异味。

③ 观察天线顺时针转动均匀无异常振动，旋转平面与主甲板平行，转速符合雷达说明书的技术指标。

④ 操作雷达各控钮，手感舒适，雷达图像对控钮的控制反应正确，雷达扫描平稳，图像稳定，目标回波清晰。

⑤ 设备自测试电能表指示的设备参数与技术说明书提供的额定数值相符。

⑥ 采用不同显示方式在不同量程分别测量孤立清晰小目标，与其他航海手段对比，确认雷达测距、测方位精度满足 IMO 雷达性能标准的要求。

⑦ 作图记录雷达阴影扇形和目标最小观测距离。

（2）雷达维修验收

雷达维修后的验收根据故障不同而不同，但每次验收均应确认雷达对各控钮操作反应正确、雷达回波清晰、图像稳定。对于某些故障，维修后需要调整测距或测方位精度，应与维修工程师确认。如维修方位扫描系统或更换磁控管后，应核实方位精度；更换磁控管后，应消除原磁控管工作时间，按照磁控管的技术要求进行有效预热。核实磁控管电流及各种脉冲宽度情况下磁控管的工作状况。正常使用的磁控管更换依据：10kW 以下使用寿命约为20000h；25kW 以上使用寿命约为 4000h。维修距离扫描系统或改变信号电缆长度后应核实测距精度。有些维修涉及了系统初始化的内容或进行了电路调整，应仔细核实传感器信息和雷达图像的质量。

雷达维修应记录在雷达日志中，通常应记录故障现象、报修时间、修理安排、修理后的雷达状态等。

二、雷达维护保养

雷达维护保养分为定期和不定期两类，可根据不同的维护保养内容制定相应的维护保养计划，维护保养工作涉及的参加人员、工作时间、工作内容、使用器材、消耗物料的种类和数量等应做好相关记录，并作为电子电气员或二副交接班工作的一项内容。船舶所有人应提供雷达维护保养计划中所需的备品和备件。船舶所有人或船舶管理公司有义务对船舶雷达日常维护保养计划完成情况进行监督和审核，并提出意见加以完善。

1. 定期维护保养

（1）天线与微波传输系统维护保养

1）天线旋转环节轴承每半年加油一次。操作方法如下：关机，将天线安全开关置于"OFF"位置。用油枪在天线旋转环节轴承加油嘴加油。加油前应清洁加油嘴孔处污物。

2）天线金属齿轮传动系统每半年清洁油泥并重新加油一次。操作方法如下：关机，将天线安全开关置于"OFF"位置。打开天线端盖，清除齿轮组污油，清洁过程由人工不断转动天线辐射器，然后重新加油。

3）天线蜗轮蜗杆变速齿轮箱应每年检查一次油量，需要时补加油量。操作方法如下：关机，将天线安全开关置于"OFF"位置。透过变速齿轮箱油量观测窗观测齿轮箱油液面高度，当发现液面高度低于下限刻度时，从注油孔补加专用齿轮箱油，达到下限和上限刻度之间适当位置即可。如果齿轮箱油变质，则需要重新换油。应同时打开注油孔和排油孔，用容器在排油孔处盛装排出的废油。然后按照换油程序，先加入少量齿轮箱油，开机待天线转动数圈后，停机。再次排出清洁齿轮箱的废油后，加入额定量齿轮箱油。

4）金属波导法兰（扼流关节）和波导支架紧固情况每半年查验一次。检查波导是否开裂（若开裂，立即更换），检查波导法兰处的密封情况和波导、电缆穿过甲板的防火、水密情况等。

5）天线基座（减速齿轮箱）和金属波导外表面每半年油漆一次，并仔细检查固定螺栓的锈蚀情况，以免因锈蚀降低其强度，损坏天线部件，橡胶波导外表面不能刷油漆。

6）隙缝天线辐射器防尘罩上的油灰至少每半年用清水清洁一次，不准加涂油漆。

（2）发射机维护保养

1）发射机空气滤清器每季度清洁一次。操作方法如下：关机，打开收发机盖板，清洁空气滤清器进气滤器和出气滤器。通常进气滤器灰尘较多，如果是带有滤芯的滤器，可将滤芯拆下用清水洗净再回装。

2）发射机高压器件静电吸尘每半年清洁一次。操作方法如下：关机，打开收发机盖板，拆下发射机及防止高压触电保护罩，用毛刷轻轻地清洁高压器件上的干灰尘，用酒精轻轻地清洁油污，清洁结束，装配防止高压触电保护罩，回装发射机。

3）备用磁控管定期交替使用。

4）每季度检查一次各种电缆接头和连接器是否牢固可靠。

（3）显示器维护保养

1）显示器空气滤清器每季度清洁一次，方法与发射机空气滤清器清洁方法类同。

2）显示器高压器件（高压变压器、高压引线）静电吸尘每半年清洁一次，显示器高压器件清洁与发射机高压器件静电吸尘清洁相同。

3）显示器表面开航前及航行期间每天清洁。清洁时不要用任何清洗剂，应使用潮湿棉布擦拭。′

（4）电源维护保养

1）电源空气滤清器每季度清洁一次。清洁过程与发射机、显示器空气滤清器清洁方法类同。

2）雷达供电系统热保护继电器触点每年检查一次，根据实际情况清洁或更换。操作方法如下：关机，用电能表电阻档最小量程测继电器触点接触情况。遇到接触不良的触点用专用触点清洗剂（喷罐）对准触点清洗，清洗后仍然接触不良的触点要予以更换。

2. 不定期维护保养

1）雷达工作 0.5h 后，检测磁控管电流，将测试结果与额定值比较，记录比较结果。

2）雷达工作 0.5h 后，检验调谐指示是否变化，记录变化结果。

3）观测船首线误差，校正船首线误差。

4）观测真方位误差，校正真方位误差。

5）观测测距离误差，校正测距离误差。

6）显示器面板各控钮使用性能检查。

三、雷达误差校正

雷达误差包括距离误差和方位误差。就雷达测距和测方位而言，涉及的误差包括了系统误差、随机误差和使用者操作误差等三类。作为电子电气员，应根据航行环境对雷达系统误差作出判断并能够校正系统误差。

1. 距离误差

测距系统误差包括定时误差、统一公共基准点误差、像素误差、脉冲宽度误差、活动距标圈误差等，其中像素误差、脉冲宽度误差不涉及维护校正，在这里仅介绍电子电气员工作中需要关注的定时误差、统一公共基准点误差和活动距标圈误差。

（1）定时误差

具体的调整方法与不同厂家不同型号的设备有关，通常包括以下步骤：

1）在气象海况平静、靠泊或锚地周围环境适宜的情况下，选择北向上相对运动显示方式，雷达量程不大于0.25n mile，按照前面讨论的方法判断和测定雷达距离误差。

2）参考所用雷达技术说明书，按照说明书规定的步骤进行调整。一般传统的PPI雷达需要调整显示器系统的延时线，操作比较复杂；现代雷达只要按照说明书操作显示器菜单即可完成。

3）调整后需核实剩余误差，确认雷达测距系统误差满足标准要求。

（2）统一公共基准点误差

雷达统一公共基准点（Consistence Common Reference Point，CCRP）偏差补偿设置应在安装时完成，偏差补偿量的不准确会导致在雷达显示器上测量目标的距离时产生相对于CCRP的距离误差。设置前首先应校准雷达定时误差，然后按照技术说明书规定的步骤设定和调整CCRP的位置，调整步骤与定时误差调整类同。

（3）活动距标圈误差

活动距标圈用于精确测量目标的距离。传统的PPI雷达活动距标圈使用前应与固定距标圈校准，这项工作一般可在条件许可时随时进行，或至少每个航次或每个月（取较小者）进行一次，以保证雷达的测距精度。随着技术的进步，现代导航雷达的活动距标圈一般不再需要校准。

2. 方位误差

测方位系统误差包括波束宽度误差、像素误差、船首线误差和罗经复示器误差、统一公共基准点误差、天线主瓣偏离角与波束不对称误差等。其中波束宽度误差、像素误差、天线主瓣偏离角和波束不对称误差等不涉及维护校正，在这里仅介绍电子电气员工作中需要关注的船首线误差和罗经指示误差、统一公共基准点误差。

（1）船首线误差

船首线是当天线主波瓣指向与船舶龙骨平行时，在屏幕上产生的一条亮度增强的扫描线。船首线是雷达测方位的基准线，其误差会引起雷达目标测量的相对方位和真方位的误差。船首线误差一般可随时查验或至少每个航次或每个月（取较小者）进行一次。

早期的雷达，当天线主波瓣转动到船首方向时，船首线开关（机械开关或干簧管开关）

动作，将产生的开关脉冲信号传递到显示器产生船首线。这种船首线的产生方式受开关性能的影响，船首线精度较低，开关故障率较高，调整误差操作复杂。现代雷达船首线以电子方式产生，只需打开显示器雷达操作菜单调整目标回波相对船首线延迟时间即可消除方位误差，具体的调整方法与不同厂家不同型号的设备有关，通常包括以下步骤：

1）在气象海况平静、靠泊或锚地周围环境适宜的情况下，选择船首线向上相对运动显示方式，用雷达和方位分罗经同时观测同一目标的相对方位，计算出相对方位误差。

2）参考所用雷达技术说明书选择方位调整菜单，按照说明书规定的步骤调整回波相对于船首线的方位，直到相对方位误差消除。

3）调整后需核实剩余误差，确认雷达船首线误差满足标准要求。

（2）罗经复示器指示误差

罗经复示器误差会引起雷达船首线和目标真方位读数的固定误差。消除这种误差可以通过对比雷达罗经复示器与主罗经的方位示数，将示数调整到与主罗经一致即可。罗经复示器误差一般可随时查验或每个航次或每个月（取较小者）进行一次。

（3）统一公共基准点误差

雷达 CCRP 偏差补偿设置应在安装时完成，偏差补偿量的不准确会导致在雷达显示器上测量目标方位时产生相对于 CCRP 的方位误差。设置时应按照技术说明书规定的步骤设定和调整 CCRP 的位置。

第十章　船舶常用通信系统的维护

第一节　船站天线及船站的日常维护

一、船站卫星天线

1. Inmarsat 船站使用的天线及其特点

目前，在 Inmarsat 各类船站中所使用的天线可分为定向天线和全向天线两类。

所谓定向天线是指天线向某一方向辐射电磁波。Inmarsat-B/M/Mini-M/F 船站的天线都是定向天线，多采用直径 0.8m 左右的抛物面天线。抛物面天线是利用抛物面的几何特性，将一个由照射器产生的弱方向辐射经抛物面反射后，形成一个方向性很强的天线辐射。近几年，随着电控移相器及开关技术的发展，船站定向天线开始采用相控阵天线。这种天线虽然具有控制灵活、扫描速度快、天线体积小且可与载体平台同形的优点，但天线成本高，控制复杂。图 10-1a、图 10-1b 分别为 Inmarsat 船站中所使用的抛物面天线和相控阵天线。

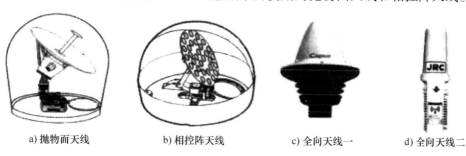

a) 抛物面天线　　　　b) 相控阵天线　　　　c) 全向天线一　　　　d) 全向天线二

图 10-1　Inmarsat 船站天线

所谓全向天线也称为无方向性天线，是指天线向各方向均匀辐射电磁波。图 10-1c、图 10-1d 是 Inmarsat-C/E 船站使用的全向天线。全向天线以螺旋天线居多，不需要卫星跟踪系统，但对卫星的发射能量要求相对较高。

船站卫星天线收发共用，因天线具有可逆性，所以作为发射天线与作为接收天线其性能是相同的。

2. 船站的天线控制系统

船舶航行时，要求定向天线必须始终指向卫星，而船舶在航行、转向及受天气影响时纵横摇摆，以及受天线指向误差等因素的影响，会使天线指向偏离卫星。因此，船站设备需要设置天线控制系统以补偿因各种因素导致的船舶天线的指向误差。

（1）补偿方法及机理

天线控制系统要起到上述的补偿作用，就必须从监视船舶各种运动的传感器获得误差信号，再通过各自的反馈系统去控制天线指向。首先，船舶航行中，天线相对于船体至少应具有两个平面上的运动自由度，一个是水平平面，称为方位（Azimuth）运动；一个是垂直平面，称为仰角（Elevation）运动。也就是说天线必须要有两个运动轴，分别称为 AZ 轴和 EL 轴。其次，要考虑船舶航行中风浪对天线指向的影响。为了方便控制，可以把 AZ 轴和 EL 轴建立在一个控制平台上，该控制平台由 X 轴和 Y 轴构成，在任何天气条件下，由 X 轴和 Y 轴控制保持平台处于水平位置。因此，在这个控制平台上安装的 AZ 轴和 EL 轴，就可以专门用来补偿船舶航向和位置的变化，如图 10-2 所示。按这种方法建立的天线控制系统通常称为四轴控制系统，由于四个轴分别控制，相互之间不需要进行变换，因此控制电路较为简单。

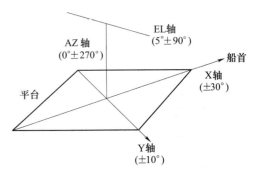

图 10-2　天线控制的四轴控制系统

由 X 轴和 Y 轴构成的控制平台，其两轴方向分别放置有传感器，当船舶纵横摇摆时，由传感器送出误差信号，经处理后去控制 X 轴或 Y 轴进行补偿运动，使控制平台尽量保持在水平位置上。AZ 轴的控制信号由船舶陀螺罗经提供，当船舶航向变化时，天线 AZ 轴将被驱动向相反的方向转动同样的角度。船首向的变化不会影响到天线的仰角，但船舶地理位置的变化，不仅会使仰角变化，还会使卫星的方位发生变化，只不过这种变化是缓慢的，用一种能始终保持接收信号最强的自动跟踪方法，可以补偿这种缓慢变化。

AZ 轴和 EL 轴控制原理相同。在航行期间，随着接收信号电平的变化，控制系统应能自动补偿这种变化，保持对卫星的连续跟踪。

注意：船站开机后，天线指向的初始定位需要提供卫星和船位信息。

（2）天线自动跟踪的方法及工作原理

天线自动跟踪的方法有多种，但总体可划分为机械跟踪和电子跟踪两类。

机械跟踪是指用机械的方法驱动天线运动改变天线波束方向使其跟踪卫星。这一类天线需要伺服驱动系统。抛物面天线一般采用的是机械跟踪方法。电子跟踪是指通过电子控制改变天线波束方向使其跟踪卫星。这一类天线通常通过改变移相器的相移值，控制天线波束方向来跟踪卫星。相控阵天线采用的是电子跟踪方法。

在机械跟踪方法中，根据精度要求的高低，其控制电路结构复杂程度不同。对于船站来说，没有必要追求过高的跟踪精度，需要的是电路结构简单、设备轻便，所以多采用步进跟踪的方法。

步进跟踪法又称为爬山法，它是以接收电平最大为原则来驱动天线。当天线对准卫星时，船站可获得最大的接收电平；当天线偏离卫星时，随着偏离角度的增加，接收电平将明显下降。图 10-3 为步进跟踪法原理示意图。

其控制原理如下：假设在某时刻天线接收电平为 U_N，将天线移动一个角度后，接收电平为 U_{N+1}，若 $U_{N+1} > U_N$，则天线继续同方向移动一个角度。若

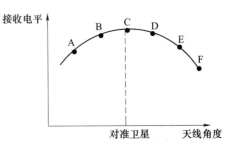

图 10-3　步进跟踪法原理示意图

$U_{N+1} < U_N$，则天线朝相反方向移动。如此反复，最终在 B、C、D 三点来回移动。可以看出，这种跟踪是跳跃式的，每一步有固定的角度位移，一般为 0.5°，故称为步进跟踪。

船位变化时，天线的方位角和仰角均会改变，所以天线的步进跟踪是方位角步进和仰角步进交替进行。

天线对卫星的跟踪必须是连续的，即使在空闲状态跟踪也不能中断。因此，Inmarsat 系统的卫星必须连续不断地发射时分复用（Time Division Multiplexing，TDM）载波信号。

二、各类船站日常维护

1. C 船站的常规检查和维护

C 船站的常规检查和维护，应注重以下方面：

1）在整个航行期间确保船站在一个较强信号的洋区登记。

2）随时检查或更新船位，确保船位信息的准确。

3）对应用软盘操作的 C 船站，应注意软盘的正确使用和保护。软盘应存放在远离磁性物体的地方，其环境温度最好为 10~40℃。另外，为防止感染病毒，应使用专用软盘，不要使用其他的电脑软盘，更不要在其他电脑上去运行该软盘。

4）对具有遥控报警功能的 C 船站，应定期试验遥控按钮，确保其功能的可靠性。

5）利用 C 船站提供的菜单，定期对其进行内部检测。

6）经常检查船位更新功能。尤其在 GPS 由于某种原因关机又开机后，一定要保证 GPS 有船位输出。

7）如果 C 船站长时间不用，应进行链路测试。

链路测试也称为环路测试或性能证实测试（PV 测试），是 Inmarsat-C 系统所要求的，C 船站有这个测试功能，可通过菜单方便地进行操作。该测试也是港口国监督（Port State Control，PSC）检查中的一项内容。试验完成后，岸站会向船站发回一份确认电文，报告实验结果。

需要强调一点，有的船站在链路测试期间，会要求船站操作员按屏幕提示发一份遇险报警测试电文。但如果船站操作员在 2min 内没有按提示操作，则船站会自动进行遇险报警测试电文的发送。也就是说，在超过 2min 的时限后，船站操作员就不需要再人为发送电文，否则，将会造成连发两遍遇险报警测试电文；而按设计程序，Inmarsat 系统会将船站重发的遇险报警测试电文作为真正的遇险电报处理，送到有关的搜救中心（Rescue Coordination Centre，RCC），并启动遇险救助程序。这样一来就造成了情节恶劣的误报警事故。因此，作为船舶电子电气员，对这点必须注意。

2. B/F 船站的常规检查和维护

B/F 船站的常规检查及维护，应注重以下方面：

1）在整个航行期间，确保船站同步于一个较强信号的洋区卫星。

2）定期查看船站遇险默认地面站的设置情况，确保参数已经设置并做到心中有数。

3）利用 B/F 船站提供的菜单，定期对其进行内部检测。使用中应如此，如果长时间不使用，也应如此。

4）附属的传真机、打印机等也应定期清洁，以确保通信畅通。

5）经常检查船位更新功能，尤其在 GPS 由于某种原因关机又开机后，一定要保证 GPS 有船位输出。

6）参看操作说明书，定期对 B/F 船站进行电话遇险测试。

由于此项测试通常需要 RCC 人员配合，因此不能频繁进行，并应注意了解相关地面站或 RCC 对遇险测试的具体要求，严格按要求进行。北京地面站规定："测试设备发送遇险、紧急信息，须事先报告中国海上搜救中心。"

另外，对于安装的新船站，通常在启用试验通过后的 24h 之内，仅能选择启用试验的岸站进行接续通信，并且船舶应航行在由启用试验岸站提供服务的洋区内；24h 后则可经由其他 Inmarsat 系统岸站进行通信，但遇险呼叫不受此限。

3. Inmarsat 船站天线的维护和保养

船舶上卫星设备的天线一般都严格按照要求进行安装，包括天线安装位置及高度应考虑的因素、安装时采用的防腐材料、天线基座等，加上天线本身装有天线罩，因此与地面系统设备的天线相比不需要过多的维护。只需注意以下几点：

1）卫星天线罩应保持干净。注意：不能在天线罩上喷油漆。

2）对于定向天线，要定期检查天线底座是否由于船舶振动而脱焊松动；检查全向天线固定是否牢固，电缆与天线之间是否连接良好。

3）进行甲板上设备维修或进入天线罩检修时，应切断船站电源。有些船站在天线罩内还设有一个电源开关，检修时也应断开，检修完毕及时闭合此开关。具体可参看设备说明书。

4）船站处于工作时，距离天线 5m 内不允许有人，以避免微波辐射对人体的伤害。但是，当天线罩高于甲板 2m 以上时，可不受上述距离的限制。在没有关闭射频发射器的情况下，人靠近天线的时间每天不允许超过 1h。

5）根据设备说明书，定期进行功能测试。

第二节　MF/HF 组合电台的日常维护

作为地面通信系统重要的船用设备，其正常的通信性能必须得到保障。尤其是实施 PSC 检查后，要求更为严格。船舶电子电气员的基本职责之一，就是要做好各种通信设备的日常维护，使之能随时投入使用，并能顺利通过 PSC 检查。至于具体哪项工作由谁来做，还应与操作员尤其是二副进行很好的沟通，以落实任务，明确职责。

一、MF/HF 收发信机日常维护

1. 适时进行设备内部的清洁除尘工作

很多设备在外壳上都留有通风散热孔，这也是灰尘进入的通道；而电路板上积尘太多，在空气潮湿的条件下，极易发生放电、短路等情况，从而导致设备出现故障。因此，定时地使用手风箱（皮老虎）等工具进行清洁除尘，是基本的维护措施之一。

2. 注意防潮

海上多雨多雾，空气潮湿。经常使用的设备，由于很多元器件在工作过程中会产生热量，本身就起到了一定的除湿干燥作用。但如果设备长时间闲置，就可能因空气潮湿导致个别元器件引脚氧化锈蚀，造成短路或接触不良等情况发生。因此，在遇到特殊情况而长时间无通信需要时，也应注意经常开机通电。

3. 注意防雷电

陆上时常发生雷击事件，而海上雷雨现象更多。雷电集中影响 20MHz 以下波段，这也正是 MF/HF 设备所处的工作波段范围。曾有船舶发生过因雷击导致 MF/HF 设备的自动天调单元损毁和接收机前端电路烧坏等故障。所以，当遭遇恶劣的雷雨天气时，若无特别需要，应暂时关闭 MF/HF 设备的电源，断开天线并将其接地。

4. 应熟知设备的外部供电情况

有些设备的故障是由于外部供电异常导致，所以，熟知设备的外部供电情况并经常检查外部供电线路非常必要。

5. 绝对禁止让设备带病工作

发现设备存在异常现象，应及时与操作员沟通，绝对禁止让设备带病工作，以免扩大故障范围，造成更大的损失。

6. 应提醒操作员，在操作设备时按键不要过于用力

现在很多设备都将功能键设计为触发按键，使用不当可能会导致个别常用的功能键过早损坏。

7. 适时检测设备的使用性能

轮换使用主电源和备用电源为设备供电，检查在开机后 1min 内是否能进行正常的收、发信工作；再检查发信机分别连接主天线和备用天线时，能否在转换不同的发射频率后迅速调整至最佳调谐状态；最后，与适当的海岸电台进行通话测试。操作时，一般中频使用 2182kHz，频率呼叫 150n mile 以内的岸台，高频选择合适的频率呼叫 200n mile 以外的岸台。

8. 做好日常维护工作

做好设备面板和话筒麦克风的清洁，保证控制面板上所有功能键标记清晰，传声器无灰尘覆盖。

二、数据选择性呼叫终端（DSC）日常维护

从船舶电子电气员的角度，对 DSC 终端的日常维护应注重以下方面：

1. 对于独立的 DSC 终端，应经常检查 DSC 终端与其他设备的连接情况

由于船舶在航行中不规则地摇摆、振动，经常会造成设备的连线松动脱落或虚连等情况发生，导致设备无法正常使用。

2. 经常察看船位自动更新功能

DSC 设备的遇险报警信息中，船位参数是自动从船位存储器中提取的。若由于某种原因船位不能实现自动更新，应频繁进行人工更新。另外，此船位参数还用于接收区域性呼叫。无论什么型号的设备，其船位存储器基本都有初始设置内容。目前很多型号的设备均在显示器上直接显示出船位参数，使察看工作变得非常方便。

3. 通过 DSC 内部自检功能进行性能检测

DSC 设备的内部自检，一般包括值守机检测、DSC Modern 检测、报警检测和显示检测等项目。按通信业务要求，持证驾驶员在船舶航行期间，应每天进行一次 DSC 自检测。所以，船舶电子电气员不一定也要亲自操作，只要和驾驶员之间能做到及时沟通即可。

4. 按规定进行测试呼叫

通过测试呼叫（Test Call）业务，确认终端设备的接收、发送以及与 SSB 收发机的连接是否正常，此操作需要启动发射机呼叫适当的岸台，并必须要收到岸台的应答。按通信业务规定，发射测试要求每周进行一次。这也是 PSC 检查中涉及的一项重要内容。

测试呼叫电文中优先等级应选择"Safety"（安全），通信指令选择"Test"（测试）。现在很多设备上都有专用的"Test Call"操作菜单，操作起来非常简便，只需输入岸台的 MMSI 并选择适当的发射频率即可启动发射。由于是"Safety"等级，该电文应在 DSC 的遇险与安全频率上发送，但应确保不会干扰正在进行的通信。另外，因中频波段只有 2187.5kHz 一个遇险与安全频率，所以应尽量避免使用该频率进行测试。开放测试业务的岸台一般均自动响应，所以发出测试呼叫后，约 1min 就会收到岸台的确认信息。但在实际应用中，由于受各种因素影响，有时成功率不高，需反复多呼叫几次。因为此项测试的根本目的在于检测设备的收发性能，所以特殊情况下也可通过常规的选择性呼叫来进行。

三、窄带直接印字电报（NBDP）终端日常维护

目前，在实际应用中，NBDP 的使用率并不高，但它毕竟还是组合电台的终端设备，保证其可靠的通信性能也是一项管理要求。PSC 检查偶尔也涉及 NBDP 终端。NBDP 终端的日常维护包括以下内容：

1）经常检查 NBDP 终端与其他设备的连接情况。

2）适时进行自检测。

3）采用自动重传请求（ARQ）工作方式与开放测试业务的岸台，通过"TEST+"指令进行电传测试，以判断设备是否处于正常的工作状态。

4）某些 NBDP 设备靠专用软盘驱动。要注意保护好软盘，不要将其在其他电脑设备上使用，以防感染病毒，存放时还要远离辐射源和热源。一旦软盘受损，设备恐将无法启动。

对设备天线的维护，应重点关注以下几方面：

1）应尽快熟悉掌握本船组合电台天线的配置情况与安装位置，定期进行外部巡视，发现问题及时解决。

2）海上风大，T 形和倒 L 形天线多采用多股铜绞线，容易锈损，存在因风折断的可能。另外，天线要绝缘架设。因此，日常应注意检查天线的各受力部位、绝缘性能以及锈蚀情况，及时进行紧固、清洁和防锈处理。

3）尽管桅式直立天线相对牢固，但也要注意检查其底部的绝缘性和稳固性。

4）有些设备的发信机自动天调单元也安装在室外，日常应注意检查天线与自动天调单元或其他设备间电缆馈线的连接情况。曾有船舶发生过因馈线接点锈蚀而遭雷击，致使自动天调单元损毁的情形。此现象应引起格外关注。

总之，对设备天线进行维护应被视为是一项经常性的工作，船舶电子电气员应对此予以高度重视。

第三节 船用 VHF 通信设备的日常维护

船用 VHF 通信设备的日常维护包括以下几方面：

1）日常应该轮换使用驾驶台的两台 VHF。要定期对麦克风和面板进行清洁。

2）应经常检查设备上的指示灯及稳压电源的工作情况。

3）应经常检查、紧固设备的连线接头，避免其松动乃至脱落。

4）提醒操作人员，在可能的情况下，通信时尽量选择"小功率"位置。

5）经常检查 DSC 终端的船位数据是否能够自动更新。DSC 值守机工作情况是否正常。

6）按规定，每日进行 DSC 自检测，并通过本船两台设备相互呼叫来证实设备的通信功能是否正常。

7）经常检查天线的室外连接情况和防水性能，避免接点锈蚀或雨水由天线电缆接头渗入。

第四节　船用气象传真接收机的日常维护

由于各种气象图具有直观、准确的优点，在多年的航海实践中已成为船舶的重要信息来源。很多船长对此都有着很强的依赖性，尤其是处在台风季节等恶劣的天气条件下，气象图更是必不可少的参考资料。在这种情况下，确保设备工作状态良好，能够及时、清楚地收图，必须引起相关人员的高度重视。

鉴于绝大多数船用气象传真接收机都由独立的接收器和记录装置所构成，其接收器相当于 MF/HF 单边带接收机，而记录装置多由精密的机械部件所组成，因此对船用气象传真接收机的日常维护，应重点围绕这两部分进行。从船舶电子电气员的职责出发，建议日常关注以下方面：

1）做好接收天线的维护工作，谨防天线出现接点锈蚀、固定装置松动以及绝缘性能变差等情况。

2）注意防止雷击。雷雨天气要慎重使用，若非必须，最好不用，用后不但要及时关掉电源，还应将天线与传真机断开，并予以接地。

3）所收气象图不清晰时，可进行热敏头的测试，并检查热敏头是否损坏。若有损坏应及时更换。

4）使用过程中，若发生记录纸卡纸情况，应关闭设备电源，重新安装记录纸。但要注意，安装好记录纸后，合纸舱盖的动作不宜过猛，以免造成纸舱盖变形，或损坏感热记录头。

5）在记录纸的剩余长度不足 1m 时，会有明显的标记用来提醒使用者记录纸即将用完。见此标记后，应及时更换新的记录纸。

6）适时检查气象传真接收机的自动接收功能。检查手动接收时的扫描同步和对相装置的调整情况。

7）经常目测检验接收到的气象图是否完整和一致，同时目测检验每一条线扫描密度的均匀性及其与前一条线的平行度。

船舶电站、生活设备的维护和修理

第十一章　船舶电站的维护

船舶电站是船舶电力系统的心脏，其工作的可靠性和生命力是系统实现规定任务的有效性的重要标志。船舶电气管理人员的基本职责就是要确保船舶电站的供电可靠，运行安全，出现故障后能够迅速排除。

第一节　概　　述

一、引起船舶电力系统故障的原因

1. 设备本身发生故障

常见的有：①发电机原动机损坏，如原动机调速器失灵，气缸体过热等；②发电机定子绕组烧毁或断路；③励磁系统损坏；④电缆接线盒绝缘破坏。

2. 由于操作不当而引起的故障

常见的有：①合闸操作不当；②发电机负荷控制不均衡；③由于观测错误而引起的不当操作。

3. 由于恶劣环境条件的影响而引起的故障

通常是由于恶劣环境条件致使设备的电气绝缘能力降低而引起的各种故障。

（1）电力系统一相接地故障

表现为某相绝缘指示灯熄灭，另两相绝缘指示灯异常明亮。其原因主要包括：某用电负载单相绝缘击穿，引发接地故障；某负载电动机接线盒接线松脱碰壳；主配电板板内各电力分配开关击穿故障，或其他电气设备击穿故障；发电机内部发生接地等。

（2）电力系统绝缘电阻低故障

电力系统绝缘故障分两类，一类是400V电力系统绝缘电阻低故障，绝缘电阻低并且已经达到报警值，多数发生在负载及其他用电设备一端，如露天甲板电气设备较易出现绝缘电阻低故障，也可能发生在主配电板内部或发电机内部；另一类是220V电力系统绝缘电阻低故障，绝缘电阻低并且已经达到报警值，多数发生在各层照明电力分配系统中，也常发生在厨房电气或甲板照明系统中。

当发生电力系统一相绝缘电阻低故障时，如果不及时处理或解决，会在另一相再次发生绝缘电阻低故障时形成短路电流，可能引起部分负载开关脱扣甚至主配电板跳闸。

4. 意外发生的各种事故

常见的有突然短路、断路等。

5. 同步发电机的运行参数失调故障

发电机的运行参数超过允许值，可能会损坏发电机组或用电设备，需要采取保护措施以避免事故发生。如过电流、过载、短路、逆功率、欠电压、过电压、低频率及高频率等都将危及发电机组和用电设备的安全。

（1）发电机允许运行的电流范围

过电流是指大于额定电流的不正常电流。过载是指实际负载超过额定负载；短路是指电路中两点通过一极小的阻抗，人为或偶然地连接。在船舶电力系统中，一般把较小的过电流称为过载，较大的过电流如短路才称为过电流，也有的把 $1.1I_N$（I_N 为额定电流）称为小过载，$1.5I_N$ 称为较大过载，短路称为严重过载。

引起发电机损坏的主要原因是短路电流产生的热和电动力，长时间过电流运行产生的热会使绝缘老化。发电机允许运行的电流范围主要由流过定子（电枢）绕组的电流决定。

发电机发热与电流的大小和持续的时间有关，即由发电机的热容量决定。发电机的过电流特性为：在 $1.1I_N$ 时允许运行时间不超过 2h；$1.5I_N$ 时不超过 5min。一般从安全考虑定为：$1.1I_N$ 时延时不超过 15min；$1.5I_N$ 时延时不超过 2min。

发电机单机运行的保护主要是过电流保护。对发电机可承受的电流过载来说，电流在 $1.1I_N$ 时为 2h；$1.25I_N$ 时为 30min；$1.5I_N$ 时为 5min。对有功功率过载，主要决定了原动机的型式，柴油机允许承受 $1.1P_N$ 为 2h；$1.2P_N$ 为 30min；$1.35P_N$ 为 5min。所以从发电机本身来说，完全允许一定时限的过载而不要求主开关立即跳闸。

基于上述要求应采用能同时分断所有绝缘极的断路器作为发电机的过载和短路保护，其过载保护应与发电机的热容量相适应。并应满足下列要求：

1）过载小于 10%，经延时后的报警器报警，最大整定值一般设定为发电机额定电流的 1.1 倍，延时时间不超过 15min。

2）过载 10%～50%，经少于 2min 的延时后断路器分闸，一般整定为发电机额定电流的 125%～135%，延时 15～30s 断路器分闸。

3）过电流大于 50%，但小于发电机的稳态短路电流，经与系统选择性保护所要求的短暂延时后断路器分闸，断路器的短延时脱扣器一般整定为始动值为发电机额定电流的 200%～250%，延时时间最长为 0.6s。

4）在可能有三台及三台以上发电机并联运行的情况下，必须设置瞬时脱扣器，整定值为稍大于发电机的最大短路电流设定值。

（2）发电机允许运行的逆功率范围

当某台发电机与其他机组并联运行时，由于某种异常原因，发电机有可能进入电动机运行状态，向电网吸取有功功率（称逆功率）。当发电机处于逆功率状态时，它不但不能分担电网的负载，反而增加了电网的负担，应采取保护措施把处于逆功率运行的发电机从电网中切除。发电机的逆功率保护是对并联运行的发电机的保护。

发电机在刚投入并联时，由于存在频率差和相位差，在拉入同步的过程中也会引起待并发电机逆功率，但只要频率差和相位差在允许范围内，短时的逆功率是允许的。逆功率保护应具有一定的时限，以躲过同步过程出现的短时逆功率冲击。

《钢质海船入级规范》规定：并联运行的交流发电机应设有延时 3～10s 动作的逆功率保护。逆功率值按原动机的类型不同可整定为：①原动机为柴油机，发电机额定功率为 8%～

15%；②原动机为涡轮机，发电机额定功率为2%～8%。

（3）发电机的失（欠）电压

当某台发电机与其他机组并联运行时，由于励磁系统发生故障，故障发电机有可能部分或全部失去励磁。这时发电机将向电网吸取超前的无功电流，甚至进入异步运行状态。对部分失去励磁的故障称为欠励；对全部失去励磁的故障称为失磁。有时也把这两种故障统称为失磁。发电机单机运行时欠励引起的现象是欠电压；失磁引起的现象是失电压。船舶电站的发电机在并联运行时互为电源，一机发生欠励或失磁故障，发电机之间将产生无功环流。环流的数值有可能超过过电流保护的整定值，引起故障机和非故障机同时跳闸，导致电网失电。另外，失电的发电机还有可能因电磁力减小失去同步进入异步运行状态。

值得注意的是，发电机单机运行时失磁或欠励表现为失电压或欠电压故障。这里的失磁或欠励是指并联运行时的故障。

欠电压保护主要是对作并联运行发电机的保护，同时也是对诸如异步电动机等用户的保护。《钢质海船入级规范》规定：并联运行的发电机应设有欠电压保护并能满足如下要求：

1）瞬时动作，用于避免发电机不发电时闭合断路器，当电压降低至额定电压的35%时作失电压处理。

2）延时后动作，当电压降低至额定电压的35%～70%时，应经系统选择性保护要求的延时后动作。

以上这些故障的发生通常并不频繁，但却不可能完全避免，其出现次数与电站设备的质量、操作人员的熟练程度和船舶的工况等许多因素有关。

通常，故障总是首先出现在某个设备或器械上，亦即设备或器械的故障（即一次事故）。虽然故障可以各种形式发生在系统的任何部位上，但因电站设备大部分具有单项保护措施，一般在一定时间内能可靠地将故障设备切除，因而这种故障并不会给系统带来很大的危害。但是，如果遇到单项保护设备的断路器失灵，没有及时切断故障设备，让一些比较严重的故障在电网上延续了较长的时间；保护装置的整定数值不恰当，以致不能按设计要求完成保护动作；保护设备发生误动作；故障发生在系统的保护死区等情况，就可能导致一部分设备的故障发展并迫使电力系统全部设备处于多重故障的严重状态之下，进一步引起电网频率和电压异常，使系统失步和发电机过载。这种扩大到系统的事故称为系统性故障（即二次事故）。它们一旦出现在电网上，就会接连不断地引起事故，最终导致大范围的停电。

二、船舶电网失电的一般处理方法

航行中的船舶由于各种机、电故障或操作不当等原因均可能会引起全船跳电。作为电气（或轮机）管理人员，当发生跳电事件后应能正确地处理，以避免由此可能引发的严重恶性事故（如船舶处在进出港、狭窄水道、特大风浪等场合）。对于普通电站的处理与具有自动电力管理系统的电站处理，两者有较大不同。

1. 常规电站电网失电后的处理

（1）并车操作时发生电网跳电

首先检查原运行机组与待并机组的机、电状况，若是由于并车操作不当导致发电机主开关过电流保护动作跳闸或逆功率保护动作跳闸，可复位过电流继电器或复位逆功率继电器（视具体发电机控制屏而定，有些不需要），恢复正常后合上其中任一台机组的主开关，然后按功率大小及重要性逐级启动各类负荷，待发电机组带上约50%以上负荷时再将另一台机组按并车条件进行并车操作。

（2）运行机组因机械故障发生电网跳电

首先应答警报、消声，若报警装置指示滑油失压或机组超速等，可启动备用机组，待转速、滑油压力、电压正常后合闸供电，之后按功率大小及重要性逐级启动各类负荷，最后检修故障机组。

1）单机运行时启动大负荷或几乎同时启动几个较大负荷时（如用船上起货机进行装卸货作业）发生电网跳电先应答警报、消声，复位过电流继电器（视具体发电机控制屏而定，有些不需要），然后合上发电机主开关，再按功率大小及重要性逐级启动各类负荷投入运行，之后启动备用发电机组，待一切正常后按并车操作要求进行并联运行的操作，并车完成后再启动大负荷投入运行。

2）运行机组因发电机内部短路或失电压保护动作发生电网跳电，常规电站大多无此报警功能，若机组仍在运行但电压很低或没有电压，说明是失电压保护跳闸，则应停这一台机组，然后启动备用机组投入电网运行，最后再检查故障机组的发电机调压器；若机组仍在运行且电压正常，说明可能是短路保护跳闸，则应检查主配电板汇流排是否短路，排除短路故障后或确定主配电板没有发生短路故障时即可合闸供电。

3）运行机组主开关误动作跳闸或因船舶电网选择性保护不良发生电网跳电，因无此报警功能，按上述短路保护处理方案检查，确定配电板没有发生短路后才可合闸供电。

4）燃油供给故障（如调速器失灵、断燃油等）发生电网跳电，基本上没有这类监测报警功能，主开关仍是失电压保护跳闸。故障现象为伴随着转速下降而跳闸停机。检查系统燃油供给系统，确定系统无故障后启动备用发电机组投入电网运行，然后检修故障机组的调速器及燃油供给系统。

2. 对于具有自动电站管理系统的电网失电后的处理

1）除因短路保护导致发电机主开关跳闸断电外，对于其他各种机、电故障致主开关跳闸，自动电站管理系统均能自动处理，不需要值班轮机人员干涉，值班人员仅需按照报警指示故障进行相应检查、排除处理即可。

2）若电网突然失电，除警报外所有设备均停止运行，此时值班人员切忌启动机组、合闸供电，首先应查看报警指示。警报必指示发电机短路，控制系统自动切换至非自动状态。应答后至主配电板后面仔细检查汇流排是否发生短路，找到短路点排除后或确定主配电板没有发生短路（船舶电网短路保护的选择性整定不当）才可按复位按钮，系统即恢复至自动状态，同时解除阻塞，此时值班人员可遥控启动值班发电机组投入电网运行即可。

第二节　船舶发电机及励磁系统的常见故障与处理

目前，船舶采用的主发电机有刷同步发电机和无刷同步发电机两种形式。而同步发电机励磁调压系统的形式有不可控相复励调压系统、可控相复励调压系统、晶闸管励磁调压系统、无刷励磁发电机调压系统等。

一、船舶发电机及励磁系统的日常维护与保养

1. 发电机的日常维护与保养

（1）一般维护

1）为保证发电机正常工作，在它附近不应有水、油及污物堆积，不能有腐蚀性气体，以免损伤发电机绕组绝缘。

2）在防潮防尘的同时，要注意不能影响发电机的正常通风冷却。要经常清洁通风孔道内的灰尘污物，保持畅通无阻。冷却空气的温度不得过低，以免绕组及其他导电器件上凝结水。

（2）发电机轴承的维护与保养

1）在油环润滑的滑动轴承中，轴承的油量应保持一定，一般不在运行时注油，油量在规定液面下，轴承不应甩油，以免溅到绕组上。

2）润滑油需定期取出样品检查，若油色变暗、混浊、有水或污物时，应予更换。轴承发热时，均应更换新油，一般每隔 250~400 工作小时应换油一次，但至少每半年换油一次。换油时，应先用轻柴油洗净轴承，才可注入新润滑油。

3）采用滚珠或滚柱轴承的电机，当运行约 2000h 时，即需更换润滑脂一次。轴承用于灰尘多而又潮湿的环境中时，应根据情况经常更换润滑脂。

4）在启动长期停用的发电机组前，如装有滚动轴承时，必须先检查其润滑状态，若原有润滑脂已脏或已经硬化变质，必须先将轴承冲洗干净，再用汽油清洗，最后填入清洁的润滑脂。填入量为轴承室空间的 2/3，不可填入过多。

5）正式运转前应进行试车，使发电机空转，达到额定转速后再停机检查转向、振动情况、轴承温度等是否符合要求。

2. 励磁系统的维护

维护周期为每半年进行一次。维护内容与要求：

1）检查励磁系统的各接线柱连线是否良好，如果发现接线头松动，必须拧紧；检查线性电抗器的间隙大小及有无异常声响，间隙大小不合适时应调至要求值，有异常声响应查明原因进行排除。

2）检查励磁系统相与相之间、相与地之间的绝缘是否良好，一般要求绝缘电阻值不得小于 $1M\Omega$。

3）对励磁系统中的电子器件，应按维护电子设备的统一要求进行，应检查插接式印制电路板接触是否良好，分立元件应检查其外观、引出线、焊点、电路导电铜膜是否有腐蚀。

4）对于无刷同步发电机，应定期对励磁机进行维护，维护要求与同步发电机相同。对于旋转整流器应特别注意由于离心力作用易使电线松脱开路。

二、发电机及励磁系统常见故障及处理

对有刷电机而言，常见的故障有定子绕组断路、相间短路、匝间短路、转子励磁线圈断路或短路，电刷接触不良、电刷磨损过度等故障。对于一般短路故障，解体后肉眼可以看出。对于匝间短路，常见的有机壳局部发热严重、三相电压不对称的现象，一般不难判断，其主要原因一般是转子端部的热变形、线圈端部垫块的松动、小的导电粒子或碎渣进入线圈端部及通风沟等引起。转子励磁线圈短路一般可归结为励磁电流增大，通过测量励磁回路或解体电机后便可发现。

对于无刷同步发电机，它自带了一个转枢式励磁机和旋转换向器，一般故障有旋转换向器击穿或断路、转枢式绕组励磁线圈短路或断路故障。分析故障原因时，要注意区分故障原因是属于主发电机还是励磁机，如果励磁电流为额定值，而发电机电压不为额定值，说明故障在于发电机。如果励磁电流不正常，则故障在励磁调压系统。

1. 不可控相复励调压系统常见故障原因与处理方法

不可控相复励调压系统元件少，线路简单，进行故障分析与检修时，必须根据工作过程和具体故障现象，对照工作原理图查找故障点。一般不可控相复励调压系统的常见故障可以归纳为发电机转速为额定转速时不能建立电压、发电机的端电压低于额定电压、发电机的端电压高于额定电压、发电机在运行中突然不发电、当负载增加时发电机电压大幅下降、发电机过热、轴承过热等。

处理故障时应根据不同的现象做出不同的故障诊断，例如，当发电机达到额定转速时却不能建立电压，可以先检查有无剩磁电压，若无剩磁电压则需进行充磁；若有剩磁电压而不能起压，则要检查励磁回路，如调压器是否故障，移相电抗器、谐振电容是否击穿或断路等，依次对故障原因逐次查找，并依据维修人员足够的知识储备和经验最终解决故障。

1）发电机转速已达到额定值，但电压不能正常建立的故障原因与排查方法见表 11-1。

表 11-1　发电机电压不能正常建立的故障原因与排查方法

故障原因	故障排查方法
① 无剩磁或剩磁不够	① 用外电源（直流）进行充磁起压
② 励磁绕组开路	② 检查从整流器至励磁绕组是否有松脱或断线
③ 发电机集电环锈蚀、发黑不导电	③ 用细砂纸打磨集电环表面
④ 电刷卡在刷握中或刷辫断开	④ 检查修理电刷、刷握及刷辫
⑤ 线性电抗器无气隙或气隙太小	⑤ 调整气隙到适当大小
⑥ 调压器整流元件被击穿或断路	⑥ 检查并更换击穿的整流元件
⑦ 接线错误	⑦ 认真检查接线，更正接错的地方
⑧ 发电机剩磁电压与整流器输出电压极性相反	⑧ 调换励磁绕组的连接
⑨ 电抗器、谐振电容器和相复励变压器之间的连线断开	⑨ 检查连线，重新接好
⑩ 谐振电容器短路	⑩ 更换电容器

2）发电机电压低于额定值的故障原因与排查方法见表 11-2。

表 11-2　发电机电压低于额定值的故障原因与排查方法

故障原因	故障排查方法
① 移相电抗器气隙太小	① 调整增大气隙
② 电抗器、整流器及相复励变压器有一相开路	② 检查三者之间接线是否有松动或断线，查出后接好紧固
③ 整定电阻太小	③ 调大整定电阻
④ 转速太低	④ 提高转速到额定值，并校核频率
⑤ 发电机励磁绕组有断路	⑤ 检查励磁绕组，修复或换新
⑥ 电抗器或相复励变压器抽头有变动	⑥ 检查并校核电压，重新抽头接线
⑦ 电压表有误差	⑦ 校对电压表

3）发电机电压高于额定值的故障原因与排查方法见表 11-3。

表 11-3 发电机电压高于额定值的故障原因与排查方法

故障原因	故障排查方法
① 移相电抗器气隙过大	① 按需要调小气隙
② 整定电阻的滑动触头烧坏、锈蚀、接触不良或电阻烧断	② 检查并修复或更新电阻
③ 电抗器、相复励变压器抽头变动	③ 按需要重新调整
④ 电压表有误差	④ 校正电压表

4）发电机在运行过程中突然不发电的故障原因与排查方法见表 11-4。

表 11-4 发电机在运行过程中突然不发电的故障原因与排查方法

故障原因	故障排查方法
① 整流器击穿	① 检查并更换已击穿的整流元件
② 励磁绕组回路无励磁电流	② 检查从整流器至励磁绕组的连线是否松动或断线
③ 电抗器铁心松动，以致气隙减小	③ 将气隙调到所要求的数值，并紧固铁心
④ 电抗器或相复励变压器线圈短路	④ 检查并修理或更换新线圈
⑤ 谐振电容器被击穿	⑤ 更换已击穿的电容

5）负载增加，发电机电压大幅度下降的故障原因与排查方法见表 11-5。

表 11-5 负载增加，发电机电压大幅度下降的故障原因与排查方法

故障原因	故障排查方法
① 移相电抗器、整流器、相复励变压器有一相开路	① 检查三者之间连线的开路点，并修复
② 整流器中有开路	② 检查整流器及其连线，使其接通
③ 相复励变压器的电流绕组和电压绕组极性不一致	③ 调换电流绕组或电压绕组，使二者的极性一致
④ 原动机的调速器性能不良	④ 检修调速器
⑤ 定子铁心有位移	⑤ 将铁心调回原位并固定好

6）发电机过热的故障原因与排查方法见表 11-6。

表 11-6 发电机过热的故障原因与排查方法

故障原因	故障排查方法
① 长期过载	① 观察发电机输出电流及功率，并将其控制在额定值以下
② 励磁绕组或定子绕组短路	② 检查电机定、转子绕组，并修复短路的绕组
③ 三相负载不平衡	③ 检查是否有单相大功率负载或电动机单相运转
④ 定、转子相互摩擦	④ 检查电机轴承、转轴和转子铁心有否松动

7）发电机轴承过热的故障原因与排查方法见表 11-7。

表 11-7　发电机轴承过热的故障原因与排查方法

故障原因	故障排查方法
① 轴承磨损严重	① 更换轴承
② 润滑油（脂）太多、太少或变质	② 检查并加油或换油，润滑油量不得超过轴承室空间的 2/3
③ 电机端盖或轴承盖装配不当	③ 重新安装好
④ 发电机组装配不良	④ 重新找正安装
⑤ 发电机转轴弯曲	⑤ 校正转轴

2. 晶闸管励磁系统的常见故障原因与处理方法

对于晶闸管励磁调压系统，发生故障时，首先检查晶闸管主电路是否正常，其次检查触发电路是否正常。检修时，在电路原理图和实物图上找到实现上述功能的元件，然后按照工作过程来检查哪个环节电路不能实现自己应有的功能。晶闸管调压系统常见的故障可以归纳为发电机转速为额定转速但不能建立电压、发电机在运行中突然失电、当负载增加时发电机电压大幅度下降等。

（1）发电机转速为额定值，但不能建立电压

发生这种故障，首先按下充磁按钮，若能起压到额定值，说明发电机无剩磁或剩磁能量不足。

若充磁后也不能建立电压，可能充磁回路失效，或发电机本身故障导致不能建立电压，或整流桥的整流元件击穿。应首先检查充磁回路的晶闸管和整流二极管是否有击穿，使整流回路短路而无法充磁和起压。然后检查发电机励磁回路是否有开路、电刷是否卡在刷握上、电刷辫是否断开、电刷与集电环接触是否不良。

处理方法是修复故障元件、清洗集电环、紧固各紧固点。

（2）发电机端电压低于额定电压

发生这种故障时，首先调节电压电位器观察发电机端电压是否有变化，是否能调到额定电压。若能调到额定电压则说明调节电压电位器的设定不合适；若有变化，但不能调到额定电压，说明调节电压电位器的电阻参数有问题（可调电阻范围过小），更换调节电压电位器增大可调电阻范围。

若触发电路只有单边工作，对应的一个晶闸管没有触发脉冲或有一个晶闸管触发不能导通（开路故障），主电路全波整流变为半波整流，也会造成端电压下降，这时就得分别检测触发脉冲的波形和晶闸管两端的波形。

（3）发电机端电压高于额定值

发生这种故障时调节电压电位器的电阻值观察发电机端电压是否能回到额定电压，若能调到额定电压则说明电压电位器的设定不合适；若有变化，但不能调到额定电压则说明调节电压电位器的电阻参数有问题，可更换电位器。

（4）发电机在运行中突然不发电

发生这种故障时，先进行充磁发电，若不能发电，说明发电机本身励磁线圈有开路故障，应按"发电机转速为额定值，但不能建立电压"的检查方法进行处理。若能发电，说明可能是主电路的晶闸管击穿造成，或者触发器停止工作。这时，首先检查整流主电路的晶闸管是否击穿，然后，检查触发电路工作电源是否有输出，各个元件是否正常。

（5）当负载增加时，发电机电压大幅度下降

发生这种故障时，说明电机在空载或轻载时，励磁电流的调节环节能够维持端电压在额定值，负载增加时，励磁电流无法补偿电枢反应的影响，造成端电压下降。显然，若整流主回路桥式全波变为半波（即有一个整流元件开路），或触发器只有半边工作，另一半波没有输出触发脉冲。所以，此时只需检查晶闸管是否存在开路故障，用示波器检查哪一半波没有输出触发脉冲，检查故障触发器的有关元件和电源。

3. 无刷同步发电机励磁系统的常见故障原因与处理方法

三相无刷同步发电机中的主发电机励磁绕组、励磁机电枢绕组及旋转整流装置同轴旋转，静止励磁系统提供直流励磁电流给励磁机定子绕组，在励磁机转子绕组上感应出三相交流电，再经旋转整流后提供给主发电机励磁绕组，最后在主发电机定子绕组上感应出三相交流电输出。无刷同步发电机励磁系统常见的故障与处理方法如下：

（1）旋转整流装置故障

旋转整流模块和过电压保护模块是旋转整流装置的两个组成部分，旋转整流模块主要作用是把三相交流电经整流给主发电机励磁。过电压保护模块是防止过电压对旋转整流模块的损伤。由于制造缺陷或安装接触不良造成发热使旋转整流模块和过电压保护模块击穿是比较常见的故障。当旋转整流模块发生故障时，电压下跌明显，一只二极管损坏，电压一般能跌至 200V 以上。这种故障判断比较简单，用万用表检测即可。

（2）静止励磁系统元器件损坏

由于元器件质量缺陷或整机振动过大等原因，静止励磁系统也会发生元器件损坏、导线接触不良等故障，使励磁系统无法提供足够的直流电流，造成主发电机电压不正常。判断静止励磁系统有无故障时，需检测某一状况下通向励磁机定子绕组的电流是否与试验报告或铭牌上标注的标准值一致即可，若明显小于标准值，则可判定为励磁系统的故障。然后，再根据具体情况进一步分析、检测是哪一个元器件损坏或哪条线路导通有问题，以便修理或更换。

发电机在运行状态时，可用万用表检测励磁机定子绕组的电压来判断是励磁系统故障还是其他故障；断开旋转整流模块和过电压保护模块元件各接线，用万用表测量线路的通断，查找损坏的元器件。对于个别不容易检测的软击穿元器件，也可以用换掉可疑的办法来帮助判断。对判断出的元器件损坏，一般均可就地更换。如出现匝间短路，则需要进厂修理。

第三节　船舶配电装置的常见故障与处理

一、船舶配电装置的组成及基本功能

1. 主配电板的组成与功能

主配电板是电站电能集中和分配的控制中心，其主要功能如下：

1）接通或断开电路。

2）保护装置按要求动作并报警。

3）检测和显示各电气参数。

4）能对电站的电压、频率及并联运行的发电机组的有功、无功功率进行调节。

5）对电路的工作状态进行信号显示。

2. 配电装置中的常用电器及测量仪表

为了控制、分配、保护、测量和调整发电机及负载的需要，配电装置上装有不同用途的控制、保护和测量用的电气设备，常用的有断路器、装置式（塑壳式）开关、组合开关、万能式转换开关、励磁变阻器、逆功率继电器及各类电压表、电流表、功率表、功率因数表、绝缘电阻表等测量仪表。

二、发电机主开关的常见故障与处理

发电机主开关在电站中是一个重要部件。发电机与主汇流排接通与断开的协调工作就是由主开关来完成。

主开关主要由失电压脱扣装置、分励脱扣装置、过电流保护装置、灭弧装置、辅助触头、控制及信号指示电路组成。

DW14 型断路器是引进日本寺崎公司的 AH 型和 AS 型断路器技术生产的断路器，国内船舶用得较多。发电机断路器附加 AOJ-1s 过电流脱扣器，是以发电机额定电流为基准值的方式。过电流脱扣器安装在断路器正面的右上侧，其原理图如图 11-1 所示，AOJ-1s 过电流脱扣器外形图如图 11-2 所示。

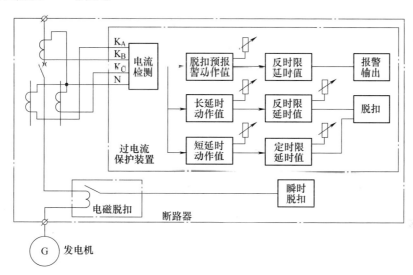

图 11-1　过电流保护装置原理图

AOJ-1s 过电流脱扣器具有以下功能：

脱扣预报警：长延时脱扣、短延时脱扣、瞬时脱扣。

装置上有三个动作电流整定旋钮：长延时、短延时和脱扣预报；两个延时时间整定旋钮：长延时和短延时。脱扣预报警延时时间是固定。图 11-2 为五个整定旋钮的对应位置。

AOJ-1s 过电流脱扣器是专用的脱扣器，其基本保护数据由设计部门提供，整定和试验过电流脱扣器需要搞清楚这些数据的关系。由图 11-1 可知，提供电流检测取样的电流互感器（TA）在断路器内部。脱扣器面板铭牌上标示了基准电流 I_O 和电流比 I_{TA}。其中，基准

图 11-2　AOJ-1s 过电流脱扣器外形图

电流是被保护发电机的额定电流。TA 电流比按额定电流选取。TA 的一次侧额定电流与发电机额定电流接近。二次侧额定电流为 5A 或 3A。例如，发电机的额定电流为 720A，铭牌标示：I_0 为 720A，I_{TA} 为 800/5A。基准电流是各段保护动作值的依据，TA 电流比是试验时模拟电流的计算依据。

1. 主开关常见故障原因与排查方法

1）发电机主开关不能合闸（不含电动合闸）的故障原因与排查方法见表 11-8。

表 11-8　发电机主开关不能合闸（不含电动合闸）的故障原因与排查方法

故障原因	故障排查方法
① 失电压脱扣器不能正常吸合	① 首先检测失电压线圈两端电压是否正常，如正常，检查线圈是否开路，接线柱是否松脱，脱扣器反力弹簧拉力是否正常，机械机构是否卡阻；如线圈电压不正常，则应检测失电压线圈电路，检查所串电阻
② 脱扣机构磨损严重，钩不住	② 检查脱扣机械，调整相应螺栓或换新
③ 过电流（或电磁）脱扣器失调（即动作值太小）	③ 校正调整至要求值
④ 热脱扣器动作后未复位	④ 停 1~2s，待热元件复位

2）主开关合闸后电网无电压的故障原因与排查方法见表 11-9。

表 11-9　主开关合闸后电网无电压的故障原因与排查方法

故障原因	故障排查方法
① 主触头烧坏，动静触头不接触	① 检查、修理或更换主触头
② 动触头松脱或断线	② 检查连线及连接处，接好或紧固螺钉

3）主开关合闸使用过程中跳闸的故障原因与排查方法见表 11-10。

表 11-10　主开关合闸使用过程中跳闸的故障原因与排查方法

故障原因	故障排查方法
① 失压脱扣器的衔铁钩不住脱扣轴	① 检查脱扣机构
② 脱扣机构老化，钩不住	② 检查脱扣机构，调整相应螺栓或换新
③ 过电流（或电磁）脱扣器失调（即动作值太小）	③ 校正调整至要求值
④ 失电压线圈串联电阻过大	④ 检查串联电阻及连线是否良好
⑤ 失电压脱扣器反力弹簧作用力过大	⑤ 检查调小弹簧拉力
⑥ 负载突然加大，使欠电压动作	⑥ 检查调压器及调速器特性，或调小失电压脱扣器弹簧拉力
⑦ 过载继电器的延时太小或无延时作用	⑦ 检查调整到规定延时值

4）主开关受船体振动易自动跳闸的故障原因与排查方法见表 11-11。

表 11-11　主开关受船体振动易自动跳闸的故障原因与排查方法

故障原因	故障排查方法
① 失电压线圈电阻值太大，导致电磁吸力弱或铁心反作用弹簧力太大，铁心吸合不牢	① 增大电磁吸力或减少弹簧反作用力
② 自由脱扣机构钩不住	② 检查修理
③ 过电流脱扣器失调，动作电流值太低，在正常负载电流时已接近动作值	③ 调整过电流脱扣器

5）逆功率继电器失灵，交流发电机产生逆功率现象的故障原因与排查方法见表11-12。

表 11-12　逆功率继电器失灵的故障原因与排查方法

故障原因	故障排查方法
① 没有按要求接线	① 改为正确接线
② 电压线圈或电流线圈烧坏，逆功率继电器不起作用	② 检查并更换线圈

2. 发电机保护动作使主开关跳闸的判别

（1）发电机过载保护的判别

发电机过载致主开关跳闸，一般发生在发电机单机运行在较大负载下，在不察看发电机实际功率时启动大负载运行，如启动空压机、压载泵等致发电机过载而跳闸；也可能发生在并联运行时，其中一台机组因机电故障保护立即跳闸，而分级卸载装置失灵或卸载后仍过载致运行机组出现过载而发生保护跳闸等场合。

（2）发电机欠电压保护的判别

发电机欠电压保护跳闸主要发生在调速器及燃油系统或调压器出现故障的场合。调速器及燃油系统故障导致欠电压保护的判断依据是先出现转速下降（从柴油机声音可判别）后发生跳闸；调压器故障导致的欠电压保护可先出现电压下降（从照明灯的亮度可判别）后发生跳闸。

（3）发电机逆功率保护的判别

发电机逆功率保护跳闸主要发生在并车操作合闸时刻掌握不当，导致待并机组主开关合上后跳闸，或并联运行时负载分配操作调节方向调反，或并联时其中一台柴油机调速器损坏或燃油中断等场合会发生逆功率保护跳闸。

（4）发电机外部短路故障的判别

这里指的是按规范要求的对发电机外部短路保护，即发电机电流大于等于 $2I_N$ 时主开关跳闸这一故障的判别。

1）对于具有自动电站管理系统的电站，当发生发电机主开关跳闸，且主电网失电除报警外机舱没有任何其他反应、报警指示的是短路故障时，说明这时发生了发电机外部短路故障。

2）对于常规电站，当发生发电机主开关跳闸，且跳闸不是发生在同时启动几台大负载时，也不是出现在利用船上起货机进行装卸货作业时；不是先出现转速下降后发生主开关跳闸，也不是先发生电压下降（从照明灯的亮度可判别）后再跳闸，这时一般可断定发生了发电机外部短路故障，但也不排除有关人员的操作失误，如并车操作不当使发电机电流达到短路保护整定值，或也有可能是由于主开关本身故障引起跳闸。

三、船舶电网绝缘故障处理

船舶电网通常都是采用三相三线绝缘系统，电力网中任何一点单相接地均属于不正常状态。虽然这种状态在短时间内不致出现问题，但是未接地的两线对地已是线电压，若再有一相接地，则形成短路，这是一种潜伏性的事故状态，必须及时发现予以消除。船舶在主配电板的照明配电屏上装设有电网绝缘检测装置，常见的绝缘检测装置有接地灯（也称为"地气灯"）、配电板式绝缘电阻表、电网绝缘检测仪等几种类型。船舶电网绝缘测量是在电网有电情况下进行的，不能使用便携式绝缘电阻表。

配电板式绝缘电阻表由测量机构（表头）和附加装置（整流电源）组成，通过转换开关可分别测量380V（440V）动力电网和220V（110V）照明电网的绝缘电阻，如图11-3所示。若测动力电网的C相绝缘电阻，当电网绝缘下降时，漏电流将增大，漏电流经电源正极接线柱3→电网→绝缘电阻→测量机构→电源负极接线柱4，漏电流愈大，测量机构指针偏转愈大，说明绝缘电阻越小。

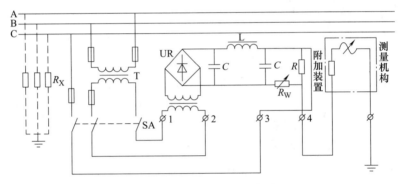

图11-3 配电板式绝缘电阻表原理图

当测量照明电网对地绝缘电阻时，将转换开关从"0"位打到"220V"位，从附加装置正端流出的直流电流经转换开关到220V照明电网，再经照明电网对地的绝缘电阻流到测量表头，最后流回附加装置的负端。动力电网对地绝缘电阻的测量同照明电网。电网对地绝缘电阻越低，表头指针偏转就越大，当一相接地时，表头指针偏转最大，指示绝缘电阻值为"0"。

对于新建造的船舶，各船级社规定：用于电力、电热和照明的绝缘配电系统，不论是一次还是二次配电网络，均应设有连续监测装置，用以监测相对于船体的绝缘电阻，且在绝缘电阻异常低时发出声、光信号。当对船体的绝缘电阻一旦下降至100MΩ以下时必须触发报警装置。

船舶电网接地故障大多发生在照明电网。当值班人员通过配电板式绝缘电阻表检查时发现绝缘电阻低（或装有连续监测对地绝缘电阻报警装置的声、光报警时），值班人员应及时找到接地点，排除接地故障，消除隐患。

照明电网接地故障的查找步骤如下：

1）首先打开配电板式绝缘电阻表测量照明电网，绝缘电阻表指示此时绝缘电阻值为"0"。

2）在主配电板前，逐个拉掉照明配电开关，查看绝缘电阻表指示是否恢复正常值。

3）拉区域开关的次序应为：船员居住区—甲板照明区—机舱照明区—驾驶室的通导设备。

4）找到发生接地故障的配电开关后，切断该路供电，查看绝缘电阻表指示是否恢复正常值。

5）在分配电箱前，运用便携式绝缘电阻表查找二次配电网络，逐个测量分支电路对地绝缘状况。

6）找到接地的分支电路后，拉掉这一路分配电开关，合上其余开关，在主配电板前合上这一路配电开关恢复供电。

7）在查找具体接地点时，应从中间（如两个房间中间）接线盒断开，判断是哪一个小区域（如房间）接地。

8）由于小区域（房间）中只有有限的几个（一般不超过五个）供电点，应逐一检查每个供电点。主要检查灯头、插头、开关部分引线，检查灯头、插头、开关内部状况，经过这些检查仍找不到接地点时，应检查接线盒至用电器间电缆，直至找到接地故障点。

四、岸电箱

船舶进厂及靠港检修时，或某些船舶靠港停泊时，可以用陆上电源来供电，称为岸电。接岸电时，陆上电源通常通过电缆接到位于主甲板层的岸电箱，岸电箱一般都有岸电电源指示灯、断路器（或开关加熔断器）、岸电接线柱、相序指示灯（或负序继电器）及表明船电的额定电压与额定频率的标示牌。换接岸电的操作在主配电板上进行，在主配电板上除岸电开关外，还设有岸电指示灯，指示岸电箱已合闸。

1. 接岸电注意事项

1）接岸电时，岸电与船电的电流种类应一致。

2）接岸电时，岸电的额定频率、额定电压应与船电一致。

3）当岸电为三相四线制时，需将岸电的中性线接在岸电箱上接船体的接线柱上。只有船体与岸电中性线相连后，才可接通岸电。

4）合上岸电箱上开关，只有当岸电相序与船电相序一致时才可在主配电板上进行转接岸电操作。

5）船舶接岸电时严禁船舶发电机合闸供电，只有在岸电切除后发电机才可合闸供电，两者不可能同时合闸。图 11-4 为船电与岸电互锁连接示意图。

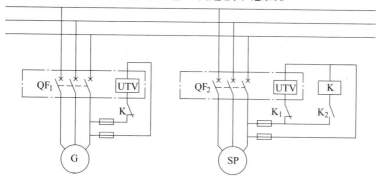

图 11-4　船电与岸电互锁连接示意图

6）经船级社（如 GL）认可，某些船舶设有船电与岸电并联设施，但这仅仅是为了转移负载，仅允许船上供电系统和岸电电网做短暂的并联运行。

2. 换接岸电操作

1）进厂坞修时，将岸上电力电缆接在岸电箱的岸电接线柱上，合上岸上配电开关，岸电电源指示灯亮（一般由船厂人员操作）。

2）在船电供电情况下合上岸电箱上开关。由岸电箱上相序测定器指示岸电与船电间相序，当两个指示灯的亮暗关系与岸电箱上标志相一致时，说明岸电相序与船电相序一致，否则即相序不一致。

若为负序继电器，则当相序不一致时，岸电箱的开关合上即跳闸。

3）在主配电板前，当岸电指示器已表明岸电已通电时，分断发电机主开关，电网失电后立即合上岸电开关，此时船舶电网已换接成岸电供电。

3. 相序测定器

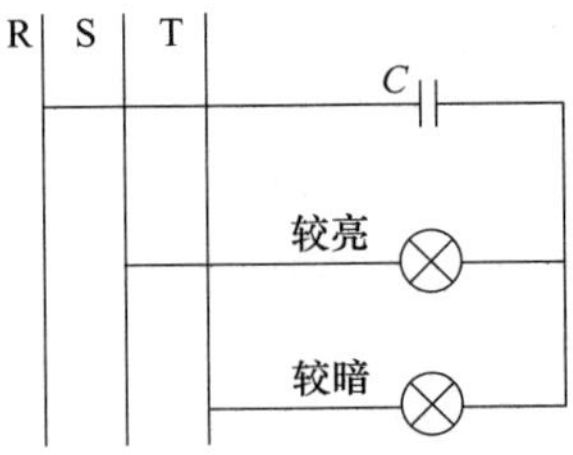

相序测定器原理线路如图 11-5 所示。相序测定器电路的三相负载不对称，当接电容 C 的一相设定为 R 相时，则灯较亮的一相为 S 相，灯较暗的一相为 T 相。

图 11-5 相序测定器原理线路图

第四节 船舶发电机并联运行的故障与处理

发电机并联运行时必须满足一定的条件，而且要按照一定的操作程序进行。

一、同步发电机并联运行操作

1. 同步发电机并联运行条件

1）相序一致：待并发电机必须与电网相序一致（检查相序可用相序表）。出厂时，各台发电机的相序都已检查、校对一致，因此实际并车操作时不必再检查相序。

2）频率相等：待并发电机的频率应与电网频率相等。实际操作时，允许误差在 0.5Hz 以内。

3）相位相等：待并发电机电压初相位应与电网电压相位相同。实际并车操作时，允许待并发电机相位与电网相位相差 $10° \sim 15°$。

4）电压有效值相等：待并发电机电压有效值与电网电压有效值相等。实际操作时，待并发电机电压有效值与电网电压有效值之差允许在电网电压的 10% 以内。

2. 同步发电机并联运行操作方法

（1）手动准同步法

手动准同步法是一种最基本的并车方法。通过手动调节发电机的电压有效值、频率（相位），在满足并联运行条件下，由手动合闸进行并车。这种方法并车条件要求严格，而且全部过程由手动操作，要求操作者的技术要比较熟练。

手动准同步法适合于并联运行操作不频繁的小型船舶电站，或作为自动准同步法的备用方法。

手动准同步法并车操作步骤如下：

1）检查并调整电网运行发电机及待并发电机电压有效值、频率，使之在额定状态（调节励磁电流实现调压，调节调速手柄实现调频）。

2）打开整步表（同步表）或同步指示灯开关，调节待并发电机调速手柄，使其频率略高于电网频率（要求频率差在 0.5Hz 之内，即整步表指针顺时针转一圈或同步指示灯明暗一次的时间在 2s 以上，一般取 3~5s），等待捕捉合闸时刻。

3）当整步表指针即将接近同相位点（即 11 点）时或灯光明暗法全暗时段的中间位置时合闸。

4）待并发电机主开关合闸后，断开整步表（或同步指示灯）开关。

5）增大刚并上的发电机组的油门，同时减小原电网运行发电机组的油门，进行负载转移，注意在转移负载过程中保持电网频率在额定值。

（2）半自动准同步法

电压及频率的调节由手动操作，而当达到准同步的条件时，合上发电机主开关的操作，由自动同步装置自动完成。

（3）自动准同步法

自动准同步法是依靠自动并车装置来检测、调节待并发电机的频率、相位（电压有效值可由调压器来保证），使之满足并联条件时自动合闸的一种方法。这种方法方便、准确，对电网的冲击小，但设备复杂，维护技术要求高。它适用于并联发电机组数量多、功率大、要求高的船舶电站。自动准同步并车是自动电站的一个重要环节。

（4）粗同步法（电抗同步法）

粗同步法是待并发电机的电压有效值、频率、相位与电网的电压有效值、频率、相位接近时，使待并发电机串一电抗器并入电网，并拉入同步的并车方法。该方法由于发电机经过电抗器并入电网，可以大大减小并车时因电压差、频率差及相位差所造成的冲击电流，因而对并车条件的要求可以放宽一些。

粗同步法并车操作步骤如下：

1）检查并调整电网运行发电机及待并发电机电压有效值及频率，使之在额定状态（调节励磁电流实现调压，调节调速手柄实现调频）。

2）接通并车电抗器，使发电机经电抗器并入电网。

3）发电机被拉入同步后自动合上主开关，同时手动或自动切断并车电抗器。

4）增大刚并上的发电机组的油门，同时减小原电网运行发电机组的油门，进行负载转移，注意在转移负载过程中保持电网频率在额定值。

二、并联运行发电机机组功率的分配与调节

1. 有功功率调节与分配

并联运行发电机组之间有功功率的调节与分配是通过主配电板发电机控制屏上的手动调速开关调节柴油机的调速器伺服电动机，从而改变柴油机油门的大小来实现的。

在电网负载不变的情况下，在两台并联运行的同步发电机中，如果调节油门使一台发电机的有功功率增加，为了防止电网频率和电压的变化，必须相应地减小另一台发电机的有功功率输出，使其有功功率的减小量等于有功功率的增加量，此即称为负载的调节与分配。例如，两台同容量同型号发电机并联运行，假设 1 号发电机已带负载运行，2 号发电机刚并入电网，还处于空载状态，这就需要有功功率的调节和分配，将电网有功功率的一半转移给2号发电机。方法是操作人员通过调速开关调节调速器上的伺服电动机，并观察功率表和电压表，增大2号发电机组的油门，增加其输出功率，同时通过调速开关反方向调节调速器上的伺服电动机，减小1号发电机组的油门，直到有功功率的分配均匀而频率又在允许值以内，调节结束。

当电网负载减小时，一台发电机组的容量已满足需要，这时需要将另一台发电机组从电网上脱离出来，称之为解列。解列时同样需要进行有功功率的调节，即将解列机组的有功功率全部转移到电网运行机组上。解列时（假设解列1号发电机），操作人员应向相反的方向通过调速开关调节两台发电机组油门的大小，并观察功率表和电流表。应使2号发电机的油门加大，1号发电机的油门减小，直到有功功率全部转移到2号发电机上，调节完毕，断开1号发电机主开关，使之与电网脱离，解列结束。

装有自动调频调载装置的船舶，只要打开自动调频调载的工作开关，其有功功率的调节和分配就会自动进行。但是要注意，自动调频调载装置的工作延时是对原动机调速器动态调整的一种补充。

2. 无功功率的调节与分配

为了使发电机组保持稳定的并联运行，发电机组之间也必须平均或合理地分配无功功率，并联运行的发电机组之间无功功率的分配是通过调节发电机的励磁电流实现的。若无功功率的分配情况是两台同型号同容量的发电机并联运行，这时就需要调节两台发电机的励磁电流，使无功功率平均分配。方法是适当增大2号发电机的励磁电流，同时相应减小1号发电机的励磁电流，直至两台发电机组之间的无功功率平均分配为止。

（1）判断两发电机之间的无功功率分配是否均匀的方法

判断两发电机之间的无功功率分配是否均匀，可以采用以下两种方法：

1）机组并联运行，两台发电机功率表（有功）指示基本相同而电流表指示相差太大时，说明无功功率分配不均。

2）机组并联运行，两台发电机功率表（有功）指示基本相同而功率因数表（$\cos\varphi$ 表）指示相差较大时，说明无功功率分配不均。

（2）实现无功功率均匀分配的措施

欲使发电机组之间无功功率分配均匀，要求两发电机的外特性曲线斜率相同。在船舶中一般采用均压线或电流稳定装置两种方法来实现无功功率的均匀分配。均压连接方法有直流均压连接和交流均压连接两种。不可控相复励自励恒压同步发电机并联运行时，一般采用均压线连接方式。目前船舶中采用无刷同步发电机越来越多，它一般采用电流稳定装置来实现无功功率的均匀分配。

1）直流均压线。图11-6是直流均压连接线路图。直流均压连接法又称转子均压连接法，只适用于同容量同型号发电机的并联

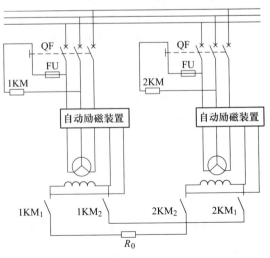

图11-6 直流均压连接线路图

运行。它是将并联运行发电机的励磁绕组用两根均压线并联起来，均压线的接通和断开与发电机主开关相互联锁。图中 1KM 和 2KM 为均压线连接接触器，分别由主开关 QF_1 和 QF_2 的常开辅助触头控制。有了直流均压线后，就能使励磁电流随无功负载的变化而相应变化，以保证无功负载分配均匀。

2）交流均压连接法。交流均压连接法又称为移相电抗器均压连接法。它是将并联运行发电机电压调整器的移相电抗器并联起来，适用于不同容量的发电机并联运行。这种方法可实现无功负载较好分配，且均衡电流较小，但并联合闸操作过程中冲击电流较大。

3）电流稳定装置。在按电压偏差进行调压的励磁系统中，调差系数一般很小，甚至几乎无差。因此，在发电机并联运行时，就会使无功功率的分配不稳定。为了使调压特性曲线变为具有足够倾斜度的有差调整特性，且相同、稳定平均地分配无功功率，在调压器上加装了可以改变调差系数的装置，其作用就是利用电流信号，通过调压器作用使无功电流的分配稳定，故称为电流稳定装置。图 11-7 是电流稳定装置原理图。

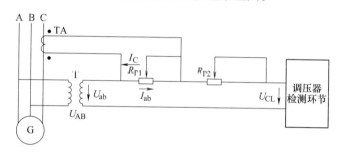

图 11-7　电流稳定装置原理图

（3）均压线连接的无功功率分配装置的故障处理

在发电机并联运行时，其无功功率的分配由自动电压调整器自动完成。但是如果电器元件出现故障，也会使无功功率分配装置出现故障。

1）检查均压线接触器是否通电动作，检查线圈本身、发电机主开关常开辅助触头、熔断器、导线及相应接线柱等，或修复或更新。

2）检查均压线接触器触头是否可靠闭合，或打磨修理或更新。如果触头接触不良，会使均压线断路，并车时不易并上，即使断路器能合闸，发电机也不能稳定地并联运行，两台发电机的电流可能同时急剧上升，直至发电机的主开关保护动作而跳闸。

3. 并车时应注意的问题

并车时，只要按操作要求及步骤进行，一般都能顺利并车。但有时也会发生并车失败，甚至引起电网跳闸。

（1）避免在负载剧烈变化时并车

并车时应当避免在负载剧烈变化时并车，或者在并车时断开剧烈变化的负载。并车时若负载剧烈变化，如多台起货机正在工作、起锚等，易引起电网功率（电流）、频率、电压有效值大幅度波动，难以使待并发电机电压有效值、频率、相位与电网的电压有效值、频率、相位一致，在并车合闸时，会产生巨大的冲击电流而使主开关跳闸；另外由于负载变化太大，各台发电机无法及时合理分配负载，而使逆功率继电器动作，造成并车失败。

（2）不能空载或轻载并车

电网上原有发电机处于空载或轻载状态时，若再并上一台发电机，则它们难以稳定工作，电网负载稍有波动，就会形成其中一台逆功率运行，引起跳闸。另外，从经济的角度来看，也应避免两台发电机空载或轻载并联运行。一般来说，电网上运行的发电机应带 50% 以上额定负载方可并联另一台发电机。

（3）并车后须及时转移负载

对于无自动调频调载装置的船舶电站，发电机并入电网之后应及时手动转移负载，否则会因电网负载变化而出现逆功率跳闸。

（4）粗同步并车合闸时刻的选择

在粗同步并车中，常误以为采用并车电抗器就可以随意并车。实际上当相位差大于 90° 合闸时，此时虽有并车电抗器限制电流，但冲击电流仍可使发电机主开关跳闸。因此，采用粗同步法并车时，应将待并发电机与电网的频差限制在 0.5Hz 以内、相位差在 90° 以内。实际操作时，最好使待并发电机的频率稍高于电网频率，其电压相位超前电网电压相位 30° 以内合闸。

第五节 发电机继电保护的参数调整

根据我国《钢质海船入级规范》规定，对 500V 以下同步发电机，针对其不正常运行情况和可能出现的故障，主要设置过载保护及优先脱扣、外部短路保护、欠电压保护和逆功率保护。

一、过载保护及优先脱扣的参数调整

运行的发电机输出功率或电流超过其额定值即为过载。发电机过载保护的原则是：一方面要保护发电机不受损坏；另一方面要尽量保证不中断供电。因此，发电机过载保护广泛采用了自动分级卸载保护，即发电机出现过载后，自动分级卸载装置首先将部分次要负载卸掉，以消除发电机的过载现象，并发出报警信号。若在一定时间内仍不能解除过载，为了保护发电机不被损坏，过载保护装置应发出发电机过载自动跳闸信号，将发电机从汇流排上切除。对于发电机短时过载，如由于大电动机、多台电动机同时启动和电网远端发生短路等引起的过载，保护装置应避开这种短暂的过载，即过载保护应具有一定的延时特性。

对于发电机过载保护，我国《钢质海船入级规范》规定：

对无自动分级卸载装置的发电机，当过载达 125%～135% 额定电流时，保护装置延时 15～30s 动作，使发电机自动跳闸。

对有自动分级卸载装置的发电机，当过载达 150% 额定电流时，保护装置延时 10～20s 动作，使发电机自动跳闸。

船舶发电机的过载保护一般是由自断路器中的过电流脱扣器来实现。

优先脱扣过电流继电器动作电流的整定是以发电机过载保护的长延时整定电流为基础。例如，某轮发电机的额定电流为 770A，其优先脱扣过电流继电器动作电流整定为 0.9 倍的长延时脱扣器整定电流，则

长延时整定电流 = 770A×1.1 = 847A

优先脱扣整定电流 = 847A×0.9 = 762A

故优先脱扣整定电流为发电机额定电流的 99%。

优先脱扣延时时间的整定，不仅要求该过电流继电器的动作电流整定值与发电机过载保护的长延时整定电流相互协调，而且延时时间的整定也应很好协调。在实际设计中，长延时脱扣器的延时通常整定为 15~30s，所以优先脱扣过电流继电器的延时，通常整定值应小于 15s。有关公司标准为 5~10s 和 5~12s。

根据船舶电站发电机的容量和台数，考虑非重要负载的性能和大小，也可以采用分级脱扣卸载，以求最大限度地给负载供电。各级脱扣利用延时的时间差来实现。例如，长延时脱扣器的延时为 20s 时，若分三级脱扣时，建议延时时间整定为：第一级脱扣延时 5s；第二级脱扣延时 10s；第三级脱扣延时 15s。

优先切断的非重要负载，在规范中没有明确规定，通常是根据负载的性质，再根据功率的大小进行调整。如某集装箱船的优先脱扣切断负载分为两级，第一级切断的负载为机修工具、厨房设备、造水机、绞缆机、一台起货机、空调、货舱风机、住舱风机、日用淡水泵、舱底水分离泵、舱底压载扫舱泵；第二级切断的负载为冷藏集装箱电源。

优先切断多少负载，取决于并联运行发电机的台数和负载率。

二、外部短路保护的参数调整

发电机的外部短路故障对发电机和电气设备影响极大，因此发生短路故障时，保护装置应迅速动作。但为了实现保护的选择性，应给予一定的延时。对于发电机外部短路保护，我国《钢质海船入级规范》规定如下：

对于船舶发电机外部短路保护一般应设有短路短延时和短路瞬时动作保护。当短路电流达 2~2.5 倍的额定电流时，保护装置延时 0.2~0.6s 动作，使发电机自动跳闸。当短路电流达 5~10 倍的额定电流时，保护装置应瞬时动作，使发电机自动跳闸。

短路保护和过电流保护（含分级卸载）的参数调整：

以 AH 主开关为例，将 AH 主开关电子脱扣器接点上的连接线取下，试验电路如图 11-8 所示。电流表中的电流值是电子脱扣器中的电流（电流互感器的二次电流），应与 AH 主开关保护动作值相对应。保护动作的延时时间可用电

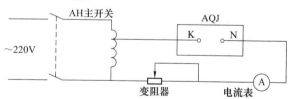

图 11-8　短路及过电流保护（含分级卸载）试验电路

子脱扣器上的相应电位器调节，动作值由电子脱扣器内部电位器调节。

试验时先将调压器回零位，主开关合闸后逐渐增加输出电压，观察电流表读数，同时观察电子脱扣器上的相应指示灯，利用计时秒表计动作延时时间。

发电机外部短路保护也由断路器中的过电流脱扣器来实现。

三、欠电压保护的参数调整

对于船舶发电机的欠电压保护，我国《钢质海船入级规范》规定：对带有延时的发电机欠电压保护，当发电机电压低于额定电压的 70%~80% 时，延时 1~3s 动作；对不带延时的发电机欠电压保护，当发电机电压低于额定电压的 35%~70% 时瞬时动作。

船舶发电机的欠电压保护由断路器中的失电压脱扣器实现。

欠电压保护的参数调整：欠电压保护动作试验电路如图 11-9 所示。先将调压器回零位，合闸刀开关后逐渐增加输出电压至发电机额定值，观察失电压线圈有电吸合，然后合上发电机

主开关，再逐渐调节调压器使输出电压下降，调至欠电压动作值，主开关应跳闸。

欠电压动作值及动作延时时间由 UVT 整流装置内的电位器调节。

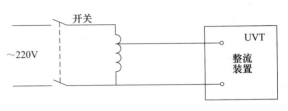

图 11-9　欠电压保护动作试验电路

四、逆功率保护的参数调整

交流发电机的逆功率保护是由逆功率继电器实现的，船舶上逆功率保护装置的整定值一般整定为额定功率的 8%~15%（原动机为柴油机），延时 3~10s 动作。对逆功率保护整定值和动作正确性的校验，可在发电机单机运行的情况下，用正功率进行校验，为此应把继电器上的电压或电流连接对换，继电器把正功率作为逆功率测量，功率表指示的正功率数值就是逆功率数值。

电子型逆功继电器比较容易校验，达到逆功率动作值时，有动作指示灯显示，开始计时，延时动作输出也有指示灯显示，输出跳闸，停止计时，秒表所指示的即为延时时间。

感应型逆功继电器，如 GG-21 型，动触点始动的逆功率值与动触点接触静触点的并不是同一个值，两个触点接触时的点才是实际的逆功率值。这是调试的要点，考核动作值要把动触点调节到尽量靠近静触点的位置。调试时必须分两步，先整定动作值，然后再校验延时时间。一般来说，直接调节功率到逆功率值，开始计时，跳闸，停止计时。

第六节　主柴油发电机组自动控制系统的故障与处理

一、机组的自动控制电路

机组的自动控制电路采用有触点的继电器电路较难满足通用性要求，现多采用可编程元器件来实现控制功能。具有这种特点的典型例子是丹麦赛科（SELCO）公司生产的 M2000 型柴油机控制器（以下称控制器），其电路原理图如图 11-10 所示。

控制器的外部接线端子 1~17 为输入；18~32 为输出。图中只使用部分端子实现柴油机自动启动和停机控制的基本功能。

1. 工作方式选择

控制箱面板上设转换开关 SB_1，它有三个位置，即手动、自动和关断。工作方式选择通过端子 3 的处理来实现，接电源正为手动；开路为自动；接电源负为关断。SB_1 另一组开关在自动位时接通，对外发出机组可控信号。置手动位时，允许启动指令由按钮 SB_2 输入，停机指令由按钮 SB_3 输入；置自动位时，允许自动指令输入；置关断位时，控制器不工作。

2. 自动启动和停机

自动启动和停机指令为触点信号，由控制器端子 2 输入，触点闭合使端子 2 接电源负，控制器执行启动功能；开关断开，执行停机功能。

自动启动时，端子 2 接电源负，在满足启动条件的情况下，端子 18 输出启动指令使启动输出中间继电器 K_3 线圈得电动作，其常开触点闭合接通启动电磁阀，机组启动运转。速度传感器 SG 检测的转速信号接入测速继电器 SP，转速超过发火转速 33% 时，发火转速输入触点闭合，输入端子 9 接电源负，表示机器已运转，端子 18 输出被关断，停止启动，柴油机在调速器的作用下进油运转，并升至额定转速；另一方面输出端子 20 使运行信号中间继电器 K_2 线圈得电动作，输出常开触点闭合，向自动控制系统发出运行信号，表示机组运行可以使用。

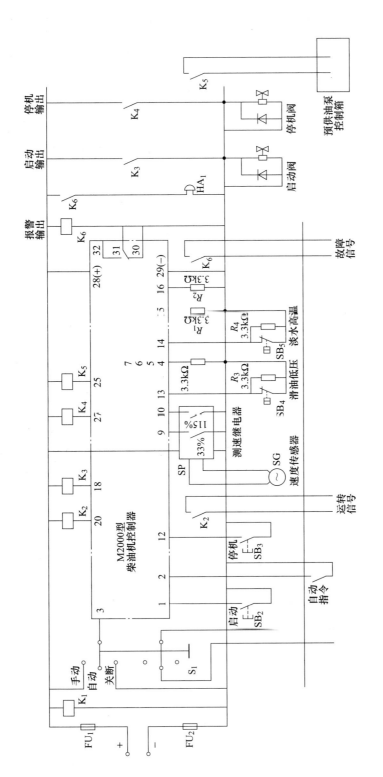

图 11-10　柴油机组自动控制电路原理

自动停机时，端子2开路，控制器执行停机程序。停机指令由端子27输出使停机输出中间继电器 K_4 线圈得电动作，其常开触点闭合接通停机电磁阀（线圈），停机。停机程序具有冷却停机功能，即输入停机指令（端子2开路），空载运转一段时间，待机冷却后再输出接通停机电磁阀停机。停机后，电磁阀可以断电。这里有两个时间需要整定：停机电磁阀通电时间和空载运转时间。通电时间和空载时间由设于控制器内的程序开关整定。

3. 重复启动

重复启动的次数、启动时间和间歇时间由程序开关整定。重复启动次数由 S_1、S_2 整定；启动时间由 S_3、S_4 整定；间歇时间由 S_5 整定。

4. 预润滑控制

控制器内部有一个预润滑控制定时电路，从端子25输出，通过中间继电器 K_5 输出控制预供油泵控制箱。输出固定为间歇30min、动作2min。

二、故障处理

控制器的面板上有10个显示条，除第一条即1号显示"运行"外其他都用来显示故障。2号显示"启动失败"，3~10号是外部故障输入信号。已经定义的故障、待定义的故障和对应的输入端子号如下：

显示条号	故障名称	输入端子号
3	超速	10
4	滑油低压	13
5	冷却水高温	14
6	待定	15
7	待定	4
8	待定	5
9	待定	6
10	待定	7

柴油机运行参数越限应发出警报，呼唤值班人员处理，称为一级故障；如果参数越限已不允许运行，应立即停机，称为二级故障。由上面已定义的故障来看，一般必须设置超速、滑油低压和冷却水高温。用于限值监测的都是开关量（压力开关和温度开关）。控制器的特点是可以接收（常开）接通信号也可以接收（常闭）断开信号。超速信号从端子10输入，不受任何约束执行立即停机程序。4~10号故障的处理由端子16的状态确定。这个端子有两个功能：越控和电路监测。越控即只报警不停机，电路监测则是故障信号电路断线时报警。端子16的状态和对应的功能表示如下：

端子16的状态	功能
接电源正	越控
接电源负	电路监测
经3.3kΩ电阻接电源负	越控/电路监测
开路	停机

电路监测一般称为断线报警。该电路采用常开信号接点，平时电路中没有电流，线路断

开也无法觉察。为了监测电路是否断线，在常开接点的两端并联一个 3.3kΩ 的电阻，让线路中有一很小的检测电流流过，该电流可以被检测出来，又不会引起保护动作。需要注意的是，电阻必须并在接点的两端，否则起不到监测作用。检测电阻的作用是构成检测电流回路。外部电路断开时，无信号输入的端子 4、5、6、7、15 都需用电阻接电源负，构成检测电流回路，避免报警。端子 16 经电阻接电源负，表示故障只报警不停机，执行电路监测功能。

了解故障信号在什么时候起作用很有必要。有的运行参数，如滑油压力，机器不运行时表现出故障值（机带泵不运转就没有压力），机器不运行和启动时应予阻塞。这个控制器对除超速外的所有故障信号进行机器不运行和启动阻塞，在启动成功即超过发火速度后延时 8s 解除阻塞，投入监测。

滑油压力和机器的运转是联系在一起的。滑油有压力说明机器已运转，如果滑油有压力而无机器运转信号，说明测速电路有故障，在这种情况下控制器发出"转速故障"信号，显示在 3 号超速显示条上，这个显示条显示两个故障，上面的大字表示超速，下面的小字表示转速故障。在同一故障显示条上，光快闪表示故障，慢闪表示线路断线，复位后长亮。超速显示条闪光表示超速，长亮表示转速故障。

故障除面板上显示外，有一组转换触点输出，端子号为 30、31 和 32。正常时动作，常开闭合、常闭断开；故障时相反。这里用常闭控制中间继电器 K_6，向控制系统发故障信号，并控制声报警器。控制器由蓄电池供电，电源由 K_6 监测，断电时向系统发出电源故障信号。

第七节　实船配电板电路图的阅图训练

实船配电板系统原理图如图 11-11～图 11-15 所示。

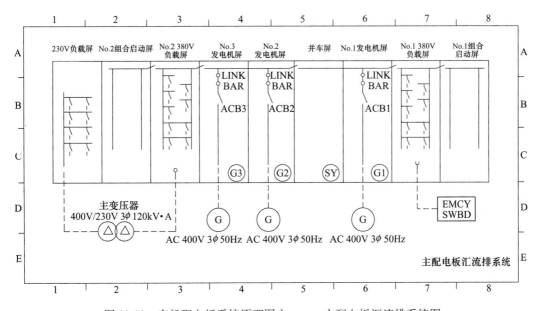

图 11-11　实船配电板系统原理图之一——主配电板汇流排系统图

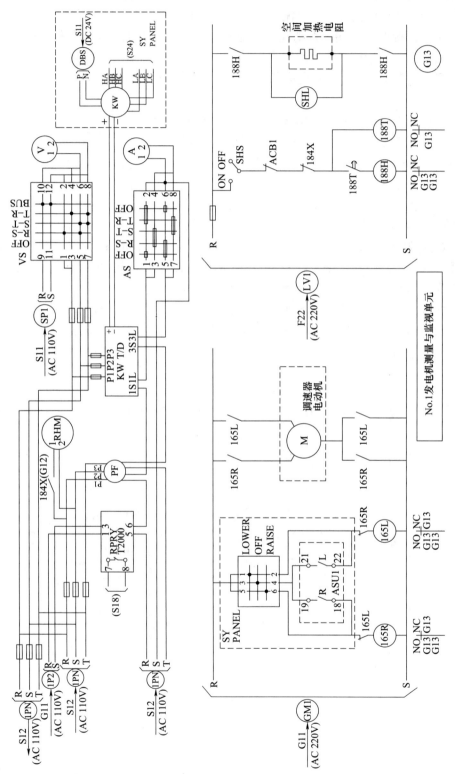

图 11-12 实船配电板系统原理图之二——主配电板发电机测量与监视单元图

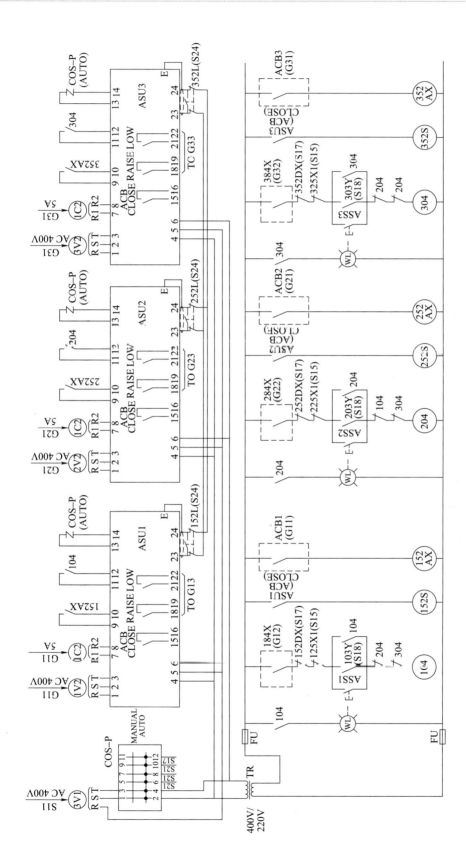

图 11-13　实船配电板系统原理图之三——主配电板发电机并车电路图

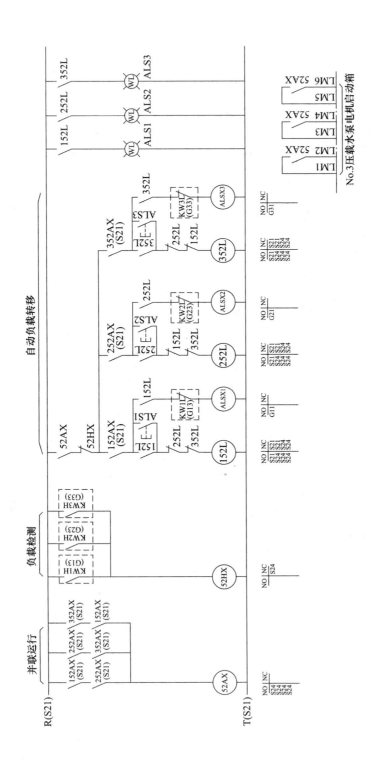

图 11-14 实船配电板系统原理图之四——主配电板发电机负载转移电路图

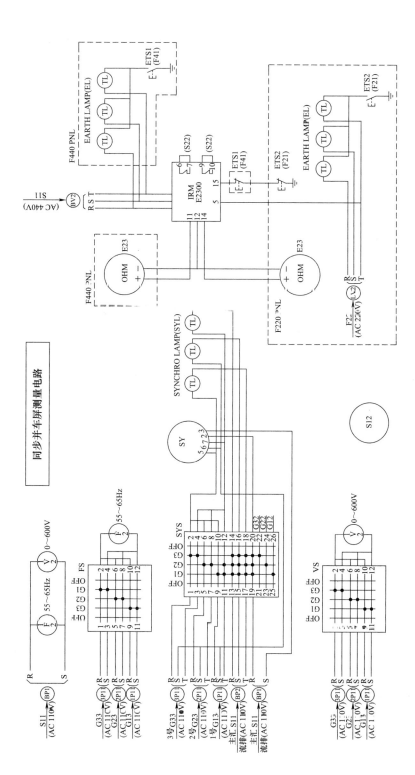

图 11-15　实船配电板系统原理图之五——主配电板同步并车屏测量电路图

第十二章 船舶常用生活设备系统的维修

第一节 电梯控制系统的维护

一、曳引船员电梯的使用

1）为确保电梯安全运行，用户必须建立正确的维修保养制度。对电梯进行经常性的管理、维护和检查，使用单位应设专职人员负责，委托有资格的专门检修和保养电梯的单位维修保养。

2）进行维修保养和检查的专职人员，应持有专业的操作证书并有实际工作经验和熟悉维修、保养要求。

3）维修人员应每周对电梯的主要安全设施和电气控制部分进行一次检查。使用三个月后，维修人员应对电梯较重要的机械、电气设备进行细致的检查、调整和维修保养；使用一年后，应组织有关人员进行一次技术检验，详细检查所有机械、电气及安全设施的情况，主要零部件的磨损程度，以及修配换装磨损超过允许值的和损坏的零部件。一般应在3~5年中进行一次全面的拆卸清洗检查，使用单位应根据电梯新旧程度、使用频繁程度确定大修期限。

4）当设专人驾驶电梯时，应选择有操作证书、具备高度责任心、爱护设备并熟悉掌握电梯使用特性的专职司机负责驾驶电梯。

5）发现电梯有故障应立即停止使用，待修复并经仔细检查后方可使用。

6）在层门附近、层站上的自然或人工照明，在地面上的照度应至少为50lx，以便使用者在打开层门进入轿厢时，即使轿厢照明发生故障，也能看清其前面的区域。

7）若电梯停止使用超过一周，必须先进行仔细检查和试运行后方可使用。

8）维修人员应对电梯的故障检查经过、维修的过程做详细记录。

9）电梯正常工作条件和电源电压必须符合电梯技术资料中的规定。

10）电气设备的一切金属外壳必须采取可靠的保护性接地。

11）机器间内和各层门近处应设有灭火设施。

二、安全操作规程

1）每日开始运作前，司机或管理员将电梯上下行驶数次，无异常现象后方可使用。

2）电梯行驶中轿厢的载重量应不超过额定载重量。

3）乘客电梯不允许经常作为载货电梯使用。

4）不允许乘客携带或装运易燃、易爆的危险物品。

5）当电梯使用中发生如下故障时，司机或管理人员立即通知维修人员，停用检修后方可使用。

① 层、轿门全关闭后，电梯未能正常行驶时。

② 运行速度显著变化时。

③ 轿、层门关闭前，电梯自行行驶时。

④ 行驶方向与选定方向相反时。

⑤ 发觉有异常噪声，较大振动和冲击时。

⑥ 当轿厢在额定载重量下，如有超越端站位置而继续运行时。

⑦ 安全钳误动作时。

⑧ 接触到电梯的任何金属部分有麻电现象时。

⑨ 发觉电气部件因过热而发出焦热的气味时。

6）电梯使用完毕停用时，司机或管理人员应将轿厢停在基站，关闭基站驻停开关，并将层门关闭。

7）发生紧急事故时司机应采取下列措施：

① 当已发觉电梯失控而安全钳尚未起作用时，乘客应保持镇静，切勿企图跳出轿厢，并做好承受因轿厢急停而产生冲击的思想准备。

② 电梯行驶中突然发生停梯事故，乘客应立即按下警铃按钮，并通知维修人员，在维修人员帮助下设法安全离开轿厢。若无人前来救援，乘客再考虑通过轿厢顶逃生窗口自行逃离轿厢，至轿厢顶时应先按下轿顶急停开关再通过井道爬梯安全逃出井道。

三、电梯的设备间和井道管理

1）机器间应由检修维护人员管理，其他人员不得随意进入，机器间的门应加锁。

2）机器间内应保持整洁、干燥、无尘烟及腐蚀性气体。

3）当设有井道检修门时，则在检修门近旁应设有下列须知："电梯井道——危险，未经许可禁止入内"。

4）井道内除规定的电梯设备外，不得存放杂物、敷设水管或煤气管等。

5）电梯长期不使用时，应将机器间的总电源开关断开。

6）机器间和井道顶板设置的承重梁和吊钩上应标明最大允许载荷。

四、紧急情况后的处理

1）当电梯发生严重的冲顶或蹲底后，轿厢内的乘客应保持冷静，千万不可扒开轿门，跳出轿厢，这是非常危险的。正确的操作应是：利用轿厢内的通信设施与外界取得联系，迅速派专业人员设法使乘客安全脱离电梯轿厢。当无法得到外界救援时，再考虑通过轿厢顶逃生窗口自行逃离轿厢，至轿厢顶时应先按下轿顶急停开关再通过井道爬梯安全逃出井道。随后对该电梯进行全面检修，寻找故障原因，必须查明故障原因并排除故障后方可使用。

2）发生火灾时应采取下列措施：

① 当设专人驾驶电梯时，通知司机或管理人员尽快在安全楼层停车，把乘客运送到安全层站。

② 轿厢开到安全的楼层，在乘客确已完全撤离后切断电源。

③ 把各层厅门关闭，防止向其他楼层延烧。

电梯在发生上述情况后，必须经过有关人员严格检查、整修鉴定后方可使用。

五、维修保养细则

1. 维修保养注意事项

非维修保养人员不得擅自进行维修作业，维修保养时应谨慎小心。

1）电梯维修和保养时应遵守下列规定：

① 不得乘客或载货,各层门处悬挂检修停用的指示牌。

② 应断开相应位置的开关。

③ 在机器间时应将电源总开关断开。

④ 在轿顶应合上检修开关。

⑤ 在底坑应将底坑检修按钮箱的急停开关断开或同时将限速器张紧装置的安全开关断开。

⑥ 操作时应由主持和助手协同进行。

⑦ 操作时如需操作人员配合进行,操作人员要精神集中,严格服从维修人员的指令。

⑧ 严禁维修人员站在围井外探身到井道内或在轿厢顶或在轿厢地坎处轿厢内外各站一只脚来进行较长时间的检修工作。

⑨ 严禁维修人员拉、吊围井电缆线,以防电缆线被拉断。

2)电梯维修保养时,禁止使用手摇式绝缘电阻表,应使用电池式高压绝缘电阻表,500V,内阻200kΩ以上。

2. 机械电气系统调整和保养

1)有起动冲击时,制动器不完全松闸,或者即使松闸,制动瓦歪斜,制动瓦与轮鼓间有摩擦、则容易引起冲击,故应确认之。确认各导靴的安装位置等。

2)运行中有振动时,确认在行动中有否制动器与轮鼓摩擦、钢丝绳拉伸等不良现象。有时往往由于导轨的接头高低引起振动,不应将之与电气系统所引起的振动相混淆。

3)平层状态不良时,应做以下检查:

① 当电梯采用插板式的光电或电磁感应开发平层系统时,检查轿顶安装平层装置,与围井隔磁板的位置连接是否正确,如位置变动,应重新对其进行调整。具体操作参照随机技术资料。

② 当电梯采用磁开关井道信号时,应检查磁开关与磁钢的相对距离。磁开关应与磁钢正对,且距离保持在8~10mm,磁钢安装具体位置可以参照随机技术资料。在电梯上行时,减速平层后有某几层过高,可将相应层楼的上平层磁钢放低,反之升高磁钢。电梯下行时,可移动下平层磁钢以调整平层。

4)控制器和变频器显示的参数代码请参照随机技术资料。

5)在服务保养时应清除各控制柜内外灰尘;检查所有接线座、接线端的接线有无松脱,焊接点有无脱落,接触是否良好,拧紧各部位螺栓。

3. 称量装置检查调整和数据写入

1)称量装置安装在井道顶部的钢丝绳绳头梁上,在安装时根据轿厢的自重和载重设定调整。要经常清理并检查动作是否正常,每年应做一次称量装置调整和数据写入。

2)称重装置安装在轿厢绳头板上,应在安装调试时按称重装置的使用说明进行调整和数据写入。

4. 曳引机检查

1)曳引机的维护作业必须由专业的、受过培训的人员进行操作。由于部分检查项目必须在电梯运行时进行,维护人员必须注意自身的人身安全。

曳引机使用中的常规维护工作如下:

① 曳引机外表面应保持清洁,防止灰尘污垢,定期用干净的棉丝擦拭制动轮、曳引轮工作面。

② 定期检查制动器的工作情况,如有必要应及时调整及更换,并注意电磁线圈温升不超90K。

③ 定期检查曳引轮的磨损情况，如遇下列情况应重修或更换曳引轮：曳引轮各槽因磨损不均匀，造成钢丝绳高低不一致，当其高度差大于钢丝绳直径 1/10 时，需修绳槽至深度一致；绳槽磨损使钢丝绳与槽底间隙小于 1mm 时，应重车或更换曳引轮，重车时应注意切口下面的轮缘厚度不少于钢丝绳直径。

④ 电动机的维保工作如下：

电动机应随电梯的定期维护、检查一并实施，并按照有关规定做好检查记录。

电动机转动时允许轴承有轻微而和谐的声音。运行中应经常注意轴承是否有异常声音，如发现有异常声音，应停机检查轴承是否损坏。

由于某种原因绕组对机壳的绝缘电阻值低于 1MΩ 时，可采用堵转电流法对电动机绕组进行干燥处理，即将电动机的转子堵住，外施 50~60V、50Hz 交流电。注意：此时堵转电流值不允许超过额定电流值，绕组温升不超过 70K，至绝缘电阻值上升达到某一稳定值为止。此项处理工作应由专业人员进行。

曳引电动机故障现象及其原因和排查方法见表 12-1。

表 12-1　曳引电动机故障现象及其原因和处理方法

故障现象	造成故障的可能原因	排查方法
不能起动	电源未接通	检查开关、熔丝、各对触头，查出故障点
	控制设备接线错误	核对接线图，加以改正
	电压过低	检查电源电压，如确实太低，适当加以提高
	定子绕组相间短路接地、接线错误、定子绕组短路	查出短路、断路部位进行修复，如接线错误，改正接线
	负载过大或刹车未松开，减速机有故障	减轻负载，将电动机和减速机分开，如电动机能正常运转，应检查减速机部分
负载运行时转速偏低	电源电压过低	检查电源电压
	负载过大	检查定子电流，减少负载
	转子导条断条或导条与端环开焊	检查断条处和开焊处进行修复
运行时有异常噪声或振动过大	机械摩擦	检查转子与定子的气隙，刹车轮与刹车带的间隙，找出相擦原因，进行校正
	两相运行	断电，再合闸如不能起动，则有可能有一相断路，检查电源和电动机，并加以修复
	轴承损坏	更换损坏的轴承
	轴伸弯曲	更换转轴
	联轴器连接松动	检查松动处，将联轴器紧固住
电动机温度过高或冒烟	负载过大	检查定子电流，发现过载时，减轻负载
	两相运行	检查控制装置触头、熔丝
	电压过低	检查电压，如太低应适当提高
	定子绕组接地或匝间或相间短路	查出短路和接地部分，加以修复
	定转子相擦	检查轴承、轴承室有无松动，转轴有无弯曲，定转子装配有无不良情况，并加以修复
	通风、散热不畅	移开妨碍通风的物件，清除线圈端部的灰尘、污垢

（续）

故障现象	造成故障的可能原因	排查方法
轴承过热	轴承损坏	更换轴承
	润滑油不够，有杂质	更换轴承
电动机外壳带电	接地不良	找出原因，采取相应措施进行改正
	绕组受潮，绝缘损坏或接线板有污垢	定子绕组干燥处理，绝缘损坏时予以修复，清理接线板污垢
	引出线绝缘磨破	进行修复或更换引出线

2）曳引机润滑说明。建议采用壳牌可耐压（Shell Omala）460 或兰炼昆仑 34#（460）电梯专用油等对应黏度的齿轮油。

加注润滑油时应加至油标中心位置，过少的油量会导致润滑困难，过多可能会导致渗漏油。曳引机存放未使用时间超过一年建议更换箱内润滑油。曳引机加油孔示意图如图 12-1 所示。

使用矿物油时，第一次换油应在新机累计运行400h 左右时进行，如使用合成油则应在累计运行约700h 后进行第一次换油。以后根据曳引机运行工况，每隔 2000~3000h（最长不应超过 12~18 个月）更换矿物油，每隔 3000~4000h（最长不应超过 24~36 个月）更换合成油。

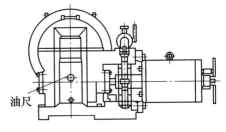

图 12-1　曳引机加油孔示意图

为利于磨合，首次建议使用矿物油。但必须注意切勿把矿物油与合成油混合使用。

如需把矿物油换成合成油应按如下步骤进行：

① 拆下曳引绳，在停机状态下把所有矿物油排清。

② 根据曳引机用油量把煤油倒入曳引机内，高速运转曳引机数圈后把煤油排出，如此重复 2~3 次排清清洁用油。

③ 按曳引机用油量倒入合成油。

④ 高速正反转曳引机约 10min（打开观油窗盖观察曳引机有否冒烟现象）。

⑤ 在停机状态下排清合成油，再注入新的合成油。

⑥ 挂入钢丝绳，给轿厢加上 25% 的额定负载。

⑦ 逐层上下运行约 10min，并不断检查曳引机的运行情况及减速箱是否有冒烟现象。如需把合成油换成矿物油也必须按上述步骤操作。

是否应换油主要看润滑油的清洁度与老化程度。换油时可通过观察润滑油的颜色、气味及检查清洁度来判断是否该换油，如果润滑油颜色发黑、并有恶臭味时应立即换油。检查润滑油清洁度可通过滤纸过滤发热的润滑油观察过滤后的金属微粒量来判断是否该换油。

曳引机用油量见表 12-2。

表 12-2　曳引机用油量表

型　号	YJ140
加油量/L	5.5

3）制动系统的使用及维护。制动器是电梯系统最重要的安全部件之一，只允许合格的专业人员对制动器进行安装、调试和维修工作。

① 制动力矩是基于下列工作条件：

a. 保护摩擦片，使之不受油污、雨水和冰雪的侵蚀。

b. 保证闸皮不接触任何溶剂。

c. 制动轮表面粗糙度不低于 3.2。

d. 制动轮稳态温度小于 180℃。

② 制动系统的调整。进行制动系统调整前，要将电梯慢车开至上端站（空载），且对称放到缓冲器上（空载），然后切断总电源否则可能发生溜车事故。曳引机制动器如图 12-2 所示。

制动系统的调整大致可分为制动器制动力的调整、闸瓦的调整、开闸间隙的调整和开闸同步性的调整等四个步骤。下面结合制动器示意图说明制动器的具体调整方法。

a. 制动力的调整。即摩擦间隙调整，将主弹簧端的螺母 6 和螺母 7 松开，使弹簧处于自由状态，扳动螺母 6，使弹簧闷盖 5 紧靠在弹簧自由端面上，受微力顺时针转动螺母 6 以获得足够的制动力。

b. 闸瓦的调整。当压力弹簧产生足够的压力压紧制动臂，使闸瓦弧面紧贴在制动轮圆周弧面上时，调节闸瓦下端两侧的螺钉 9，使螺钉 9 刚好顶在闸瓦下端两平面上，原则上螺钉 9 与闸瓦平面接触后反时针转 30° 即可，即螺钉 9 与闸瓦 8 不接触，然后用螺母 10 锁紧螺钉 9。

c. 开闸间隙的调整。先将制动器的动铁心推到内侧至不能移动，松开螺母 2，转动螺钉 3，使螺钉 3 的顶端与撞帽 1 之间保证有超过 2mm 的间隙，使动铁心行程保证大于 2mm。给制动器通电，开闸后用塞尺测量闸瓦 8 与制动轮两弧面的间隙，保证闸瓦与制动轮两弧面的间隙为 0.1～0.3mm（原则上保证闸瓦与制动轮开闸不产生摩擦为宜）。当开闸间隙过小时，应顺时针转动螺钉 3，使螺钉 3 与撞帽之间的间隙减小，反之使间隙增大。调整到合适位置时，用螺母 2 将螺钉 3 锁紧。

d. 开闸同步性的调整。观察两制动臂开闸闭合时的快慢统一性，当一侧慢另一侧快时，若制动力矩足够，慢的一侧应减小压力，反之，快的一侧应增加压力，边调整边观察，直到同步。调整同步开始时应计好标尺位置，调好后核算制动力矩，均满足后，将螺母 6 与螺母 7 锁紧。调整结束后，检查一遍有互联锁紧关系的部件是否锁紧，并进行制动力试验或电梯静载试验。曳引机制动器系统如图 12-3 所示。

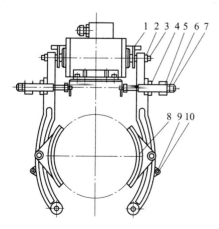

图 12-2　曳引机制动器示意图

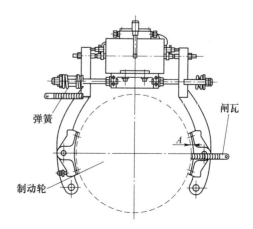

图 12-3　曳引机制动系统示意图

③ 制动闸皮的检查和维护。进行制动器闸皮厚度测量前，必须将电梯慢车开至上端站（空载），且对称放到缓冲器上（空载），然后切断总电源，否则可能发生溜车事故。确认抱闸已断电抱合，将钢尺垂直于制动轮圆弧面，制动轮圆弧面到制动瓦的距离即为制动闸皮的厚度。当测量到的闸皮厚度小于闸皮必须保证的厚度时（即闸皮磨损量>2mm），必须联系厂家更换固定有闸皮的制动瓦或整个制动臂（当为一体式制动臂时）。制动器闸皮厚度示意图如图 12-4 所示，制动器闸皮参考值见表 12-3。

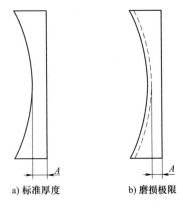

图 12-4　制动器闸皮厚度示意图

a) 标准厚度　　　b) 磨损极限

表 12-3　制动器闸皮参考值

型　　号	YJ140
标准厚度 A/mm	7.5
安全厚度 A/mm	5.5

④ 制动器的分解和组装。先将制动器接线盒上的螺钉拆下，然后把电源线和微动开关线拆下，再将制动器固定螺栓拆下，最后把制动器从制动器固定架上取下，如图 12-5 所示。

松开撞帽，然后拧下定位螺母，再按顺序将胶皮盖和副弹簧取下。如图 12-6 所示。

松开全部螺钉 M5X15，取下垫圈，然后按顺序取下制动器盖组件、垫片、动铁心组件。如图 12-7 所示。

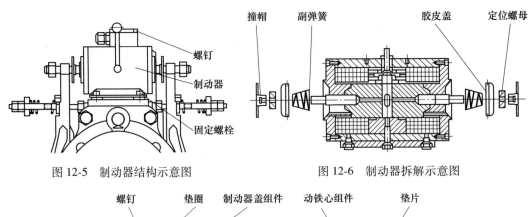

图 12-5　制动器结构示意图　　　　图 12-6　制动器拆解示意图

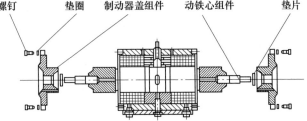

图 12-7　制动器分解示意图

将松闸手柄左右扳动，要求手柄活动灵活，然后让手柄处于中间状态，按照分解步骤的反顺序，将制动器组装起来。然后按照下节制动器调整中的调整过程完成调整。如图 12-8 所示。

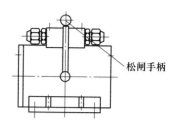

松闸手柄

图 12-8　制动器调整示意图

⑤ 制动器的使用及保养。每台曳引机制动系统配有一套微动开关，其作用是检测制动器的机械动作，建议用户使用开关功能。

制动器的表面温度有可能超过 100℃。因此，不要让温度敏感器件（如一般电缆或电子部件）经过或固定在刹车装置上。如有必要，可采取适当的防护措施，以防意外接触。

因曳引机使用情况的不同，制动器需要调整的时间不可预期，因此需要定期对制动器的运行情况进行检查，一般情况下检查周期不应超过一个月。

进行检查和维修时，必须保证：

a. 所有的维护工作必须保证在电梯断电情况下进行，并保证电梯不可能意外起动。

b. 在制动系统调整过程中，没有负载力矩施加在制动轮或电机上。

c. 检查和维护结束后，检查一遍有互联锁紧关系的部件是否锁紧，并按照使用要求调整到足够的制动力矩后，方可恢复电梯系统的运行。

d. 所有的摩擦表面都不得污染油污。

表 12-4 为要求客户进行的制动器日常维护项目。

表 12-4　制动器日常维护项目

检查位置	判断基准及方法	不符合要求时的处理方法
开闸间隙	详细检查方法参照开闸间隙调整方法，间隙应<0.5mm	重新调整间隙，详细调整方法参照开闸间隙调整方法
制动轮	制动轮表面无任何的油污等杂物	清除粘在制动轮表面的油污等杂物
闸瓦	闸皮表面无任何的油污等杂物	清除粘在摩擦面上油污等杂物，更换污染的闸皮
	各型号曳引机闸皮累计磨损量应<2mm，详细测量方法参照制动闸皮的检查和维护	联系生产厂家更换制动瓦或制动臂（针对一体式制动臂）
制动器	在抱闸关闭状态下，保证制动器的安全行程>2mm，详细判断方法参考开闸间隙的调整	重新调整制动器行程，详细方法参照开闸间隙的调整
	手拉动铁心，要求动铁心可以灵活滑动	进行分解制动器的维护处理方法，详见制动器的分解和组装
	无异常噪声	重新调整制动器开闸行程，联系生产厂家决定处理方案

5. 限速器检查

1）限速器的动作应灵活可靠，观察其活动是否良好，对滚动轴承应每年进行检查。

2）保持限速器张紧装置正常工作，检查其断绳安全开关工作的可靠性。

3）当限速器绳索伸长到超出规定范围而切断控制电路时，应将绳索截短。

4）当限速器钢丝绳磨损严重时，应更换钢丝绳。其更换要求与曳引钢丝绳相同。

5）检查限速器轮、轮槽、轴套以及轴的磨损情况，离心抛头能否转动自如。

6）检查夹绳刹铁是否在位置正中。

7）模拟限速器试验（夹绳试验）每年一次。

6. 轿厢门和自动门机构检查与调整

1）对摆杆部分等轴承应定期加注锂基润滑脂，每年清洗一次。

2）传动带张力的调整，在使用过程中传动带如出现伸长现象引起张力降低而打滑，可以调节电动机的底座调节螺钉使带至适当张紧。

3）安全触板及光幕的动作应灵敏可靠，安全触板的碰撞力不大于 5N。

4）电梯因中途停电或电气系统发生故障而停止运行时，在轿厢内能用手将门拨开，其拨门力应不大于 150N。

5）在轿厢门完全关闭、安全开关闭合后，电梯方能行驶。

6）门导轨每周擦拭一次，涂抹少量机油，使门移动轻便灵活，运行时无跳动、噪声，吊门滚轮外圆直径磨损 3mm 时应予以更换。经常检查连接螺栓并紧固。

7）在联动机构装配之前，使单扇门在水平中心处任何方向牵引时其阻力应小于 3N。

8）清除各部位灰尘、污垢，门边路轨进行打磨处理。

9）检查安全门挡及微动开关、门夹刀、光电眼、门安全闸锁开关的动作是否正常（安全门挡被压下 2.5~3.0mm，微动开关触头应动作）。

10）检查及清理门电动机。

11）运行时检查各部位有无异常响声以及门电动机温升情况。

7. 安全钳检查

1）传动杠杆配合转动处每两个月涂一次机械润滑油，钳口滚动或滑动部位涂锂基润滑脂润滑防锈，使其动作灵活可靠。

2）安全钳楔块与导轨工作面间隙一般为 3mm，各间隙应相似。

3）各活动部位有无松脱。

4）停机后用手拨动动作杆，检查动作是否正常，检查后应使各结构恢复正常并测量各部位间隙是否正常。

8. 导轨和导靴检查

1）对自动润滑装置每周应添加一次润滑油，润滑油采用 100 号精制矿物油。

2）检查滑动导靴的衬垫磨损情况，当衬垫工作面磨损量达 1mm 时应予以更换，防止导靴和导轨之间间隙过大，使轿厢运行时产生晃动。

3）由于长时期使用或导靴润滑不良等造成导轨面毛糙及安全钳制动时造成表面损伤时，必须将导轨修光后再进行使用。

4）导轨装置应每年检查一次，主要检查有无变形、松动，检察人员可站在轿顶上以慢速从上向下进行检查并顺序拧紧全部压板、接头和撑架的螺栓。检查焊接部位有无脱焊现象。

5）清洗导轨并适当加油。

9. 缓冲器检查

1）油压缓冲器用油凝固点应在 10℃以下，油面高度应保持在最低油位以上。

2）每两个月检查油压缓冲器的油位及泄漏情况，补充注油，所有螺栓应紧固。柱塞外圆露出的表面应用汽油清洗，并涂抹防锈油（也可以用缓冲器油）。

3）柱塞复位试验每年应进行一次，缓冲器以低速压到全压缩位置，从开始放开一瞬间起计算到柱塞回复到自由高度位置止，所需时间应小于90s。

10. 层门机械电气联锁装置检查

1）层门与机械电气联锁装置：每月检查一次导电片与触头有无虚接和假接现象，触头的簧片压力能否自动复位，铆接焊接及胶合处有无松动现象，锁钩、臂及各滚轮应能灵活转动，轴承处挤加锂基润滑脂，每年应清洗一次。

2）每月检查一次吊门滚轮，如发现磨损与损坏应即时更换，当吊门滚轮外圆直径磨损严重时应予以更换，检查连接螺栓有无松动现象。

3）层门外面不允许用手把层门拨开。

4）对摆杆滚轮应定期加注锂基润滑脂，每年清洗一次。

5）清理电气接点、使接点接触良好，动作正常，检查门球和转动部位以及锁扣定位是否正常，并加以调整。

11. 曳引钢丝绳检查

1）应经常检查调整各曳引绳的张力均匀，误差应小于平均值的0.5%。

2）检查曳引绳，如发现下列情况之一时，应予以更换。

① 断丝在各绳股之间均布时，在一个拧距的最大断丝数超过32根。

② 断丝集中在一两个绳股中时，在一个拧距内的最大断丝数超过16根。

③ 曳引绳表面的钢丝有较大磨损或锈蚀。

④ 曳引绳严重磨损后其直径小于原直径的90%。

⑤ 检查曳引钢丝绳的长度（对重架底至液压缓冲器面之间的距离不得小于150mm）。

12. 随行电缆

1）检查围井中有无与电缆接触的异物，电缆外皮有无磨损。

2）电缆有无扭曲或偏向一边，运动中有无摇摆现象或拖地现象。

3）轿厢停在最低层时电缆距围井地面60mm以上。

13. 对重装置

1）清扫对重装置并检查各部位螺栓有无松脱。

2）检查对重轮绳槽磨损情况，加注适量润滑油脂。

3）对重压板固定扣是否紧固，对重架底调整块螺栓是否紧固。

14. 围井清扫

1）清理围井中影响机器运行性能的各部位垃圾，包括门头盖上面的垃圾、围井底垃圾、油污和积水等。

2）清除围井中有可能碰撞轿厢、对重的突出障碍物等。

15. 各类线管、线槽和接线箱与接线情况

1）检查轿厢的按钮箱、轿厢电缆接线箱、中间接线箱和各种控制箱接线座接线是否有松动，包括电源线、电源开关的触头、电动机接线的接触松紧，并清扫接线座，检查各线座是否锈蚀和缺线号牌。

2）检查设备间、轿厢顶、轿厢底以及围井各线管、线槽、箱体是否松脱缺盖等。

六、电梯紧急救援操作和逃生

电梯出现故障或停电造成乘客被困在轿厢内时，应尽快将困在轿厢内的人员救出，营救

人员（两人以上）应为经过专门培训、持有特种设备作业人员证的人员，营救方法如下：

1）操作前可先设法通知被困人员营救正在进行，安抚乘客不要惊慌，不要采取任何鲁莽行为逃离轿厢，要配合营救人员安全撤离；营救人员在任何操作前应先相互通告，得到应答方可进行。

2）把电梯主电源切断，防止电梯意外启动，但必须保留轿厢照明。

3）设法弄清电梯轿厢的位置，可参考钢丝绳上的平层标识，或用机械匙打开层门检查。当电梯停在距某平层位置约±500mm 范围的位置时，维修人员可在该平层的厅门外使用专用的厅门钥匙打开厅门，并用手拉开轿厢门，然后协助乘客安全撤离轿厢。

4）当电梯停在非上述位置时，则必须用机械的方法移动轿厢后救人。步骤如下：

①轿门应保持关闭。如轿门已拉开，则要乘客把轿门手动关上。通知被困乘客轿厢将会移动以救出他们，要求他们静待轿内，不要乱动（如电梯有对讲电话时可利用对讲电话完成）。

②需拧松沉头螺钉 M4，卸掉编码器罩盖，常闭触点断开，即安全回路切断，确保盘车安全进行。卸掉的盖板等零件请妥善保管，以保证在维护维修工作结束后将盖板复原，确保电梯的正常运行。拆去电动机轴尾罩壳（如有），装上盘车手轮（对于某些电动机，手轮已固定在电动机上）。如图 12-9 所示。

③两人把持盘车手轮，防止电梯在释放制动器时意外或过快地移动，然后另一人用机械的方法一松一紧地释放制动器。注意：仅当需要轿厢移动时，才可松开制动器，否则应马上撤销释放制动器的动作。

④按正确方向使轿厢断续而缓慢地移动到平层的±150mm 的位置上，停车制动。注意：当轿厢未超出顶层或底层的平层位置时，可向较省力的方向移动轿厢；而当电梯超出顶层（或底层）平层时，则应向顶层（或底层）方向移动轿厢。必要时利用盘车手轮移动轿厢。

⑤使制动器恢复正常，然后在对应层站的厅门外用厅门专用钥匙打开厅门，拉开轿门，并协助乘客安全撤出轿厢。

注意：当按上述方法和步骤操作时发现异常情况，应立即停止救援，并及时通知电梯公司做出处理。

5）当上述救援措施均不能使用时，救援人员用专用钥匙打开围井顶部的井盖或从层门进入围井，通过围井内的爬梯到达轿顶，用专用钥匙打开轿顶安全窗以开展救援工作。

6）若发生紧急情况又无法得到外部人员救援时，乘员依据轿厢内的紧急逃生指示，通过轿壁上的爬梯到达轿顶，打开安全窗，逃出轿厢后通过围井内的爬梯到达顶部或就近层门处，打开井盖或层门后自我逃生。若此时停靠点位于层站出口，可以打开门锁逃生。如图 12-10 所示。

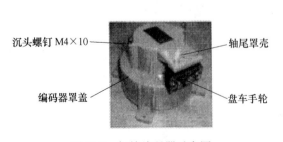

图 12-9   卸掉编码器示意图

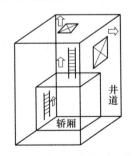

图 12-10   逃生路线示意图

第二节　制冷设备电气控制线路的维修

一、技术要求

由于冷藏、空调设备电气线路比较简单，拖动制冷压缩机的电动机的起动、停止由压缩机吸入端的压力继电器控制，吸入端压力低时，停机；吸入端压力高时，起动运行。另外，还需加一些保护电器，所以对其控制系统的要求如下：

1）控制系统应设有自动控制和手动控制。

2）对于大功率的压缩机应能根据热负荷进行卸载或增载控制，实现节能。当起动时应能卸载起动，避免大起动电流冲击船舶电网。

3）控制系统应设有冷却水压力不足、滑油压力过低、制冷剂吸入压力低、液化压力过高等保护。

4）应有各保护的声光报警。

5）各种重要接触器和电磁阀在工作时应有指示灯显示，便于操作人员了解系统的工作情况。

二、冷藏、空调控制系统的维护

冷藏、空调控制系统的维护要求见表 12-5。

表 12-5　冷藏、空调控制系统维护周期、维护内容和要求

项目	周期	维护内容和要求
控制元件	1 次/2 个月	检查冷却泵、风机、电磁阀、控制箱等联锁是否可靠
检测元件	1 次/2 个月	检查温度、压力开关动作是否灵活

日常维护应注意以下几点：

1）定期清洁各继电器触点、保证触点接触良好。

2）定期检查电器的整定值，不得偏差过大，动作要可靠。

3）检查声光报警系统是否正常、可靠。

4）监视电动机的温升和运行情况。

三、冷藏、空调电气控制系统的故障检修

1. 冷藏设备电气控制系统的故障检修

冷藏设备是现代船舶必备的设备。如果船员的伙食冷藏装置发生故障，没有及时排除，肉、蔬菜就会变质、腐烂，直接影响船员的生活和工作，应及时、快速排除故障，保证伙食物品的冷藏质量。下面以 RKS10F 型伙食冷藏装置的电气控制系统为例，说明其检修方法。

RKS10F 型压缩机控制线路原理图如图 12-11 所示。

闭合电源开关 52，若把工作方式选择开关 43-12 置于"自动"位，当库温高时，供制冷液电磁阀打开，压缩机的吸入端压力高，63HL（L）闭合，而压缩机输出端压力没有达到高压极限保护值，保持闭合，电动机的过载保护 51-1 没有动作，常闭触点闭合，从而使 AX12 得电，提供了控制线路电源，88-1X 得电，触点闭合，接触器 88-1 得电，其触点闭合，压缩机电动机起动运行，同时，88-1 辅助触点使油压开关接入，起监视滑油压力，若把 43-12 工作方式选择开关置于"手动"位时，按下起动按钮 3C，使 AX11 得电，触点闭

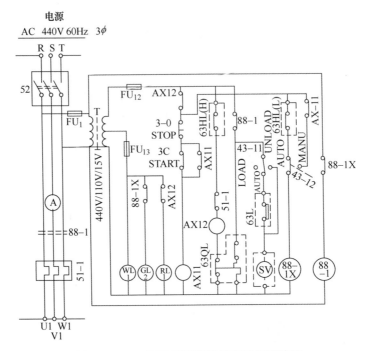

图 12-11　RKS10F 型压缩机控制线原路路图

63QL—油压保护开关（起动后 90s 滑油压力没有建立，延时触点断开）　63HL（H）—高低压开关中的高压开关

63HL（L）—高低压开关中的低压开关　63L—卸载压力开关（当压缩机负荷减少到整定时，自动闭合）

SV—卸载电磁阀　43-12—工作方式选择开关　43-11—卸载选择开关

合，88-1X 得电，接触器 88-1 得电，压缩机电动机起动运行。停机时，只需按下停止按钮 3-0。另外，RKS10F 型压缩机控制线路具有负载控制功能。当卸载选择开关 43-11 置于"自动"位时，若负载减到 63L 的整定值，其触点闭合，使卸载电磁阀 SV 有电，进行卸载。当 43-11 置于"卸载"位时，压缩机卸载运行，当置于"负载"位时，压缩机不能卸载运行。

图 12-12 为冷库的风机和融霜控制线路原理图，菜库没有融霜控制。以鱼库为例，工作过程为压缩机已起动运行，AX_0 闭合，融霜定时器 DT_1 还没有到融霜定时，两组开关的 1、3 端闭合，选择开关 CS 置于"自动"位，CS_1 的 56~60 端接通，从而使得 AX31 有电，接通风机接触器 MC33 常开触点闭合，风机运行，同时 AX31 的触点也接通调温开关和供制冷液电磁阀。当融霜定时到时，选择开关 CS_1 的 57、59 端输出，使融霜接触器 MC31 得电，电加热融霜，同时，56、58 端断开，中间继电器 AX31 和风机接触器 MC33 失电，断开温度调节开关和供液电磁阀回路，停止供液和鼓风。当融霜时间结束时，DT_1 两组开关又自动转回到非融霜状态，又开始接通风机调温开关和供液电磁阀回路。

调温控制：当库温比较高时，调温开关（图中未画出）闭合，供制冷液电磁阀得电开启，使制冷液进入库内蒸发器制冷；当库温低于整定值时，调温开关断开，供制冷液电磁阀关闭，该库停止制冷，但风机仍然运行。

CS_1 其他位置的工作状态：置于"OFF"位，所有的开关断开（56~60）风机、加热、制冷停止；置于"REF"位，手动制冷，供液电磁阀按正常调温启、闭，风机运行，但 DT_1 定时器电动机切断，融霜加热不工作；置于"FAN"位，仅有风机运行；置于"DEFROST"

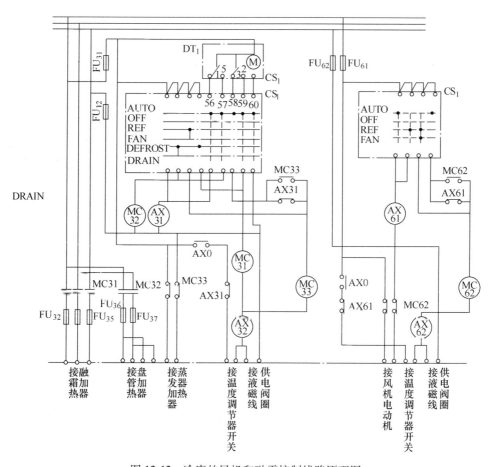

图 12-12　冷库的风机和融霜控制线路原理图

位，手动融霜，接通融霜接触器 MC31、MC32 进行融霜操作；置于"DRAIN"位排泄融水，接通 MC32，加热接水盘和排水管，进行排水操作。

常见故障检修：

（1）压缩机控制失灵

因为压缩机的起停在自动操作时是由吸入端的低压开关 63HL（L）来实现，所以在自动运行状态下发生此故障，先切换为手动操作，若能正常起动运行，说明低压开关 63HL（L）不正常或损坏，触头在高压时没有闭合好。若手动操作不正常，应检查保护联锁回路的元器件、高压保护开关 63HL（H）、油压开关 63QL 和电动机过载保护热继电器 51-1 以及辅间继电器 AX12 本身。若上述都正常，88-1 也动作，说明压缩机电动机本身存在不能起动故障，参照第五章有关方法进行检修。

（2）冷库温度偏差太大

发生这种故障，首先检查调节开关（温度继电器）的整定值是否偏离。若调温开关故障，也会发生库温严重偏离，如触点不能闭合或接触不良，造成供液电磁阀关闭，不能制冷，使库温上升；触点不能断开，造成供液电液阀常开启，库温偏离给定值，另外，电磁阀发生故障也会发生库温失控，如电磁阀线圈开路或烧坏、不能开启、没有制冷液进蒸发器制冷。阀芯卡阻、关不密、不断供制冷液，库温也会偏离给定值。对于鱼、肉库过冷影响不大，而对于菜库过冷会冻坏蔬菜，是不允许的。

（3）风机故障

风机是由融霜定时继电器控制，融霜时，风机停止，非融霜时，风机运行。所以，风机不转，首先看是否在融霜状态，融霜时，风机不转属于正常，若不是在融霜状态，风机停转是故障，这时应检查选择开关是否在合适的位置，中间继电器 AX31 是否动作，MC33 是否动作，若上述正常动作，说明风机电动机有故障，若动作不正常，就按原理图检查其本身和线圈回路是否存在开路故障。

（4）不能自融霜

发生这种故障，首先进行手动融霜操作，把 CS_1 置于"DEFROST"位，若能手动融霜，说明融霜定时器的两组开关不能自动转换，或者选择开关 CS_1 在自动时没有闭合好（特别是老龄转换开关常发生这种故障），若手动融霜失效，检查在手动融霜操作时融霜接触器 MC31、MC32 是否动作，若 MC31、MC32 动作正常，就得检查融霜加热器和熔丝，若 MC31、MC32 动作不正常，则检查它们的线圈回路及其本身。

虽然分开各个单元控制线路比较简单，但六个冷库、两台压缩机控制线路组合在一起，加上控制箱内继电器、接触器数目较多，所以检查线路比较繁杂，因此，平时应按原理图和实际运行情况熟悉各继电器、接触器属于哪一个单元，以及其与库房温度开关、风机和电磁阀、电加热器的引线编号，这样一旦发生故障就能快速排除故障。

2. 空调设备电气控制系统的检修

一般远洋运输船舶空调都采用集中制冷/加热方式。装设两台制冷压缩机组和通风机，其制冷原理与冷藏设备一样，所以控制方案也是大同小异。不过空调的压缩机组功能比较多，外界热负荷变化也比较大，一般空调压缩机都有减载起动、随外界热负荷变化而自动卸载或增载（即自动减缸或增缸）的功能。下面以 NSA45LR 空调装置控制线路为例，说明其电气故障检修方法。

图 12-13 是 NSA45LR 空调装置控制线路原理图。

工作过程：首先合上风机，压缩机电动机电源开关 52F、52C 起动海水泵，使冷凝器建立冷却水压，然后先起动风机，即按下风机起动按钮 3C/F、88/F、88/FX 得电，风机运行，同时，接通压缩机电动机等控制电源。当压缩机电动机的保护联锁通时（即高、低压正常，63CH、63CL 闭合，电动机绕组没有发生过热，49H 保护开关闭合，过载保护热继电器没有动作），4/2 中间继电器得电，为起动压缩机做好准备。当回风的温度高于调温开关 23LH 整定值时，23LH 闭合，此时，按下压缩机起动按钮 3C/C，使得 4/1 得电，常开触头闭合并自锁，88/CX 得电，接通接触器 88/C，使其得电，常开主触头闭合，压缩机起动运行，同时，88/C 的常闭触头打开，停止滑油加热，常开辅助触头闭合，接通油压开关电源和卸载电磁阀，供制冷液电磁阀电源。把卸载选择开关 43U/1、2 端置于自动位置，自动卸载开关 63CU/1、2 根据热负荷进行自动卸载操作。当回风的温度达到调温开关整定值时，调温开关 23LH 断开，使 88/CX 失电，从而使 88/C 失电，压缩机电动机停止。只有当回风温度低于调温开关整定值时，又重新在卸载状态下起动压缩机运行，因为在调温开关动作之前，轻热负荷已使卸载开关动作。对于多缸大功率压缩机起动，有的采用定时封缸以限制起动电流和起动时间，这时缸载电磁也受定时器控制。

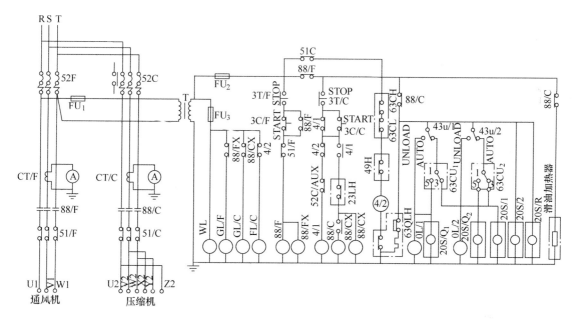

图 12-13　NSA45LR 空调装置控制线路原理图

故障检修方法：

首先要掌握空调装置控制线路的特点，即只有风机起动运转才能起动压缩机，压缩机的控制线路电源是受风机接触器辅助触头控制；只有压缩机联锁保护回路通时，中间继电器 4/2 动作才能允许压缩机起动运行，而且受回风调温开关控制起停。所以，系统发生故障应从这些特点出发进行分析。

（1）压缩机不能起动

发生这种故障，首先观察风机转不转，若不转，先把风机不转的故障排除；若风机转，则测压缩机控制线路是否有电压，若无电压，说明 88/F 没有闭合好，若有电压，观察 4/2 中间继电器动作与否，若不动作，则测 4/2 线圈两端有无电压，有电压，说明 4/2 继电器本身故障，若无电压，应检查各个保护继电器开关是否误动作或闭合不好；若 4/2 继电器动作，观察 4/1 是否动作，若不动作，检查 4/1 的常开触点、压缩机电源继路器 52C 辅助触点是否闭合好，若这些触点闭合正常，就得检查 4/1 继电器本身；若动作，看 88/CX 是否动作，若 88/CX 不动作，只需检查起动按钮 3C/C、4/1 的常开触点、调温继电器 23LH 是否闭合好，若 88/CX 动作，只需检查其常开触点和 88/C 本身。

（2）温度变化比较大

发生这种故障有三方面原因：

1）外界原因。外界温度比较高、海水温度比较高时，就会影响制冷，造成房间温度比较高，如船舶夏天过红海、波斯湾内各港口。

2）制冷系统原因。如制冷剂泄漏造成制冷剂不足，影响制冷；压缩机失修，压缩效率低等都会影响制冷。

3）电气方面原因。如卸载选择开关置于卸载位置，人为进行卸载运行，造成制冷量不足；若自动卸载开关 63CU1/63CU2 误动作，也会形成卸载运行，造成制冷量不足。

四、冷藏集装箱电气控制系统的维修

1. 冷藏集装箱电气控制系统的技术要求

冷藏集装箱电气控制系统的技术要求除了冷藏装置的一般要求外，还应有：

1）对箱内的温度调节范围广，一般可在±30℃内进行调温控制，而且恒温精度高。

2）为了提高箱内温度调节精度，除了控制压缩机间歇运行外，必须能够控制制冷剂热旁通，控制冷剂流量，同时也控制蒸发器风机的转速。

3）当箱内温度低于整定值时，能够电加热。

4）根据热负荷大小自动进行卸载操作。

5）根据外界环温和冷凝器压力，自动控制冷凝器的风机台数。

6）具有可靠的控制功能和较强的监视功能。

7）具有较强的自诊功能，能够自检主要元部件。

2. 冷藏集装箱电气控制系统的维护

冷藏集装箱电气控制系统已从继电器式发展到现在的微机控制式。继电器式维护可按照电磁控制箱来维护，对微机式的维护，主要是对外围设备的维护，如压缩机、风机、电加热器的接触器维护，维护工作量不大，但冷藏集装箱流动性大，所以，维护一般都是装货前进行，内容如下：

1）检查蒸发器风机电动机装配螺栓是否栓住，是否拧紧；检查风扇架上是否有脏物或油泥，必要时应清洗干净。

2）检查制冷机各面板的螺栓是否拧紧及面板的位置是否正确；检查各压力、温度传感器或继电器是否完好。

3）检查温度记录仪，若为机械发条式记录仪，将钥匙留在记录仪内，若为电子式，则检查电池，必要时换新。更换记录纸时，将记录笔举起，更换新的记录纸，然后将记录笔放回。

4）检查控制系统箱内的电路各连接点元件有无松动，线路有无断路，元件有无损坏，对压缩机、风机的接触器进行维护保养。

5）检查压缩机观察镜中的油面高度。

6）检查电源电压是否与电压选择开关位置相符。

7）以上各项检查没有发现问题式故障排除之后，可进行通电启动试验。这时，观察压缩机高、低端的压力；机油液面及机组运行情况，如有振动、噪声；控制箱内的接触器、继电器、冷凝器和蒸发器风机的运行情况。对于微机控制的机组，运行10min左右进行温控器的 PTI（Pre- Trip-Inspecting）自动预检程序检查。

以上检查合格后，方可装船或装货。

3. 冷藏集装箱电气控制系统的故障检修方法

目前，世界上的冷藏集装箱的种类繁多，电气控制线路也不相同，给维修管理人员带来了一定困难。但随着微电子技术的发展，具有可靠控制以及比较完善的监视功能和故障自诊功能的微机控制的冷藏集装箱给维修管理人员减轻了负担。这种冷藏集装箱具有数据采集接口，配上一个调制器，就可以方便地发展成全船冷藏箱电脑网络监控系统。

下面举例介绍冷藏集装箱电气控制系统的工作原理和故障检修方法：

例1：继电器式 LAKEN5BD 型冷藏集装箱电气控制系统。

LAKEN5BD 型冷藏集装箱的电气控制电路原理图如图 12-14 所示（简化处理后，压缩机电动机、风机变速控制、相序测定器等未画出）。

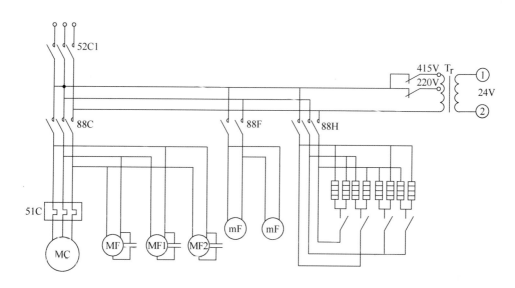

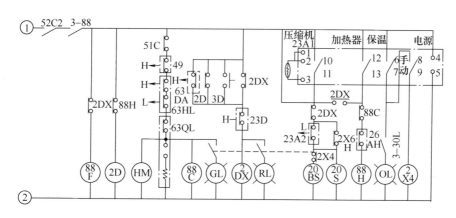

图 12-14　LAKEN5BD 型冷藏集装箱电气控制电路原理图

52C1、52C2—断路器　88C—压缩机接触器　88F—蒸发器风机接触器　88H—加热器接触器
MC—压缩机电机　MF1、MF2—蒸发器、冷凝器风机电动机　Tr—变压器　3-88—制冷装置开关
3-30L—灯开关　3D—手动融霜开关　23D—融霜终止恒温器　26AH—过热保护　23A1—电子温度控制器
GL、RL、OL—绿、红、橙色指示灯　51C—热继电器　HM—计时器　49—压缩机保护开关　20S—电磁阀
2DX—融霜定时器　63QL—油压保护开关　63HL—高低压开关　63DA—融霜起动开关　23A2—出风保护恒
温器（低温）　20BS—热气旁通电磁阀监视插头接线　虚线—外部连线

工作原理：插好电源插头，合上主电源断路器 52C1 和控制电源断路器 52C2，合上制冷装置开关 3-88，蒸发器的风机运行，合上指示灯开关 3-30。由于箱内高温，电子温度控制器 23A1 的 10、11 端导通，供液电磁阀 20S 得电，阀开启，压缩机的低压开关 63HL 闭合，没有发生电动机过载，51C 闭合，油压开关 63QL 闭合，压缩机的接触器 88C 得电，常开主触头闭合，压缩机、冷凝器风机运转，开始制冷。同时，计时器 HM 得电开始计时，压缩机运行指示绿灯亮。当箱内温度达到设定温度下限时，电子温度控制器 23A1 的 10、11 端断开，

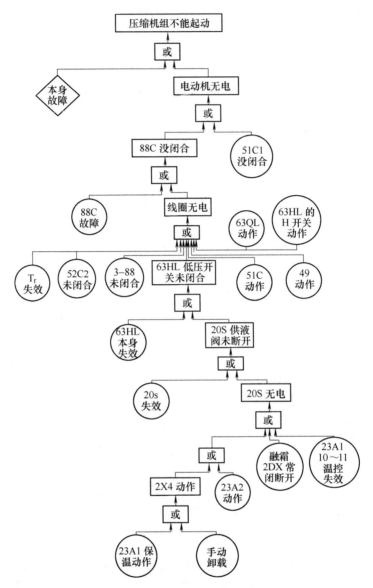

图 12-15 压缩机电动机不能起动故障树

供液电磁阀 20S 断电，阀关闭，压缩机的低压端压力急剧下降，使低压开关 63HL（L）动作，使 88C 失电，断开压缩机电动机和冷凝器风机电动机电源，停止运行。当箱内温度上升到设定值上限时，电子温度控制器 23A1 的 10、11 端又接通，又开始制冷过程。当蒸发器的霜冰不断增厚，厚到触动融霜起动开关 63DA 使其闭合，这时融霜终止恒温器 23D（一般整定在 30℃断开）闭合，使得融霜定时器 2DX 得电，其常开触头闭合并自锁。若此时压缩机没有运行，88C 常闭触头闭合，使得融霜加热接触器 88H 得电，接通电加热器进行融霜操作，同时，融霜指示红灯亮，2DX 的常闭触头切断电子温度控制器 23A1 与供液电磁阀 20S 的回路，直到融霜终止恒温器 23D 动作，使 2DX 失电，2DX 常开触头打开，断开电加热器接触器 88H，停止电加热，融霜结束，同时 2DX 的常闭触头闭合，恢复了电子温度控制器与供电磁阀回路，压缩机组又受电子温度控制器控制。

故障检修方法：

（1）压缩机组不能起动

发生这种故障可能的原因有压缩机电动机本身不能起动或电动机无电，造成电动机无电，可能是 52C1 没有合上，88C 触头没有闭合，按此演绎下去，可以得到一个故障树，如图 12-15 所示。检查方法：首先观察冷凝器风机转不转，若转，说明压缩机电动机本身存在不能起动故障，若不转，检查电源，观察断路器 52C1 和 52C2 是否合上、运行开关 3-88 是否合上，最后检查 88C 线圈两端有无电压，有电压说明 88C 本身故障，若无电压，检查线圈回路的各触头，若是 63HL 的低压开关断开，需检查供液电磁阀 20S 两端是否有电压，若箱内属于高温状况，电磁阀 20S 应开启，两端应有电，若无电，可能是保温继电器 2X4 动作和出风保护恒温器失效引起，此时，应把手动保温开关断开，检查 23A2；同时应检查融霜中间继电器 2DX 常闭触点是否闭合好，电子温度控制器 23A1 是否有输出。

（2）不能自动融霜

LAKLN5BD 型冷藏集装箱蒸发器的融霜控制是由蒸发器上的霜厚微动开关 63DA 来激发。所以，发生这种故障应首先检查微动开关 63DA，若融霜有激发（即 63DA 闭合）而无融霜操作，则检查融霜终止恒温器 23D、融霜控制中间继电器 2DX 以及过热保护器 26AH，若上述都正常，检查接触器 88H 本身。

（3）箱内温度变化大

发生这种故障的原因主要是电子温度控制器工作不正常。这时，只能检查感温元件是否完好，引线是否有断股、松脱，屏蔽线是否有良好接地等，若检查不出问题，只能采用替代法来检修，更换备用电子温控器。

例 2： 采用微机控制的 CPE14-2BA Ⅲ A 型冷藏集装箱控制系统。

CPE14-2BA Ⅲ A 型冷藏集装箱由日本三菱公司生产，控制系统采用微机控制，具有可靠控制和较强的监视、自检功能，能够进行高精度的箱内温度控制；根据热负荷、环境温度自动控制蒸发器的风机转速和冷凝器风机台数，能够对吸入电磁阀 S5 进行启闭控制，对电子膨胀阀进行调节控制，对压缩机进行启停控制，对电加热的通断控制和自动融霜控制等。显示面板上有五个指示灯显示系统工况：ALARM 灯闪光，系统有故障报警；DEF 红灯亮，系统进行融霜；IR 橙色灯亮，系统处于保温状态；COOL 绿灯亮，系统进行制冷操作；HUM 灯进行除湿处理。5 位荧光显示器能够显示箱内温度、设定温度等；键盘上的液晶显示器能够显示系统的有关参数，如压缩机电流值，高、低压端的压力值等以及故障代码。通过显示板上的五个触摸键，可以进行十几种操作，并在液晶显示器上显示操作方式，很方便进行人机通信，操作简单方便。

CPE14-2BA Ⅲ A 型冷藏集装箱的控制系统原理图如图 12-16 所示。

工作过程：插好电源插头，合上断路器 32A 和控制电源开关 U. SW 给控制系统供电，荧光显示器显示当前箱内温度，然后输入设定温度，方法如下：按下方式选择键 MODE，闪光显示方式码 5，按下输入键 ENTER，方式码变为平光，再用上行键 UP 或下行键 DOWN，一直调到所需的温度值，最后按下 ENTER 键，微机就接受了新的设定温度，并按其要求控制。

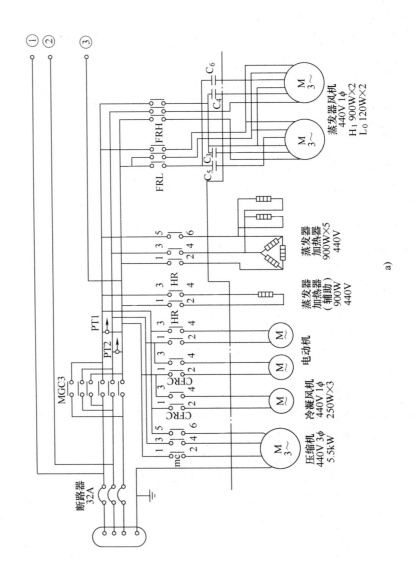

a)

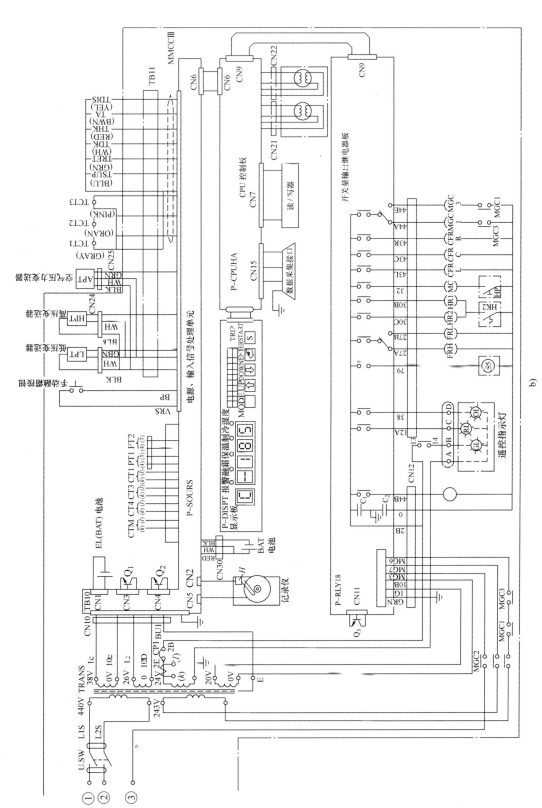

图 12-16　CPE14-2BA Ⅲ A 型冷藏集装箱控制系统原理图

b)

　　输入融霜间隔时间，方法如下：按下方式选择键 MODE，闪光显示方式码 0，按下输入键 ENTER，方式码变为平光，然后用上行键 UP 或下行键 DOWN，一直调到所需的融霜间隔时间，再按下 ENTER 键，微机就修正先前的融霜时间，按所给的间隔时间进行融霜操作。

　　为了了解系统主要部件的状况，可进行预检功能，方法如下：按下方式选择键 MODE，闪光显示方式码 1，按下输入键 ENTER，方式码变为平光，按下上行键 UP 或下行键 DOWN，就能自动地预检有关部件。PTI 自动检测项目见表 12-6。

表 12-6　PTI 自动检测项目

序号	检测项目	序号	检测项目
1	压缩机过电流保护电流互感器的检测	11	调节阀闭合核验
2	检查左压缩机电动机	12	调节阀开启核验
3[①]	检查右压缩机电动机	13	电子膨胀阀闭合核验
4	检测冷凝风机电动机（高速）	14	电子膨胀阀开启核验
5[②]	检测冷凝风机电动机（低速）	15	温度记录仪的伺服电动机和电位计检测
6	检测蒸发器风机电动机（高速）	16	空气混合检测
7	检测蒸发器风机电动机（低速）	17	0℃冷藏工况检测
8	检测蒸发器加热器（高）	18	−18℃冷冻工况检测
9	检测蒸发器加热器（低）	19	化霜系统运行
10	检测制冷系统中高压传感器与低压传感器之间的压力值差		

　　注：PTI_0 的预检功能及预检范围 MMCCⅢA 控制器可提供对基本元件进行预检（MIN. PTI）和对所有元件进行预检。

　　① 仅用于 CPE15 型。

　　② 可选择。

　　当预检结束或终止预检，按下方式选择键 MODE，控制器才能恢复正常工作。

　　CPE14-2BAⅢA 型冷藏集装箱控制系统可以对元组件进行测试，方法如下：按下方式选择键 MODE，闪光显示方式码 2，按下输入键 ENTER，方式码变为平光，然后按上行键 UP 或下行键 DOWN，选择所需要检测的元组件序号，最后按下输入键，控制系统就对该元件进行测试。当输入键被按下时，控制系统保持在输出状态，其对应的元组件开始运行。若同时按下输入键 ENTER 和下行键 DOWN 可以控制蒸发器风机电动机输出功率。测试完毕，按下方式选择键 MODE，控制系统才能恢复正常工作。测试元组件序号和内容见表 12-7。

表 12-7　元组件测试项目

序号	检测项目	当试验显示时，七段发光二极管显示其单位	序号	检测项目	当试验显示时，七段发光二极管显示其单位
1	试验控制器显示屏	—	7	蒸发器风机低速运行试验	＊＊．＊A
2	左压缩机运行试验	＊＊．＊A	8	蒸发器加热器加热试验	＊＊．＊A
3[①]	右压缩机运行试验	＊＊．＊A	9	电子膨胀阀试验	＊＊．＊A
4	冷凝风机电动机试验（高速）	＊＊．＊A	10	调节阀运行试验	＊＊＊．%
5[②]	冷凝风机电动机试验（低速）	＊＊．＊A	11	温度记录仪的运行试验	＊＊＊．%
6	蒸发器风机高速运行试验	＊＊．＊A	12	相位检测继电器运行试验	—

　　① 仅用于 CPE15 型。

　　② 可选择。

为了了解系统有关部件的运行状况，可通过键盘操作和显示器显示来实现，方法如下：按下方式选择键 MODE，闪光显示方式码 6 时，按下输入键 ENTER，方式码变为平光，然后，按上行键 UP 或下行键 DOWN，所需要检查的运行参数值的序号，最后，按下输入键 ENTER，显示器就显出所要检查的运行参数值。其序号和显示内容见表 12-8。

表 12-8　系统运行参数序号与显示内容

序号	运行数据	显示值的单位	序号	运行数据	显示值的单位
01	设定温度值	＊＊．＊℃	15②	总运行电流值	＊＊．＊A
02	控制温度值	＊＊．＊℃	16②	压缩机电流值	＊＊．＊A
03	供风温度值	＊＊．＊℃	17②	电源电压值	＊＊．＊V
04	回风温度值	＊＊．＊℃	18②	电源频率值	＊＊．＊Hz
05①	设定温度值	＊＊＊．100%	19②	运行方式	－＊＊④
06①②	控制温度值	＊＊＊．100%	20②	膨胀阀开启	＊＊＊．100%
07	蒸发器出口温度值	＊＊．＊℃	21②	调节阀开启	＊＊＊．100%
08	环境温度值	＊＊．＊℃	22	温度记录仪设定温度值	＊＊．＊℃
09①	箱内温度值一号位	＊＊．＊℃	23	温度记录仪记录温度值	＊＊．＊℃
10①	箱内温度值二号位	＊＊．＊℃	24	镍电池电压	＊＊．＊V
11①	箱内温度值三号位	＊＊．＊℃	25	钯电池电压	＊＊．＊V
12①②	蒸发器风压值	＊＊＊．Pa	26	左压缩机运行小时	＊＊＊×100h
13②	高压值	＊＊＊×10Pa	27③	右压缩机运行小时	＊＊＊×100h
14②	低压值	＊＊＊．Pa	28	蒸发器风机运行小时	＊＊＊×100h

①　选择项目。

②　电源合上。

③　仅用于 CPE15 型。

④　操作步骤：0、1、2、3、4，运行方式：0 表示冷藏状态，1 表示冷冻状态。

注意：进行元组件测试后，一定要按下方式选择键 MODE，控制系统才能恢复正常监控工作。

其他操作方式：①设定湿度控制值，按下方式选择键 MODE，闪光显示方式码 3，按下输入键 ENTER，方式码变为平光，然后按上行键 UP 或下行键 DOWN，调到所需设定的湿度值，最后，按下输入键 ENTER。微机接受新的湿度设定值，按其控制；②读取温度控制值，按下方式选择键 MODE，闪光显示方式码 C，按下输入键 ENTER，方式码变为平光，同时数字显示部分显示出温度控制值，读取之后一定要按下方式选择键 MODE，控制系统才能恢复正常工作，否则控制器将始终显示控制温度值及正常的运行状态；③手动融霜操作，按下手动融霜按钮 HDS 或同时按下上行键 UP 和下行键 DOWN；④更换温度记录卡，首先应同时按下上行键 UP 和下行键 DOWN，然后把划针旋出，换上新的温度记录卡，装回划针，最后按下方式选择键 MODE，划针复位。

故障检修方法：

本控制系统具有较强的自诊功能。当发生报警灯 ALARM 亮时，按下方式选择键 MODE，闪光显示方式码 E，按下输入键 ENTER，液晶显示器就显示故障代码，其对应的故障见表 12-9。若存在多个故障，可用上行键 UP 或下行键 DOWN，显示出其他故障。

表 12-9　故障代码

代码	故障描述	代码	故障描述
101	与计算机中央处理器的通信发生异常	336②	右压缩机排气温度传感器短路
102	数模转换器发生异常	337	左压缩机排气温度传感器断路
103	计算机中央处理器的执行程序异常	338	左压缩机排气温度传感器短路
104	显示器存储器异常	340	相位接触器次端电压传感器异常
106	数据静态存储器异常	350	主断路器次端电流传感器异常
107	主程序静态存储器异常	351	主断路器次端电流传感器检测异常
108	相序脉冲信号异常	356	压缩机用电流传感器异常
200	控制温度异常	357	电流传感器检测异常
201	高压异常	360①	湿度传感器异常
202	低压异常	411	左压缩机电动机短路或堵转
206	人为（强迫）终止化霜	412	左压缩机电动机断路
207	电源系统单相运行	413②	右压缩机过热
208	电源频率异常	415②	右压缩机电动机短路或堵转
209	电源电压异常	416②	右压缩机电动机断路
300	操作键（方式键）失灵	417	左压缩机过热
301	操作键（上行键）失灵	421	冷凝器风机电动机卡死或短路
302	操作键（下行键）失灵	422	冷凝器风机电动机断路或内部保护开关动作
303	操作键（输入）失灵	431①	冷凝器风机低速卡阻或短路
307	电源自动保护开关异常	432①	冷凝器电动机低速断路或内部保护开关动作
310	供风温度传感器断路	451	蒸发器风机高速卡阻或短路
311	供风温度传感器短路	452	蒸发器电动机高速断路或内部保护开关动作
312	回风温度传感器断路	461	蒸发器风机低速卡阻或短路
313	回风温度传感器短路	462	蒸发器电动机低速断路或内部保护开关动作
314	供风回风温度值异常	471	蒸发器加热器（高温档）短路
315	蒸发器出口温度传感器断路	472	蒸发器加热器（高温档）断路
316	蒸发器出口温度传感器短路	481	蒸发器加热器（低温档）短路
317	蒸发器出口温度异常	482	蒸发器加热器（低温档）断路
320	箱内温度传感器断路	491	电子膨胀阀异常
321	箱内温度传感器短路	492	调节电磁阀异常
322①	制冷检测一号温度传感器断路	550	电子温度记录仪电池异常
323①	制冷检测一号温度传感器短路	601	电子温度记录仪伺服电动机或电位计异常
324①	制冷检测二号温度传感器断路	900	高压异常（冷剂补充过量）
325①	制冷检测二号温度传感器短路	901	低压异常（冷剂补充不足）
326①	制冷检测三号温度传感器断路	902	低压异常
327①	制冷检测三号温度传感器短路	903	制冷异常，制冷时间长，温度下降慢
330	高压传感器异常	904	制冷系统中混入空气
331	低压传感器异常	997	电池报警
332	高低压传感器异常	998	方式转换
333①	空气（风流）压差发送器异常	999	电源关断

① 可选择。

② 仅适用于 CPE15 型。

有了故障代码，查表6-9即可知道故障原因，检修起来就很方便。一般对于器件故障，都采用替代法来修复，如果替代新备件后故障仍然存在，这时应重点检查接线是否错误，线路是否有开路、短路或接地故障。对于微机控制系统，特别要注意干扰的危害，系统原有的抗干扰措施在检修过程中应给予保护和恢复，不能损害，应该接地的地方应可靠接地。

例3：69NT40-489型冷藏集装箱电气控制系统

69NT40-489型冷藏集装箱由美国CARRIER公司生产，也是微机控制式的控制系统，但与三菱公司的CPE14型冷藏集装箱有所不同，其温度记录仪采用电脑数字记录器，不仅能记录箱内的温度变化，而且还记录其他讯息，如航程开始日期，有关各温度传感器的温度等，控制器上留有遥控监测器槽位，便于组成全船网络监控系统，它的外部设备大同小异，这里不再赘述，它的显示板与操作键盘分开安装，而且显示板上有七个指示灯，分别为：制冷运行白色指示灯COOL；加热橙色指示灯HEAT；融霜橙色指示灯DEFROST；保温绿色指示灯IN. RANGE；报警红色指示灯ALARM；送风指示灯SUPPLY；回风黄色指示灯RETURN。键盘共有11个键，各键的功能见表12-10。

表 12-10　69NT40-489 型冷藏集装箱键盘各键的功能

键名	功　　能
上行 ARROW UP	① 更改设定控制温度上升 ② 改变功能代码上升 ③ 细查警报名单向前 ④ 改变使用者选择特定功能代码上升 ⑤ 在PTI操作时，上行PTI试验 ⑥ 在按下ALT. MODE键后，上行查寻记录数据功能及故障代码
下行 ARROW DOWN	① 更改设定控制温度向下 ② 改变功能代码向下 ③ 细查警报名单向下 ④ 改变使用者选择特定功能代码向下 ⑤ 在PTI操作时，重复向后再PTI试验 ⑥ 在按下ALT. MODE键后，向下查寻记录数据功能及警报代码
回风/送风 RETURN/SUPPLY	显示不用于控制的回风/送风温度传感器的温度值（瞬时显示）
摄氏/华氏 ℃/℉	显示交替的温度度数（瞬间显示）
警报名单 ALARM LIST	① 在按下变换模式键ALT. MODE后，按下警报名单键，显示器显示故障代码 ② 故障排除之后，按①操作，显示出对应故障代码，按下输入回车键ENTER，就可从警报行列消除该警报
代码选择 CODE SELECT	① 按此键选取功能代码，对温度控制器进行操作或人机通信 ② 当按下变换模式键ALT. MODE后，按此键对数据记录器进行操作或人机通信
除霜间隔时间 DEFROST INTERNAL	显示所选的除霜间隔时间
预检 PRE-TRIP	按下此键引进PTI检查，欲中断PTI按下输入回车键ENTER
电池电力 BATTETY POWER	当没有交流电源时，装有备用干电池，按下此键，能给温控器进行设定温度及选择功能代码操作

（续）

键名	功　　能
输入回车键 ENTER	① 送设定温度给微机 ② 当交换显示时，按下此键，可延长 30s 显示 ③ 进入选择代码去质询警报名单 ④ 进入使用者所选择的功能操作 ⑤ 消除警报名单 ⑥ 在 PTI 试验中，按下此键中断 PTI 试验
变换模式 ALT. MODE	准许进入数据记录功能及警报代码

操作过程：

插好电源插头，根据船电电压，合上断路器 CB-1/CB-2，按下起动按钮，进行冷藏箱的设定温度调节，方法如下：直接按上行键 ARROW UP 或下行键 ARROW DOWN，通过显示器调到所需控制温度，按下输入回车键 ENTER，微机温控器接收送来的新的设定温度，并按其控制。

为了检查系统运行状况，可按下代码选择键 CODE SELECT 进行 33 个功能操作。方法如下：按下代码选择键，再按上行键或下行键至左视窗显示出所选代码，右视窗会显示其数值 5s，内容见表 12-11。

表 12-11　功能代码和显示内容参数

功能代码	显示内容参数	功能代码	显示内容参数
Cd01	吸气调节阀开度（百分比）	Cd18	软件转换号码
Cd02	冷却电磁阀（开-闭）	Cd19	电池检测
Cd03	吸气电磁阀（开-闭）	Cd20	备用
Cd04	线电流 A 相	Cd21	备用
Cd05	线电流 B 相	Cd22	备用
Cd06	线电流 C 相	Cd23	备用
Cd07	电源电压	Cd24	次级送风温度探头
Cd08	电源频率	Cd25	化霜前的制冷时间
Cd09	环境温度	Cd26	化霜终止传感器温度
Cd10	压缩机吸气端冷剂温度（可选择）	Cd27	化霜相隔时间
Cd11	压缩机排出端冷剂温度（可选择）	Cd28	温度单位
Cd12	压缩机吸气端冷剂压力	Cd29	动作异常
Cd13	压缩机排出端冷剂压力	Cd30	定温度范围
Cd14	热旁通阀（开启/闭合），适用于 R-22 机组	Cd31	机组延时起动时间
Cd15	卸载阀（开启/闭合），适用于 R-22 机组	Cd32	限流值
Cd16	压缩机运行小时记录表	Cd33	相对湿度设定值
Cd17	相对湿度（百分比）		

在装货前，为了检查系统有关元组件是否完好，可进行预检功能 PTI 操作。方法如下：

按下预检键 PRE-TRIP，微机就开始 PTI 测试。其测试代码和对应的测试内容见表 12-12。

表 12-12　PTI 测试项目

测试代码	测试内容和显示结果	测试代码	测试内容和显示结果
P	荧光管和液晶显示器和显示板指示灯 5s	$P_{5-0}^{①}$	送风和回风以及送风温度传感器
$P_{1-0}^{①}$	加热器，显示测试电流	$P_{5-1}^{①}$	初级送风和次级送风温度传感器
$P_{1-1}^{①}$	加热器，显示 6s 后的电流	$P_{6-0}^{①}$	压缩机电动机，显示 6s 后的电流
$P_{2-0}^{①}$	冷凝器风机电动机起动，显示 15s 后的电流	$P_{6-1}^{①}$	卸载电磁阀（不应用）
$P_{2-1}^{①}$	冷凝器风机电动机关闭，显示 6s 后的电流	$P_{6-2}^{①}$	吸气调节阀开，显示其开度（%）
$P_{3-0}^{①}$	低速蒸发器风机电动机起动，显示 60s 后的电流	$P_{6-3}^{①}$	冷却电磁阀
$P_{3-1}^{①}$	低速蒸发器风机电动机关闭，显示 6s 后的电流	$P_{6-4}^{①}$	吸气调节阀关
$P_{4-0}^{①}$	高速蒸发器风机电动机起动，显示 60s 后的电流	$P_{6-5}^{①}$	吸气电磁阀
$P_{4-1}^{①}$	高速蒸发器风机电动机关闭，显示 6s 后的电流		

①　按下输入键可显示测试结果合格（PASS）或故障（FAIL）。

故障检修方法：

当发生报警红色指示灯亮时，按下警报名单键 ALARM LIST，左显示器显示 AL#（#—警报代码）、右显示器显示 AA××（××—警报代码）表示存在的故障，若显示 1A××，表示××警报代码对应的故障以前出现过但现在不存在，若此时按下输入键，就可以在警报名单上消除该警报代码。从显示器上读取警报代码，即可知道故障点。其警报代码对应的故障内容见表 12-13。

表 12-13　警报代码

警报代码	故障	警报代码	故障
AL20	控制电路熔丝断路（24V）	AL55	次级送风温度传感器失灵
AL21	计算机控制器熔丝断路（18V）	AL56	初级回风温度传感器失灵
AL22	蒸发器风机电动机内保护动作	AL57	环境温度传感器失灵
AL23	变压器内自动保护动作	AL58	压缩机高压限位安全开关动作
AL24	压缩机电动机内保护动作	AL59	加热终止温控器失灵
AL25	冷凝器风机电动机内保护动作	AL60	化霜终止温控器失灵
AL26	所有送风及回风传感器故障	AL61	加热器失灵
AL27	感温探头电路校对失灵	AL62	压缩机电动机故障
AL51	报警表头失灵	AL63	过电流
AL52	报警表满载	AL64	排气温度即高压端冷剂温度过高
AL53	主电源电压传感器失灵	ERR#	电脑内部失灵
AL54	初级送风温度传感器失灵	LO	主电源电压低（超过 20%）

参 考 文 献

[1] 张春来，吴浩峻. 船舶电气设备维修技术 [M]. 大连：大连海事大学出版社，2011.

[2] 阮礽忠. 船舶电气设备维修技术 [M]. 北京：机械工业出版社，2013.

[3] 马昭胜. 轮机自动化 [M]. 大连：大连海事大学出版社，2017.

[4] 林洪贵. 船舶电站 [M]. 西安：西安交通大学出版社，2015.

[5] 林叶锦. 轮机自动化 [M]. 大连：大连海事大学出版社，2009.

[6] 张春来，孙才勤，王浩亮. 船舶电气与自动化：船舶电气 [M]. 大连：大连海事大学出版社，2013.

[7] 李世臣，曾鸿，韩学胜，等. 船舶机舱自动化 [M]. 大连：大连海事大学出版社，2013.

[8] 吴志良，林叶春，孙旭清. 船舶电气 [M]. 大连：大连海事大学出版社，2012.

[9] 刘彤，陈铎，张国强. 船舶综合驾驶台通信与导航系统 [M]. 大连：大连海事大学出版社，2012.

[10] 林叶春. 船舶电气及控制系统 [M]. 上海：上海交通大学出版社，2015.

[11] 王春芳，叶伟强. 轮机自动化 [M]. 大连：大连海事大学出版社，2011.

[12] 阮礽忠，许顺隆. 船舶电机与电力拖动 [M]. 大连：大连海事大学出版社，2012.

[13] 严峻，刘德宽，封晓黎. 船舶动力装置 [M]. 大连：大连海事大学出版社，2010.

[14] 邱赤东，谭跃. 船舶电力拖动系统 [M]. 大连：大连海事大学出版社，2013.

[15] 徐善林，崔庆渝. 轮机自动化 [M]. 北京：人民交通出版社，2001.

[16] 史际昌. 船舶电气设备及系统 [M]. 大连：大连海事大学出版社，1998.